键在于人民币地位的提升和寻找创新的人民币货币本位。2015 年，孙兆东和他的博士生导师出版了《碳金融交易》一书，深入探讨了人民币国际化背景下的中国金融创新。他坦承世界的人民币还有很长的路要走，但他一直心怀这一梦想。

这一梦想，从孙兆东踏上金融之路开始萌芽。

孙兆东的本科专业为光学，离金融很远。20 世纪 90 年代大学毕业后，孙兆东被分配到中国兵器工业集团。因为已进入和平年代，他的工作较为轻松。孙兆东当时正是精力旺盛的小伙子，每天下班后，经常从西便门骑车赶到 7 000 米外的国家图书馆看书，尤爱看财经类书籍。

1992 年，邓小平同志发表南方谈话，其中提及："金融很重要，是现代经济的核心。金融搞好了，一着棋活，全盘皆活。"邓小平同志的讲话令孙兆东深有感触，萌发了转到金融行业的想法。

新金融时代的列车滚滚向前。1993 年，在建立社会主义市场经济体制的改革进程中，中央召开改革开放以来的首次全国金融工作会议，决定实施金融调控。同年，国务院出台《关于金融体制改革的决定》，将原来专门管理国家基本建设投资拨款的中国建设银行，明确定位为以从事中长期信用为主的国有商业银行。

到了 1994 年，中国建设银行的发展迎来重要的转折，中国建设银行将长期承担的财政职能和政策性职能分别移交给了财政部和国家开发银行，开始按照商业银行经营管理的要求，对经营管理体制进行全面改革。

在这个大背景下，孙兆东于 1994 年参加中国建设银行招考，考入中国建设银行北京分行，从此踏上金融之路。

1998 年到中国建设银行朝阳支行工作时，孙兆东刚好遇上一个大时代正在拉开序幕——1998 年"房改"，中国真正进入商品房时代，中国建设银行也是从彼时开始奠定其在个人住房贷款业务中的传统优势。

中国建设银行朝阳支行当时花大力气做个人住房贷款业务广告，孙兆东发挥了其写作的才能，想到一句广告词："要买房，到建行，朝阳支行帮您忙。"广告牌竖在中国建设银行朝阳支行门外，宣传效果非常好。

孙兆东在中国建设银行朝阳支行干了两年，中国建设银行北京分行市场开发部招人，考试面试 100 多人，只招 2 人。

孙兆东最后一个面试，此时面试官都已疲劳。孙兆东进去时，面试官都懒得抬头。他自我介绍："我来自朝阳支行。"面试官还是懒得抬头。

孙兆东继续说："我在来的路上，想到一句诗：'欲谋大事先谋人，欲求发展必创新'。"面试官一下子产生了兴趣，开始关注他。他继续侃侃而谈："建行要专业化转型，就要谋人。现在建行发展很快，首要的是创新……"面试官来了精神。

最后，孙兆东与另外一人脱颖而出，加入中国建设银行北京分行市场开发部。

在中国建设银行北京分行，孙兆东的工作主要是开发市场。他筹划了中国建设银行首个百家客户峰会，请中央电视台主持人孙晓梅、赵忠祥担当峰会主持人，邀请中央音乐学院的学生来演奏小提琴，峰会效果非常好。这种做法现在看起来很平常，但在当时是很有创新性的。

2001年是中国加入世界贸易组织元年。当年的中国投资协会年会，中国建设银行是承办行。温家宝当时是中央金融工作委员会书记、国务院副总理，要出席该届年会。中国建设银行上下肩负重任。因为文思敏捷，孙兆东受到中国建设银行总行的关注，被借调到总行参加撰写年会主题发言稿，果然一炮打响。于是，不久后，孙兆东被调到中国建设银行总行研究开发部工作。

后来，孙兆东又参与了组建建设银行总行投资银行部，参与了中国建设银行股份制改革方案的设计工作，参加了承销西王糖业2005年在香港上市以及鲁洲生物科技2006年在新加坡上市的工作。

2006年，孙兆东被调到中国建设银行公司业务部，参与开发了中国第一笔短期融资券和第一笔信贷理财产品。

也是从2006年开始，在长达9年的时间中，孙兆东连续当了4个重要处室的副处长（产品开发管理中心、行业管理处、区域管理处、客户发展处）。到了2015年年初，孙兆东终于在客户发展处晋升为正处长级别高级经理。

孙兆东曾以一首《七律·霸州》勉励自己："宿夜寂静玫瑰苑，离京只有百里远。夏响青篁冬见雪，月明星稀仰上天。低调做人谁知晓，辛劳苍穹会回报。得势方才成霸气，老天看了也会笑。"

《次贷危机》一书源于孙兆东2007年的美国之行。当年，他去了美国银行（当时是中国建设银行的外资股东）位于北卡罗来纳州夏洛特市的总部，在那里工作了几周。那段时间，孙兆东自费考察了美国的房地产项目，对美国次级抵押贷款数额之巨瞠目结舌。

2007年前，美国次贷危机一触即发，孙兆东和辛乔利当即注意到了其对全球经济的重大影响，于是有了全球第一本《次贷危机》。该书通过专业解读，全面系统地回顾了从"次贷危机"到"次债危机"的产生和蔓延的过程，探索了危机深刻的历史背景和成因，有助于人们把握次贷、次债、衍生产品等金融脉络，了解到"次贷危机"背后的秘密。

时任中国建设银行行长的张建国为《次贷危机》写序。该书在2008年"两会"上被赠送给代表委员阅读，成为2008年十大畅销书之一，并入选"改革开放30年最有影响的300本图书"，已多次印刷并输出版权。

出版《次贷危机》之后，孙兆东笔耕不辍，他注意到越南股市2008年在短时间内下跌了30%~40%，于是牵头与张志前博士、涂俊博士写就《越南危机》一书。写《越南危机》这本书的目的，一是研究次贷危机的传导路径，二是研究邻国的经济结构和存在的问题，三是以此警示中国的外汇和货币政策风险。

随着美国的次贷危机蔓延到欧洲，2009年欧洲爆发欧债危机。孙兆东与中央人民广播电台的郑美玲记者于2009年合作出版《国家破产》一书，主要研究冰岛主权债务问题。

《次贷危机》《越南危机》《国家破产》这3本书，具有连续性和全球化视野，比较全面地反映了21世纪的全球金融危机。

在金融系统工作20多年，孙兆东以翻译一本传记《走向世界的银行家》向银行家致敬，该书英文原版作者为已退休的花旗集团高级副主席威廉·罗兹，中文版由国际货币基金组织时任副总裁朱民作序。

"一名合格的国际银行家，无论在任何情况下，无论是在谈判桌上还是在谈判之外的场合，都需要领导者的胆识，需要洞察力、及时行动的魄力、迅速行动的能力、坚持正确立场的威力，还需要对不同国家和地区的社会、文化、经济传统和政治体制形成适应能力。"孙兆东认为该传记最大的亮点在于作者从其阅历中提炼出的领导力。

诗书人生，如同初恋，自知幸福。"周末猫冬的最佳地点是图书馆，提一杯1.5元的热豆浆，找一个有阳光靠窗的地方，取两本爱不释手的图书，身外的静宜和精神的愉悦，如同初恋自知幸福的感受。储备知识，完善思想，发奋图强。"孙兆东的诗书人生，从未改变。

孙兆东爱写诗，信手拈来。"夏夜蚊嗡绕，怎忍钉于墙。同檐约两月，似吟别时情。离京千里迢，江南撰文稿。心血献蚊虫，点滴知回报。"离开江南，孙兆东此诗与蚊子"惺惺相惜"，让人读来忍俊不禁。

孙兆东的诗"腹有经纶品茶香，雅室信步凭窗望。无心繁华悦盛世，更欲佳作万古芳"反映了孙兆东潜心研究学问的抱负。

"一个人经过不同程度的锻炼，就获得不同程度的修养、不同程度的效益。好比香料，捣得愈碎，磨得愈细，香得愈浓烈。我们曾如此渴望命运的波澜，到最后才发现：人生最曼妙的风景，竟是内心的淡定与从容……我们曾如此期盼外界的认可，到最后才知道：世界是自己的，与他人毫无关系。"杨绛先生的《一百岁感言》，写出了孙兆东向往的境界。

（原文刊发于《英大金融》2016年第5期，原文略有修改）

前言：伴随金鹰腾飞感悟金融之心中有数

历史上，北京金融街在元、明、清时期叫"金城坊"，历代金坊、银号的富商、巨贾等发迹生财于此。清代大清银行、民国中国实业银行等先后设立于此。1993年，金城坊更名为"金融街"，也被称为"中国的华尔街"。

金融街南起北京复兴门，北至阜成门，东临太平桥，西沿二环路，占地1.03平方千米，聚集了中国人民银行、中国证券监督管理委员会、中国银行保险监督管理委员会。得天独厚的地理位置和良好的投资发展环境，就像磁场一样不断吸引各类金融机构加入。这里不仅聚集了工、农、中、建四大商业银行，2021年又新添了全国性证券交易场所——北京证券交易所。此外，包括亚洲基础设施投资银行、亚洲开发银行、纽约银行、西德银行、澳大利亚西太平洋银行等银行在内的1 000余家金融机构、企业在金融街落户。时下金融街周边已聚集国内外大型金融机构和企业总部500余家，其中包括电信、银行、能源等领域的9家世界500强企业。历经20多年的发展，北京金融街已然发展为中国金融决策监管中心、资产管理中心、金融支付结算中心、金融信息中心。

2021年，我从基层金融机构步入北京金融街工作满20年，也是从事经济金融工作满30年。过去的20年，无论是在金融街25号、闹市口大街1号院1号楼，还是在太平桥大街96号院，每天十几个小时，我都是在金融街的办公楼里度过的。在我心目中，金融街就是中国的一只金鹰甚至是世界的金鹰。过去的20年，金鹰腾飞了，而我正在其中。我们一同经历和见证了中国经济的第一次腾飞，经历了中国金融的崛起，也经历了"非典"、国际金融危机、新冠肺炎疫情等，我也从一介工科出身的学生，到投资管理入行，再到成为经济金融专家，从业务人员到经营管理人员，再到大学的建设者。我的学习进步、学术成长、职业生涯，长于金融街，成于金融街。

回顾过去20年在金融街工作和成长的经历，我脑海中总会涌现"心中有数"这个关键词。《庄子·外篇·天道》曰："不徐不疾，得之于手而应于心，口不能言，有数存焉于其间。"《三十六计》道："六六三十六，数中有术，术中有数。"《天论》有言："夫物之合并，必有数存乎其间焉。"在近代，"心中有数"已作为成语，释义为对情况和问题有基本的了解，才能处理事情有一定把握。事实上，我的金融街、我的银行和我的大学都得益于"心中有数"，而作为金融从业者，在做到"心中有数"的同时也要力争"心中有术"，从而对金融业具有更好的认知与实践能力。

2020 年年初，新冠肺炎疫情肆虐全球，隔离成为最好的防御方式。除了远程办公和每天坚持锻炼八段锦、五禽戏、太极拳和禅修外，业余时间我开始着手整理和总结从事经济金融工作 30 年来的所思所想与所悟，特别是在金融街 20 年里所形成的一些理念、认知和直接经验与间接经验。我从历年积累下来的 300 多篇文章中精选了部分已发表和未发表的文章编成此书。尽管本书选取的只是我多年积累的一部分，但仍能让人从中感受到我对中国经济发展的感悟。从某种程度上说，本书是用了 30 年才写成的。时至今日，重读这些已发表或未发表的文章以及接受的采访，经过再次梳理和提炼，我心中系统性的金融认知脉络就更加清晰了。孔子曰："逝者如斯夫。"我所留下的文字、所经历的认知，如同时间长河中的点滴，让我回首时能看到时间长河的源远流长。

事实上，正是由于每天与"金鹰"如影随形地生活在一起，有的时候我甚至想象自己变成了"金鹰"的羽毛。为了纪念走过的心路历程，也为过去 20 多年所撰写和发表或未发表的作品进一步系统化，我用了 1 年多的时间整理过往文稿并集结成本书。希望本书如同"金鹰"的羽毛，飘落到需要它的读者手中。今天，当"金鹰"的羽毛终于到了读者面前的时候，我心中有安慰，也有感激。开卷有益，希望通过这本书，大家能更好地认识中国金融的发展路径，更好地参与到中国金融由大到强、实现高质量发展的建设之中，更期盼早日实现中华民族伟大复兴的中国梦。

孙兆东

2021 年 9 月 30 日

目录

第二篇　读懂货币

第三篇　读懂银行

第六篇　预见趋势

第一篇　读懂金融

　　"金融是现代经济的核心。"无论从事什么行业，凡是做与经济相关的工作，都应该懂得一点金融知识，甚至要读懂金融。正是由于从"门外汉"走进金融领域，因此笔者从事经济金融工作30年，一直不断从理论和实践中学习，边学边干边总结。笔者从金融产品、金融市场、国际金融以及企业发展典型案例等方面不断积累和分析，才逐渐读懂了金融。第一篇读懂金融，笔者选取了过往在金融街工作中所形成的比较典型的认知分析文章，力求让自己和读者真正了解金融的本质。笔者深知只有深入系统地了解金融才能读懂金融、运用好金融。本篇的文章安排采用了由近及远的时间顺序，是为了让读者着眼眼前，再延展到历史，从文章中体会现在、知道过往，从而更好地展望金融的未来。

为共同富裕提供强有力的金融支持

在高质量发展中促进共同富裕，我国将迎来新的发展阶段和新的发展格局。当下共同富裕的方向已经进一步明确，共同富裕的立场必须坚定，各地和各行各业都要因地制宜，努力践行在高质量发展中促进共同富裕。作为现代经济核心的金融行业应成为共同富裕建设的主力军，金融行业和金融企业应强化共同富裕的认识，坚持以人民为中心的新金融理念，为促进共同富裕提供强有力的金融支持。

第一，提高认识，强化人民金融理念，把促进共同富裕作为金融工作的出发点和着力点。金融行业和金融机构要更新理念、转变观念，把握金融助力共同富裕发展的主动权。党的十九大报告就鲜明地指出改善民生、共同富裕。2021 年 8 月 18 日，中央财经委员会第十次会议进一步明确提出在高质量发展中促进共同富裕。这是我们党践行以人民为中心的发展理念，着力解决发展不平衡不充分问题，更好满足人民日益增长的美好生活需要的重大战略安排。共同富裕是全体人民的富裕，是物质生活和精神生活的共同富裕，是分阶段逐步实现的共同富裕，也是高质量发展的共同富裕。为此，金融行业应高度重视，深入学习和领会关于共同富裕的内涵，深刻理解我国经济社会发展的理论逻辑、历史逻辑、现实逻辑，准确把握好新发展阶段、新发展理念、新发展格局和高质量发展的内涵要义，金融企业尤其要紧扣职能职责，找准金融落实共同富裕建设的支持方向、切入点和关键点，增强以金融服务共同富裕建设大局的自觉和实效。

第二，坚持货币信贷资源服务实体经济高质量发展，强化金融科技和普惠金融发展，让金融资源和技术更好地向普惠金融等共同富裕建设主阵地倾斜。促进共同富裕所需要的新金融应更多地追求为人民共同富裕提供优质金融服务。这就要求共同富裕的金融支持必须通过创新来降低成本、提高效率，并努力实现普惠，只有这样才能更好地让金融助力共同富裕。因此，新金融要与共同富裕所需的资源配置要求结合，并且要与先进的科技手段融合，使金融资源投向经济的薄弱环节。例如，"数字人民币+5G+金融"等融合性金融科技手段进一步畅通金融服务乡村振兴、助推实体经济减税降费；又如，商业银行创新"共同富裕数字化贷款"，为从事乡村振兴生产经营方面有融资需求的经营者提供金融便利。值得一提的是，县域、乡镇或行政村应是金融资源着力共同富裕的主战场，因而货币信贷等金融资源尤其要向从事或支持农业农村建设、产业融合、城乡融合推进的产业，或者从事特色农业、休闲农业、乡村旅游、农村电商等领域倾斜，为共同富裕建设提供利率优惠、办理流程简便、放款迅速的数字化金融。

第三，着力绿色金融发展，打造共同富裕的生态文明。金融行业应把促进共同富裕作为金融工作的出发点和着力点，一定要注重数字经济的健康发展，并且要兼顾落实实现"碳达峰""碳中和"的发展要求，聚焦绿色经济和循环经济发展的需要，推动可持续发展所需的融资畅通。当下，商业银行应充分发挥"碳金融"和"碳汇金融"的服务优势，把握绿色发展的产业特征，加大对绿色经济和循环经济领域的精准服务，尤其应突出对碳汇产业的精准支持，同时打好服务数字产业和产业数字化等数字经济发展的"组合拳"，如创新科创金融发展，以数字化思维、方法和手段促进金融理念创新、制度创新、模式创新，利用大数据精准画像，持续加大对战略性新兴产业、智能制造业的金融供给，将知识产权和"数字资产"等"无形"资产，转为可评估、可融资的"有形"资产，有效解决科创类企业融资"卡脖子"问题，创新助力民营企业发展，促进充分就业，从而带动共同富裕。进一步讲，富裕实际上反映社会对财富的拥有，是社会生产力发展水平的集中体现，金融只有推动社会财富的高质量增长，才能有更高质量的经济生态。此外，金融行业也要支持促进人民群众精神生活的共同富裕和教育领域改革发展，不断为满足人民群众多样化、多层次、多方面的精神文化与高质量教育需求提供好金融支持，推动金融服务共同富裕向更高质量迈进。

第四，强化推动产业振兴与乡村振兴，更大范围促进共同富裕。产业兴旺才能带来更多的就业，从而带动共同富裕，因此金融行业要注重推动农村发展、助力农村产业融合，更多地助力农业现代化示范区建设，尤其要助力先进制造业与现代农业的深度融合，让农村金融回归"三农"。金融行业要利用投行和券商的直接融资手段，通过将土地、资本等要素使用权、收益权等证券化，利用创新要素资本化和证券化，拓宽产业和乡村的城乡居民财产性收入，丰富人民的可投资金融产品。商业银行尤其要大力发展好交易银行业务，特别要聚焦实体经济，推动直接融资与间接融资相结合，为共同富裕提供全方位、多功能的金融支持。产业振兴中尤其值得注意的是制造业，实践表明制造业是我国强国富民之本，也是实现共同富裕的重要引擎，因此要持续创新推动知识产权质押贷、创业担保贷、"双保"融资贷，持续加大对科技型中小微高端制造业企业的信贷扶持力度，精准破解中小微企业融资难、融资贵等问题，不断满足"双创"高端制造业企业投资新建、改造生产线和智能化改造等的资金需求。

第五，强化金融企业自身建设，有效防范和化解重大金融风险，为共同富裕保驾护航。金融企业应始终坚持稳中求进的工作总基调，着力保持经营的稳健性，为促进共同富裕提供有力的、可持续的高质量金融支持，尤其要不忘初心，牢记守住不发生系统性金融风险的底线。金融是现代经济的核心，金融业的发展关系到共同富裕的推进和实现。因此，金融企业既要遵循市场化、法治化原则，也要统筹做好共同富裕发展理念下的经营管理，同时做好重大金融风险的防范与化解。金融企业要按照"稳定大局、统筹协调、分类施策、精准拆弹"的基本方针，防范化解重大金融风险，有力维护国家经济金融稳定和人民财产安全，持续巩固实体经济向好势头，在经济高质量发展中化解系统性金融风险，尤其是要防控好新型冠状病毒肺炎疫情冲击、房地产"灰犀牛"以及其他输入性风险所引致的次生金融风险。

（原文刊发于《中国银行保险报》2021年9月9日，原文略有修改）

从服务资本到服务人民

习近平总书记指出："一代人有一代人的长征，一代人有一代人的担当。"我们这代人建设了中国金融，而未来改变金融的人，应是新金融的建设者。就笔者近30年的工作经历所形成的认知来看，各行各业的发展都离不开金融的支持。金融是国家重要的核心竞争力，金融资源是重要的生存发展资源，金融制度是经济社会发展中重要的基础性制度，金融安全是国家安全的重要组成部分。因此，我们要努力充分挖掘并阐释金融服务国家战略、支持实体经济、创新金融技术的责任担当。

金融已然开启了第二发展曲线，这就是新金融。新金融与传统金融的本质区别在于发展理念的差异。传统金融"以资本为中心"，发展专注于服务资本；而新金融发展理念"以人民为中心"，发展专注于服务普通民众。只有深刻认知新金融发展理念的本质属性，才能准确把握新发展阶段，深入贯彻新发展理念，加快构建新发展格局，也才能更好地以新金融实现共同富裕和美好生活。

新金融要秉持坚持人民至上，服务普通民众。"以人民为中心"是新金融的初心，是坚持"以人民为中心"的发展要求，新金融的使命是服务人民美好生活，特别是要运用数字化和科技手段创新工程等，解决社会难点和痛点问题。建行大学校长，也是中国建设银行股份有限公司董事长田国立认为，新金融就是要重修金融"水利工程"，涵养宜业"雨林生态"。

笔者大学本科学的是光学工程专业，尽管是从金融的外行逐渐成为内行的，但是用个人的视角去看金融，笔者更多是从学习光学的方法去审视它。百年来，在中国共产党的光辉历程中，金融扮演着不可替代的重要角色。如同经历了可见光的光谱——红橙黄绿蓝靛紫。红色金融源于井冈山，在战火的硝烟里诞生，在艰难起步中奠定基石，一步步走向辉煌繁荣，在革命战争、共和国建设、改革开放各个时期分别发挥了支持革命战争、支持社会主义建设、繁荣国民经济的重要作用。进入21世纪，特别是在新发展理念指引下，我国金融从红橙黄逐渐向绿色发展。时下中国经济高质量发展要求绿色金融、数字金融、普惠金融，新金融正在引导我国金融行业由大到强，高质量服务实体经济走向蓝海。

回顾人类金融发展和创新史，我们看到，现代金融的一些主要理论规则多来自西方，但中国5 000年悠久的历史同样给了我们正确认识金融的弥足珍贵的方法。例如，五行相生相克理论，金生水，水生木，木生火，火生土，土生金。值得注意的是，改革开放的总设计师邓小平讲："金融是现代经济的核心，金融一盘棋走活，经济满盘棋皆赢。"这都说明了金生水的道理。五行思想也告诉我们水克金，当水多了超越了金融"水利工程"的承受力，就会出现管涌或溃坝，也就会由金融危机放大成经济危机，传统的金融围绕资本是金融的核心这一基本原理，服务重点是围绕资本去展开的。在资本主义社会出现的经济周期，周而复始的无数典型金融危机案例都鲜明地反映了服务资本的这一"五行相生相克"的道理。新金融以服务人民为核心则是以生态为本，能够从更广的视野去为人类命运共同体、人类利益共同体和人类经济共同体提供高质量金融服务，更具生命力和发展前景。

传统金融管理的核心在于风险管理，我们要更好地运用新金融，也要更好地管理风险。值得注意的是，中共中央政治局于 2019 年 2 月 22 日就完善金融服务、防范金融风险举行第十三次集体学习。习近平总书记在主持学习时强调，要深化对国际国内金融形势的认识，正确把握金融本质，深化金融供给侧结构性改革，平衡好稳增长与防风险的关系，精准有效处置重点领域风险，深化金融改革开放，增强金融服务实体经济能力，坚决打好防范化解包括金融风险在内的重大风险攻坚战，推动我国金融业健康发展。

正如习近平总书记所强调的，金融是国家重要的核心竞争力，金融安全是国家安全的重要组成部分，金融制度是经济社会发展中重要的基础性制度。改革开放以来，我国金融业发展取得了历史性成就。特别是党的十八大以来，我们有序推进金融改革发展、治理金融风险，金融业保持快速发展，金融改革开放有序推进，金融产品日益丰富，金融服务普惠性增强，金融监管得到加强和改进。同时，我国金融业的市场结构、经营理念、创新能力、服务水平还不适应经济高质量发展的要求，诸多矛盾和问题仍然突出。我们要抓住完善金融服务、防范金融风险这个重点，推动金融业高质量发展。习近平总书记深刻指出，金融要为实体经济服务，满足经济社会发展和人民群众需要。金融活，经济活；金融稳，经济稳。经济兴，金融兴；经济强，金融强。经济是肌体，金融是血脉，两者共生共荣。我们要深化对金融本质和规律的认识，立足中国实际，走出中国特色金融发展之路。深化金融供给侧结构性改革必须贯彻落实新发展理念，强化金融服务功能，找准金融服务重点，以服务实体经济、服务人民生活为本。

实际上，中国金融支持经济高质量发展，必须转变金融服务的理念，立足新发展阶段，特别是根据"共同富裕"的要求，就需要金融"从服务资本到服务人民"，要以金融体系结构调整优化为重点，优化金融机构体系、市场体系、产品体系和融资结构，为实体经济发展提供更高质量、更有效率的金融服务；要构建多层次、广覆盖、有差异的银行体系，端正发展理念，坚持以市场需求为导向，积极开发个性化、差异化、定制化金融产品，增加中小金融机构数量和业务比重，改进小微企业和"三农"等重要领域金融服务；要建设一个规范、透明、开放、有活力、有韧性的资本市场，完善资本市场基础性制度，把好市场入口和市场出口两道关，加强对交易的全程监管；要围绕建设现代化经济的产业体系、市场体系、区域发展体系、绿色发展体系等提供精准金融服务，构建风险投资、银行信贷、债券市场、股票市场等全方位、多层次金融支持服务体系；要适应发展更多依靠创新、创造、创意的大趋势，推动金融服务结构和质量转变；要更加注意尊重市场规律、坚持精准支持，选择那些符合国家产业发展方向、主业相对集中于实体经济、技术先进、产品有市场、暂时遇到困难的民营企业重点支持等。

进一步讲，新金融必须着力服务人民，必须更好地着力服务共同富裕。在全球抗击新冠肺炎疫情期间，世界经济的不确定性加剧。实践表明，中国的金融系统坚持了服务人民的新金融理念与生态建设，采取了如促进商业银行等机构向实体经济让利等措施，应对了复杂多变的国际形势，以服务实体经济和人民需要的高质量发展为导向，持续深化金融供给侧结构性改革，全力服务新发展格局，尤其是持续聚焦服务民生，坚持以"新金融、高科技"履行了服务人民的新金融社会责任，从而能够加快构建支持实体经济高质量发展和实现自身高质量发展的良性"双循环"。

（成文于 2021 年 9 月 10 日，回顾从事经济金融工作 30 年后的再认识）

强化产业金融规范发展

　　伴随着中国经济的发展壮大，我国金融发展也不断深化。近十年，我国产业资本金融化趋势明显，产业金融的运行机理出现了新的情况，关注和研究产业金融对我国金融的价值贡献与发展中存在的问题，具有重要的现实意义。

　　产业金融是产业部门从事金融的活动，初心是以产业为本、金融为用，更好地促进本产业的发展。事实上，产业金融也是一个专业化的系统工程，主要提供产业发展的金融解决方案，促进产业资源资本化、资产资本化、知识产权资本化、未来价值资本化。与商业金融不同的是，产业金融来自产业出资，是以产业的资金融通、资源整合、价值增值，服务产业的高质量发展。

　　值得注意的是，近年来，我国主要产业出现了产业泛金融化的现象，一些产业金融的过度发展，超出了产业金融以产业为本、金融为用的功效，甚至产业金融出现了脱实向虚和商业金融化问题。笔者认为，从服务产业和实体经济高质量发展与防范系统性金融风险出发，当前我国应强化产业金融规范发展。

　　统计数据显示，2019年中央直属企业（简称"央企"）共95家，其中有57家参股或控股金融机构，涉及银行类、证券期货类、保险类等多个金融行业。其中，参股成立企业集团财务公司的央企数量多达49家；参股商业银行的央企有7家，参股信托公司的央企有10家，参股金融租赁公司的央企有5家；参股证券公司的央企有8家，参股期货公司的央企有3家，参股基金（管理）公司的央企有10家；有12家央企参股控股了10家保险公司（含专门的寿险公司和财险公司）和10家保险经纪公司。

　　央企通过成立控股公司来进行参股或控股，一定程度上代表着央企参股或控股金融机构的趋势。无独有偶，近年来，民营企业特别是互联网公司和互联网平台企业也多出现产业金融化的趋势。这些公司不仅从事第三方电子支付，它们也借助客户交易账户理财等手段，蓄积资金池，发放高于商业银行贷款利率的贷款，从事影子银行金融业务。此外，产业资本的泛金融化还表现在消费金融公司、私营企业研发推出数字货币等。

　　产业金融的不规范快速发展带来一些风险事件的发生。实际上，国家金融管理和监管部门已经关注到产业资本金融化问题。2020年伊始，相关部门着手强化对金融控股公司的制度监管。2020年9月15日，国务院发布《国务院关于实施金融控股公司准入管理的决定》，中国人民银行同步发布了《金融控股公司监督管理试行办法》。相关制度的出台解决了我国金融控股公司长期以来一直没有作为整体纳入金融监管存在的监管缺失。其中，来自产业金融的部分非金融企业盲目向金融业扩张，股权结构和组织架构复杂，交叉持股、循环注资、虚假注资，成为监督管理的重要部分。

需要指出的是，产业金融的规范发展，不仅要强化对金融控股公司的监督管理，也要强化对从事产业金融的机构治理、人员准入、产品准入等的治理与管理，应将产业金融纳入金融行业统一的监管范畴。从实体经济中产业与金融的关系看，产业是经济的基础平台，金融起到催化剂和倍增剂的作用，金融与产业互动，能大大加快财富积累的速度。产业财富通过金融的放大效应，也会伴生金融风险。

因此，要强化产业金融的规范发展，主要应从以下几个方面着力：

一是必须注重产融结合的监管。全球化竞争压力下，面对跨国公司及其附属金融公司的进入，我国产业集团有赶超国外巨头、进军世界 500 强的目标，有多元化经营、分散风险的动机，有提升企业形象的需求。因此，产业金融热心入股银行。同等条件下，在合乎银行向股东融资的各项法律规定之后，产业金融在融资上的便利显而易见。同时，过去十几年，我国金融行业的高进入壁垒形成了行业整体较高的利润水平，我国经济的快速发展和金融行业的快速发展吸引了产业资本的介入。在产业资本转变成金融资本的过程中，产业资本实现了可观的增值，也提高了产业金融向商业金融转化的预期。从产融结合的金融监管角度看，产业金融的规范发展应使产业资本的比例限制在该产业的金融投向和服务范围，避免其业务的无序扩张和过度商业金融化。

二是应着力建立健全适应产业金融特征的新的监管体系，有针对性地进一步促进产业金融的持续健康发展。推动产业金融的规范发展，要按照边整边改、标本兼治的思路，以整治过程中发现的问题为导向，在全面排查和妥善化解风险点的同时，开展长效机制建设。金融监管部门应针对跨界混业经营、贯穿多层次市场体系的特征，逐步健全并完善与之相适应的监管体系。金融监管部门应强化产业金融牌照的准入管理和功能监管。设立金融机构、从事金融活动，必须依法接受准入管理。金融监管部门应根据互联网金融、科技金融的业务实质与功能属性，确定监管要求与监管主体，实现对各金融业态、线上线下金融行为的全面监管。与此同时，金融监管部门也要强化与产业主管部门的联动，实施"穿透式"监管。金融监管部门应通过数字化和共享化手段，把产业金融的资金来源、中间环节与最终投向穿透连接起来，综合全环节信息判断业务性质，执行相应的监管规定。此外，金融监管部门应完善中央与地方金融监管分工。由于产业金融从业机构的跨区域经营特征明显，由中央金融监管部门和地方政府共同牵头开展专项整治，是对中央与地方监管分工的有益探索。

三是应着力规范金融科技创新，注意防控技术风险。金融科技得益于信息技术的发展，但若出现网络或信息安全问题，其风险的扩散速度更快、波及范围更广、传染性更强。金融科技高度依赖信息技术，而信息系统安全面临黑客、木马病毒等威胁，因此金融机构要加强信息安全系统建设，提高技术安全标准，尤其应强化公民信息数据隐私保护，加强数据模糊化处理等隐私保护技术的开发使用。金融机构应建立健全反洗钱、反恐怖融资制度，防范通过互联网金融进行洗钱、恐怖融资等行为，提升科技金融的监管水平。

四是应着力加强对产业金融从业者的金融执业资质认证培训。金融机构应加强专业金融知识培训，提高从业人员金融素养，清除扰乱金融市场秩序人员，清理不正当竞争行为，完善反不正当竞争制度。金融机构应规范关联交易。金融监管部门对金融产业类机构要立足宏观、审慎监管，完善防火墙制度，加强对机构实际控制人和控股大股东的管理；对跨界混业经营的机构，强化对机构间互相持股、高管交叉任职等情况的监管，防止风险交叉传染和"多而不能倒"。金融监管部门要加强金融广告管理，未取得相关金融业务资质的机构，不得对金融业务或公司形象进行宣传；取得相关业务资质的机构，宣传内容应符合相关法律法规的规定。

（原文刊发于《中国银行保险报》2021年5月10日，原文略有修改）

着力两个协定，强化双向开放，加快构建新发展格局

2021 年金融应着力两个协定的有效落实，强化人民币在亚洲、欧洲国际化新路径，有效推动金融双向开放，构建人民币发展新格局，促进以国内大循环为主体、国内国际双循环相互促进的新发展格局的加快形成和发展。

2020 年，在国际经贸和国际投资领域，中国成功签署了具有深远影响的两大协定：一个是 2020 年 11 月签署的包括中国、日本、韩国、澳大利亚、新西兰和东盟十国共 15 方成员制定的《区域全面经济伙伴关系协定》（Regional Comprehensive Economic Partnership，RCEP）；另一个是 2020 年 12 月签署的中国与欧盟成员国中 26 个国家之间订立的《双边投资保护协定》（Bilateral Investment Treaty，BIT）。两大协定旨在构建国际经贸和投资合作新规则与新的制度安排。

以东太平洋为核心的《区域全面经济伙伴关系协定》彰显了区域内各国坚定支持经济复苏、包容性发展、增加就业、增强区域供应链的承诺，同时也表明各国支持达成一个开放的、包容的、基于规则的贸易投资安排。这将是我国进一步扩展在亚洲货物贸易和服务贸易影响力的关键，更是提升我国人民币国际地位的重要途径，进一步完善人民币阶段体系和制度，以 RCEP 为基础形成全球性人民币清付、结算格局应是我国未来重要的战略布局之一。

中国与欧盟成员国中 26 个国家之间的《双边投资保护协定》展现了中方推进高水平对外开放的决心和信心，将为中欧相互投资提供更高水平的营商环境、更有力的制度保障、更光明的合作前景。中欧之间双向直接投资的增加，将会有助于带动相关产业的出口和双边贸易，也会加强新能源及汽车领域等产业链的融合，促进人民币与欧元强化国际合作、共同成长。

值得关注的是，2021 年是我国"十四五"规划开局之年，我国将深化双向开放，着力建设以国内大循环为主体、国内国际双循环相互促进的新发展格局。因此，我国的金融行业和金融机构应充分认识 RCEP 与 BIT 的战略意义和长远影响，厘清机遇与挑战，积极着力两个协定的有效落实，进一步推动人民币国际化和金融双向开放。

进一步讲，我国金融业要抢抓 RCEP 与 BIT 机遇，强化金融双循环的建设。《区域全面经济伙伴关系协定》覆盖了世界上人口最多、经贸规模最大、最具发展潜力的自由贸易区。抢抓 RCEP 机遇的当务之急是扩大金融对外开放，强化跨境贷

款业务、跨境资金收付便利化、创投风投基金双向募集及双向投资；积极将我国金融机构定位于服务境内、东南亚以及 RCEP 国家和地区的核心贸易业务，如金融机构可从 RCEP 成员方吸收股东，以国际一流标准开办，可以积极申报在 RCEP 国家和地区开设分支机构，为我国金融机构"引进来"和"走出去"提供服务，在市场定位、运作机制、交易品种和服务等方面与国际惯例接轨，落实如数字货币、投融资便利方面的创新举措，在相关国家打通跨境资金链，推动构建与国际接轨的金融规则体系，服务 RCEP 贸易。

从 BIT 的金融机遇看，伴随中欧《双边投资保护协定》中市场准入承诺的落实，中国企业的"外循环"和"内循环"面临重大机遇。从金融企业的双向投资角度来看，BIT 的签署将进一步为欧洲的金融与保险机构、服务商与制造商打开大门。与此同时，中欧双方在计算机、云计算等行业都将有一系列新的开放举措，这意味着中国企业赴欧投资金融服务业、高新技术等产业，其相关利益也将得到一系列保护。BIT 有助于巩固中国在全球产业链中的主导地位，提升中资企业布局掌控全球生产网络的能力。中欧双向投资的良好前景源于较好的互补性和各自需求。高水平的市场准入承诺将为中欧双方企业带来更多投资机会，高水平的规则将为双边投资提供更好的营商环境。需要指出的是，我国金融行业应高度重视并创新服务好中欧双向深入合作。

需要强调的是，我国金融机构有效落实 RCEP 与 BIT，抢抓金融机遇，应着力强化人民币建设，努力做强人民币，特别在跨境贸易、债券及股权市场等方面应有意识尽可能地用人民币计价及交易，同时着力开放合规的外汇交易市场，以大幅提升两大区域对人民币交易的需求，增强人民币资产的离岸流动性。首先，我国金融机构可以在中国的离岸经济圈、"一带一路"及其他国际项目中增加使用以人民币计价的金融产品，并且在计价、交易以及价值储备三个方面尽可能推动使用人民币。例如，人民币在中国的离岸经济圈流通，这些合作地区经济主体的资产与负债就可以在全球市场定价、交易以及配置，推动多元外汇储备及人民币国际化方面产生效应。其次，我国金融机构也应加强数字人民币资产的管理，提前规划好数字人民币的各种方案，加快步伐顺应数字人民币的国际应用和竞争。最后，我国央行与"一带一路"沿线国家央行之间的互换协定可以考虑使用数字人民币，进一步提高货币互换的便利性和效率，充分利用数字人民币加快我国人民币国际化的进程。

（原文刊发于《中国银行保险报》2021 年 3 月 22 日，原文略有修改）

引导金融向绿色倾斜

2020 年 1 月，党的十九届五中全会将"碳达峰"和"碳中和"目标纳入"十四五"规划和 2035 年远景目标；2020 年 12 月，中央经济工作会议将"碳达峰"和"碳中和"作为 2021 年的重要任务进行了部署；2021 年 1 月，中国人民银行工作会议明确将落实"碳达峰"和"碳中和"排在 2021 年十大工作任务的第三位，并着重强调完善绿色金融政策框架和激励机制，做好政策设计和规划，引导金融资源向绿色发展领域倾斜。

在"碳达峰"和"碳中和"愿景下，我国在可再生能源、能效、零碳技术和储能技术等七个领域需要投资多达 70 万亿元，而未来 30 多年内，我国实现"碳中和"所需要的绿色低碳投资的规模将超过 100 万亿元，由此将为绿色金融带来巨大机遇。金融行业身居经济的核心地位，肩负着实现我国"碳达峰"和"碳中和"目标的重任。

然而，目前我国的绿色金融标准体系与"碳中和"目标不完全匹配，环境信息披露的水平尚未充分反映"碳中和"的要求，绿色金融激励机制尚未充分体现对低碳发展的足够重视，绿色金融产品还不完全适应"碳中和"的需要。

因此，金融行业特别是金融机构要积极作为，加快金融供给侧结构性改革，积极推动"碳达峰""碳中和"需求侧改革，积极构建绿色金融标准体系，更加积极主动地切实强化对"碳达峰""碳中和"的金融支持，创新综合金融服务，科学引导金融资源向绿色发展倾斜，有效落实国家"碳达峰""碳中和"目标，进而促进我国生态文明建设和推动新时期经济社会的高质量发展。

一是持续强化绿色信贷等间接融资绿色金融体系建设。商业银行要强化绿色信贷系统意识、风险意识，将创新、协调、绿色、开放、共享的新发展理念贯穿于新金融改革发展的全过程，着力制定绿色信贷"进、保、控、压、退"具体信贷政策和客户项目准入标准，推动构建绿色信贷等间接融资管控体系。例如，重点抓住"两高一剩行业"（高污染、高能耗的资源性行业和产能过剩行业）的信贷管控，实现信贷资金向能满足"碳中和"需要的绿色、低碳、环保的项目流动。对水泥、钢铁、化工、电解铝等重点排放行业和交通、电力等重点领域，商业银行应将其纳入绿色信贷等间接融资名单制管控范围。商业银行应大力支持发展新能源项目，以信贷资金持续改善能源结构，积极开展绿色信贷业务。商业银行要开发并运用绿色信贷管理系统，开辟绿色信贷快速审批通道，配套绿色信贷专项规模和优先序列，探索碳排放权、排污权等质押融资贷款，推进信用贷款和其他非抵押类信贷产品的持续创新。商业银行要与产业主管部门、金融行业监管部门合作，加强企业环保信息监测和沟通，共同强化信息沟通，打造信息平台，使用好绿色数据库、污染数据库和金融数据库，实现环境信息的共享，同时还应积极发展碳金融产品和碳排放权抵质押融资，积极联动担保机构支持绿色企业和中小企业，通过绿色担保实现绿色信贷。

二是强化绿色债券等直接融资绿色金融体系建设。投资银行要利用绿色债券等直接融资工具，帮助绿色企业加快上市融资和再融资，加大绿色企业上市培育力度。对于实现在境内和境外主要资本市场上市的绿色企业，投资银行要重点帮助其在资本市场上以增发形式再融资。投资银行要积极帮扶绿色企业或项目发行绿色债券，优先支持符合条件的非金融企业在境内外发行绿色债券，包括绿色债务融资工具、绿色公司债、绿色企业债、气候债券、可持续债券等，支持企业创新发行绿色可续期债券和项目收益债券等结构化绿色债券产品。投资银行要积极扶持绿色中小企业实现集合债发行等直接融资。此外，金融机构也应积极探索推动设立绿色产业投资基金，有效对接政府财政引导资金，实现放大效应，创新社会融资模式，吸引有实力的境内外机构投资者和社会资本向节能环保、清洁生产、清洁能源、生态环境、基础设施绿色升级及绿色服务等领域的企业及项目进行投资。绿色产业基金应优先支持、参股符合国家绿色基金相关标准、绿色投资相关指引的企业。

三是强化碳排放权金融交易的创新支持。一方面，保险机构应积极探索创新绿色保险业务，如创新开展涉及危化品的高环境风险行业的环境污染强制责任保险、环境污染责任保险、生产安全强制责任保险、绿色产业产品质量责任保险、船舶污染损害责任保险及其他类型的创新型责任保险等绿色保险。同时，保险公司也要进一步创新优化巨灾保险，完善以保障自然灾害风险和重大事故风险的巨灾保障产品体系。另一方面，金融机构和保险机构应积极创新设立绿色金融专营机构，如绿色金融事业部、绿色支行、绿色保险业务部等。

四是强化碳汇产业的金融支持。"碳达峰"和"碳中和"目标的实现一定要注重碳汇产业的发展，金融机构应着力做好对碳汇产业的金融支持。碳汇是指绿色植物吸收转化二氧化碳的过程、活动与机制，其能力基础是以林草业为主的植被产业发展。吸碳固碳能力的交易就是碳汇贸易，碳汇的生产、自我开发与贸易共同构成碳汇产业。金融行业应积极做好包括林业碳汇产业、农业碳汇产业、海洋碳汇产业、草原碳汇产业等金融支持。

此外，金融支持草原碳汇项目发展，可着力帮助落实草原保护制度，控制草原载畜量，遏制草原退化，在草原生产过程中通过合理放牧、灌溉、施肥和品种改良等措施管理好草地，支持推动荒漠化土地的种树种草，通过扩大退牧还草工程实施范围，加强人工饲草地和灌溉草场的建设，不断增加草原碳汇。

（原文刊发于《中国银行保险报》2021年1月25日，原文略有修改）

牵住房地产"灰犀牛"的鼻子

日前，中国银保监会主席郭树清撰文强调，房地产是现阶段我国金融风险方面最大的"灰犀牛"，必须坚决抑制房地产泡沫。值得注意的是，国务院副总理刘鹤在《人民日报》撰文指出："房地产业影响投资和消费，事关民生和发展。要坚持房子是用来住的、不是用来炒的定位，坚持租购并举、因城施策，完善长租房政策，促进房地产市场平稳健康发展。"尤其值得注意的是，《中共中央关于制定国民经济和社会发展第十四个五年规划和二〇三五年远景目标的建议》指出："坚持房子是用来住的、不是用来炒的定位，租购并举、因城施策，促进房地产市场平稳健康发展。有效增加保障性住房供给，完善土地出让收入分配机制，探索支持利用集体建设用地按照规划建设租赁住房，完善长租房政策，扩大保障性租赁住房供给。"

2020年4月央行报告显示，中国居民家庭平均拥有住房1.5套，住房自有率为96%，城镇家庭户均资产为317万元。西南财经大学2018年4月的研究报告显示，全国各类房产总和为8亿套，城镇地区空置率为25.4%；商品房空置率为26.6%，一线城市空置率为16.8%，二线城市空置率为25%，三线城市空置率为30%；城镇地区住房空置数量达2亿套。需要关注的是，目前我国房地产相关贷款占银行业贷款的39%，还有大量债券、股本、信托等资金进入房地产业。郭树清在文章中表示："上世纪以来，世界上130多次金融危机中，100多次与房地产有关。"

"前车之覆，后车之鉴。"2020年12月1日公布的《中国住房大数据分析报告（2020）——城市房价预警与房企品牌价值测度》显示，2020年我国房地产市场已经告别了"只涨不跌"，进入了大分化时代。2019年10月至2020年10月，全国有9个城市的房价年度跌幅超过5%。同时，有城市的房价已经较历史最高点跌了近50%。但也有城市的房价出现了异常上涨的情况。9个城市房价年度涨幅在10%以上，其中包括1个一线城市，3个二线城市，5个三四线城市。

实际上，我国房地产业行业链条长、产值大，该产业影响到了我国整个国民经济的投资和消费，事关民生和发展。房地产业横跨了服务业和工业等50多个行业小类，如前端对钢铁、水泥等建材需求较大，对货币金融、商务服务等行业依赖度高，后端能带动家电、装潢等居民消费。尽管我国人口基数大，但是经历了多年的住房等一系列改革，特别是房地产商品化和市场化的充分繁荣发展，我国住房供求已经发生了根本性改变，房地产的金融属性充分体现了出来，因此时下必须坚持房子是用来住的、不是用来炒的定位，坚持租购并举、因城施策，完善长租房政策，才能更好地促进房地产市场平稳健康发展，也才能保障实体经济的健康可持续发展。

多年来国家政策一直对房地产业密切关注。早在 2002 年，多个部门印发了《建设部 国家计委 财政部 国土资源部 中国人民银行 国家税务总局关于加强房地产市场宏观调控促进房地产市场健康发展的若干意见》；2003 年，中国人民银行印发了《中国人民银行关于进一步加强房地产信贷业务管理的通知》；2006 年，为配合国家对房地产业的宏观调控，建设部、商务部、国家发改委、中国人民银行等多个部门联合发布《关于规范房地产市场外资准入和管理的意见》；等等。2016 年，中央经济工作会议首次强调"房子是用来住的，不是用来炒的"。2017 年，中央经济工作会议又提出"加快建立多主体供应、多渠道保障、租购并举的住房制度"。2019 年，中共中央政治局会议强调要落实好一城一策、因城施策、城市政府主体责任的长效机制，并提出不将房地产作为短期刺激经济的手段。2020 年，中共中央政治局会议强调要坚持房子是用来住的，不是用来炒的定位，促进房地产市场平稳健康发展。

在"房住不炒"与"租售并举"的高屋建瓴的主基调之下，房地产业将迈向一个新的时代。房地产企业逐渐磨炼出适应环境的强大生存能力。风的方向已经改变，舵与帆必须随之调整，这是又一次房地产业周期的新机遇与新考验。房地产企业应以更加开放的心态，不断与时俱进，开展更多共赢的合作，打造新生态和新发展模式，造就新的房地产业。新的房地产业要更多地体现"房子是用来住的"的属性，逐渐由完全市场化，回归商业合作模式、回归合作建设共有产权和租金证券化、回归住房数字化和新福利新模式。同时，新的房地产业也将是加速应用新基建、新材料、新设计、新工艺、新功能，绿色环保和更宜居的房地产业，实现人民对美好居住品质的升级。此外，新的房地产业更是房地产和金融融合创新模式的房地产业。

金融机构要深刻领会国家房地产政策和房地产金融政策导向，落实好一城一策、因城施策。金融机构要正确解读我国房地产发展要求，以金融的力量完善长租房政策，促进房地产市场转型和平稳健康发展。金融机构要积极落实"房住不炒"政策，从房地产信贷政策上有针对性地进行差别化调整，引导多主体供应、多渠道保障、租赁出售并举；同时也要引导房地产企业和房地产金融资源，投向县域、特色镇、美丽乡村、旧城改造、新基建融合发展等新蓝海，有效落实以创新、绿色、协调、开放、共享新发展理念引领房地产高质量发展。

金融机构要主动促进房地产市场平稳健康发展，以模式创新、技术创新、融资创新为驱动，帮助房地产企业面向消费升级和高质量需求开发新项目，尤其要注重支持数字化、智能化、更加节能绿色和宜居的优质房地产项目。此外，金融机构也要与房地产企业深入探索房地产从市场化回归商业化，从纯商业化回归合作化的共建共享模式，探索从合作化到公产化租赁新模式以及采用公产资产证券化等创新房地产金融模式助力支持"居者有其屋"。总之，金融机构应牵住房地产"灰犀牛"

的鼻子，防范房地产资产泡沫风险以及各类资金违规进入房地产。

　　商业银行应在坚持推进房地产金融创新的同时，重点以维护稳定来抑制房地产泡沫；坚持以金融手段稳地价、稳房价、稳预期，以政策工具和产品力争保持房地产金融政策的连续性、一致性、稳定性，同时金融监管部门要从平稳健康可持续的大局出发，实施好房地产金融的审慎管理制度。在新型冠状病毒肺炎疫情背景下，特别是出于宏观经济的整体考虑，货币和利率政策应适度宽松，要防范各类资金违规进入房地产，做好资金的流向监管和额度监管。另外，商业银行要规范房地产企业操作，对于一些楼盘炒作比较多的项目，贷款银行一定要做好各类监管，做到对信贷资金的全流程审查和监控。商业银行应探索支持"新房地产"与新基建、新金融、数字化、乡村振兴高质量融合发展，从而保障房地产市场的平稳健康发展。

　　（原文刊发于《中国银行保险报》2020年12月10日，原文略有修改）

我国金融发展的四大融合趋势

我国金融机构企业要面向未来，高度重视我国"十四五"经济金融发展的大势。

2020年是"十三五"收官之年，2021年是"十四五"开局之年。"天下之治，有因有革，期于趋时适治而已。"这是《宋史·徐禧传》的观点，意思是：治理天下的办法，有继承有变革，但都是为了能符合时代需要，达到治理的目的。时下，纵观国际国内的金融发展，无不与时代变革和技术创新息息相关，当前我国金融发展继往开来，需要将改革开放进行到底。展望未来，我国金融将深化"双向"开放，由大变强、融合发展，使金融为人民美好生活提供更好服务。

未来五年，笔者认为，我国经济将在常态化防疫的同时，坚持"双向开放"，强化"双循环互促进"，我国金融发展也将发生重大融合性进步。"十四五"时期的金融发展将"期于趋时适治"，金融的主要发展方向是提高质量、由大变强，主要发展特征将呈现四大融合趋势，即金融与科技深度融合、数字金融与国际金融深度融合、直接金融与间接金融相互融合、产业金融与消费金融相互融合。金融的四大融合发展将深刻影响我国经济的高水平和高质量发展。

首先，金融与科技将深度融合。数字人民币得到实际应用，数字金融突飞猛进，智能金融将初现端倪。未来五年，区块链技术将被更加广泛地应用到金融的各个领域，不仅包括数字人民币，还包括数字金融、数字资产、数字金融教育、数字化产业等方方面面，一个共享的和不可变的分类账模式、交易中的数字痕迹和加密等技术，将被更加广泛地应用于记录交易、跟踪资产和建立信任与积累信用。传统的金融机构和金融业务及金融产品将深度融合到金融科技和大数据技术应用之中。值得注意的是，"十四五"期间，信息通信技术将进入第五代移动通信技术（5G）普及和第六代移动通信技术（6G）迭代应用进程，产业数字化和数字产业在新一代信息通信技术支持下，将使数字化飞跃到智能化。其中，数字金融在支持数字产业与产业数字化进程中和在服务数字经济快速发展过程中，也将借助与先进科技的深度融合，走向更加智能化的未来金融。

其次，数字金融与国际金融深度融合。作为数字金融核心的数字人民币将实现弯道超车，从国际货币发展成为国际顶级货币，成为国际超主权货币体系的核心货币。由于技术的进步，数字和支付通用将进一步淡化货币的汇率和主权内涵，数字货币和数字金融将增加通用感。实际上，届时货币的信用本位已经越来越多地过渡到了数字本位，主要国家的央行数字货币将回归到交换结算和清算一般等价物的功能，国内国际"数字一般等价物"的融合使得国际金融币种区分将变得越来越无差异性。基于数字人民币的数字金融也将因中国经济的产出和贸易总量位居世界重要地位，加上数字人民币自身区块链技术的升级应用，具有数字货币本位和数字技术应用"双重"先进性与信用度，在国际上被广泛接受。同时，人类命运共同体建设由构想到实践，由共识到共建，其中数字人民币、数字金融将在国际金融中发挥重要引擎作用。

再次，直接金融与间接金融相互融合。我国"十三五"时期金融的综合化经营和分业监管走向了成熟，这为"十四五"时期直接金融与间接金融进一步融合发展奠定了基础。数字化将改变融资模式，直接金融和间接金融将越来越成为客户选择数字金融的渠道，数字经济对推动高质量发展具有战略意义。无论经济还是金融，提高全要素生产率是高质量发展的应有之义。数字经济发展将激活创新生态，大幅减少中间环节，突破时空约束，有效对冲融资成本、提高效率，进而提高投融资的边际产出效率和全要素生产率。线上直接融资和间接融资等新业态、新模式涌现，应用场景丰富，直接融资和间接融资进一步融入大数据、人工智能、物联网、区块链等技术创新与客户产业数字化应用之中。

最后，产业金融与消费金融相互融合。"十四五"时期，数字经济将进一步推动产业转型升级。新一代数字技术的突破性发展，使得数据日益成为产业发展的核心生产要素，三次产业的边界日趋模糊，势将融合，产业结构升级将更多表现为数据要素投入带来的边际效率改善。各个产业的数字化转型将促进从研发设计、生产加工、经营管理到销售服务全流程数字化的实现，促进产业融合发展和供需精准对接，将为转型升级开辟新路径。其中，产业金融理应担当起基础性、战略性、先导性作用，支持跨产业、跨学科的合作和融合，迈入大融合时代，金融科技支持科技与产业深度融合，将成为经济社会发展最显著的特点。

数字金融将成为产业与科技深度融合的桥梁和纽带，数字金融的信息链将政策链、资金链、创新链、产业链、供应链、人才链等进一步串联起来并加以统筹，实现带动第一产业、第二产业生产到第三产业服务与消费，使产业金融与消费金融强化融合，协同发展。数字金融新引擎促进下的数字经济发展，将引导市场主体广泛参与，形成政府、企业、金融机构协同推动数字经济合力发展，将构建新的经济生态，形成更强大的创新活力，引领新一轮技术经济周期的到来，为智能化经济社会发展奠定基础。

（原文刊发于《中国银行保险报》2020年8月10日，原文略有修改）

强化知识产权质押融资

金融机构应充分重视强化知识产权质押融资，特别是在数字化时代，金融机构要与知识产权管理部门、版权管理部门实现信息共享，促进知识产权、金融和经济的高质量协同发展。

据报道，2020 年 7 月 1 日，国务院常务会议审议促进国家高新技术产业开发区深化改革、扩大开放的议题，决定要鼓励商业银行在国家高新区设立科技支行，支持开展知识产权质押融资，支持符合条件的国家高新区开发建设主体上市融资。

事实上，为贯彻落实党中央、国务院关于知识产权工作的一系列重要部署，促进商业银行与保险机构加大对知识产权运用的支持力度，扩大知识产权质押融资，早在 2019 年 8 月，中国银保监会联合国家知识产权局和国家版权局就出台了《关于进一步加强知识产权质押融资工作的通知》（以下简称《通知》）。《通知》要求商业银行应建立专门的知识产权质押融资管理制度，要求大型银行、股份制银行应研究制定知识产权质押融资业务的支持政策，并指定专门部门负责知识产权质押融资工作。《通知》还提出了鼓励商业银行在风险可控的前提下，通过单列信贷计划、专项考核激励等方式支持知识产权质押融资业务发展，力争知识产权质押融资年累放贷款户数、年累放贷款金额逐年合理增长。

当前，强化知识产权质押融资应成为商业银行等金融机构创新金融服务的重点。尤其对"大众创业和万众创新"类客户，知识产权质押融资具有广泛的客户需求。实际上，"双创"类企业大多在高新区，这类企业的主要资产是知识产权类的无形资产，知识产权作为企业的核心生产要素，理应成为企业融资的价值遵循。因此，商业银行与保险机构、知识产权质押登记机构应提高认识，高度重视知识产权质押融资工作的重要性。金融机构应积极开展知识产权质押融资业务，持续做好具有发展潜力的创新型、科技型企业的金融支持。

强化知识产权质押融资，商业银行应积极建立适合知识产权质押融资特点的风险评估、授信审查、授信尽职和奖惩制度，创新信贷审批制度和利率定价机制。商业银行尤其要通过金融科技手段，重点推动知识产权质押贷款，探索知识产权金融业务发展新模式，满足知识产权密集的创新型、科技型企业的知识产权质押融资需求。

强化知识产权质押融资，商业银行应创新对企业的专利权、商标专用权、著作权等相关无形资产进行打包组合融资，提升企业复合型价值，扩大融资额度。商业银行应扩大知识产权质押物范围，积极探索数字化的知识产权，如地理标志、集成电路布图设计等作为知识产权质押物的可行性，进一步拓宽企业融资渠道。同时，商业银行也要建立对企业科技创新能力的评价体系，通过综合评估企业专利权、商标专用权、著作权等知识产权价值等方式，合理分析企业创新发展能力和品牌价值，通过知识产权质押融资业务把握企业发展方向。

强化知识产权质押融资，商业银行应积极同相关部门合作，完善对创新型（科技型）企业的认定及评价机制，特别要运用云计算、大数据、移动互联网等新技术研发知识产权质押融资新模式。商业银行可以与知识产权密集型产业园区开展战略性合作，给予园区合理的意向性授信额度。商业银行应加大对产业供应链中的创新型（科技型）小微企业的融资支持力度，促成小微企业知识产权质押贷款，进一步将小微企业纳入知识产权金融服务体系。

强化知识产权质押融资，商业银行应进一步健全知识产权质押融资风险管理。有效开展知识产权质押融资业务，做好对出质人及质物的调查、质权登记办理，并加强对押品的动态管理，定期分析借款人经营情况，对可能产生风险的不利情形要及时采取措施。此外，商业银行要努力培养知识产权质押融资专门人才，建立知识产权资产评估机构库，加强对知识产权融资业务的培训和实训。

（原文刊发于《中国银行保险报》2020年7月23日，原文略有修改）

金融资本深化改革的新路标

2018年7月9日，《中共中央 国务院关于完善国有金融资本管理的指导意见》（以下简称《指导意见》）公布。当日，上证综指收盘涨2.47%，银行股板块收盘涨3.41%，建设银行股价涨5.42%、工商银行股价涨4.54%、招商银行股价涨4.30%，其他国有控股银行股价涨幅均在3.3%以上。笔者认为，时下中国经济积极应对国际贸易摩擦，最优的选择正是深化改革开放，作为经济核心的金融尤应如此。

新路标指向金融资本结构进一步优化

国企姓国，国有金融资本是国家的核心资本。《指导意见》是新时代加强和完善我国国有金融资本管理的纲领性文件及基本遵循，包括总体要求、完善国有金融资本管理体制、优化国有金融资本管理制度、促进国有金融机构持续健康经营、加强党对国有金融机构的领导、协同推进强化落实6个方面26条政策措施。

事实上，我国金融资本结构调整日益迫切。当前国有金融资本约4万亿元至5万亿元，包括银行、保险、证券等机构，占全部金融资本的比重约60%~70%。如果包括非金融国有企业入股国有金融企业的国有股本，金融行业国有资本占比则高达80%。合理调整国有金融资本在银行、保险、证券等行业的比重，提高资本配置效率，实现战略性、安全性、效益性目标的统一成为当务之急。一方面，我国要减少对国有金融资本的过度占用；另一方面，在确保"三去一降一补"的供给侧结构性改革大背景下，我国要确保国有金融资本在金融领域保持必要的控制力，也有必要做出金融资本的结构性优化调整。对于涉及国家金融安全、外溢性强的金融基础设施类机构，我国要保持国家绝对控制力。同时，对于处于竞争领域的其他国有金融机构，我国要积极引入各类资本改善结构，提高资本充足率十分必要。按照市场化原则，稳妥推进国有金融机构混合所有制改革恰逢其时。

我们必须看到，金融资本结构优化的初衷是让国有金融资本坚定不移做大做强做优，不断增强国有经济的活力、控制力、影响力和抗风险能力。《指导意见》的主要任务有以下四大方面：

一是建立健全"四梁八柱"，即统筹规划国有金融资本战略布局，适应经济发展需要，有进有退、有所为有所不为，合理调整国有金融资本在银行、保险、证券等行业的比重，提高资本配置效率，实现战略性、安全性、效益性目标的统一。对于开发性和政策性金融机构，我国应保持国有独资或全资的性质。对于涉及国家金融安全、外溢性强的金融基础设施类机构，我国应保持国家绝对控制力。对于在行业中具有重要影响的国有金融机构，我国应保持国有金融资本的控制力和主导作用。

二是明确出资人职责，尽职履责。国有金融资本属于国家所有，即全民所有。国务院代表国家行使国有金融资本所有权。国务院、地方政府分别授权财政部、地方财政部门履行国有金融资本出资人职责。进一步压实财政部门的管理责任，明晰委托代理关系，完善授权管理体制，将会更好地管好用好国有金融资本。

三是优化国有金融资本的管理制度，包括健全国有金融资本基础管理制度、落实国有金融资本经营预算管理制度、健全国有金融机构薪酬管理制度等。

四是推动国有金融机构回归本源、专注主业。《指导意见》强调国有金融机构要牢固树立与实体经济俱荣俱损的理念，加强并改进对重点领域和薄弱环节的服务，围绕实体经济需要，开发新产品、开拓新业务。

国有金融资本从高速发展走向高质量发展新阶段

回顾国有金融资本的发展，打基础发展阶段始于 1993 年 12 月《国务院关于金融体制改革的决定》的出台，国有专业银行开启商业化进程。1994 年，国家先后成立了国家开发银行、中国进出口银行和中国农业发展银行三家政策性银行，专业银行的政策性业务逐步划转到政策性银行，国有商业银行的经营机制进一步向市场化靠拢。1995 年，《中华人民共和国商业银行法》颁布，明确规定了商业银行实行"自主经营、自担风险、自负盈亏、自求平衡"，并且以其全部法人财产独立承担民事责任。四大国有专业银行改组成国有独资商业银行。1999 年，国家先后组建了中国信达资产管理公司、中国东方资产管理公司、中国华融资产管理公司和中国长城资产管理公司，分别购买或托管建设银行、中国银行、工商银行和农业银行的不良贷款，最大限度地保全国有资产，减少损失。

此后，通过重组改制，国有金融资本迎来了快速发展阶段，自 2003 年工商银行、中国银行、建设银行、农业银行参照国内外银行重组改制的成功经验，根据"一行一策"的原则，通过财务重组、建立现代公司治理框架、引进战略投资者、境内外发行上市等，着力健全公司治理、强化风险管理、转换经营机制、提高服务水平、提升国际竞争力，稳步推进股份制改革。改革后，四大国有银行资本充足率显著提高，资产质量和盈利能力逐年提升，风险控制能力明显增强，国家注资获得明显收益，实现了国有资本保值增值。

截至 2017 年年底，中央汇金公司管理的国有金融资本达 4.1 万亿元；控股、参股 17 家金融机构资产总额达 112 万亿元；控股、参股机构全年实现净利润合计达 1.1 万亿元，其中 11 家上市控股、参股机构总市值达 6.7 万亿元，中央汇金公司所持股票总市值达 3.1 万亿元，出色地实现了国有资本保值增值。

我国国有金融资本经历 20 年快速增长和高速发展，原有改革红利日趋减少，金融"脱媒"及"影子银行"急速发展,一定程度上对金融稳定、金融安全和流动性带来了更大的压力。同时,国家经济高质量发展需要普惠金融支撑,需要围绕深化供给侧结构性改革,特别是在"三去一降一补"方面应发挥金融资本的扛鼎之力,国有金融资本的自身管理也需要在发展中不断优化结构、更加精细化以及再上新台阶。

走好高质量发展的新征程

践行《指导意见》要求,就是要努力提高国有金融资本效益和国有金融机构活力、竞争力、可持续发展能力,以尊重市场经济规律和企业发展规律为原则,以服务实体经济、防控金融风险、深化金融改革为导向,统筹国有金融资本战略布局。

国有控股的中央金融机构要提高国有金融资本配置效率,促进国有金融资本布局优化、运作规范和保值增值,努力探索大型国有金融机构混合所有制改革,让民营资本更好地融入国有资本,努力探索治理结构和人才市场化薪酬机制,实行与选任方式相匹配、与企业功能性质相适应、与绩效考核相挂钩的差异化薪酬分配办法,积极推动实施国有金融企业员工持股计划。地方财政部门作为国有金融企业的出资人,应合理调整本地区国有金融资本在银行、保险、证券等行业的比重,积极引入各类民间资本,稳妥推进国有金融机构混合所有制改革和员工持股。国有金融机构应促进混合所有制改革,提高资本配置效率,实现战略性、安全性、效益性目标的统一。

面向未来,可以相信,国有金融资本管理将在高质量发展征程中不断完善,国有金融机构将在决胜全面建成小康社会、实现社会主义现代化和中华民族伟大复兴的进程中,继续发挥国之重器的重要作用,国有金融资本将依法依规管住、管好、用好,坚定不移做大、做强、做优,持续不断地增强国有经济的活力、控制力、影响力和抗风险能力。

(成文于 2018 年 8 月 10 日,学习《中共中央 国务院关于完善国有金融资本管理的指导意见》的思考)

积极筹备国际板并择机推出

  国际板将是我国资本市场上的又一个创新，它对于中国经济、金融发展和完善具有重要的现实意义。第一，国际板的推出有利于推动我国资本市场国际化进程。第二，推出资本市场国际板有利于我国世界金融中心的建设，资本市场的国际板是全球金融一体化的重要接口。第三，开设国际板有利于完善和加快人民币国际化的进程，这也是许多发达国家货币国际化前期的一个必经的开放过程，即开通本国股票市场的国际板。第四，国际板的推出有利于我国境内资本向外流动，依此可以调控我国境内流动性过剩及通货膨胀预期，有效缓解我国资本、贸易和生产在全球经济中的不平衡。

  按照发达国家的经验，开通国际板要有良好的外部条件和内部准备。从外部条件来讲，一是要有本国良好的金融监管及资本开放环境，二是要处于国际资本市场周期中良好的推出时机。进一步讲，国际板的推出要在本国资本开放或初步开放情况下实施，并应提前制定好外国企业在本国发行上市的规则，经过试点成熟后再行推出。

  目前，从我国资本项目开放进度来看，尚不具备马上开通国际板的条件。一是我国的资本项目没有开放，二是人民币没有真正国际化。笔者认为，我国资本市场国际板需要伴随人民币国际化的进程以及全球经济企稳和复苏的进度，积极筹备择机推出。首先，我国应抓紧时间准备相关制度。对市场监管部门来讲，其要积极研究并提前出台相关国际板发行的制度办法，以此为投资者和发行者提供市场教育与培育，以便在条件成熟时能够顺利推出。其次，在抓住有利时机推动人民币国际化的过程中，我国应充分考虑到资本市场国际板等金融工具和渠道的重要作用，使用好和利用好国际板的推出对人民币国际化的促进作用与资本流动的可控性。最后，我国应创新性地推出有中国特色的资本市场国际板创新产品，如采用人民币计价发行、红利发放人民币计价、国际板企业人民币可转债、国际板企业公司人民币债券等。

  关于未来我国资本市场国际板的首批发行企业的选择，笔者建议，首批国际板的试点上市公司门槛应该是比较高的，应优中择优，优先选择一些与中国有业务往来的国际知名企业，包括红筹股企业；在行业选择上，应重点着眼于新能源、新技术、低碳经济、循环经济领域中高成长性和高盈利能力的产业链高端行业，重点考虑该类企业是否与中国有业务往来，对于只为融资而来的纯外国企业要尤其慎重，监管上要用上市条件加以控制。企业上市后，我国的监管除了要关心募集资金的用途，还要明确利润如何分配。我国应允许境外公司在境外将利润汇入境内，兑换为人民币并分配给国内的公众股东，使在我国国际板上交易的证券获得分红，具备投资价值。

此外，笔者认为，我国资本市场国际板上市的推进也要分四步走：一是优先开放境内外商投资企业；二是开放中国台湾、中国香港、中国澳门等地优质企业；三是开放欧美先进技术型企业，如有发展潜力的新能源、低碳经济等企业；四是全面开放发展中国家企业。

总之，我国资本市场国际板的推出对我国参与经济全球化、金融一体化具有重要意义，国际板是大势所趋，当前在上述条件尚未完善之际，应积极研究探索并做好相关准备，待政策、制度和技术成熟后，配合货币政策和国际金融市场的有利时机，适时推出我国资本市场的国际板。

（原文刊发于《董事会》2010年第1期，原文略有修改）

宏观调控必须注重资本调控

面对国内外复杂的经济金融形势，目前我国宏观调控必须注重资本调控，尤其要关注银行上市所带来的金融资本扩张或信贷资产扩张给适度从紧货币政策的实施带来的挑战。

银行上市助推流动性过剩

目前，就国内而言，通货膨胀的根源在于流动性过剩。金融体系产生流动性过剩的一个重要原因是短短的三年时间，国有金融企业密集上市，仅商业银行就获得资本金一万多亿元，使银行体系的流动性释放出十多万亿元，再加上国有大型企业密集赶赴资本市场以及"全流通"等使得中国产生了"资本爆炸"。"资本爆炸"产生的冲击波对低通货膨胀、高增长的中国经济过去几十年的发展曲线产生了冲击。

包括商业银行在内的金融企业密集上市获得资本，就货币体系来讲，由于史无前例，未能提早进行对冲，如仅三家国有银行上市所产生的金融资本冲击波就需要用18%以上的存款准备金率加以对冲。尽管央行不断提高存款准备金率，但没有做出提前量和实现差别化准备金率，对冲量仍然不足，因此释放了更多流动性，同时给资本充足率低的金融企业也带来了经营难度。

历史有时更像一幅油画，离得远些或许能看得更为清晰。2005年起，国内银行资本充足率大幅提高，全国资本充足率达到8%的商业银行由2004年年初的8家，增加到2005年年末的53家。2005—2006年，交通银行、建设银行、中国银行先后上市，资本充足率分别提升至11.29%、13.57%、13.5%，三家上市银行仅由于资本充足率提高一项，就使其当年资产业务规模扩大超过6 000亿元。2006年下半年工商银行上市后，资本充足率使其资产业务规模在短期内扩大4 000亿元以上。根据计算，到2007年，仅上述四大银行由于资本补充放大信贷规模投放就达十多万亿元。

宜施行差别化准备金率

笔者建议国家在商业银行上市问题上必须通盘考虑，既要考虑到货币体系所能承受的金融资本膨胀能力，也要考虑到金融机构的经营安全。无疑，做好银行上市的货币准备和对冲是十分必要的，如科学采用存款准备金就是一个重要的手段，但是对未上市、拟上市和已上市银行，要结合其资产规模、资本充足率等情况，施行差别化的存款准备金率，目的是让流动性逐步得到释放，以此确保金融系统的安全，同时可满足治理通货膨胀对货币调控的要求。

多家商业银行的上市计划正在给适度从紧的货币政策带来挑战。金融监管的三驾马车结构能否通盘考虑银行业长期战略与货币政策的关系、银行资本扩张与紧缩性货币政策的矛盾如何解决，这些是值得管理层思考的问题。由此可能给商业银行上市进程带来的影响值得关注。

在市场方面，进入 2008 年 5 月，银行股遭大幅抛售。适度从紧的货币政策使得银行资金的流动性较明显减弱，由此对上市银行的盈利也产生了一定影响。尽管如此，多家银行的上市计划已经展开。

宏观调控必须注重"资本调控"

央行回收流动性的态度愈显坚决。2008 年 6 月 7 日晚，中国人民银行决定上调存款类金融机构人民币存款准备金率 1 个百分点，分别于 2008 年 6 月 15 日和 25 日按 0.5 个百分点缴款。此举意味着经过年内 5 次上调存款准备金率，至 6 月底存款准备金率将高达 17.5%。

通货膨胀的压力不断加大，那不断攀升的存款准备金率能否带来货币管理当局所期望的效果呢？笔者认为，资本是能够带来剩余价值的价值，金融是现代经济的核心，而当前中国金融在新形势下的核心就是资本。中国的宏观调控除了原有的包括存款准备金率在内的货币政策和财政政策调控手段外，应将资本调控作为宏观调控的重要手段。

当然，资本调控不能简单地看成对资本市场的调控，但资本市场的变化也是一个值得关注的问题。值得注意的是，自 2005 年开始的资本市场股权分置改革，三年多的时间实现了"全流通"，流通市值从 4 万亿元到高峰时期的 33 万亿元，"全流通"带来的资本爆炸对实体经济的冲击需要做好适时的评估和对冲。

进一步讲，资本调控同时要关注金融创新中资本性融资的衍生成分，如银行理财产品仅 2007 年发行规模就达到了 1 万多亿元，而 2008 年仅前 4 个月就达到了 1 万亿元，全年将突破 2 万亿元。尽管银行信贷根据适度从紧的货币政策采取了新增规模的控制，但众多创新的理财产品没有被统计进入货币信贷报表，或者绕过了信贷规模，而且其中不乏成为资本性融资，提高了融资企业的自有资金比例，进一步推动了银行信贷的跟进，这也为宏观货币调控的决策带来难度。

此外，资本调控还要密切关注国际资本、境外资本流入流出对我国金融和货币体系的影响。

（原文刊发于《资本市场》2008 年第 7 期，原文略有修改）

迷你债券缘何迷你

　　迷你债券是近年来出现的一种衍生金融产品，它是将原本出售给机构投资者的金融衍生产品拆分成比较小的份额，再通过银行柜台出售给中小投资者的高风险投资产品。表面上看，个人投资者在银行柜台购买的是普通（迷你）债券，但实际上迷你债券的交易结构非常复杂。由于一般债券的回报率比较低，而投资银行可以通过设计一些衍生产品，如信贷违约掉期（credit default swap，CDS）为之增加回报，于是迷你债券具有了较高的投资回报率，由此吸引了众多投资者。

　　在新加坡等地，近年来迷你债券成为相当流行的投资产品。因为在经济正周期中，只要发行债券的资产（信贷产品）价格不断上升，信贷违约掉期不出问题，迷你债券的回报率就会较高并能够得到保障。

　　由于用上"迷你债券"这个颇具债券误导意义的名字来命名，加上潜在回报高于定期存款等产品，而银行销售此类产品的佣金收费甚高，因此对销售者和投资者都具诱惑，于是迷你债券一度受到热捧。香港多家银行不但向专业投资者分销，也向社会公众广泛分销这一产品。在香港，雷曼迷你债券的总发行量就达到127亿港元（约合105亿元人民币），而香港的迷你债券投资者人数超过3.3万人。

雷曼兄弟公司的迷你债券

　　雷曼迷你债券是由雷曼兄弟公司做交易对手的衍生产品来增加收益的一种迷你债券。美国次贷危机爆发后，雷曼兄弟公司遭受巨大损失，该公司的信贷违约掉期由于损失巨大导致其公司的衍生产品不能履约，直到2008年雷曼兄弟公司宣布破产，基于雷曼兄弟公司的信贷违约掉期而发行的雷曼迷你债券就凸显风险了。

　　值得关注的是，此前某些商业银行和承销机构在销售迷你债券时，出于营销的需要，强调了该类产品与多家上市公司及银行挂钩、风险低、是稳健型投资产品。这样的营销存在误导投资者、把定期存款转为购买迷你债券的嫌疑，使得客户遭受损失后极为不满。

雷曼迷你债券事件

　　雷曼兄弟公司倒闭后，雷曼迷你债券的持有者才发现，原本认为是低风险的产品使他们蒙受重大亏损。实际上，雷曼迷你债券并不是债券，而是属于高风险的信贷挂钩投资产品。当资产方破产或出现不能偿还债务等危机时,雷曼迷你债券持有者就会面临巨大的投资风险,甚至血本无归。因此,美国雷曼兄弟公司破产使其发行的雷曼迷你债券价值暴跌,在新加坡等地引致投资者不满而导致了债券事件。

自 2002 年起,雷曼兄弟公司通过成立特别用途机构(special purpose vehicle,SPV),在中国香港特别行政区发行与信贷挂钩的迷你债券,并且由雷曼兄弟公司作为掉期对手,为雷曼迷你债券的本金及利息款项提供掉期安排。虽然雷曼迷你债券以债券为名,但其实是与债务抵押债券相关的复杂结构性产品,涉及的风险绝非纯债券般简单。

事实上,投资者所投资的资金并没有投资在任何债券上,而是通过雷曼兄弟公司控制的 SPV 投资在一篮子产品上,由多家公司所发行的信贷产品作为金融抵押产品。这一篮子的金融抵押品最主要包括担保债务凭证(CDO)、信贷联结票据以及其他高风险和高回报的信贷金融衍生产品。此外,SPV 和雷曼兄弟公司之间也做了一系列的金融衍生工具去对冲 SPV 和投资者的相关风险。如果期间没有发生任何问题,投资者便会获得固定利息;如果期间只要任何一家信贷公司破产、拒绝清偿或延期还款等,投资者便不能取回利息,甚至还会赔上本金。

投资者购买雷曼迷你债券时,一般都签署一份声明,确认他们"已阅读和明白投资计划章程及发行章程",但很多人是没有认真阅读过这些文件的,或者根本不明白文件的内容,以为迷你债券和普通债券均属保本、低风险的投资产品。有些投资者更以毕生积蓄购买迷你债券,结果一文不值。

2008 年 9 月雷曼兄弟公司申请破产。由于雷曼兄弟公司是雷曼迷你债券发行商 SPV 的金融衍生工具对手,SPV 与雷曼兄弟公司的交易不能继续,因此雷曼迷你债券便要终止,而 SPV 被迫贱卖抵押品以偿还投资者的本金。但是,CDO 因市价大跌而远远不足以抵偿,最坏的情况出现了,投资者赔上了全部的投资金额!

(成文于 2008 年 3 月 15 日,写作背景是雷曼迷你债券出现风险事件)

资本爆炸引发冲击波

中国加入世界贸易组织（WTO）后，外汇储备快速增加、上市股票全流通、国有银行纷纷进行首次公开募股（IPO）、金融全面开放、流动性过剩、物价上涨、货币政策从紧……其实，在种种经济现象的背后，有一个我们并不熟知的秘密，那就是资本爆炸了。

有金融常识的人都知道，资本是能够带来剩余价值的价值，从资本市场获得资本后，企业的股权和自有资金也就相应增加了。按照传统的信用关系，每30元的自有资金或股本就能创造至少70元的信用支持，这还不包括货币乘数效应的作用。因此，资本是经济的"引信"，资本爆炸了，社会经济必然将在冲击波中跌宕起伏。

上市股票全流通引爆了企业资本

快节奏和高密度的企业上市融资引爆了企业的资本。继2006年A股IPO募集资金首次突破1 000亿元大关后，2007年我国IPO市场又轻松跃过2 000亿元、3 000亿元、4 000亿元大关，全年一举创下IPO融资新高，跃居全球首位。2007年的新股IPO数为120只，合计募集资金高达4 470亿元，这是2006年新股IPO募集资金量的2.7倍。此外，2007年我国上市公司再融资总额也达到了3 657亿元，再融资超过前6年的总和。也就是说，2007年全年我国企业从资本市场融资总数就达到8 127亿元。

我们看到，在2007年企业IPO融资额爆炸式增长中，大盘蓝筹股成为当之无愧的主力军。全年仅有22家公司在沪市主板发行新股，而募集资金超过100亿元的就有12家，合计融资3 829亿元，占全年IPO融资总额的约86%。特别是单只新股融资规模在不断刷新，如9月17日，建设银行发行90亿A股，募资580.5亿元，打破了2006年由工商银行创造的466亿元的A股IPO融资纪录；仅过一周，中国神华又以募资665.8亿元取而代之；10月26日，中国石油A股发行融资668亿元更是成为单只新股融资新贵。

更值得注意的是，股权分置改革后的全流通引爆了企业资本。2005年6月，股权分置改革开启。2008年6月，中国股市进入真正的全流通时代，使得流通市值增长数倍。在沪深两市股指屡创历史新高之下，中国股市的总市值突破了33万亿元，使得我国在较短的时间内资产证券化率超过了100%。

此外，企业的境外上市也引爆了境外资本的内流。继 1997 年的中国电信，2000 年的中石油、中国联通，2003 年的中国人寿，从 2004 年开始，中国银行业也驶上境外上市的快车道。到现在，已有 100 多家中国企业在香港、纽约等证券市场上市。我们看到，整个 2007 年中国企业在境内外上市的共有 203 家，融资金额达 611 亿美元（约合 3 900 亿元人民币），筹资额比 2006 年增长了 45%，超过 2002—2006 年五年的融资总和。大量的国内企业境外上市融资，也助推了我国外汇储备的快速增加。

我们知道，对非上市企业的价值评估一般是从企业的净资产来看，而对上市企业的价值评估往往采用市值评价，而"市价"经常是企业净资产的几十倍甚至上百倍，企业的信用被透支和高估。企业资本数量的高企必将带动企业间接融资能力的提高。

商业银行纷纷进行 IPO 引爆了金融资本

我们注意到，自 2005 年起，国内银行的资本充足率大幅提高，资本充足率达到 8% 的商业银行由 2004 年年初的 8 家，增加到 2005 年年末的 53 家。2005 年 6 月，交通银行在香港成功上市，资本充足率达到 11.29%；2005 年 10 月 27 日，建设银行在香港成功上市，资本充足率达到 13.57%；2006 年 6 月 1 日、7 月 5 日，中国银行先后在香港和上海资本市场成功上市，资本充足率达到 13.5%。2006 年下半年，工商银行上市后资本充足率也超过了 13%，仅上述四大国有商业银行由于资本补充就能放大信贷投放规模近万亿元。

毫无疑问，高密度的商业银行改制上市，通过 IPO 引爆了金融资本。银行 IPO 后资本金得到补充，短期内巨额的银行资本金补充成为货币体系流动性过剩的关键"引信"，而人民币持续升值及加入 WTO 后的贸易顺差又进一步助推了这一流动性过剩。金融资本带动了金融资产的膨胀，为经济过热的出现提供了货币支持。

货币与实体经济在冲击波之中

从现实经济看，当前我国内需不足，外汇兑换交易及资本流通又没有完全开放，货币及通货传导发生变异，资本爆炸所引致的"过剩"的货币首先进入货币市场，而货币市场又无法消化，于是导致流动性过剩的出现和加剧。货币流动导致更多的资金流向房地产、石油等资源类商品，资产价格交替助推各市场商品价格的持续升值，并居高不下。适度的流动性过剩对经济的活跃和国内生产总值的增长具有积极意义，但同时我们也要看到，过剩的流动性给居民消费价格指数（CPI）等通货膨胀的指标带来压力，特别会对各个市场的波动带来隐忧。

笔者认为，为了对冲主要是由于"资本爆炸"所产生的历史性冲击波，尽管中国人民银行综合运用多种货币政策工具，"六度提高存贷款利率""十度提高存款准备金率"，2008 年年初又再次提高存款准备金率，通过大力回收银行体系流动性，实现了宏观调控的目标。然而，在史无前例的资本爆炸背景下，在构成流动性过剩的根本因素并没有改变的前提下，2008 年我国资本膨胀及货币流动性过剩仍将继续加剧，并在短期内仍不会停歇。我国必须进一步采取从紧的货币政策，有针对性地遏制资本及资本市场产生的资产流动加剧，以此巩固流动性调控成效，实现我国金融的科学发展。

科学地治理"资本爆炸"的冲击，首先要治理货币的流动性过剩，货币调控政策必然要摸清原由，解决主要矛盾，以引导和疏导为主，打好调控的提前量，并且避免使用具有普遍"杀伤力"和助推通货膨胀出现的基准利率、汇率等调控手段，做到货币政策组合式调控，财政政策及产业政策相协同。

（成文于 2008 年 2 月 18 日，写作背景是发现外部次贷危机的出现，引发对国内金融体系的深入思考）

正确看待流动性过剩

时下，流动性过剩问题映入眼帘，无论是学者、经济学家，还是政府官员，都把流动性过剩作为解释当前主要经济现象和矛盾形成的一个重要原由。

当前我国流动性过剩的主要表象是人民币货币汇率市场、资本等虚拟市场、房地产等资源类商品实体市场等资产价格不断快速上升。

数据显示，2006年12月末，我国广义货币供应量（M2）余额为34.56万亿元，同比增长16.94%；狭义货币供应量（M1）余额为12.60万亿元，同比增长17.48%，增幅比2005年年末高5.7个百分点；市场货币流通量（M0）余额为2.71万亿元，同比增长12.65%。按照货币银行理论，我国货币总体流动性达2.71万亿元，并且M1与M2呈现显著的"喇叭口"走势，货币运行呈现显著的流动性过剩特征。然而，在商业银行体系作用下，货币乘数效应使得2.71万亿元货币带来了超过10万亿元的可流动资金。

此外，我国目前外汇储备已超过1万亿美元，约合8万亿元人民币，而中央银行同期只发行了约2万亿元的央行票据进行冲销，即还有6万亿元资金留在各种市场。根据经济学家的测算，在乘数效应下，有相当于30万亿元资金处于可参与流动状态。

从现实经济看，当前由于我国内需不足，外汇兑换交易及资本流通又没有完全开放，货币及通货传导发生变异，通货膨胀对货币的灵敏反应力持续弱化，"过剩"的货币首先进入货币市场，而货币市场又无法消化，于是出现流动性过剩现象。流动性过剩导致更多的资金流向房地产、石油等资源类商品，资产价格交替助推各市场商品价格的持续升值，并居高不下。

我们知道，适度的流动性过剩对经济的活跃和国内生产总值的增长具有积极意义，但同时我们也要看到，过剩的流动性给CPI等通货膨胀指标带来压力，特别会对各个市场的波动带来隐忧。然而，流动性过剩的加剧会升级，并导致流动性泛滥，泛滥的流动性又会给整体经济带来巨大危害。流动资金的趋利性使得资金到达哪个市场，哪个市场就会受到追捧，资产价格就会快速上涨，而资金离去时，该市场就会剧烈波动，由热变冷。

值得我们注意的是，我国经济经历了多年的持续稳步快速发展，货币市场、信贷市场、资本市场、商品市场、外汇市场等市场经济主体架构得以初步建立，并在发展中不断完善。在"又好又快"保持持续发展的科学发展观指导下，国家必将会对当前阶段性的流动性过剩采取科学的宏观调控措施。货币调控政策将摸清原由，头痛医头，解决主要矛盾，以引导和疏导为主，并会打好调控的提前量。值得我们关注的是，当前货币宏观调控会着重采用抑制信贷"引信"，以提高准备金率、公开市场操作等调控手段为主，并会避免使用具有普遍"杀伤力"和助推通货膨胀出现的利率调控手段。因此，商业银行应顺应国家宏观调控政策的发展方向，加大创新力度，尽快做好业务和产品盈利模式的转型，在流动性过剩的市场环境中起到中流砥柱的作用。

（成文于 2007 年 2 月 5 日，写作背景是主要银行都在重组筹备上市，引发了业内外对流动性过剩的担心）

信托创新给我们带来了什么

日前，中国银监会下发了《关于信托投资公司开展集合资金信托业务创新试点有关问题的通知》（以下简称"65号文"）。该文件的核心内容是发布和实施信托公司创新试点的相关政策，新政策旨在鼓励一批实力强、业务精的信托公司扩大业务和做大做强。

笔者认为，"65号文"主要有四大政策突破：一是针对机构投资者的集合信托计划将可以突破200份信托合同的限制；二是对于异地信托业务将进一步放松，异地业务也可以进行私募形式路演；三是创新产品的信托资金可以进行组合运用；四是信托产品将有望进入银行间同业市场流通。

"65号文"规定，信托公司取得创新试点资格后，可以自行设计和推介创新产品。创新产品的信托合同份数不再受200份限制，委托人、受益人必须为机构投资者，且净资产不得少于200万元，单个机构投资者的最低合同金额不得低于100万元。同时，信托公司"异地经营"也被批准。"65号文"规定，信托公司推介创新产品，可以在注册地以外地域采取私募路演方式进行，但依旧不得通过公开媒体进行营销宣传。"65号文"规定，信托资金可以组合运用，这对资金运用的灵活性意义深远。值得关注的是，"65号文"还规定，各类金融机构可以依照有关法律法规的规定投资信托公司的创新产品，事实上这就预示信托产品将可以在同业市场上进行流通，商业银行投资信托产品成为可能。

我们知道，金融市场包括间接融资和直接融资。间接融资主要指"媒介"，即以商业银行为代表的银行金融体系，而直接融资包含了非银行金融体系，这一体系主要是公募和私募两个渠道。作为两大渠道之一的私募，由于受法律法规监管的规范，私募融资最终实现的法律途径主要是依托信托来实现的。因此，信托业务的创新必将极大地带动我国直接融资，特别是私募融资的发展，会对我国"金融脱媒"起到加速器的作用。

尤其值得我们注意的是，信托公司的信托业务产品创新以其灵活性、宽准入、低门槛必将分流商业银行的传统信贷业务需求，分流银行的客户，进而分流商业银行的利润。因此，当前如何在关注信托业务创新的同时，充分利用商业银行在客户资源、行业企业投资判断、财务顾问等方面的优势，加强商业银行业务及产品创新，并与创新试点的信托公司的信托业务创新协同合作、协同盈利，或许是我们应对来自信托业务创新挑战的最佳策略。

（成文于2006年9月29日，写作背景是银监会"65号文"的出台）

资本市场解读之"窝轮"、股权及其他

有关媒体报道，2005 年 12 月 5 日，13 家权证发行商发行的 24 只建设银行（HK0939）"窝轮"在香港正式推出。"窝轮"一词映入人们的眼帘。那么，什么是"窝轮"？"窝轮"、认股证、期权与股票有什么关系呢？

事实上"窝轮"一词是香港人从英文发音演绎而来的，其英文名称为"warrant"，是指认股权证，又称认股证或权证，香港译音为"窝轮"。在证券市场上，"warrant"一词实际上是指一种具有到期日及行使价或其他执行条件的金融衍生工具，是一种期权。它是金融市场中公司法人融通资金的一项重要商品，已经有 90 年以上的历史了。

根据美国证券交易所的定义，"warrant"是指一种以约定的价格和时间，或者在权证协议里列明的一系列期间内分别以相应价格购买，或者出售标的资产的期权。

"warrant"通常是指由发行人所发行的附有特定条件的一种有价证券。从法律角度看，认股权证本质上为一权利契约，投资人支付权利金购得权证后，有权于某一特定期间或到期日，按照约定的价格（行使价），认购或沽出一定数量的标的资产，如股票、股指、黄金、外汇或商品等。权证的交易属于一种期权的买卖。

与所有期权一样，"warrant"持有人在支付权利金后获得的是一种权利，而非义务，行使与否由权证持有人自主决定；而权证的发行人在权证持有人按规定提出履约要求之时，负有提供履约的义务，不得拒绝。因此，权证是一项权利，是投资人可以于约定的期间或到期日，以约定的价格，而不论该标的资产市价如何，认购或沽出权证的标的资产权利。

认股权证的发行通常既可以由上市公司也可以由专门的投资银行来完成。"窝轮"包括对标的资产的买进（看涨）和卖出（看跌）两种期权，有时又称认购证和认沽证，但更多"窝轮"是发行的认购证，在我国香港地区则往往是指备兑认股证。

买卖"窝轮"的好处很多，对发行人来讲，其可以获得融资、增加股票的流动性、获得发行收入；对上市公司来讲，"窝轮"会活跃和稳定公司的股票价格；对投资者来讲，其只需付出买卖相关资产（股票）成本的一个百分比，即可以从升市或跌市中取得获利机会。"窝轮"可以提供杠杆式回报，与直接投资相关资产相比，认股权证提供的杠杆效应，在控制风险的前提下，能让投资者有机会以较低成本争取较高回报。投资者可以根据本身愿意承担的风险水平，选择价内权证、平价权证或价外权证。投资者可以将潜在亏损限制于某一固定金额，也可以随时在认股权证到期前将权证出售，以将亏损降至最低。对投资者来说，买卖"窝轮"的好处就是投资者可以在购买股票的同时购买"窝轮"，采用"蝶式对冲"或"马鞍式对冲"等手段取得套期保值的效果，规避投资风险，取得稳定的收益。

我国香港地区市场已成为全球买卖"窝轮"最活跃的市场，"窝轮"的种类五花八门，各种"窝轮"的特性及风险也不尽相同。我国内地资本市场也于 2005 年首次推出宝钢认股权证，由此深沪股市也迎来了自己的"窝轮"。

然而，对投资者而言，值得注意的是，"窝轮"乃是一种高风险的交易品种，其交易比股票更复杂，入市前必须认真计算自己能够承担风险的能力，必须了解"窝轮"的买卖细节及交易程序，还应了解"窝轮"的价格主要会受到如正股价格、时间值、引申波幅、利率以及股息等多项因素的影响。以"窝轮"的时间值为例，"窝轮"越接近到期日，时间值的消耗越快，因此越接近到期日的"窝轮"价值会越低。投资者只有充分了解了这些知识方能对"窝轮"的投资游刃有余。

（成文于 2006 年 3 月 16 日，写作背景是研究香港"窝轮"及其发行）

中国人寿"诉讼风波"告诉我们什么

上市，特别是海外上市是实现世界经济一体化发展的趋势，也是国有金融企业走向国际化和现代化的必由之路。海外上市成功的关键是求真务实。

2003年8月28日，中国人寿保险公司经国务院同意，保险监督管理委员会批准，重组为中国人寿保险（集团）公司和中国人寿保险股份有限公司。中国人寿保险股份有限公司（以下简称"中国人寿"）由中国人寿保险（集团）公司独家发起设立，并于2003年12月17日和18日分别在美国纽约和中国香港上市。作为第一家在两地同步上市的国有金融企业，中国人寿受到海外投资者的追捧，获得了25倍的超额认购倍数，共发行65亿股，募集资金35亿美元，创下该年度全球资本市场IPO筹资额最高纪录，取得了海外上市的成功。

但是，中国人寿海外上市后也并非"一帆风顺"。2004年3月16日、25日，中国人寿在美国接连遭遇了"诉讼风波"，风波引起股价跌宕起伏，巨额的索赔和罚款使得公司一度陷入窘境。从中国人寿海外上市所遭遇的风波中，笔者认为，有四点珍贵的启示值得我们借鉴。

启示一：海外上市要求真务实，取信于投资者。中国人寿海外上市的成功和遭遇"诉讼风波"再一次证明，诚信是成功之本，货真价实才能赢得投资者。中国人寿在美国纽约和中国香港市场同时上市，在很短的时间里就能够赢得那么多的投资者，充分说明我国金融企业在海外的知信度还是非常高的。之所以遭遇"诉讼风波"，说明中国人寿在上市中有的环节、有的工作方面做得还不够深、不够细、不够实。因此，我们的金融企业在上市，特别是海外上市时，一定要坚持在符合上市条件的基础上，以求真务实的工作作风，把上市工作做深、做细、做实，也只有这样，才能真正适应海外资本市场的新形势，取信于广大的海外投资者。

启示二：大型国有金融企业海外上市，政府应加强监管做好统筹协调。中国人寿海外上市在美国遭遇"诉讼风波"的主要起因是2004年1月30日审计署的网站上公布了中国人寿在2003年例行审计中被发现违规和涉案资金达54亿元。这一消息一经公布，美国的一些国际投资银行迅速降低了对中国人寿的评级级别。2004年3月16日和25日，美国投资者分别以信息披露不全、不实等原由起诉中国人寿。这一事件说明三个问题：一是上市前中国人寿对集团公司和股份公司的有关问题协调不够；二是缺乏监管部门的强力监督；三是缺乏对政府及监管部门批露的透明度。为此，我们应重视的是：首先，政府有关部门应加强对金融企业海外上市的协调工作，统一审查上市条件、计划、方案，分析可能遇到的问题，做好问题处理预案和防范措施，达到协调一致防范风险的目的；其次，政府有关部门应建立海外上市协调机构，加强对海外上市企业有效的监督，保证上市质量和信誉度；最后，国有金融企业上市的有关问题要统一信息统计和监管审计等的口径，增加披露的透明度。

启示三：上市企业的信息披露工作要做到真实、全面、准确。中国人寿之所以遭受"诉讼风波"的困扰，笔者认为，最主要的是信息披露上存在的问题，因此在信息披露方面应吸取教训。我国的企业对海外的主要法律法规及投资者的研究尚有待加强，海外上市的经验表明，我们的信息披露工作稍有漏洞，企业就会遇到麻烦。因此，企业海外上市必须重视和加强信息披露工作，对信息披露应格外慎重，做到准确无误。

启示四：加强对中国国情及中国企业经营透明度的宣传。在中国企业海外上市的经验教训中，笔者认为，加强企业海外上市的宣传是取得海外上市成功的保障，一方面要向投资者宣传中国企业的有关法律法规，宣传中国企业的监管环境和管理文化；另一方面要宣传中国企业的发展前景，加强海外投资者对中国文化及企业经营管理环境的了解和理解，赢得海外投资者对中国企业的信任。

（成文于 2004 年 4 月 23 日，写作于中国人寿在美国接连遭遇了"诉讼风波"）

第二篇　读懂货币

　　货币是金融的核心。我们生活在商品经济和市场经济的社会，每天都要接触货币，可以说我们离不开货币，货币也离不开我们，因此我们每个人都要懂得一点货币的知识，要求再高点就是要读懂货币，从而真正读懂金融。只有做到对货币的"数中有术、术中有数"，才能读懂货币、做好经济金融工作。第二篇读懂货币记录了20多年来笔者对货币这一金融核心的认知，希望能带领读者回顾过往经济金融形势中的货币，理解历史，正确看待货币问题并从中获得启发。

正确看待人民币走势

    2020 年 5 月至 2021 年 5 月，无论是对美元还是对一篮子货币，人民币都表现出了强劲走势。期间，人民币对美元汇率从 7.17 涨到 6.36，升值 12.7%；人民币对一篮子货币的汇率指数也从 91 上涨到 98，即人民币对一篮子货币升值 7.7%。笔者认为，在双循环互相促进的新发展格局中，只有正确看待人民币走势，才能更好地认识人民币的"与众不同"和"与往不同"，也才能更加准确地预判人民币的未来走势。

    首先，人民币走势与中国经济走势强劲高度相关。中国经济走势强劲，面对新型冠状病毒肺炎（以下简称"新冠肺炎"）疫情，中国政府采取了严格的防控措施，成功遏制了新冠肺炎疫情的蔓延。2020 年，中国国内生产总值全年增长 2.3%，中国不仅成为全球唯一实现经济正增长的主要经济体，国内生产总值也实现了 100 万亿元的历史性突破。面对严峻复杂的国内外环境，特别是新冠肺炎疫情的严重冲击，中国坚持稳中求进工作总基调，统筹疫情防控和经济社会发展工作，成功的防疫举措有效遏制了疫情蔓延，确保经济社会生活很快恢复正常运转。中国采取了扎实措施做好"六稳"工作，全面落实"六保"任务，确保了经济运行稳定，就业民生得到有力保障，经济社会发展主要目标任务完成情况好于预期。2021 年 1 月至 5 月，国民经济持续稳定恢复，货物进出口增势良好，出口激增，贸易结构继续改善，贸易顺差创纪录。一般来说，人民币升值会使中国制造的商品对全球消费者而言更加昂贵，从而导致出口下降。但目前来看，即使人民币升值，中国的出口仍在继续激增，这是与以往不同的。按需索骥，预计 2021 年中国的出口势头将持续强劲，货物贸易进出口总值有望超过 34 万亿元。特别需要指出的是，尽管人民币升值，美国进口中国商品需求也依然强劲。2021 年 5 月 29 日，国际货币基金组织（IMF）预测，2021 年中国经济增长预期上调至 8.4%，不仅如此，IMF 还预测，2021—2026 年，中国作为世界经济增长的重要引擎，对全球经济增长的年平均贡献率将超过 25%。

    其次，美元走弱主要在于其低利率和量化宽松。2020 年以来，由于多重风险犹存，美联储持续推动新一轮宽松货币政策，其特点是规模大和工具新。2020 年 3 月 15 日，美联储推出 7 000 亿美元的量化宽松计划，每月购买总额 1 200 亿美元的国债和抵押支持债券，新一轮量化宽松的规模和速度均显著超过 2008 年美国金融危机时期的水平。同时，美联储维持联邦基金利率目标区间在 0～0.25%。由于美元贬值，美元指数走低，美元的量化宽松对美国股市的刺激作用已经非常明显，美国股市继续维持上涨且连创历史新高。利率市场的走势，对于外汇市场来说，币种之间的利率差异也就是息差，决定了人民币对美元的外汇走势。值得注意的是，由于美联储的量化宽松政策和低利率的效果及其风险积累，未来国际金融市场的波动风险及其外溢影响值得警惕。尽管 2021 年一季度美国经济年化增长率达到了 6.4%，但相比同期中国经济的增长幅度却低很多，更重要的是，到了 4 月美国的居民消费价格指数高达 4.2%，以美国的经济增速看，这已经出现了严重的通货膨胀。从根源看，特朗普 2020 年在疫情肆虐的背景下"救市"印钞 2 万多亿美元，拜登上台两个月就印钞 3 万亿美元，美国一年时间印钞 5 万亿美元，短期内如此大的流动性，通货膨胀出现是迟早的事。因此，一些国际投资开始热衷于把钱投放中国市场，或者投在与人民币挂钩的项目中，助推了人民币升值。

再次，一篮子货币中美元和欧元权重较大，是人民币对一篮子货币升值的主因。2015 年"811 汇改"人民币汇率选择若干种主要货币，赋予相应的权重，组成一个货币篮子；同时，以市场供求为基础，参考一篮子货币计算人民币多边汇率指数的变化，维护人民币汇率在合理均衡水平上的基础稳定。人民币汇率指数参考中国外汇交易中心暨全国银行间同业拆借中心（CFETS）货币篮子，具体包括中国外汇交易中心挂牌的各人民币对外汇交易币种，样本货币权重采用考虑转口贸易因素的贸易权重法计算而得。样本货币取价是当日人民币外汇汇率中间价和交易参考价。目前的人民币汇率指数篮子中的美元、欧元、日元、韩元和澳元权重在 5% 以上，其中美元权重为 21.59%，欧元权重为 17.4%。由此，美元的涨跌对于人民币对一篮子货币的影响较大。2019 年 12 月 31 日，中国外汇交易中心将人民币汇率指数一篮子货币中的部分货币权重做调整，其中将美元的权重由之前的 22.4% 下调至21.59%，但权重仍是最高的。也就是说，美元仍是影响人民币汇率变动最大的外币，其权重在人民币汇率指数篮子中仍是最高的。因此，未来人民币汇率指数篮子也应动态调整，让其更多地按照贸易权重进行调整，可以预期的是，在人民币汇率指数货币篮子中，东亚国家、东南亚国家和"一带一路"沿线国家的货币应有更高的权重，而美元的权重将逐级递减，更好地缓冲和管控好人民币强势节奏和升值走势预期。无论如何，在全球疫情肆虐的背景下，全球金融市场都遭到了严重破坏，中国的市场吸引力使得人民币升值也不影响资本流入，恰恰相反，人民币的持续升值是资本大规模流入的证明。如今，中国已是全球第一大投资国，仍将有大量资金源源不断涌入中国。

最后，数字人民币及金融科技提振了人民币的信心。近年来，伴随加入特别提款权（SDR），人民币的国际地位已经提高，并且仍有提高的潜力。中国作为世界第二大经济体、世界第一大贸易国，人民币的地位的确应该提高。需要强调的是，人民币汇率持续升值在提升我国对国际资本吸引力等方面有利，但也会给我国对外出口竞争力、"热钱"涌入带来风险，美联储货币政策和利率政策的传导也是挑战，重要的是孰轻孰重。人民币管控能力的提升是至关重要的，人民币需要对冲上述风险，其中一个重要手段是加速数字人民币和金融科技的推进。当今中国金融科技正在助力人民币国际地位加速提升，在人民币走向世界的技术方面和系统开发方面，如跨境人民币的支付系统（CIPS）使人民币国际化更加快捷和便利。无独有偶，数字人民币，即央行数字货币（CBDC）也为人民币国际信心的提升提供了助力。

（原文刊发于《中国银行保险报》2021 年 6 月 7 日，原文略有修改）

同一个世界，同一种货币

2013 年，习近平总书记首次提出构建人类命运共同体倡议。近年来，中国同世界各国的友好合作不断拓展，人类命运共同体理念得到越来越多人的支持和赞同，这一倡议正在从理念转化为行动。

人类命运共同体的新时代特征之一是数字化，数字经济、数字金融、数字货币等是人类命运共同体的重要组成部分。我们知道，无论是计划经济还是市场经济，经济是人类生存和发展的核心，金融是现代经济的核心，货币是金融的核心。数字时代人类命运共同体也离不开经济、金融和货币的核心作用，不过其将是以数字化为形态来展现，如数字经济、数字金融和数字货币。因此，当下创新构建人类命运共同体，一定要抓住数字经济的核心，发挥数字金融的作用，注入数字货币的强大力量。

数字人民币作为中国央行的数字货币，已有长达 6 年多的研发历程。2020 年上半年数字人民币率先在深圳、苏州等主要试点城市开始首轮内部闭环测试，下半年扩大测试范围和地区，并不断优化，数字人民币的正式发行指日可待。与此同时，笔者注意到，美国正在紧锣密鼓地研究 Libra 与数字货币美元的接轨和创新模式，欧盟以法国等为代表的国家组成了数字欧元研发团队，也正在加紧研究开发数字欧元。

值得注意的是，人民币作为国际货币基金组织特别提款权（Special Drawing Right，SDR）、五大入篮货币之一，中国经济作为全球第二大经济体、第一大贸易国，时下人民币已经成为世界第三大贸易融资货币、第五大支付货币和第六大储备货币，人民币业已成为国际主要货币。尽管与美元的国际顶级货币地位比，人民币国际化较晚，但人民币仍可以通过技术创新和应用，实现数字人民币在数字经济时代的弯道超车。理所当然，数字人民币将在全球经济中发挥越来越大的作用。

数字人民币的先进性和生命力，不仅在于中国经济的货币本位本身，而且也在于数字人民币自身的技术先进性、包容性、可兼容等优势。需要注意的是，从人类发展的长河看，在相当长的一段时期，人类社会仍处在经济社会阶段，而经济社会中构建人类命运共同体的建设，就一定离不开金融的支持。人类命运共同体的金融支持需要具有时代性、普惠性、通用性和数字性，因此数字金融应当成为数字经济的核心，成为构建人类命运共同体的核心力量。

事实上，人类社会的数字化变革和数字化进程正在提速，数字时代已经到来。《中国数字经济发展白皮书（2020 年）》显示：2019 年，我国数字经济增加值规模达到 35.8 万亿元，占国内生产总值的比重达到 36.2%。按照可比口径计算，2019 年，我国数字经济名义增长 15.6%，高于同期国内生产总值的名义增速约 7.85 个百分点，数字经济在国民经济中的地位进一步凸显。2020 年上半年，尽管全球新冠肺炎疫情给国民经济带来巨大冲击，但是数字经济在国民经济中的地位进一步得到巩固。值得注意的是，伴随着技术变革提前并且加速，强化数字支柱产业的金融创新支持势在必行。因此，在构建人类命运共同体的时代要求下，金融一定要创新支持经济发展，而数字人民币的创新和应用一定要开阔视野，着力构建人类命运共同体。

（原文刊发于《中国银行保险报》2020 年 7 月 30 日，原文略有修改）

构建人民币国际国内双循环相促进的新格局

尽管中国的新冠肺炎疫情得到了有效控制，但是在相当长的时期，世界各国都将常态化防疫和恢复经济并重，我国也将在常态化防疫中加快经济恢复的速度。与此同时，积极推动新一轮高水平对外开放尤为重要。对于人民币而言，我国一定要坚持创新引领，进一步推动人民币的国际和国内双向合作，积极构建人民币在国际与国内双循环相互促进的新格局。

世界顶级货币和主导货币无不是通过产业推动和货币推动相结合，实现货币在全球范围的国际化。我国人民币的国际化更需要按照国际货币的成长规律，当下应积极结合"一带一路"倡议，更好地让中国制造、中国资本、中国建设以人民币计价的形式"走出去"，使人民币不断在国际和国内输出输入，从而形成良性互动循环。我国应努力构建人民币在国际与国内双循环相互促进的新格局。

值得注意的是，当前中国现代制造业、基础设施建设和新型基础设施建设等领域已经独具国际市场竞争力。中国产能可以更好地与境内境外投资对接消化，如通过境外需求升级带动国内的生产和产品升级，通过实体经济影响力进一步增强世界对人民币的信心，逐步实现人民币在境内境外的多重循环。进一步讲，中国的商业银行和保险等金融机构要学会在其他国家和地区进行人民币经营，相应地成为中国企业"走出去"和对外企业合作的有力支持者。我国的货币政策制定部门和监管部门也应进一步推进放宽人民币资本项目可兑换限制，让市场发挥资源配置的决定性作用。我国应进一步推进境内境外人民币与外币兑换价格同步，将境内境外人民币汇率纳入做市商报价范畴，避免境内境外人民币空转套利。我国应在引导更多的境内人民币走向境外的同时，进一步放开人民币回流渠道，让更多境外的人民币持有者通过人民币跨境投资到境内，获得更好的投资配置和收益。境外对中国的投资应尽量使用人民币计价和支付等。

实际上，当前金融机构人民币业务的国际国内双循环和相互促进发展，是金融机构经营的一片新业务蓝海，也是境内境外金融机构重新分配人民币国际宝贵资源的新契机，商业银行等金融机构应从战略的高度认识这一国际化机遇。在新形势新机遇下，金融机构应抓住国际国内两个市场的新机遇，形成政策、经营和机构联动的合力，进一步全面推动人民币服务境内境外实体经济，促进"一带一路"建设的进程，以在全球范围内经营人民币业务作为国际化发展的重要策略，全面推进金融机构的国际业务转型发展。事实上，人民币国际化的进展和实践表明，人民币离岸市场业务和在岸业务都是国际业务，谁创新发展国际业务做得好，谁的国际化程度就高，谁的经营回旋能力就强。金融机构需要打破原有的只有外币业务是国际业务的传统概念，建立大国际业务对外开放的新思维，立足人民币业务全球化经营，更好地将国内的人民币业务延伸到境外和全球。

中国的人民币一定会成为世界的人民币。从长远来讲，境内境外商业银行等中资金融机构应围绕境外人民币清算行的发展，做好人民币与外汇交易（即期和衍生产品、人民币债券交易等）的做市发展，即境外机构要进行人民币金融市场业务交易，积极争取成为人民币筹资业务（债券发行、银行贷款）的牵头中资银行，为境外银行同业提供相应结算、清算、融资等传统商业银行服务。同时，金融机构要积极探索提供人民币资产托管、现金管理、供应链金融等新型业务，研究推动数字人民币在全球的发展。金融机构应为海外市场提供人民币直接投资、发债、证券等协助及相应财务顾问、咨询等金融和非金融服务。例如，在低利率国家，金融机构可以推动人民币波动预期下的人民币信贷业务和债券发行，重点推动人民币的产业融资。在高利率发展中国家，金融机构应大力推动内保外贷等融资性金融产品和服务。此外，境外的中资商业银行应积极有效地推动海外并购的人民币融资方案，也要积极推动人民币"走出去"融资优惠上的创新，同时充分利用人民币利率、汇率掉期和衍生产品对冲与套期保值策略开展人民币的避险经营。

总之，境内境外的中资金融机构都要积极研究和参与构建人民币在国际国内的双循环和相互促进，尤其要更好地与亚洲基础设施投资银行、金砖国家新开发银行等国际金融组织加强开展联动合作，共同推动基于人民币的股权和债券投贷互动性全球融资。需要强调的是，中资金融机构要强化与境内境外监管部门和其他非银行金融机构开展好人民币融资、人民币全球债券发行等合作，积极做好各类筹资融资的人民币清算工作，通过不断强化人民币利率和汇率定价能力以及避险能力，强化中资境外金融机构的人民币"中转站"能力，为跨境人民币发展提供有力的互联互通性技术保障。

（原文刊发《中国银行保险报》2020年6月11日，原文略有修改）

人民币国际化主要靠内因

自 2009 年启动人民币国际化以来，过去十年人民币已成为全球第三大贸易融资货币、第五大支付货币、第八大外汇交易货币、第六大储备货币。据了解，全球央行持有的外汇储备中人民币资产占比超过 2%。笔者认为，促进人民币国际化主要还是靠内因，也就是我国要主导、引导和主动作为。

值得注意的是，我国进一步加快金融开放的节奏，对人民币国际化的影响是正向的。加快金融开放首先会增加外资和内资的双向交流力度与渠道，丰富更多的人民币资金回流投资的产品，促进人民币投资、避险等功能，进一步完善人民币从国际货币成为国际主导货币所需的生态条件，从而可以进一步促进人民币的国际流动和使用，推动人民币国际化。

特别是在新冠肺炎疫情防控背景下，受美国经济下行影响，美联储的经济刺激政策会在一定程度上动摇美元的国际货币地位。我国经济基本面的韧性及对世界各国的积极援助进一步提高了我国的政治、经济等领域在世界范围内的影响力，人民币国际化面临新的契机。

尤其值得注意的是，"一带一路"倡议对人民币国际化将产生重要影响，"一带一路"沿线国家是人民币国际化的重要区域，具有先天的贸易便利、结算主导力、外汇交易需求和储备需求，应当作为人民币国际化推动的主战场。但是，由于"一带一路"沿线国家存在不同的意识形态，受到实用主义影响，人们对人民币国际化和国际货币的认识理念不同，以及美元依赖等方面的影响，这些问题也会在一定程度上影响人民币国际化的进程。

其实，伴随着近年来我国金融业进一步双向开放，人民币金融产品和人民币衍生产品不断涌现，为人民币回流创造了新的机遇。从战略高度上看，人民币国际化是一个长期的过程，新冠肺炎疫情仅能带来短期的机遇和挑战。从历史的角度上看，长期的推进离不开每一次对短期机遇的把握。

因此，促进人民币国际化主要还是靠内因，也就是我国要主导、引导和主动作为。伴随着金融科技的快速发展和实际应用，数字货币将在一定程度上加快人民币国际化的进程，值得期待。

（文章主体内容来自《新华财经》专访，发表于 2020 年 5 月 29 日，原文略有修改）

人民币国际化可以弯道超车

　　李克强总理在 2020 年的政府工作报告中指出，要推进更高水平对外开放，稳住外贸外资基本盘，以开放促改革促发展，以高质量共建"一带一路"推动贸易和投资自由化便利化。国际货币基金组织公布的数据显示，全球各主要经济体央行持有的外汇储备中，人民币资产占比升至 2.01%，约合 2 196.2 亿美元，超过了瑞士法郎、澳大利亚元和加拿大元，人民币已位居全球第六大储备货币。在当前形势下，笔者认为，人民币国际化是高质量对外开放的必然要求，积极落实金融双向开放，应强化人民币国际化建设。

　　近年来，人民币国际化尽管取得了较快的发展，但是人民币在全球的通用性和广泛性仍与中国制造、中国贸易和中国经济体地位不匹配。人民币国际化还需要着力建设、加快发展。此前，人民币国际化发展还是较为艰难的，主要有三个方面的原因：一是国际顶级货币美元具有百年的历史影响力和主导地位，无论是主导的货币基础设施 SWIFT 系统，还是在国际贸易上的结算规则、货币规则等已形成了贸易、结算、投资、储备的路径依赖，因此路径替代异常艰难；二是作为主要发展中国家，我国多采用国际顶级货币或主导货币进行贸易合同标的，惯例以及发展中国家本币国际化意识和商业货币意识不够等，影响了人民币在国际上的普及；三是人民币国际化尽管取得了一定的发展，但是起步晚，如不能创新发展或弯道超车，短期还很难成为更加通用和广泛的国际主导货币。因此，人民币国际化任重而道远，需要大力创新推动。

　　值得注意的是，新冠肺炎疫情发生以来，美元的国际地位并没有受到严重冲击。从 2020 年新冠肺炎疫情发生以来的美元指数、美元走势、美元作为顶级货币的功能表现来看，美元的地位并没有因为新冠肺炎疫情造成明显冲击，而且美元通过无限量化宽松和货币互换等货币政策措施，持续保持国内和国际的美元流动性，从而强化了其顶级货币的地位。尽管美国疫情更加严重，但美元在贸易和货币地位的影响并未实质性减弱。事实再次证明，人民币国际化并不根本取决于外因，因此积极促进人民币的国际化主要还是得靠内因，也就是我国实体经济的稳定发展以及我国货币当局主导、引导和主动推动人民币国际化。

　　2009 年人民币国际化启动，过去十年取得了较快发展。目前人民币已成为全球第三大贸易融资货币、第五大支付货币、第八大外汇交易货币、第六大储备货币。

全球央行持有的外汇储备中，人民币资产占比超过 2%。当下，我国进一步加快金融双向开放的节奏，对人民币国际化是正向的，加快金融开放首先会增加外资和内资的双向交流力度与渠道，丰富更多人民币资金回流投资的产品，增强人民币投资、避险等功能，进一步完善人民币从国际货币到成为国际主导货币所需的生态条件。加快金融开放会进一步促进人民币的国际流动和使用。

事实上，"一带一路"沿线国家是人民币国际化的重要区域，具有先天的贸易便利、结算主导力、外汇交易需求和储备需求，应作为人民币国际化推动的主战场。回顾历史，我们看到英镑的国际化特别是英镑从国际货币到国际顶级货币，主要是依靠贸易和强制贸易货币实现的；而美元从国际主导货币走向国际顶级货币，不仅靠布雷顿森林体系等规则设计，而且抓住了两次世界大战的制造业贸易输出机遇带动了货币的强势。需要强调的是，"一带一路"沿线国家存在不同的意识形态，受到实用主义影响，人们对人民币国际化和国际顶级货币的认识理念不同，也存在美元依赖的障碍，因此这些问题和障碍会在一定程度上影响人民币国际化的理想进程。

中国自古就有"危中求机"的理念，但人民币国际化的进展程度其实并非根本取决于经济周期所处的发展阶段。从数量经济学回归分析看，经济周期与人民币国际化不存在"耦合"的显著关系。因此，当经济增长速度下降时，我国应考核相对性，如 2020 年一季度，全球主要经济体增速受新冠肺炎疫情影响都在下降，相对性就是要看谁下降得少、谁的贸易占比和贸易地位较高、谁的货币地位和避险功能强、谁的货币国际化地位巩固。其实，短期指标不具有方向性，展望未来，哪个国家的疫情控制得好，哪个国家复工复产、复商复市做得好，这个国家的经济运行平稳，那么其货币的国际地位就会显著提升。

其实，人民币国际化是中国实现伟大复兴中国梦的重要内容之一，我国的贸易总额已经居世界前茅，我国的制造总额也已力拔世界经济体头筹，按照经济规律、金融规律、货币规律，人民币成为世界的人民币是迟早的事。2015 年，人民币加入国际货币基金组织 SDR，成为货币篮子中五大货币之一，成为主要国际货币。2015 年，人民币跨境结算系统（CIPS）正式运行，构建了人民币国际化的基础设施。近年来，金融进一步双向开放，人民币金融产品和人民币衍生产品不断涌现，为人民币回流创造渠道。

值得期待的是，积极落实金融双向开放、强化人民币国际化建设，应更加注重金融科技应用和各种创新。令人欣慰的是，伴随着金融科技的快速发展和实际应用，创新发展的央行数字货币已在国内四个城市试点，数字人民币作为人民币国际化的新兴基础设施，正式发行后会进一步加快人民币国际化的进程。届时，世界的数字人民币，不仅是中国人民的福祉，也将是"一带一路"沿线国家国际贸易便利的福祉，更是各国稳定货币的福祉，数字人民币值得期待。创新引领下的人民币国际化将加速人民币走向国际。在不久的未来，人民币将与美元、欧元形成真正的主导货币三足鼎立格局，人民币也将在国际货币体系改革方面成为重要的推动者。

（原文刊发于《中国银行保险报》2020 年 5 月 25 日，原文略有修改）

不要让比特币成为常态化洗钱工具

2017 年 5 月 12 日 20 时左右，一款名为 "WannaCry" 的勒索软件病毒在全球迅速蔓延，用户只要开机上网，主机就可能会被攻击并导致存储文件被加密，解锁的方法只能是以比特币形式支付 "赎金"。

短短 24 小时内，该病毒席卷全球超过 150 个国家和地区，感染电脑超过 30 万台。全球多个高校校内网、大型企业内网和政府机构专网中招，造成严重的危机管理问题。中国部分 Windows 操作系统用户遭受感染。

处于焦点中的，除了勒索病毒，还有比特币。这一 "病毒敲诈" 事件让比特币需求快速上升，拉动价格再创新高，从 2017 年 1 月初的 6 000 元/枚暴涨至 6 月 6 日的近 20 000 元/枚，涨幅达 300% 之多。

敲诈勒索病毒为什么选择比特币支付？勒索人如此自信在收款时不被追踪到，比特币是否会成为未来常态化的洗钱工具？

与大多数主权货币不同，比特币不依靠特定货币机构发行，而是通过特定算法与大量计算产生，使用整个网络中众多节点构成的分布式数据库来确认记录所有的交易行为，可一步实现交易结算和清算。当下，比特币既可以购买一些虚拟物品，也可以兑换成一些国家的实体货币。

除了作为虚拟商品存在被炒作的可能外，比特币的一大风险隐患就是被用来洗钱，表现有二：一是比特币本身的洗钱风险，二是比特币交易平台的洗钱风险。

这是因为比特币本身具有去中心化、非主权性、匿名性、便捷性等特点，犯罪分子可以直接利用比特币进行黑市交易、资金非法跨境、资助恐怖活动，却难以被侦查和追踪，犯罪所得的比特币甚至不用 "清洗" 就可以重新参与流通。

也正是因为勒索收款账号无法被寻根溯源地追查，此次黑客制造的病毒勒索软件选定比特币进行赎金结算。以前为利益驱使的攻击往往涉及很多地下产业渠道，导致这些攻击的变现过程繁杂，而利用比特币只需要一个单一的个体就能完成从攻击到变现。随着此次病毒事件影响力的传播，以后再出现类似案例也不足为怪。

尚未统一的标准

对于比特币，中国较早就制定了规矩。

2013 年 12 月 3 日，为保护社会公众的财产权益，保障人民币的法定货币地位，防范洗钱风险，维护金融稳定，中国人民银行、工业和信息化部、中国银行业监督管理委员会、中国证券监督管理委员会、中国保险监督管理委员会联合印发了《关于防范比特币风险的通知》（以下简称《通知》）。

《通知》明确了比特币的性质，认为比特币不是由货币当局发行，不具有法偿性与强制性等货币属性，并不是真正意义上的货币。从性质上看，比特币是一种特定的虚拟商品，不具有与货币等同的法律地位，不能且不应作为货币在市场上流通使用。但是，比特币交易作为一种互联网上的商品买卖行为，普通民众在自担风险的前提下拥有参与的自由。

同时，《通知》还明确提出，各金融机构和支付机构不得以比特币为产品或服务定价，不得买卖或作为中央对手买卖比特币，不得承保与比特币相关的保险业务或将比特币纳入保险责任范围，不得直接或间接为客户提供其他与比特币相关的服务。其包括为客户提供比特币登记、交易、清算、结算等服务；接受比特币或以比特币作为支付结算工具；开展比特币与人民币及外币的兑换服务；开展比特币的储存、托管、抵押等业务；发行与比特币相关的金融产品；将比特币作为信托、基金等投资的投资标的等。

日本对比特币的态度则与中国不甚相同。

2016 年 3 月，日本国会通过的新法案首次对比特币等虚拟货币做出了规定，修改了原有的《支付服务法》和《防犯罪收益转移法》，正式承认比特币作为一种新型的支付手段，使比特币有了清晰的合法身份。作为"新型的支付方式"，比特币在日本的实际应用场景越来越丰富，这使得比特币在日本不仅有投资、投机的价值，还具备流通交换的价值。美国《华尔街日报》报道称，在日本有 5 270 个商家及网站接受比特币作为付款方式，2017 年 1 月比特币的支付额较 2016 年 12 月大幅增加 8 900%，而且月支付额还有高速增长的态势。

中国和日本对待比特币的态度也反映出目前世界各国尚未形成对比特币的统一认识，更不用说统一的监管标准，这就为比特币充当洗钱工具埋下了隐患。

不容逾越的红线

2014 年 1 月，美国警方逮捕了两名比特币交易网站运营者，指控他们为地下毒品交易网站提供洗钱服务。

近期比特币价格的上涨又让"汇币"行为猖獗。汇币，即比特币从一个交易平台汇到另一个交易平台，再通过该平台卖出并获取外汇，从而实现人民币资金出境和洗钱。比特币的底层技术是区块链，区块链由许多节点组成，所有的节点通过一个公共账本共享所有交易的全部信息，因此各个节点对彼此的情况知根知底，这让比特币可以无障碍高速流转，不像传统金融渠道环节之间需要很多信任协议。这为"汇币"提供了便利条件。

比特币涉嫌洗钱的新闻频频见诸报端，比特币洗钱风险受到各国政府的重视，一些国家对比特币进入流通领域采取了种种限制措施。与此同时，比特币交易平台作为比特币与法定货币兑换的枢纽，也被推到了反洗钱监管的风口浪尖。

《通知》规定比特币互联网站应当依法在电信管理机构备案。同时，针对比特币具有较高的洗钱风险和被犯罪分子利用的风险，《通知》要求网站等相关机构按照《中华人民共和国反洗钱法》的要求，切实履行客户身份识别、可疑交易报告等法定反洗钱义务，切实防范与比特币相关的洗钱风险。

2017年年初，中国人民银行约谈国内各虚拟货币交易平台，并关停杠杆配资业务，开始征收交易费并再次对投资者发布比特币投资预警。

中国人民银行也对以比特币为代表的虚拟货币交易平台划定了几条红线：不得违规从事融资融币等金融业务，不得参与洗钱活动，不得违反国家有关反洗钱、外汇管理和支付结算等金融法律法规，不得违反国家税收和工商管理等法律规定。

2017年7月1日起，反洗钱新规《金融机构大额交易和可疑交易报告管理办法》正式实施。任何无法证明资金合法来源或难以证实资金"出海"实际用途的跨境大额现金转账交易都将被从严查处。

反洗钱新规要求金融机构既要在客户身份识别过程中采取合理措施识别可疑交易线索，也要通过对交易数据的筛选、审查和分析，发现客户、资金或其他资产和交易是否与洗钱、恐怖融资等违法犯罪活动有关。金融机构提交可疑交易报告，没有资金或资产价值大小的起点金额要求。

比特币有其投资价值和市场需求，其采用的区块链技术也被越来越多地应用到金融领域。作为投资品，比特币要受到市场的监管，但其独有的特点更需要一些特有的监管。因此，比特币也会被纳入反洗钱新规中金融机构监管和报告的目标范围，以防成为常态化洗钱工具，如此才会有良好的发展。

（成文于2017年6月21日，比特币交易价格的大起大落，引发对其跟踪研究形成此文）

人民币加入 SDR 将重构国际货币体系

纽约时间 2015 年 11 月 30 日就是人民币入篮答案揭晓之日。虽然 SDR 规模不大且直接使用范围很小，其象征意义大于实际意义，但人民币入篮将会带来的后续一系列影响备受关注。人民币加入 SDR 货币篮子或已板上钉钉，将意味着人民币开启国际化的第二段旅程，即除国际贸易功能之外，储备投资的功能将更加凸显。更多地离岸人民币的使用、储备与投资，将会为中国货币当局带来新的监管课题，人民币也将担负起改革国际货币体系的更加重要的角色。

作为国际货币基金组织成员之间确定的使用储备结算清算的规则，与 NDR（普通提款权）相比，SDR（特别提款权）是成员之间使用资金的特别权利。SDR 主要用于换取外汇偿付逆差、偿还国际货币基金组织贷款、从其他国家换回本国货币。SDR 相当于企业客户在银行获得的特别信贷额度。但是，SDR 的使用具有局限性，需要换成 SDR 货币篮子中的四种货币后方可使用。目前，这四种货币是美元、欧元、日元与英镑。

作为一种信用资产，SDR 总规模较低，且作为储备资产的吸引力较小。1970 年至今，国际货币基金组织共分配了 2 040 亿单位 SDR，约合 3 180 亿美元，不足全球非黄金外汇储备的 5%，发达国家使用 SDR 的积极性和紧迫性并不高。

次贷危机后，中国对国际货币基金组织增资，从 2.59% 增加到 4%。2010 年，国际货币基金组织也出台改革其份额的方案，但并没有实施。中国在国际货币基金组织中股权排在前几位，中国贸易量在 SDR 中可使用额份额也排在前几位。如果不让人民币加入 SDR，国际货币基金组织规则将仅会在发达国家之间使用，但其长久的生命力将经受考验。因此，国际货币基金组织需要改革，全球货币体系需要改革，SDR 也需要改革。短期内最重要的是，SDR 的结构优化，也就是增加第五种货币。

人民币加入 SDR，会为其成为国际储备货币铺平道路，可使得各国增持人民币作为储备资产，从而增加对以人民币计价的中国资产的配置，为国内带来增量资金。虽然 SDR 用途有限，但人民币加入 SDR 之后，在一定程度上也可以给中国货币当局调节离岸市场提供一个指挥棒。加入 SDR 是人民币国际化的一个驿站，促进人民币国际化的同时，也将促进现有国际货币体系的改革。

人民币入篮后，其相挂钩的人民币需求为 6 万元至 10 万亿

北京时间 11 月 29 日，俄罗斯中央银行宣布将人民币纳入储备货币，似乎抢先为人民币加入 SDR 剪彩。人民币加入 SDR 货币篮子之后，会促使人民币的国际使用量出现明显上升。使用量是与贸易量、投资量和储备量相匹配的。和中国贸易量较多、结算额较大的国家会逐渐直接使用并储备人民币。例如，在外汇支付逆差的时候，贸易国家和中国之间就直接可以使用人民币，这将减少与中国有直接贸易关系的国家此前绕道换汇的汇兑成本。

2010—2014 年，中国出口量在全球占比为 11%，但人民币仅占到全球官方储备的 1.1% 左右。若人民币顺利加入 SDR，很多国家央行盯住的储备货币篮子也会将人民币纳入储备范围，促进人民币储备与投资。总体算来，未来 2~3 年国际非直接使用 SDR 的需要量，而是和 SDR 挂钩的结算、投资和储备的人民币需要量是 6 万亿至 10 万亿元人民币。

人民币国际化之前，人民币被国际上很多货币专家或央行认为是一种风险货币，一旦加入 SDR 后，就会有越来越少的人认为人民币是风险货币，就会将人民币作为一个避险的货币，并且任何一种刚刚加入 SDR 的货币都会迎来一个马太效应，受到热捧。需求量的上升促使广义货币中更多的人民币要离岸，这也会使得短期内人民币升值的预期不会改变。

受美元强势周期的影响，加之中国经济依然有下行压力等因素，市场上对人民币的偏空情绪较为浓厚。这意味着需要提防一个风险，也就是人民币加入 SDR 之后美元是否会马上加息。如果美元加息，人民币跟不上美元，即人民币升值幅度没有美元升值幅度大的话，就会有汇率波动的风险。但总体来说，美元即便加息，幅度也不会过大，而按照一篮子货币来讲，人民币持续升值仍会是趋势。

人民币加入 SDR 后，后续影响会对中国货币发行量和货币政策产生较大的影响。货币当局和研究界需要对此进行更为深入的研究。

人民币国际化进入第二阶段——考验货币政策

离岸人民币过去主要以贸易和结算导致的离岸为主，未来的离岸人民币中，储备和投资导致的离岸所占比重将持续上升。加入 SDR 货币篮子，表明人民币国际化进入了第二阶段——储备货币与投资货币。

中国用了五年时间完成了人民币国际化的第一阶段，即以非开放的本国的货币走向贸易结算货币。第一阶段的成果是人民币已经成为第二大贸易货币、第五大国际支付货币、第六大外汇交易货币、第六大国际银行间贷款货币和第七大国际储备货币。

未来会有更多离岸的货币直接成为其他央行的储备货币，各国需要用这些储备进行投资来保值增值，这样就会加速推进人民币国际化，促使其成为投资货币。这些离岸人民币需要再投资到人民币计价的金融资产中，其中一部分会流入中国债券市场，甚至有些投资激进的国家可以投资中国股市。这会对中国金融市场产生较大影响。

因此，人民币入篮将带动人民币货币发行量结构性变化，从而考验原有传统的

货币政策。同时，离岸人民币需要投资渠道，会影响中国的流动性，包括银行间市场、债券市场甚至资本市场。对中国来说，这种影响是双向的、系统性的，影响不是爆发性的，而是逐渐累积的，是一个持续的过程。

中国央行此前为推进人民币国际化采取的措施包括扩大银行间市场的对国外机构开放、汇率改革对人民币中间价的计价规则进行调整、利率市场化等，都在技术上满足了人民币加入 SDR 对自由兑换的市场化货币的需要。银行间市场虽然统计数据更为准确可控，但是其发行主体、交易主体等市场主体的扩容未来还需要进一步开放，离岸人民币需要更多的投资渠道和产品。未来，机遇和挑战并存，依然需要中国从能力、技术手段上应对可能存在的风险。

这些都不是 SDR 直接使用带来的变化，SDR 的份额很小，但会像尺子的刻度一样影响计价规则。其实这在目前的全球商业合作中已经初现端倪。例如，中国电信和美国斯达康等企业签订的国际合同有的不是以美元计价，也不是以人民币计价，清算的时候是以多少个点的 SDR 计价。因为 SDR 计价是四种货币的加权数，在金融危机期间比任何一种货币都稳定，能规避一些汇率风险。

随着人民币的入篮，如果有更多与中国有贸易往来的企业也会选择 SDR 来计价，结算时可直接使用人民币。可以预计，这种计价方式的广泛使用，将会在合同中衍生出很多金融衍生产品，很多 聪明人也能找到很多套利的办法。

配套的货币政策改革措施和管理能力需继续完善

人民币正在由中国的人民币转变为真正意义上的世界的人民币，因此中国监管当局与企业都需要提高认识和能力，因势利导，积极应对，将挑战转化为机遇。

从监管当局来讲，货币政策需要由原有的管制的货币政策向开放的货币调控政策转变。监管当局以前调整货币政策考虑的是人民币在国内的流动性，未来需要考虑到境外的人民币的流动，如流回中国的人民币对中国的影响等。在货币发行方面，如果还按照广义货币的增长速度来调控经济就会误判，应更加及时准确地把握走出去的离岸市场货币量，并通过量化的数量模型判断未来的离岸人民币需求量，从而进行更好的流动性管理。

人民币入篮后，因为与国际货币体系的规则逐渐开始接轨，监管当局还有大量的工作需要做，除了货币政策调整要考虑外部互动的因素，还要有一个大数据管理的意识，对国际货币的流动性、人民币在岸离岸的统筹考虑来进行货币决策。

2015 年年中的"股灾"给监管当局与投资者都上了沉重的一课，这让我们反思金融工具、资本市场和衍生产品的关系，对于目前还不是完全开放的市场都已经有这么多影响，未来有更多的衍生产品之后，如果不能准确把握流动性和衍生产品的冲击，就会对市场产生更大的影响，甚至间接影响到经济发展。危机就会由资本市场、金融市场传导到经济社会发展。我们对此要有危机意识和心理准备。

从企业方面来看也是一样，未来怎样更好地在国际贸易中使用以人民币或 SDR 计价的合同，或者是开发出更多的汇率衍生产品，实现利率和汇率的掉期手段，这些都是必备的技能。

人民币入篮未来将加速国际货币体系改革，构建超主权货币

人民币加入 SDR 对人民币国际化有实实在在的好处，但是对 SDR 的好处甚至超出对人民币的好处，这是首个发展中国家的加入，改善结构后会促使更多人去使用 SDR。不过，若出现黑天鹅事件，国际货币基金组织不让人民币加入 SDR 货币篮子，SDR 就会成为仅在几个发达国家之间起作用的度量衡。因此，中国在衡量加入 SDR 后对本国的影响，国际货币基金组织也在衡量人民币加入后对 SDR 与国际货币基金组织的影响。

即使人民币没有加入 SDR 的货币篮子，也不影响人民币国际化的大局。从短期来看，这对人民币的走势会有所震动；从长远来看，人民币国际化的路程依然在继续，甚至对于国际货币体系的改革意义更为重大。

因此，人民币加入 SDR 并不是人民币国际化的终结，而是在又一个台阶上的新的起步。未来五年，人民币将超过英镑和日元成为第三大货币。到 2025 年，人民币会成为国际主导货币之一，和美元、欧元三足鼎立，共同促进国际货币体系的改革。三大货币会改革国际货币体系，主导构建新的全球超主权货币体系，从而对人类经济社会产生重大影响。

2009 年，中国人民银行行长周小川一周连发三篇文章，谈到国际货币体系改革时，阐述了超主权货币是国际货币体系发展的方向。国际货币基金组织也认为有必要通过 SDR 和篮子货币的改革来构建超主权货币体系。

我们认为，2025 年，全球会逐步构建起一个由电子货币主导的货币形式，但是发行还需要由主权国家来管理。那时人民币在全球使用范围相当广，影响力相当大。随着"一带一路"倡议的深入人心，国际贸易和国际经济逐渐发展融合，单靠单一货币来成为顶级货币这种一股独大的方式也不利于一国的发展。目前和平与发展越来越成为全世界的共识，5~10 年后会形成三大主导货币共同主导维护的国际货币体系。如果国际货币基金组织能担任得起这样的大任，不断改革，就有可能推出超主权货币。但是目前从国际形势来看，发达国家的改革意愿并不强烈，应该说国际货币体系未来的改革，人民币仍将承担着最为重要的历史重任。

（原文发表于《清华金融评论》2015 年第 11 期，原文略有修改）

比特币远离野蛮生长

比特币虽然是源自互联网的虚拟货币，但是不能脱离金融系统管理，因为一旦缺乏监管，后果将很严重。

虽然诞生刚刚 4 年，比特币却凭借岁末年初的火爆表现，引发许多国家金融监管当局的表态。差别化的监管也折射出各国迥异的利益诉求。

支持者有之。2013 年 11 月，德国政府正式承认比特币的合法地位，并将比特币归类到"记账单位"，对其实施征税；同月，美国司法部和美国证券交易委员会的代表称，比特币是一种合法的金融工具。

观望者亦有之。2013 年 12 月 5 日，中国人民银行等五部门发布《关于防范比特币风险的通知》，明确指出比特币不是货币，不能也不应当作为货币流通和使用，但允许民众作为一种虚拟物品自由持有和交易，现有交易网站也将纳入监管。

禁止者也不乏。2013 年 12 月中旬，挪威政府发布声明：比特币不具备货币资格，政府将决定对其征税。泰国政府更是严禁比特币上市流通。

过度投机不是货币

互联网科技的高速发展和互联网应用的快速普及，使得实体交易越来越多地在互联网和虚拟经济中进行，因此需要衍生出更多依托互联网的支付、投资和结算工具。事实上，伴随经济全球化和金融一体化的深入发展，国际投资、投机资金日夜不停地寻找便利渠道，规避金融监管，需要找到能跨越国别障碍的新的资金运作形式。

金融危机后，人们越来越意识到，源自美国的次贷危机爆发的一个主要因素是对金融创新监管的不力，导致众多金融衍生产品风险积聚，最终爆发危机。由此主要经济体货币监管当局一方面通过量化宽松的货币政策等手段对冲危机损失和经济下滑，另一方面把金融监管提升到了一个新的水平，一定程度上收紧了资本的流动性，这也加速了国际游资依托科技和互联网创新解决投资障碍问题的步伐。于是，比特币就在这样一个大背景下诞生了。

比特币的短期蹿红，主要是由其设计和使用上的特点决定的。比特币依托互联网发行，通过密码成交转让，适用于投资和结算，但由于其结构设计上的有限性，也必然会面临过度投机的问题。因此，现在还不能将它定义为一种货币，它只是一种带有证券性质的具有转移、交换和投机功能的投资产品，尚不具有货币的一般等价物属性及价值尺度、支付手段、结算手段、储藏手段和世界货币的全部功能。

从短期看，电子货币不会很快完全取代现实货币，且不论比特币是否是电子货币，未来电子货币会与现实货币有一个并行期，并且有较长的路要走。

最贵货币的风险

短短 4 年，比特币飞速发展。从最初平均 1 美元能够买到 1 309.03 个比特币，到 2013 年 12 月 1 日每枚比特币超过 1 盎司黄金的价格，接近 1 300 美元，比特币这个新生事物一度成为虚拟和现实世界中最贵的"货币"。

单从 2013 年的热度来看，比特币俨然成为世界上最受欢迎的互联网虚拟货币。更值得注意的是，比特币诞生后，互联网又涌现出莱特币、火币、兰币、狗币等众多类比特币的衍生产品。与游戏 Q 币不同的是，这些互联网衍生产品的投资炒作和溢价能力极高，并且能与实体经济的主权货币进行双向兑换。这在无形中给主权货币的发钞带来挑战，这也是其合法性的一个致命问题所在。电子货币快捷、低成本，但也存在诸多风险。政策和监管风险是比特币的最大风险，也是比特币投资投机的系统性风险。

2013 年 12 月中旬，法国中央银行——法兰西银行发出警告：虚拟货币不受监管、没有担保、不具有法偿性，一旦与真实货币进行兑换或成为支付手段，将造成金融风险，给全球反洗钱斗争带来新困难。

在中国市场，比特币 2013 年已经经历过两次大跳水，1 比特币价格一次从8 000 元下降到 5 200 元，另一次从 7 040 元下降到 4 512 元，市场价格巨幅波动蕴含了诸多交易风险。《关于防范比特币风险的通知》发布后一小时内，在中国市场的比特币一度暴跌 35%，从最高近 7 040 元"跳水"至 4 512 元。

从长期看，除了政策和监管风险外，比特币的技术风险也不可小视。例如，比特币交易账户遇到黑客袭击，或者出现更高层次的软件高手或网络"极客"设计出更好结构的互联网货币产品，或者出现能被各国接受的新型电子超主权货币等，都会给比特币带来巨大的投资风险。

此外，比特币的快速发展已对实体经济的货币体系产生冲击，这必然会导致比特币与实体经济对接的风险。此外，伴随着比特币的持续火爆，交易平台赚得盆满钵满，也助长了其他类似币种的繁荣。但这些交易平台缺乏监管，没人能保证其不搞"小动作"，一旦平台倒闭，那么其所发售的比特币也将化为乌有。

应参照货币监管

事实上，《关于防范比特币风险的通知》对于比特币的性质做了明确的界定：比特币不是由货币当局发行的，不具有法偿性与强制性等货币属性，并不是真正意义上的货币。从性质上看，比特币是一种特定的虚拟商品，不能且不应作为货币在市场上流通使用。

中国是对资本、热钱控制非常严格的国家。2009 年，商务部、文化部也发布网络游戏币有关暂行规定，严格管制了网络游戏 Q 币的使用，但不包括比特币。事实上，按照中国法律，比特币不但不可用货币购买，也不能兑换人民币，因此目前的比特币交易已超越了网络游戏币的管理范围。比特币不是货币，但是它有"人民币部分功能的替代品"的嫌疑，并且能跨境使用，得到了热钱的钟爱。

值得注意的是，不能因为比特币是互联网虚拟产品就不将其纳入金融系统管理。对中国而言，比特币或类似产品如不加以监管，一定会产生严重后果。比特币演变的结果就将是它既具有一定的流通功能，又具有一定的支付、结算、储备功能，还具有一定货币的特性。这无疑将影响传统的货币体系，因此应该将其纳入金融管理范畴。

当下中国已成为比特币最大交易国，因此对比特币的交易规则、交易平台、交易监管要持续加强。一方面，监管部门应加强研究，从防范风险角度调整政策，制定针对比特币、莱特币等的有关政策规定；另一方面，监管部门要适时提醒投资者防范比特币炒作风险，同时也要加强全球市场的监控，防范比特币在中国市场产生风险。

（原文刊发于《英大金融》2014 年第 1 期，原文略有修改）

比特币对主权货币的挑战

　　一个刚刚诞生 4 年的被称为比特币的互联网虚拟货币，自 2013 年以来发展迅猛、异常火爆，以致让各主要货币国家央行纷纷表态：美联储态度暧昧，德国监管当局则认为其合法。2013 年 12 月 5 日，中国人民银行等五部门联合发布《关于防范比特币风险的通知》，对比特币的性质做了明确的界定：比特币不是由货币当局发行的，不具有法偿性与强制性等货币属性，并不是真正意义上的货币。从性质上看，比特币是一种特定的虚拟商品，不能且不应作为货币在市场上流通使用。在中国比特币市场，《关于防范比特币风险的通知》发布后 1 小时内，比特币一度暴跌35%，从最高近 7 040 元"跳水"至 4 512 元。比特币的出现有其深刻的时代背景。第一，互联网科技的高速发展和互联网应用的快速普及使得实体经济的交易越来越多地在互联网和虚拟经济中进行，因此衍生出更多的依托互联网的支付、投资和结算工具。第二，伴随着经济全球化和金融一体化的深入发展，国际投资、投机资金日夜不停地寻找便利渠道，规避金融监管，试图找到能跨越国别障碍的新的资金运作形式。此外，国际金融危机后，人们越来越意识到，次贷危机爆发的一个主要原因在于对金融创新的监管不力。由此，主要经济体货币监管当局一方面通过量化宽松货币政策等手段对冲危机损失和经济下滑，另一方面把金融监管提升到了一个新的水平。这在一定程度上抑制了投机和资本的流动，也促使国际游资依托科技和互联网手段解决投资便利问题。于是，比特币就在这样一个大背景下诞生了。

　　短短 4 年时间，比特币飞速发展，从最初平均 1 美元能够买到 1 309.03 个比特币，到 2013 年 12 月 1 日 1 比特币可以兑换超过 1 盎司黄金，价格接近 1 300 美元，比特币一度成为虚拟和现实世界中最贵的"货币"。值得注意的是，自从比特币诞生后，互联网又涌现出莱特币、火币、兰币等众多类比特币产品，这些产品与游戏币不同的是，它们的投资炒作、溢价能力极高，上涨速度极快，并且能与实体经济的主权货币进行双向兑换，这无形中给主权货币带来挑战，成为影响其合法性的致命所在。

　　事实上，比特币的特质在于投资和结算，其结构设计上的有限性必然会导致过度投机。笔者认为，目前比特币只是一种带有证券性质的具有转移、交换和投机功能的投资产品，尚不具有货币的一般等价物属性及价值尺度、支付手段、结算手段、储藏手段和世界货币的全部功能。

比特币的风险何在？短期内，政策和监管风险是比特币投资投机面临的最大风险。从长期看，比特币的技术风险不可小视。例如，比特币交易账户遇到黑客袭击，或者出现更高层次的软件高手或网络"极客"，设计出更好结构的互联网货币产品，甚至出现能被各国接受的新型电子超主权货币等，都会给比特币带来巨大的投资风险。比特币的快速发展已对实体经济的货币体系产生冲击，这必然会导致比特币与实体经济对接的风险。此外，伴随着比特币的持续火爆，交易平台赚得盆满钵满，也助长了其他类似币种的繁荣。但这些交易平台缺乏监管，没人能保证其不搞"小动作"，一旦平台倒闭，那么其所发售的比特币也将化为无有。

《中国人民银行法》规定，中国的法定货币只有人民币，也只能由中国人民银行发行，任何单位和个人不能印制发售代币券代替人民币流通。2009 年，商务部、文化部也发布网络游戏币有关暂行规定，严格管制了网络游戏币的使用。事实上，按照我国法律法规的规定，比特币不但不可用货币购买，也不能兑换人民币，而比特币交易已超越了网络游戏币的管理范围。比特币不是货币，但是它有"货币部分功能的替代品"的嫌疑。

值得注意的是，不能因为比特币是互联网事物，就不将其纳入金融系统管理。就我国而言，对于比特币或类似产品，如不加以监管，一定会产生严重的后果。比特币演变之后，会具有一定的流通功能、支付功能、结算功能、储备功能，也会具有一定的货币特性，这无疑将影响传统的货币体系。因此，我国应该将其纳入金融管理范畴。

当下我国已成为比特币最大交易国，因此要持续加强对比特币的交易规则、交易平台、交易监管的研究。一方面，监管部门应从防范风险角度，调整政策，制定针对比特币、莱特币等的有关政策规定；另一方面，监管部门要适时提醒投资者防范比特币炒作风险，同时加强对全球市场的监控，防范我国比特币市场风险。

（原文刊发于《中国金融》2013 年第 24 期，原文略有修改）

人民币国际化可借力 QE 的退出进程

　　市场在等待美国 QE（量化宽松政策）退出的确切时间表，就像在等待靴子落地。美联储 2013 年 9 月 18 日举行的货币政策会议受到外界密切关注，国际货币基金组织等机构此前曾预测该次会议上美联储很有可能开始退出 QE。但会后美联储宣布维持 0~0.25% 的基准利率不变，维持每月购买 850 亿美元资产规模不变，这一消息使得国际金价在 9 月 18 日出现暴涨，QE 何时退出需再等待 10 月的议息会议。

　　但无论如何，QE 退出只是一个时间问题。发展中国家总体来说可能不希望退得太快，对中国来说则是机遇与挑战并存。2013 年 5 月，美联储主席伯南克首次提及将开始减缓资产购买的可能性后，国际大宗商品尤其是黄金价格就遭受了 2009 年以来的最大利空。同时，资金撤离一些新兴经济体，印度尼西亚、印度等国家资本市场剧烈震动，股票债券遭到抛售，汇率大幅下滑，颇有 1997 年亚洲金融危机的前兆。

　　对此，我国有官员、学者表态中国经济不会受到美国 QE 退出的冲击，但在热钱撤离的情况下，各类资产价格面临着动荡。如何评估这一预期的实际影响、如何安全地配置资产，成了不得不关注的问题。从时点分析看，美国自 2008 年开始实施 QE 以来，在国际上遭受了大量质疑和批评，这种强势向世界注入流动性的做法给其他国家的经济发展带来新的不确定性和复杂的压力。如今，这项政策的退出同样遭受着质疑和批评。

　　美国作为超级经济体，其货币政策的一举一动牵动着其他国家和地区的神经，对 QE 退出时间点的猜测和疑问就像担心"狼来了"一样。那么，QE 何时开始退出呢？我们注意到，美国个人消费支出物价指数（PCE）在 2013 年 7 月达到 1.6%，距离目标水平 2% 还有一段距离。中国建投投资研究院关于美国量化宽松政策退出影响和时点分析的报告在对历史经验进行统计分析的基础上预计通货膨胀目标将在未来 1~2 年达到，也就是 2014 年年末左右。

　　美国联邦公开市场操作委员会（FOMC）预测失业率在 2013 年为 7.2%~7.3%，2014 年为 6.5%~6.8%。美国劳工部 2013 年 9 月 6 日公布的数据印证了这一预计。2013 年 8 月美国失业率为 7.3%，这是 2008 年 12 月以来的最低值。虽然失业率持续下降，但是由于就业市场参与度降低及新增就业岗位多来自零售、餐饮服务业，因此就业质量并不高。

2013 年 8 月，美国 16 岁以上人口就业参与度仅为 63.2%，是 1978 年以来的最低值，这表示失业率的降低不一定是更多人找到了工作，而可能是更多人退出劳动市场的结果。数据显示，2013 年 8 月美国新增非农就业岗位 16.9 万个，其中 4.4 万个岗位来自零售业，2.1 万个岗位来自餐饮服务业，这些多为薪资水平低的临时性岗位。

按照以往规律，经济复苏阶段最早增加的往往是临时岗位，随着经济进一步恢复增长，正式的高薪岗位会逐渐增加，这也会吸引一些劳动力回到就业市场，从而让失业率出现反复。

由于新的就业数据并不乐观，美联储主席伯南克表示，就业市场改善尚未达到美联储预期，并强调将把就业的"质量"而非"数量"作为重要考量。因此，QE 退出的时间点很可能会比此前市场预期的要晚。根据美国联邦公开市场操作委员会的预测，失业率将在 2014 年达到 6.5% 的目标水平。

QE 退出对我国汇率的影响比较复杂，笔者认为影响会分为两个阶段：美国大幅度退出 QE、美元大幅度升值之前这个阶段有利于人民币的稳定和国际化。因为未来美元长期看会升值，发展中国家货币相对看会贬值、不稳定，特别是外汇储备少的国家急需稳定器，这样就会有更多国家愿意与人民币进行互换，储备人民币。需要注意的是，上述结果有利于人民币的国际化，如二十国集团（G20）峰会上普京称金砖国家将创立 1 000 亿美元汇市稳定基金，这部分货币应该是互换的，互相持有是结算的前提。目前，人民币结算量排名第九，要进入前四名才能逐渐成为储备货币和投资货币。因此，在 QE 退出预期形成到正式退出之前这段时间，对人民币国际化是非常有利的，结算、储备、投资国际化三元素可能同时进行，大大提高了国际化的进程。但在美国完全退出 QE、利率提高、美元开始升值后这个阶段，人民币会相对美元贬值，很多国家就会重新储备美元，这就不利于人民币的国际化。

总体来说，我国资本市场有其特殊性。最大的影响因素有两个：一个是资金面的因素，另一个是政策面的因素。由于政策的不确定性，我们很难把资本市场放到经济模型中进行分析。我们可以去预测 QE 退出对我国资本市场的影响，但不一定能预测到它的结果。

（文章主体内容来自《新财经》专访，发表于 2013 年 10 月，原文略有修改）

人民币还是需要先"走出去"

从短期来看，我国推出人民币期货的意义不大，应将重点放在如何让人民币更好地"走出去"这一议题上。

自从 2012 年 9 月 17 日人民币期货在香港交易所上市以后，市场也展开了有关我国推出人民币期货的议论。笔者认为，目前看来，我国推出人民币期货并没有太多的必要性，因为人民币暂时还未达到完全自由兑换的地步。因此，短期内有关我国推出人民币期货的研究可以展开，但是后期还是需要等到人民币可自由兑换后再上市。

笔者认为，人民币期货在香港交易所上市为人民币"走出去"提供了产品支持，也丰富了香港金融产品的种类。观察目前所有发达国家的主导货币，基本上都拥有一个非常成熟的离岸货币市场，相关货币期货也能成为货币未来走势的风向标。

事实上，人民币期货的上市不仅有利于人民币的国际化，也有利于香港作为离岸人民币中心的发展，同时也对香港金融市场产品丰富有积极的作用。虽然人民币期货在香港上市初期并未受到热捧，但是笔者认为这一现象是正常的，后期将逐渐改善。随着金融市场情势的明朗化，市场的交易和投资将会增多。因此，这是预料之中的，因为一个产品从无到有，市场需要一个熟悉的时期，等到市场对产品了解了，交易和投资就会活跃了。

另外，对于美联储推出的第三轮量化宽松对人民币的影响，笔者认为，其会在一定程度上影响到人民币的未来走势，在升值贬值判断难度较大的时期，一些投资者目前正在观望当中，这也是造成交易和投资不活跃的一个因素。

值得注意的是，继香港交易所之后，芝加哥商品交易所也计划于 2012 年第四季度推出人民币期货。各大交易所对人民币期货的热情是十分高涨的，随着越来越多的人民币期货上市，未来在岸人民币的走势也会受到影响，这也能进一步体现出人民币期货的作用。

展望未来，短期内人民币应当会保持"稳中微升"的势态，而未来进一步升值的空间就要看中国经济的发展以及国外一些金融事件的进展。

（文章主体内容来自 FX168 财经集团专访，发表于 2012 年 10 月 9 日，原文略有修改）

汇改后人民币汇率会走出波浪上升走势

2005年7月21日汇率改革（以下简称"汇改"）时，人民币对美元即日升值2%，而本轮汇改是不是意味着人民币一定就会升值呢？

本轮汇改后人民币更具灵活性，将提振中国的购买力，同时商品出口国经济将受到拉动，从而推动全球经济的复苏。随着人民币汇率增强弹性，中国与其他国家的贸易摩擦将受到抑制，从而对促进国际贸易做出贡献。但从汇率形成机制来看，汇改并不意味着人民币一定升值，因为在全球经济复苏的大背景下，主导货币国家的货币被设置为人民币参考的一篮子货币定价的主要权重，即便会出现欧元危机这样的情况，我们的一揽子货币会因为美元与欧元的此消彼长而相互抵消，因此不同程度上会抑制人民币单边升值的预期。未来人民币升值的主导因素将回归到中国经济的发展水平，也就是说我们的"币"的价值本质上取决于"货"的多少。

那么，如果出现长期升值趋势的话，政府和出口企业该如何应对呢？

从中国来看，人民币保持长期升值的趋势是必然，也对中国最为有利。中国应保持这样的强势货币地位，才能使中国经济真正在世界经济中崛起。因此，我们一方面应加快经济结构的调整，提高高端产业水平，优化增长方式，使中国的货无论从量上还是从质上都更有竞争力；另一方面要加快人民币成为国际货币的进程，并参与到国际主导货币的游戏规则中，使我们的"货"与"币"协同发展。对于企业来说，企业要充分重视国际化，学会在国际贸易中使用人民币结算，做好人民币国际化后的企业生产经营的准备，同时要研究好人民币汇率，做好汇率预期。

汇改后，短期看人民币汇率波动的弹性加大，伴随市场供求关系变化，呈现有升有贬的波浪走势；一篮子货币将逐步建立，建立后价格形成机制会进一步调节人民币汇率，不会出现大幅波动的情况。

人民币汇改正逢其时。首先，从全球经济来看，2009年中国经济率先做出调整，2010年上半年美国经济稳步复苏，全球经济开始逐步复苏，2010年年底世界经济将整体走向复苏。其次，从我国经济来看，2010年上半年，我国经济回升向好的基础进一步巩固，进出口渐趋平衡，经常项目顺差与国内生产总值之比显著下降，国际收支进一步趋向平衡，经济运行平稳，人民币汇率不存在大幅波动和变化的基础。最后，从世界主导货币来看，美元汇率已经企稳回升，欧元由于欧盟及国际货币基金组织应对基金的建立，抗风险能力得到增强，欧元汇率下滑速度将递减。其他主要货币由于增长和通货膨胀预期，存在加息的可能，因此货币企稳。

因此，在这样的国际国内经济背景下，人民币进一步推进汇率形成机制改革，增强人民币汇率弹性正逢其时。人民币汇率形成机制改革有助于增强人民币汇率的灵活性，从而将促使中国乃至世界的经济更为平衡。进一步发挥人民币在国际市场上的作用有利于全球经济和金融市场稳定，同时有利于加快推进人民币国际化进程。

（文章主体内容来自 CCTV 证券资讯频道专访，播出于 2010 年 6 月 23 日，原文略有修改）

人民币为什么没有与美元脱钩

央行 2010 年一季度货币政策执行报告重申人民币汇率要参考一篮子货币进行调节，有专家认为 2010 年夏季人民币汇率将会退出目前盯住美元的形成机制。也有专家认为，这只是个很小的变化，不能由此判断人民币就要与美元脱钩。

笔者认为，从长远来看，人民币盯住一篮子货币的策略是对的，但是笔者不赞同当下人民币汇率退出盯住美元的形成机制，即便人民币进行汇率改革，马上就参考一篮子货币进行调节，在这一篮子中，美元也应该是主导者或被紧盯者。我们来做一个假设，2008 年由于美国采取了发行定量美元来救助金融危机的计划，依此判断，如果 1 年前我们认为美国发行了过多的美元，美元可能贬值，我们借此就退出盯住美元，改为盯住欧元，那么过去的一年多时间，由于欧元的贬值，我们的外汇资产配置实际损失就将超过 15%，也就是近 1 万亿元人民币。正是由于 1 年前我们没有做出这样的决策，这 1 万亿元人民币我们就没有实际损失掉，笔者认为，这就是中国的利益。

再回到现实，由于人民币实质上盯住美元，造成人民币被动升值，2010 年年初至 5 月 14 日，人民币对欧元已累计升值 14.5%。那么如今人民币是否应该与美元脱钩呢？笔者认为，讨论与美元是否脱钩并不重要，重要的是要看我们是否找到新的"钩子"，这支"钩子"是否比现在的美元更牢靠？看看欧元、日元、英镑，看看这些国家的负债、经济结构和经济复苏情况，或许会发现与风险不确定的货币挂钩，带来的风险或许将更大。国际货币基金组织和世界银行的 SDR 权重是否是一个很好的"钩子"呢？笔者认为，这还需要用时间来观察。我们看到，美元指数已经开始企稳回升，美元的企稳回升将成为国际经济的稳定器。如果此时人民币与美元脱钩，那么人民币将失去稳定性和升值预期。另外，人民币应盯住美元，笔者认为还有一个重要的原因在于，中美之间存在贸易互补、投资互补、产业结构互补以及人口资源互补，中美之间的互补性远远超过中国与其他国际货币国家或区域的互补性。

当然，笔者也不赞同人民币永远与美元挂钩，至于何时脱钩，笔者认为要满足三个条件：第一，美元结束升值；第二，人民币成为国际主导货币；第三，人民币、美元和欧元共同构建了国际顶级货币的金融安全"三岛"，即实现了国际货币的三足鼎立。

（文章主体内容来自和讯名家访谈，发表于 2010 年 6 月 5 日，原文略有修改）

欧元危机暴露出区域性超主权货币机制不足

2010 年 5 月初，希腊债务危机恶化，导致欧盟与国际货币基金组织共同设立了一项高达 7 500 亿欧元的危机应对基金，但是美国《时代》周刊却认为，欧元区消亡的日子可能指日可待了，怎样看待欧元危机呢?

笔者认为，此次欧元危机的实质是欧元区部分国家主权债务危机，主权债务危机导致了人们对欧元区财政和金融安全的担心，由此在国际汇率市场上欧元相对于其他货币持续贬值，短短 4 个月跌幅超过了 10%。我们看到，尽管欧盟与国际货币基金组织构建了一个 7 500 亿欧元的危机应对基金，但是由于希腊、西班牙和葡萄牙等国债务占国内生产总值的比重都超过了 140%，在全球经济没有完全复苏的大背景下，这些国家单纯依靠经济增长来增加财政收入是难以化解巨额的债务负担的。2009 年政府财政赤字占国内生产总值的比例葡萄牙为 9.3%、爱尔兰为 11.8%、西班牙为 11.4%，而欧盟《稳定与增长公约》规定这一比例不能超出 3%。此外，东欧国家与西欧国家之间存在非常复杂的债务和债权关系，这也是欧元区系统性的风险。因此，欧元信用降低、欧元价格危机，其根源在于欧洲国际债务危机的隐患。

然而，笔者并不认同《时代》周刊关于欧元危机会导致欧元消亡的观点，我们知道，尽管欧元出现了它诞生以来最大的风险和波动，但欧元区实体经济总体上还是良好的。欧元区国家国内生产总值占全球国内生产总值的比重超过 15%，在全球外汇储备中，欧元所占比重也从 1999 年时的 18%，上升到 2009 年时的 27%，而同期美元所占比重则从 71% 下降到 64%。

我们注意到，1999—2009 年，欧元走出了类似 M 型走势，这也反映出欧元从区域货币到国际主导货币的成长历程。本次欧元危机暴露出了欧元在机制和制度上的不足，也就是作为超主权的区域货币，除了要有统一的中央银行进行货币发行、货币政策调整和金融调控外，还应有完善的区域内财政政策调控和监管。针对这些不足，欧元区可以改革和完善欧元区域治理机制，只有这样欧元这个区域性超主权货币才能像主权货币那样，通过财政政策、货币政策和资本调控来确保欧元区实体经济的健康发展与货币的相对稳定。

值得关注的是，此次欧元危机将影响到我国的货币政策，尤其是此前西方国家期待的人民币升值，伴随着人民币对欧元的被动升值而实现，人民币预期升值水平随之降低。此外，由于欧元汇率波动、需求减弱，中欧贸易逆差额将进一步回落。

(文章主体内容来自和讯名家访谈，发表于 2010 年 5 月 28 日，原文略有修改)

国际化是人民币必走之路

人民币升值是一个较为复杂的技术问题，需要把握整体利益和长远利益，科学利用升值预期。的确，人民币已经成为全球关注的焦点之一，如果人民币出其不意地一次性升值，将不仅影响到国际汇率市场，也将影响到中国的资本市场，影响到我国的企业利润、老百姓的实际购买力，甚至影响到国际关系的方方面面。

其实，人民币升值对国内各行业产生的影响是不同的。进口商会直接受益，出口商会因为我们的商品变得更加昂贵而使海外竞争对手受益。人民币升值对中国的股市、楼市也会产生影响，影响的程度主要取决于升值的幅度和速度。如果升值是在数月或几年里逐步进行的，那可能会吸引大量投机性"热钱"流入，推高国内资产的价格，包括股价和房价。如果升值是突然一次性升值，并且升值的幅度大，则远期升值预期就会变小，同时这一政策出台可能会被视为我国货币政策的进一步紧缩，从而会降低国际资本的流入热情，国内的股价和房价会因此低迷。如果一次性升值幅度小，会给国际热钱和投资带来未来升值的想象空间，加剧境外资本向中国的流入。

笔者认为，人民币升值是一个较为复杂的技术问题，需要我们准确计算、系统设计、把握整体利益和长远利益，并做出一个战略性安排。同时，政府应当本着科学审慎的态度进行决策，不应仅仅受国际压力影响，应着眼于中国经济的长远和可持续发展。就目前中国整体利益来看，人民币对外升值比贬值有利，人民币预期升值比立刻升值有利，渐进性升值比一次性升值有利。

从"同一个世界，同一种货币"的未来发展目标看，到21世纪中叶，人民币将与美元、欧元一道实现这一目标。实现这一目标需要两个方面的支持：一是中国经济延续过去30年的发展，并在经济全球化和金融一体化的历史潮流下，获得良好的国际经济政治发展环境；二是中国的经济结构和发展模式在本次全球经济危机后实现良性的转型，也就是从"微笑曲线"的资源和制造端成功转向以高端制造为依托的设计和品牌端。那么，再过20年左右，中国的"货"就会达到《世界的人民币》一书中所提到的主导货币国家货币国际化需要的物质基础。到那时，我们的"货"必然要求我们的"币"实现其国际经济贸易的主导作用，这也是百年来主要国际主导货币国家货币国际化的一般规律。

今天，我们能切身体会人类的进步，人类进步的速度是不断加速的。特别是全球信息产业和高科技的迅猛发展，高科技成为和平与发展的重要支持手段。因此，从货币本位的发展历程来看，我们坚信信用货币的未来发展最终会实现"同一个世界，同一种货币"的目标。

人民币国际化至少需要逾越三大障碍：内部条件还不完备、各种"陷阱"值得警惕、外力阻碍不可忽视。

第一，支撑人民币国际化的内部条件还不完备。与不同历史时期实现货币国际化的英国、美国、日本相比，我国尽管近年来保持了较高的经济增速，但总体经济发展水平和技术水平还相对落后，人均国内生产总值仅 3 000 多美元。我国的资本市场尚不成熟，如果此时实现资本项目下的可自由兑换，势必造成证券市场的巨大波动，进而冲击人民币汇率，甚至重演 2008 年在越南发生的货币危机。此外，国内金融体系不够完善，缺乏先进的现代银行体系，金融机构的管理水平和创新能力不足；产业结构亟待升级，主要出口产业的附加值、技术含量和价格弹性低；中国的巨额贸易顺差虽然开始减速，但仍然保持数千亿美元的规模，这与国际化中通过贸易逆差输出人民币的要求相去甚远；离岸人民币金融市场和金融产品匮乏，也影响了人们在境外持有人民币的意愿。

第二，伴随着货币国际化过程而自然产生的各种"陷阱"值得警惕。首当其冲的是人民币资本项目下可自由兑换所带来的一系列挑战。国际金融投机利益集团久经沙场、经验老到，只要能掌握足够数额的人民币，就有可能抓住机会将 1997 年对亚洲货币的狙击行动复制到人民币上来。中央银行执行货币政策的效果也会在相当程度上受到货币国际化的影响，给外汇市场和货币市场造成冲击。特别是产业结构升级尚未完成，若过快推进人民币国际化，可能造成我国的出口、就业和外国直接投资（FDI）大幅萎缩，进而伤害整体经济的稳健性，甚至掉进日本在 20 世纪日元国际化进程中遭遇的"空心化陷阱"。

第三，地缘政治因素的外力阻碍不可忽视。货币的国际化不是单纯的金融角力，而是大国在政治、军事、文化、技术等方面综合国力的对弈。对于当前乐享"铸币税"的美元等国际货币来说，其绝不会甘心将已经占领的市场拱手相让。更何况我国所采用的政治体制与西方大相径庭，西方阵营不会轻易放松对中国的遏制。一些国家肯定会妄图卡住"人民币国际化"的通路，用这张牌在国际政治对话中增加自己的筹码。

推进人民币国际化更应创新，人民币国际化可以有效缓解人民币升值的压力。其实，英镑、美元、日元等货币的国际化之路都不是一帆风顺的。当前人民币应如何国际化才能避免前车之鉴，真正实现强国的货币崛起呢？笔者认为，2010 年是经济形势最为复杂的一年，也应是我们坚定不移推进人民币国际化的一年，通过推进人民币国际化可以有效缓解人民币升值压力，有效缓释国内通货膨胀的加剧和楼市的高风险震荡。推进人民币国际化主要从五个方面下功夫：

第一，充分利用良好的国际环境。

第二，正确利用好人民币升值的国际预期。历史经验表明，升值的预期是国际化最好的推进期，也是其他国家最愿意储备我们的货币的时候，有利于外汇互换和人民币结算的实施，因此要加快推进货币互换。

第三，充分利用好货币电子化的科技支持。时下，全球货币体系在信用本位的情况下，人民币国际化的历史机遇更多在于科技支持，电子货币应用会加速人民币国际化。

第四，以推进金融产品创新推动人民币国际化。加快推进人民币贷款和供应链融资，并配合人民币结算有助于进一步推动人民币的国家交易。

第五，继续大力推进和创新贸易人民币结算。

（原文刊发于《经济参考报》2010年4月13日，原文略有修改）

货币国际化的国际经验

　　世界上有 200 多种货币，为什么有些国家的钱能够在全世界范围内流通，而有些国家的钱却只在小范围内流通呢？其实，归根到底在于有实力的国家的货币的需求大，该货币自然成为国际公认的流通货币。

　　2008 年，世界经济实力排名第一的美国的国内生产总值超过 97 万亿元。依靠强大的国家实力，美国发行的美元折合人民币约 56 万亿元，同时其他国家购买了美国发行的国债折合人民币约 15 万亿元。全球外汇储备折合人民币约 45 万亿元，世界上所有外汇储备中美元最多，折合人民币约 29 万亿元。在国际贸易结算中，美元所占比重超过 60%；在外汇交易货币中，美元所占比重超过 40%。因此，美元成为全球第一货币。我们不得不承认，在世界范围内，美元也是最好用的货币。

　　可以说，美元的国际化是历史上货币国际化的成功典范。回顾美元的国际化历程，我们看到，美元崛起于英镑霸权衰落之时，美元霸权地位的形成与国际货币体系的演变密不可分。19 世纪后半叶，美国花了约 50 年的时间取得了相当于英国近 200 年的经济发展成果。1860 年，美国工业生产年平均增长速度是英国的 3 倍。1880 年，美国的工业产值赶上英国，居世界第一。进入 20 世纪，美国提供的产品占世界产品总量的 1/3。美国以其明显的生产优势，成为名副其实的世界第一生产大国。第一次世界大战前夕，英国工业生产总值在世界工业生产总值中所占的比重降至 14%，而同期美国所占的比重升至 38%。面对英国的衰败之势，美国开始向英国的霸主地位发起全面挑战，美元借此开始了国际化进程。

　　我们知道，第一次世界大战期间，美国以美元代替枪弹扩展美国对世界经济的影响力。美国采取"金元外交"政策，拓展海外利益，使美元的国际化进程提速。第二次世界大战时期是美元成为世界主导货币的转折时期。战争结束时，美国工业制成品产量占世界的一半，对外贸易额占世界的 1/3 以上，国外投资总额急剧增长，黄金储备约占资本主义世界黄金储备的 59%。美国经济实力超群，已成为世界最大的债权国，从而为美元霸权的最终建立创造了条件。

　　20 世纪 40 年代，美国积极策划建立了一个以美元为中心的国际货币体系，改变了当时世界货币金融关系的混乱局面。1943 年，美、英两国政府分别提出了"怀特计划"和"凯恩斯计划"，经过激烈的讨价还价，由于美国实力大大超过英国，英国被迫放弃自己的计划而接受美国的计划，最后形成布雷顿森林体系。美元的国际化再次迈上新台阶，即美元真正成为国际主导货币。

我们发现，临近 21 世纪，当世界经济迈向全球化、金融迈向一体化之时，货币的世界属性更加凸显出来。经济和技术高度发达的美国率先认识到世界货币的重要性，因此美国在提升经济发展实力和科学技术水平的同时，着重创新和发展了它的货币。短短的几十年，美元摆脱了金本位和金汇兑本位，以美元本位统领了全球经济，巩固了其世界货币体系的主导者地位。很长一段时间，美国拥有世界上最为发达和先进的证券市场，还拥有全球规模最大的金融衍生品市场。

我们再来简要回顾一下货币国际化的另一典型代表——日元的国际化。事实上，20 世纪 80 年代初期，日本真正开始推进日元的国际化。从 20 世纪 80 年代中后期起，随着升值中的日元大量流出日本，日元的使用范围逐步扩大，国际化程度大幅度提高。1986 年，东京离岸金融市场创立，日元的国际化向纵深发展，日元在国际结算、国际储备、国际投资与信贷以及国际市场干预方面的作用全面提高。在国际货币基金组织特别提款权的定值篮子中，日元的权重两次被提高，达到 21%，日元的地位得到了国际社会的肯定。此后由于受到美元制压，日本的国际收支受到重大影响，日元开始了 10 年的升值历程，升值后的持续贬值又使日元丧失了成为国际主导货币的机遇。

日元国际化的不完善可以总结为它的汇率设定基准功能不足。我们知道，美元、欧元和英镑等都被一些国家和地区作为盯住货币，但至今并未有一个国家和地区将日元当作盯住的基本货币。日元作为国际储备货币资产的状况不佳。1997 年以来，日元在全球储备资产总额中所占比重始终保持在 5%，并且总体趋势还在下降。这些不足使日元兑美元汇率在历史上曾多次出现大幅波动，反映了日元汇率的确定在很大程度上还存在"美元依赖"。日元尚不能自立，不能实现可控制的日元汇率波动。因此，日本经济为日元国际化付出了沉重的代价，严重的"日元升值综合征"，使日元的真正价值迷失在货币投机之中。

当然，强国货币的国际化还有很多，比如为区域货币作出成功示范的欧元等就不一一累述了。我们可以从中发现货币国际化的一些共性。

货币国际化的路径主要有四条：一是通过战争以及建立殖民地的方法，将宗主国的货币强加于殖民地，之后再影响到世界各国，也就是英国路径；二是通过成为国际货币制度的中心货币，演变为国际货币，也就是美元路径；三是通过有策略、有计划地培养区域内货币，之后发展成为国际货币，也就是欧元路径；四是通过货币可兑换的若干阶段成为国际货币，也就是日元路径。四种货币的国际化具体路径虽然呈现出各自的特征，但在国际化的全过程中也存在着一些相同之处，一方面，这些国家要有强大的经济实力；另一方面，这些国家要有发达的金融市场。

事实上，一个国家的货币国际化后，这个国家将参与国际经济、金融和资本的博弈，也会经受经济周期和金融危机的洗礼。大浪淘沙，最终谁能成为国际主导货币，主要取决于这个国家的管理者能否以独具大智慧的决策、能否以货币来引领经济取得可持续发展。

（成文于 2010 年 3 月 25 日，希望为人民币成为国际主导货币提供借鉴经验，研究主导货币形成此文）

美元能助推人民币国际化？

2009 年，中国人民币贸易结算开闸试点。2010 年，伴随东盟自由贸易区的开区，人民币的交易结算将越来越多。全球遭遇百年不遇的金融危机后，更多的人已经把目光投向了人民币这个经济发展速度最快国家的货币、这个长期以来不贬值的货币。

然而，当今世界经济实力排名第一的国家仍非美国莫属，其 2008 年国内生产总值超过 97 万亿元人民币。依靠着国家实力这座大山，美国发行的美元有恃无恐。2008 年年底，美国发行的美元折合人民币约 56 万亿元，同时其他国家购买了美国发行的国债折合人民币约 15 万亿元。全球外汇储备中美元最多，约占 64.9%。从某种程度上而言，在世界范围内，美元是最好用的货币。

在国际贸易结算中，美元所占比重超过 60%；在外汇交易货币中，美元占比超过 40%。从整体看来，尽管美国爆发了严重的金融危机，但美元仍然是最被广泛接受的国际化货币。

当世界经济迈向全球化、金融迈向一体化时，货币的世界属性便凸显出来。彼时经济和技术高度发达的美国率先认识到世界货币的重要性，美国在提高经济发展实力和科学技术水平的同时，着重发展了其货币。短短几十年，美元摆脱了金本位和金汇兑本位，以美元本位统领了全球经济，成为世界货币体系的主导者。

人民币国际化，应当借鉴美国的经验。《世界的人民币》一书全景展示了人民币的世界与世界的人民币构想，同时展望了"同一个世界，同一种货币"的未来。这本书重要的现实意义在于，书中清晰地展示了人民币国际化的过程以及人民币如何在同美元的博弈中崛起，其中一个别具特色的观念就是美元是人民币国际化的助力器。

如果没有百年一遇的国际金融危机，美元眼里的人民币可能还是一个不起眼的孩子。与 1792 年诞生的美元相比，1948 年才出生的人民币显得有些稚嫩，但中华人民共和国成立 60 年取得了令世界瞩目的发展成就，特别是改革开放 30 多年来，中国经济以平均两位数的增速飞速发展。人民币国际化应当借鉴美国的经验。

受亚洲金融风暴席卷的亚洲主要经济体已不再那么相信西方国家会顾及亚洲的经济安危，甚至担心西方转嫁危机，日、韩等国家期盼与中国携手建立亚洲货币。过去美国曾围堵中国经济，如今美国"遭难"，依中国的金融实力，中国可趁多难之际，统合亚洲国家的力量，筑起一道区域"防火墙"，如果中国果真这样做，将不仅伤害了中国与美国、欧洲之间的互信，而且不利于全球经济的复苏。

　　事实上，中国以大局为重，帮助稳定世界金融秩序的做法，已经在美欧民众当中赢得了口碑、赢得了尊敬。当金融危机过后，众多国家货币仍在不断贬值之际，人民币重新与美元挂钩并实现了不贬值，这也为人民币的国际化提供了技术支持，因为一国货币的国际化过程需要其币值的稳定和升值。

　　（文章主体内容来自《投资者报》专访，发表于 2010 年 1 月 17 日，原文略有修改）

未来的货币是什么样的

　　数千年来，货币形态经历了纷繁复杂而又丰富有趣的演变，勤劳智慧的祖先们在寻找形形色色的一般等价物时，为所有人类创造了这样一种根深蒂固的观念：不论你需要什么，必须要用货币购买，不论这种货币是贝壳、黄金还是一张纸片。即使当代纸质货币已如此发达，世界上对于货币形态的追寻仍然永无止境。

　　美国广播公司报道，生活在纽约伊萨卡社区的居民们平时出门消费可以使用该社区自己的货币——"小时"。他们用"小时"买日用品，用"小时"在餐馆结账，用"小时"买电影票。在美国，有许多社区为了强调自己的独立，采用了自己社区的货币，并鼓励居民们使用。伊萨卡社区就是其中的一个。来到伊萨卡社区，人们可以到社区的任何小店用美元兑换"小时"。"小时"是按照这个地区每小时的平均收入来计算的，一个伊萨卡社区"小时"的价值等于10美元。例如，一名建筑工人每天得到的报酬可能是7个"小时"；一名理发师的报酬可能是1个"小时"。"小时"一共有5种票面金额，从1/8小时到2小时不等。共有8 500"小时"在流通之中，相当于85 000美元。自从伊萨卡社区在1991年引进"小时"后，"小时"已帮助促进了当地的商业发展，减少了对进口商品的依赖，当地的最低工资水平也有所提高。伊萨卡社区管理货币的官员指出，本地货币是"保持资源在当地流通的最好办法"。他同时指出，将货币单位命名为"时间"是促使人们思考金钱价值的一个好方法。不过，"时间"的使用范围只局限在伊萨卡社区，不能在全美流通。

　　此外，在日本，为了完善社会保障体制，帮助一些孤寡老人度过晚年，一些养老院在一定程度上采取了时间货币这一手段。这些养老院付给那些照顾老年人的青壮年义工时间货币，当这些青壮年步入老年时便可凭借此时间货币获得同等时间的照顾。

　　当代社会，由于物质生活极其丰富，同样也造成了许多为追求金钱而产生的违法犯罪行为，有时金钱被我们盖上了"龌龊"的烙印。在伊萨卡社区和日本这种以时间换资源的方式，给了人们另一种思考一般等价物的方式，即一种不纯粹以利益驱使的人际关系理念。自然而然，金钱的反面形象在逐渐淡化。

　　美国伯克郡鼓励当地居民使用该地区自有的货币伯克币来购买奶制品以及其他一些商品。糟糕的经济致使人们憎恨美元并迁怒于美联储，不少州都开始使用地方货币进行交易。《华尔街日报》称：一头羊可能给出经济复苏的答案。你看，这些奶是这头羊产的，它属于马萨诸塞州伯克郡地区的这位本地农夫所有，农夫用它制作了额外的一盆奶酪。他们在布鲁克林的"Slope Food Coop"公园销售这种奶酪，农夫从中获得自己的一部分利润。他的利润中大部分的钱来源于这里，就是农场下面一条街的一家本地食品杂货店，而他们使用本地免费赠送的一种现金货币，鼓励当地居民购买奶酪。这种货币与美元对应，称为"BerkShare"。它也被称为黏性或慢性货币，你必须用这种货币进行面对面交易。一位当地人士称，这引起了许多的愤怒，而这些愤怒情绪直指政府、直指美联储、直指企业。

在经济学科中，关于货币的研究越来越深入，外行难以理解为什么一张普通的印有数字的纸张会变得如此令人费解。当经济学家们在媒体面前侃侃而谈时，有谁关注过历史上的货币对整个人类的社会结构、行为方式、价值观念到底产生了怎样的影响，更遑论探寻人类隐藏在货币之后的丰富精神世界和情感世界了。

（成文于 2009 年 12 月 25 日，写作背景是在专题讲座课堂由于学员提问，引发对未来货币形态和本位发展的思考，形成此文）

人民币国际化要紧紧把握并利用电子货币

　　正确了解人民币国际化进程中的核心机遇与其面对的挑战，我们才能更好地预知它的未来。

　　当今，伴随着科技的进步，人类的经济发展进入了新的阶段，经济迈向全球化，金融迈向一体化，而货币的世界属性则凸显了出来。与英镑、日元、美元甚至欧元的国际化相比，人民币国际化具有后发优势的一个重要方面在于信息技术的成熟与全球应用，特别是金融危机后互联网应用会被强化，这必将创造新的世界货币变革，也就是电子货币的迅速普及与应用。

　　因此，当前在人民币国际化进程中，我们必须从电子货币的全球普及中让人民币同样得到普及。中国应该考虑如何利用这张已经铺就的全球网，使人民币的触角更快地伸往世界各地。

　　笔者认为，为了促进利用电子货币加快人民币国际化的进程，当前应从三个方面着力：一是加强国内银行国际贸易的电子化发展，特别是要加快推动电子银行的结算发展；二是尽快普及和推动个人信用卡，特别是多币种卡的全球应用，使得国内银行的贷记信用卡在全球更多国家可以刷卡消费，并使用人民币结算还款；三是从制度设计和创新方面逐渐推动电子汇兑、电子票据、电子结算、电子信贷等电子业务的发展。

　　电子货币将是人民币国际化的一条重要而有效的途径。

　　（成文于 2009 年 9 月 29 日，写作背景是结合支付结算的电子化应用思考人民币国际化的技术机遇）

货币的昨天、今天和明天

> 电子货币可能取代基础货币需求，但这种替代并不完全。电子货币的发展不会明显削弱货币政策的有效性。
>
> ——查尔斯·古德哈特

> 电子货币有利于打破央行对货币的供给垄断，但不会威胁央行支付结算、办理者最后贷款人的地位。
>
> ——查尔斯·弗里德曼

> 一旦电子货币完全替代基础货币，央行只能退出操作货币政策的舞台。
>
> ——默文·金

预知未来世界货币的走向到底如何？我们必须了解货币的昨天、今天和明天。

昨天：传统货币时代

随着人类社会文明的不断发展，经济规模与贸易数量日渐扩大，货币的形式由最初的牛羊、贝壳等逐渐进化至现在的纸币；同时货币的本位制度也经历了从商品本位制到混合本位制，直至如今信用本位制的演变。

在实物货币阶段，货币以实物商品的形式表现出来。从表面上看，货币是有价值的商品。我们仔细分析就会发现，人们出卖商品换取实物货币，其需要的不是实物货币本身，而是实物货币交换其他商品的能力，即购买力。换句话说，人们之所以能接受实物货币，本质上并不是因为实物货币是有价值的商品，而是因为其相信实物货币提供了一种为社会所承认的一般购买力信用。

在金币本位制下，各国市场上流通的都是金币，每枚金币所标明的法定含金量与其自身黄金质量相同。其无信用因素，属于商品本位制。

在金块本位制下，各国市场流通的都是纸币，而由各国发币机构储备黄金金块。所有纸币所标明的法定含金量的总和要大于发币机构的黄金金块储备。发币机构承诺，任何纸币持有人都可以向其自由兑换等量的黄金。

在信用本位制下，在信用货币阶段，信用货币与金属货币同时流通，彼此等价，它代表金属货币提供着货币的购买力信用。但是，信用货币与金属货币毕竟不同，金属货币以其自身的价值通过等价交换来提供购买力信用，而信用货币是借助金属货币提供购买力信用的，金属货币的购买力信用是直接的，而信用货币的购买力信用是间接的。各国市场上流通的都是纸币，且纸币此时都不具有任何法定含金量。各国货币的购买力完全依赖各国发币机构维护币值稳定的承诺。各国货币间开始实行浮动汇率制，汇率高低主要由利率平价与购买力平价理论决定。其完全由信用因素支持，属于信用本位制。

货币由实物货币向金属货币和信用货币的演变，实际上是用货币购买力信用来保证其由实物商品向贵金属商品、银行信用和国家信用的转化，在货币是信用这一本质的问题上没有变化。

今天：继往开来的新时代

今天指的并不是一天、一个月、一年，而是指我们所生存的这个年代。美国次贷危机爆发后，世界货币体系正面临着一个"人民币时代"的来临。

中国国内关于人民币国际化的呼声最早出现于 20 世纪 90 年代。但直到次贷危机全面爆发前，人民币国际化并未成为人们真正考虑的选择。一般而言，只有发达国家才有将本国货币国际化的强烈动机，而中国仍是一个发展中国家，人均国内生产总值水平和人均资源拥有量均不高，因此政府缺乏推动本国货币国际化的强烈意愿。

自 2008 年 9 月美国次贷危机演变为全球金融危机之后，中国政府对人民币国际化的态度明显由冷转热。越来越多的国家和政府不得不承认这样一个事实：人民币已经提升到国际化的程度了。中国经济的健康发展和人民币的稳定升值正在使人民币大踏步地迈向国际化。

当我们站在人类的高度来看这个世界时，一些事情便会有所不同。人民币的崛起是历史的必然，这个潮流谁也挡不住。事实上，中美两国如今许多经济政策表现出惊人的同步性，是两国经济联系日益紧密的表现。在这轮经济复苏过程中，世界货币体系将逐渐走进一个新的时代。

可以说，和以往其他货币国际化最为不同的是，人民币实现国际化的这个过程是伴随着当今高科技的飞速发展而发展的。这让人充满了无限的遐想空间！一方面，人民币逐渐成为世界货币；另一方面，电子货币的发展让人望尘莫及。也就是说，人民币未来的发展不仅面对着传统货币的挑战，还面临着高新技术的挑战。

明天：未来是碳本位制的天下吗？

2006 年，时任英国环境大臣的大卫·米利班德就提出了个人碳交易计划："想象在一个碳成为货币的国家，我们的银行卡里既存有英镑还有碳点。当我们买电、天然气和燃料时，我们既可以使用碳点，也可以使用英镑。"政府为个人分配一定的碳点，在用气和用电时使用。当个人的碳点用完后，可以向那些拥有节余碳点的人购买。但这个曾令很多人激动的计划由于其操作管理的复杂性等，在米利班德出任外交大臣后被束之高阁。

"碳本位制"由《京都议定书》的实施而衍生。1997 年 12 月，《联合国气候变化框架公约》第三次缔约方大会在日本京都召开，149 个国家和地区的代表通过了旨在限制发达国家温室气体排放量、抑制全球变暖的《京都议定书》。《京都议定书》于 2005 年生效，以国际法形式规定了发达国家未来发展进程中的二氧化碳等温室气体排放权。

所谓"碳的商品化"，是指限制温室气体排放，把包括二氧化碳在内的温室气体的排放权作为可交易单位转让或出售，因此交易排放一单位温室气体的权利就形成了碳交易最明显的商品属性。二氧化碳排放权的确立促使缔约国根据规定推进清洁发展机制、联合履行机制和国际排放贸易机制三个机制建设，以达到《联合国气候变化框架公约》规定的全球温室气体减排目标。进入 2006 年以后，日本和欧盟部分发达国家靠自身挖掘减排难以满足《京都议定书》设定的目标，因此它们根据《京都议定书》第 12 条的规定，向不承担减排义务的发展中国家购买"可核证的排放削减量"（CER）。

发达国家对二氧化碳定价并从发展中国家购买二氧化碳排放配额，形成二氧化碳等温室气体排放权交易制度，被欧盟和日本称为"碳本位制"。

2005 年年底，欧洲气候交易所上市欧盟排放交易体系下的二氧化碳排放权期货。芝加哥气候交易所也进行二氧化碳期货交易。目前，法国"Powernext Carbon"是主要的欧盟二氧化碳排放配额现货交易市场。碳交易以国际公法为依据，签订购买合同或碳减排购买协议（ERPAs），合同的一方通过向另一方购买获得温室气体减排额。买方将购得的减排额用于减缓温室效应实现其减排目标。在 6 种被要求减排的温室气体中，二氧化碳占比最高，因此这种交易以每吨二氧化碳当量为计算单位，统称为碳交易。

"美元可能借机会完成从石油本位转向碳本位。"石油是以美元作为计价单位的商品，同时石油价格的变化也关乎美元的地位。如果没有这一轮石油暴涨暴跌，美国很难接受发展新能源的思路。维持石油本位的代价太高，在这个时候继续坚持石油本位已经不合时宜。

对于中国来说，一旦人民币国际化后，就要考虑如何应对对冲汇率波动的风险。就像近来美元贬值后，以美元计价的国际原油价格一路上扬，受到市场追捧，使得美元在金融危机之后依然保持着全球储备货币的地位。发展中国家即将面临的二氧化碳排放权交易是我国今后发展人民币本位的一个新领域。

（成文于 2009 年 8 月 27 日，全球金融危机后期，引发对货币和金融的系统思考）

货币政策盘点及展望

2007 年是我国金融全面开放的第一年，也是宏观经济调控之年，还是货币政策调整最为频繁的一年。我们看到，一年来中国人民银行顺应宏观经济发展形势，实施了适度、适时、有效的货币政策调整，为我国国民经济又好又快发展提供了有利的货币支持。

2007 年稳健的货币政策及其调控

第一，六度调高基准利率。2007 年，我国结构性通货膨胀明显，由于居民消费价格指数一路攀升，全年基准利率始终处于负利率水平。因此，中国人民银行采取了适时的基准利率调整政策。中国人民银行六度提高金融机构存贷款基准利率，一年期存款利率由 2.52% 上升到 4.14%，累计提高 1.62 个百分点；一年期贷款利率由 6.12% 上升到 7.47%，累计提高 1.35 个百分点；商业银行存贷款利差则累计减少了 0.27 个百分点。

第二，十调存款准备金率。为了抑制过剩的流动性，避免通货膨胀由结构性向普遍性过度，进一步抑制货币信贷的过快增长，中国人民银行延续 2006 年的调整策略，采取了稳步妥善地上调金融机构存贷款准备金率的调整政策。中国人民银行十度提高了金融机构存款准备金率，准备金率由 2007 年年初的 9% 上调到 14.5%，累计提高 5.5 个百分点，冻结银行体系流动性资金共计 2.03 万亿元。

第三，加快票据发行回收基础货币。根据统计，2007 年，中国人民银行累计发行了 135 期央行票据，票据发行总量为 39 830 亿元；同时，共计有 94 期中国人民银行票据到期，两者相抵余额为 5 057.8 亿元。也就是说，2007 年，中国人民银行通过央行票据收回商业银行系统基础货币达到 5 057.8 亿元。中国人民银行发行特别国债也是 2007 年适度从紧的货币政策的一大特点，1.55 万亿元的特别国债年内全部发完。

第四，注重窗口指导和信贷政策引导。2006 年，我国信贷投放数额为 3.12 万亿元。2007 年，我国严格控制年度信贷投放数额，投放规模严控在 4 万亿元以内。中国人民银行通过提示商业银行关注贷款过快增长可能产生的风险以及银行资产负债期限错配问题，引导商业银行合理控制贷款规模与投放节奏；调整和优化信贷结构，合理控制基本建设等中长期贷款，严格限制对高耗能、高污染和产能过剩行业中落后企业的贷款投放。中国人民银行对商业性房地产信贷政策进行调整，严格住房消费贷款管理，重点满足借款人购买首套中小户型自住住房的贷款需求，提高了第二套以上住房贷款的首付款比例和利率水平。同时，中国人民银行还提倡商业银行加大对"三农"、就业、助学、中小企业、节能环保和自主创新的支持，积极拓展中间业务，加强金融产品创新，转变盈利模式。

在上述一系列政策配合下，加上央行的窗口指导措施，2007 年第四季度，我国商业银行信贷增速出现了大幅放缓的趋势。

2008 年从紧的货币政策及其发展

从历史的角度看，我们注意到，1994 年我国曾经实行过从紧的货币政策，当时主要是由于 1992 年和 1993 年出现了经济过热，首先收紧信贷额度控制。在当时的体制下，直接的数量控制还是起到了主要作用，但实际利率一直为负。国家在其他一些变量上也都进行了一些调整，利率与通货膨胀率一并提高，达到两位数的历史高点；存款准备金率也提高到了 14% 左右，采取了从紧政策。

从经济现状来看，我国经济增长速度确实较快，结构性过热已经显现，而且仍然具有变成整体过热的可能。此外，我国流动性过剩的问题还没有得到根本解决，通货膨胀已经明显显现。因此，中央经济工作会议对 2008 年的经济工作做出了具体部署和安排，货币政策由"稳健"改为"从紧"。这一政策的变化势必将会对 2008 年我国国民经济的发展和走势以及货币调控政策产生深刻影响。

笔者认为，中国人民银行于 2007 年采取了"六度调高基准利率""十调存款准备金率"等措施后，2008 年进一步提出从紧的政策，说明 2007 年的调整政策起到了效果，但还没有完全抵消掉其他因素的作用，仍需要做进一步的政策调整，客观形势还需要继续采取从紧政策，来使经济保持稳定增长。因此，可以预见的是，2008 年货币调控的前述措施还将延续和深化，进一步加息、加率的步伐仍不会停歇。中国人民银行还将会从实行差额存款准备金率、窗口指导、指令性调控措施、发行定向央票、行政干预甚至行政处罚、总贷款额度限定、投放按季度统筹等措施上下功夫。可以相信，2008 年商业银行信贷增长或将低于 2007 年的 15% 的增速。

（成文于 2008 年 1 月 07 日，为辞旧迎新，盘点过去一年的货币政策而形成此文）

各国央行最近有点忙

环顾全球，各国的中央银行都有点忙，而忙的焦点却都是一件事——利率。我们知道，利率是一国宏观经济的晴雨表，从全球视野看利率，有升息也有降息，但升降之间却颇见本领。

美联储率先降息，提振经济进入新周期

在全球经济处于加息周期之中，正当各国忙于加息之际，2007 年 9 月 18 日，美国联邦储备银行却宣布降息 0.5%，美国中央银行率先降低利率，并且降低幅度远远超过了市场的预期。我们看到，2007 年 9 月 19 日纽约股市大幅上扬，并带动亚洲股市于次日的全面上扬，同时以美元计价的原油和黄金等资产价格全面上涨。

此次降息是美联储自 2004 年 6 月以来经历了 17 次提高联邦基准利率，并在维持利率 5.25% 水平 1 年零 3 个月后首度降低利率，由此美国利率出现了拐点。从表面上看，此次降低利率的直接原因，是不久前发生的次贷危机，美联储以注资和降息来增加金融市场的流动性，防止次贷危机的连锁反应。此次降低基准利率主要是基于货币政策目标从抑制通胀到"救市"的变化，进而使得美国利率出现了拐点。

此番美联储救市化解危机并非首次，1998 年格林斯潘就曾经运用降息成功地化解了美国长期资本管理公司破产风波。笔者认为，美国率先降息，是美国宏观调控及全球美元战略的一个重要体现，美国先于世界经济半个周期作出调整，会对当前全球经济周期产生深刻的影响。考虑到金融全球化，各国的金融机构和中央银行势必紧跟美联储作出相应调整，全球经济将进入一个新的经济周期。毫无疑问，在新一轮经济周期中，美元战略下的美国经济引领全球经济的地位仍将延续。

我们注意到，美联储降息延续了其在欧元诞生后的"软美元"策略。2002 年以来，美元对一篮子货币的比价已下降了约 25%，此次降息将让美元更"软"。美元疲软一方面可以降低美国出口商品价格，提振美国经济，对冲美国国内可能加剧的物价上升；另一方面可以引导资金富有国家投资其他可能走强的货币，进而加剧其他国家货币的升值，从而改变世界货币的格局，使之向有利于美元的方向发展。值得我们关注的是，在全球范围内，当前发展中国家流动性过剩是一个长期存在的事实，美联储降息会加剧这一状况，引起一些发展中国家通货膨胀和资产价格进一步上扬，对这些国家的宏观经济健康发展带来不利影响。

英国央行加息正酣，欧洲央行努力直追

2006 年 11 月，英国中央银行将官方利率上调至 5%，这是英镑利率 5 年来的最

高水平。2007 年 5 月，英国中央银行再次宣布将其基准利率升至 6 年来的最高点 5.5%，以抑制通货膨胀。英国中央银行货币政策委员会认为，居民消费价格指数应该控制在 2% 以内。英国中央银行表示，当前商业活动推动物价上涨的可能性增强，中期通胀仍面临上行压力。

英国中央银行自 2006 年 8 月以来四次加息 25 个基点，根据美国媒体对 51 家财经机构所做的调查，分析师们都认为 2007 年欧洲央行将会把基准利率调高到 4% 的水平。时下英国正处于通货膨胀的煎熬之中，英国 3 月消费物价指数意外升至 3.1%，创出 10 年来最快通胀速度，已经超过英国中央银行 2.0% 的通胀上限。同时我们看到，英国一季度全国住宅价格同比增长 10.2%，高于先前 9.5% 的预期。房价和薪资水平的上涨，成为推动英国通胀加速的重要因素。

欧洲央行行长特里谢预期欧元区的居民消费价格指数仍存在上行风险，通胀可能再度升温，而长期看来经济面临下行风险。2007 年 3 月中旬，欧洲央行宣布升息 25 个基点，利率升至 3.75%，这是欧洲央行自 2005 年 12 月开启升息周期以来的第七次加息。但在这次加息之后，欧元区的利率水平已经从"低水平"上升至"中等水平"，欧洲央行的货币政策已具适应性。进一步加息有助于确保中期至较长期内欧元区的通胀预期牢牢地控制在与物价稳定相一致的水平上。因此，欧洲央行对物价上涨的风险仍继续保持警惕，并将采取坚决和及时的举措来确保物价稳定，短期内欧洲央行继续升息的步伐不会停歇。

受国际变动因素影响，中国人民银行调控难度加大

单从美国降息对中国的影响来看，会有利于缓解人民币进一步升息的压力。事实上，美元降低利率相当于美元贬值，由于人民币仍采用盯住美元的策略，因此美元自身贬值趋势的形成对缓解人民币升值压力具有对冲效应。同时，我们也应看到，近两年来人民币连续升息，时下一年期人民币贷款基准利率已经达到 7.29% 水平。这一水平超出了同档次美元利率，而此次美国降息进一步扩大了美元与人民币之间的利差，形成了资本内流的压力和动力。进一步的资本内流会加剧原本过剩的流动性，推动中国资产价格增长，对流动性过剩和通货膨胀的治理带来负面效应。

中国人民银行调控政策的出发点是立足缓解流动性过剩，抑制进一步的通货膨胀。受通货膨胀因素和流动性过剩推动的影响，我国已进入加息周期中的快速拉升阶段，为了应对居民消费价格指数的快速上涨，2007 年以来中国人民银行已经连续 5 次上调存贷款基准利率；同时中国人民银行 7 次上调金融机构存款准备金率，并通过发行特别国债和增加央行票据的发行量，努力缓解流动性过剩。然而，美国降息后，我国的宏观经济受到国际变动因素的影响，中国人民银行已推出的调控政策的作用势必受到影响，进一步出台货币调控政策的难度也因此加大。面对国际因素的挑战，中国人民银行除了做好国内货币政策调整，熨平通货膨胀以外，还必须从国际化背景考量，调整我国经济周期的进程。

（成文于 2007 年 9 月 27 日，研究人民币利率与主导货币国家货币政策调整是否存在路径依赖而形成此文）

人民币二度加息凸显政策导向

中国人民银行决定从 2006 年 4 月 28 日起上调金融机构贷款基准利率，金融机构一年期贷款基准利率上调 0.27 个百分点，由现行的 5.58% 提高到 5.85%。其他各档次贷款利率也相应调整，而金融机构存款利率保持不变。

本次加息是中国人民银行 2004 年 10 月 29 日上调金融机构存贷款基准利率 0.27 个百分点，并放宽人民币贷款利率浮动区间和允许人民币存款利率下浮后的再度加息，这也是我国经历了 1996 年 5 月以来 8 次降息后的第二次加息，本次加息使人民币利率降息周期拐点最终确立。

此次加息旨在继续巩固国家宏观调控成果，是抑制投资过热发出的重要政策信号，人民币二度加息对我国宏观经济走势及商业银行的经营管理都具有重要的意义。央行明确表示，本次上调金融机构贷款利率是为了进一步巩固宏观调控成果，保持国民经济持续、快速、协调、健康发展的良好势头，进一步发挥经济手段在资源配置和宏观调控中的作用。

事实上，2006 年一季度，我国国内生产总值为 43 313 亿元，同比增长 10.2%，略快于 2005 年同期 9.9% 的增速；对外贸易继续快速增长，同比增长 25.8%，比 2005 年同期加快 2.7 个百分点，贸易顺差达到 233 亿美元；固定资产投资增长更是明显加快，同比增长 27.7%，比 2005 年同期加快 4.9 个百分点。同时，消费增长依然保持平稳。此外，2006 年 3 月，中国制造业采购经理指数（PMI）为 55.3%，达到 11 个月以来的高点，这表明未来 3～6 个月经济增长仍然会保持高速增长态势。

2006 年一季度的主要数据显示，我国经济增长依然依靠对外贸易和固定资产投资快速增长的推动力量，我国经济发展的总体形势是好的，但也存在一些问题，如经济结构性过热特征已经突出显现等。数据表明，2006 年第一季度经济沿袭了传统的增长方式，外贸进出口和固定资产投资依然是拉动经济增长的核心动力。经济结构性过热特征明显，主要体现为固定资产投资及信贷增长异常强劲。因此，当前宏观经济管理的第一要务就是平抑经济结构性过热，以防止经济冷热不均的矛盾更加突出。

在 2006 年第一季度的经济数据当中，尤其值得注意的是，2006 年前 3 个月全国金融系统人民币贷款增加 1.26 万亿元，同比多增了 5 193 亿元，而 2006 年全年的信贷目标仅为 2.5 万亿元，整个一季度就已经超额完成了半年的信贷投放目标。

无疑是商业银行信贷的快速增长支撑了实体经济的快速增长。与此同时，固定资产投资增速依然不减，房地产投资及公共投资增长过快等信号显示，地方政府的投资冲动及外资偏好的投资倾向依然存在。因此，原有宏观调控政策对固定资产投资的增长势头的控制难以持续有效，中国经济的结构性过热特征更加明显并且仍将继续。

当前，中国经济结构性过热与局部性过冷之间的矛盾越来越突出，这种矛盾不仅源于我国自身经济结构的调整及经济全球化的突出影响，而且还有来自外部的经济风险尤其是金融风险传递的巨大影响。一方面，贸易顺差及资本流入增加等因素导致外汇储备持续增长，2006 年第一季度我国外汇储备余额已经超过 8 500 亿美元，同时人民币仍面临升值的压力，"热钱"不断涌入；另一方面，巨大的外汇风险压低了我国国内的市场利率，商业银行存款实现了快速增长，2006 年第一季度居民储蓄存款突破了 15 万亿元，商业银行本外币存款和贷款的差额达到近 10 万亿元，这些因素都会间接成为拉动固定资产投资快速增长的诱因。因此，政府利用货币政策上调金融机构贷款利率，以期通过调控信贷实现抑制投资过热的目的可见一斑。

此次利率调整，中国人民银行要求各金融机构要严格执行利率政策，进一步加强对利率的监测、分析和管理，确保此次利率调整顺利实施。对商业银行而言，提高贷款利率使得商业银行存贷款利差增加，为国有商业银行改革创造了有利条件。

新的利率政策使得商业银行一年期存贷款利差达到 3.6 个百分点。事实上，本次加息最为受益的是国有商业银行，加息会促进国有商业银行改革的顺利进行。因为 2006 年是中国国有商业银行上市之年，工商银行、中国银行将相继改制上市，国有银行改革又是金融改革里的重中之重，提高贷款利率，不提高存款利率，存贷利差就会扩大，从而增加国有商业银行的经营利润，有利于国有商业银行改制上市的顺利进行。

商业银行通过此次加息会进一步确定利率拐点，能够更好地预测资金成本走向，提高资金的运用效率。事实上，经济周期也好，利率变化也好，只要出现拐点就难以回头。2003 年，中国人民银行开启了利率市场化改革，实行银行扩大贷款利率的浮动，即商业银行贷款利率浮动区间由基准利率的-10%~30% 扩大到-10%~90%。2003 年 9 月 21 日，存款准备金率上调 1%。2004 年 4 月 25 日，存款准备金率再次上调 0.5%，同一日实行差别准备金率，部分提高准备金率 0.5%，银行贷款的综合利率已经提高。2004 年 10 月 29 日，金融机构存贷款基准利率上调了 0.27 个百分点，并放宽人民币贷款利率浮动区间，使得银行贷款利率的拐点提前出现。此次央行提高利率进一步证实了这种利率发展趋势的预测，为商业银行提供了未来经营决策的重要依据。

此次利率调整仍然有值得我们关注的方面：第一，此次提高贷款利率而存款利率未调整，将直接刺激商业银行扩大贷款规模，以此来获取更多利润。因此，客观上会使得收紧银根的政策效应相应减弱。同时，贷款利率提高后，资金成本提高了，企业就会明显降低资金需求，在贷款难、市场又不景气的情况下，企业拖欠贷款等不良现象增多，会使银行难以避免不良贷款的迅速上升。第二，加息将直接影响到商业银行房地产按揭贷款，这一影响对整个经济的影响亟须研究测算。我们看到，我国 70.1% 的人需要借助贷款才能顺利买房，贷款利率提高 0.27 个百分点就会让 20 年贷款期限的借款人每月多支付月还款额的约 3.59%，如果还款成本增加而工薪没有及时跟上，借款人还款能力下降，商业银行个人住房贷款就会有更多不良情况出现。目前，全国房贷总数已达 2.8 万亿元，加息对房贷带来的负面影响不容忽视。

更为值得关注的是，今天的通胀很可能就是明天的通缩。2006 年第一季度全国居民消费价格总水平同比上涨 1.2%，比 2005 年同期回落 1.6 个百分点，在通货膨胀没有充分显现的情况下提高利率水平，会导致过冷行业进一步不景气。现在看来投资是需求，但将来看来投资则是供给，从这个意义上讲，提高贷款利率有利于防止通货膨胀，但高利率后引致的投资及需求的不振，从而导致价格的进一步下降和通缩趋势的形成也并非不可能。此外，我国经济上的结构性过热引致的进一步加息是否会很快出现等都是需要商业银行密切关注的问题。

（成文于 2006 年 5 月 9 日，写作背景是金融机构存贷款基准利率调整）

人民币升值撼动金融市场

当西方国家刚刚为人民币升值完成一轮摇旗呐喊，当国际上正考虑对中国持续施加新一轮压力，当国内外资本市场也已经认同了中国在人民币升值问题上的"出其不意"之时，我国政府真的"出其不意"地发布了完善人民币汇率改革措施。消息一出，震动了国际国内金融市场。

2005 年 7 月 21 日，《中国人民银行关于完善人民币汇率形成机制改革的公告》发布。该公告表明，我国实行以市场供求为基础、参考一篮子货币进行调节、有管理的浮动汇率制度改革正式启动。同时，人民币兑美元升值，升值幅度为 2.1%，人民币兑其他币种币值也相应调整，汇率浮动采取前一日收盘价与当日中间价上下 0.3% 的幅度。

我们注意到，新的浮动汇率制度打破了人民币汇率盯住单一美元的形成机制，形成了更富弹性的人民币汇率机制，即所谓的 BBC 模式，也就是一篮子、区间浮动与爬行，目前采用这种模式的有新加坡等国家。

从固定汇率制度变革到浮动汇率制度是一项重要举措，汇率灵活性的增强将提高我国货币政策的有效性，提高我国经济抵御风险的能力。我们看到，人民币货币升值，实质上是人民币资产的升值，人民币资本也同时升值。人民币升值，特别是人民币汇率形成机制的改革对我国经济及资本市场必将带来深远的影响。

其一，人民币汇率形成机制改革有利于降低国际社会对人民币升值的压力。此次人民币汇率调整在某种程度上是建立在与国际社会达成一定共识的基础上的。因此，通过改革，国际社会对人民币升值的压力将有所降低，从而降低市场对人民币升值的预期。

其二，当前我国经济已开始进入软着陆通道，房地产市场正在降温，人民币升值对热钱流入的吸引力会在一定程度上降低。应该说，选择在此时进行汇率改革是一个比较好的时机。虽然短期出口增长可能会受到一点影响，但这是建立在目前我国出口高速增长的基础之上的调整，而且人民币升值有利于优化出口结构、降低贸易不平衡、改善贸易条件。同时，由于人民币升值的幅度较小，短期内不会对经济产生显著影响。

其三，相对于贸易摩擦加剧的风险，人民币升值的确是一个较为有利的选择。汇率改革后，各个出口部门中，资源型的出口产品会受到较大影响，如钢铁、有色金属等，而劳动密集型产品受影响相对较小，这正是我们希望看到的结果。事实上，人民币升值后对资源密集型的产品影响较大，而中国本来就是一个人均资源贫乏的国家，这样的结果可以保护国内有限的资源。同时，汇率调整可以加大对劳动密集型产品的需求，缓解贸易制裁对就业的负面影响。

值得我们注意的是，伴随着人民币升值，国内资金面的变化导致市场利率发生变动。人民币升值后，短期投机资本的流出将加剧市场对资金面趋紧的担心，国内市场利率短期内面临着上升的可能，资金成本也会同时上升，国内资本市场波动幅度会加大。

（成文于 2005 年 7 月 28 日，基于《中国人民银行关于完善人民币汇率形成机制改革的公告》的思考）

人民币利率缘何拐点不拐

国家统计局公布的 2004 年 5 月全国居民消费价格指数比 2003 年 5 月上涨 4.4%。这一数据使得当前我国商业银行存款负利率达到 2.42%，也就是老百姓 2003 年 5 月存入银行的 100 元存款，目前的购买力只有 97.58 元了。如此高的实际负利率，使得更多的人猜测人民币利率即将面临调整。

事实上，自 2003 年 9 月我国居民消费价格指数持续增长，负利率一度逼近 3%，通货膨胀露出端倪，人民币存贷款基准利率已经面临调整，也就是自 1996 年以来历时 8 次的利率降低趋势将结束并面临拐点。然而，时至今日，如此持续高增长的居民消费价格指数及经济局部过热的判断，并没有让政府作出利率调整的决策，人民币基准利率依然岿然不动，拐点不拐。笔者认为，主要原因在于新一届政府在宏观调控上审时度势，以求真务实的态度把握中国可持续发展的科学发展观，作出了避免经济大起大落、力保经济安全与繁荣的调控，从宏观调控的阶段性成果来看，当前我国宏观调控渐入佳境。

利率拐点前的两难抉择

今天的通胀很可能就是明天的通缩。现在看来，投资是需求，但将来投资则是供给。从这个意义上讲，提高利率有利于防止通货膨胀，但高利率后引致的投资及需求的不振，从而导致价格进一步下降和通缩趋势的形成也并非不可能。

人民币紧盯美元的外汇政策使得在美元大幅贬值的情况下，西方发达国家施加压力力促人民币升值，国际游资也把人民币升值的预期作为很好的投机机会。人民币来自外汇市场的升值压力以及不同汇率之间的比价效应，使得中国政府对其利率调控也受到来自国际市场的压力。

市场经济的发展具有周期性的特点，即复苏、增长、过热、衰退不断循环的过程。经济的发展周期是客观存在的，而避免经济的大起大落是政府宏观调控的关键。好的宏观调控政策能够使一国的经济保持持续发展，减少经济周期中衰退和经济不振对国家及民众的损失。

贷款利率拐点提前出现

经济周期也好，利率变化也好，只要出现拐点就难以回头。事实上，2003 年，中国人民银行开启了利率市场化改革，实行银行扩大贷款利率的浮动，即商业银行贷款利率浮动区间由基准利率的-10%~30%扩大到-10%~90%。2003年9月21日，存款准备金率上调1%。2004年4月25日，存款准备金率再次上调0.5%，同一日实行差别准备金率，部分提高准备金率0.5%，银行贷款的综合利率已经提高。贷款利率的拐点早在2003年就已经出现。

基准利率缘何拐点不拐

存款准备金率、公开市场业务和再贴现是目前央行实施货币政策的三大工具。2004年以来，为抑制投资过热，央行几乎将这些工具用了个遍，现在就只剩下利率和汇率两种手段可供央行来使用了，面对这样一系列宏观统计数字，加息会成为央行下一步的政策选择吗？

笔者认为，未来两个月央行不宜作出加息的决策。主要原因在于人民币利率拐点不拐，对当前中国经济有以下五个方面的好处：

第一，避免人民币升值。在人民币面临升值的压力下，贸然提高利率将加大人民币与美元之间的利差，进一步强化人民币的升值预期，吸引更多的"热钱"进入中国市场，从而进一步加剧人民币的升值压力。

第二，促进国有银行改革顺利进行。2004年被称为中国的金融改革年，而银行改革又是金融改革里的重中之重。如果仅提高贷款利率，不提高存款利率，存贷利差就会扩大，这将直接刺激银行扩大贷款规模，收紧银根的政策效应会相应减弱。如果存款加息，会缩小银行存贷款利差，从而增加国有商业银行的营运成本，挤占其利润。在银行改革的关键时刻，任何疏忽都有可能造成意想不到的后果。这个忧虑使央行必须在加息问题上三思而后行。

第三，避免对消费需求形成"硬杀伤"。提高利率对消费者来说会增加消费成本，使消费意愿进一步降低。在国内消费需求一直不旺的情况下，这是央行不愿意看到的结果。决策者的目标是整治过热，同时维护经济良性增长势头，尽量避免"硬着陆"的风险。

第四，避免银行不良贷款迅速上升。利率提高后企业就会明显减少资金需求，即对企业来讲，贷款难了，资金成本提高了。在市场不景气的情况下，这会使企业贷款出现更多的拖欠等不良现象。近年来，作为我国经济支柱之一的房地产业快速发展，伴随着房地产的发展，商业银行房地产贷款占有较大比重。截至2003年年底，我国个人住房贷款已经超过1万亿元，加息对房地产业的影响、对整个经济的影响亟须研究测算。我们看到，80%的城乡居民购房是依靠银行贷款来实现的，贷款利率提高0.5个百分点就会让20年贷款期限的借款人每月多支付月还款额的8.5%，如果通货膨胀后工薪没有及时跟上，银行个人住房贷款就会有更多不良情况出现。加息带来的负面后果不容忽视，需慎重决策。

第五，延缓加息会实现经济的"软着陆"。有专家指出，目前，居民消费价格指数总体来看还在合理区间移动。如果居民消费价格指数上升到3%~5%及其以上，并持续数月，在通货膨胀加剧的情况下，政府需要考虑出台更加从严的调控措施，如大幅度减少赤字国债、向上调整利率。现在通货紧缩趋势已经淡出，宏观经济政策应该由"宽松"转向"中性"，即适度收紧，但不能采用治理严重通货膨胀时的"刹车"手段，对一些消费热点和投资重点还要继续支持。"中性"的宏观经济政策实质上是要"双防"：防通货膨胀苗头的滋长和防通货紧缩趋势的重现。

总之，尽管 2004 年 5 月的居民消费价格指数出现了 4.4% 的高位，笔者认为主要原因仍然是 2003 年"非典"期间基数较小影响所致，即便 2004 年 6 月的居民消费价格指数达到 5%，也应暂缓人民币利率加息，而要更多地利用一些调价政策来优先进行调控。人民币利率拐点不拐利大于弊。

（成文于 2004 年 6 月 24 日，对"非典"过后货币政策退出及是否会持续提高利率加以分析）

第三篇　读懂银行

　　商业银行是依法经营货币信贷业务的金融机构，商品、货币、经济发展、生活离不开银行。数字化时代商业银行正在向数字银行发展。历史就是这样，你经意也好，不经意也罢，它总是在你身边匆匆走过，回望是为了前行，前行必须回望，对商业银行的认识也莫不如此。纵观中华人民共和国成立以来70多年的历史，前30年，尽管我国经济发展走了一些弯路，但也取得了举世瞩目的成就。我国基本建成了比较完整的国民经济体系和工业体系，加强了国防，人民群众的生活有了极大改善。这些积累为后40多年的改革开放和经济发展奠定了基础。从某种角度上说，中国的"发展奇迹"得益于金融的发展，而商业银行正是其中的中坚力量。第三篇读懂银行选取了笔者在过去20多年里对商业银行、投资银行以及银行体系实践的研究，希望所选文章能帮助读者深入认识和理解中国经济发展离不开银行的"本源"。

永续债为中小商业银行发展"补血"

　　资本是商业银行经营的生命线，商业银行只有不断补充资本，才能由小做大持续发展。近年来，中小商业银行以永续债补充资本的做法开展得可谓如火如荼，永续债的发行已成为中小商业银行补充资本的主渠道。2021 年上半年，28 家发行永续债的商业银行中，只有 4 家为国有大型商业银行，2 家为股份制商业银行、1 家为民营银行，其余均为城商行、农商行。值得关注的是，其中 12 家银行为连续第二年发行永续债。

　　永续债一般是非金融企业在银行间债券市场注册发行的无固定期限、内含发行人赎回权债券。永续债用于补充核心一级资本，其期限非常长，或者说没有明确的期限。在国际资本市场上，永续债是比较成熟的金融产品，也是商业银行资本补充的重要方式之一。为提高永续债的流动性，进一步支持商业银行发行永续债补充资本，一些国家的中央银行创设了央行票据互换工具用以增加持有商业银行永续债、金融机构的优质抵押品，这无疑进一步提高了银行永续债的市场流动性，增强了市场认购银行永续债的意愿。事实上，商业银行发行永续债补充资本，可为增强金融对实体经济的支持力度创造有利条件。

　　作为全球银行资本和风险监管标准的《巴塞尔协议》规定，商业银行一级资本充足率下限为 6%。其中，由普通股构成的核心一级资本占商业银行风险资产的下限为 4.5%。《巴塞尔协议》要求商业银行增设"资本防护缓冲资金"，总额不得低于商业银行风险资产的 2.5%。商业银行的资本充足率是资本金与各类型资产（贷款和持有的证券）风险加权平均值的比率。按照标准规定，为保证商业银行的流动性，商业银行的最低资本充足率不应少于 8%。值得注意的是，最低资本充足率正是商业银行为了满足客户合理的贷款需要和提款要求，是商业银行的最后防线，也可以限制商业银行的风险资产比例。强化中小商业银行的多元化资本补充是促进其高质量发展的关键，而永续债受到银行青睐的原因是相比优先股等资本补充方式，永续债发行限制少、发行利率低、发行期限较长，可以有效解决银行特别是中小商业银行长期资金来源问题，支撑银行业务规模持续增长。

　　进一步讲，中小商业银行通过发行永续债夯实资本，一方面可以加大信贷投放力度，增强服务实体经济的能力；另一方面可以持续维护银行业稳定，防范系统性金融风险。中小商业银行特别应关注核心一级资本净额的补充，因为核心一级资本净额为核心一级资本去除扣减项,是衡量银行综合实力和风险抵御能力的核心指标,也是银行经营发展的重要基础。核心一级资本主要涵盖实收资本或普通股、资本公积、盈余公积、一般风险准备、未分配利润、少数股东资本等。

近年来,中小商业银行积极努力推进资本补充,重点着力建设银行永续债的资本补充渠道。以核心一级资本为例,2019 年共有 8 家中小商业银行在 A 股首发上市,募集资金超 650 亿元;可转债、增发分别达 1 360 亿元和 300 亿元。首次公开募股(IPO)和可转债募集金额较往年也有较大幅度提升,但由于中小商业银行市净率较低,通过增发补充核心一级资本还面临一定压力。同时,监管部门积极鼓励商业银行创新资本补充工具,出台了以永续债为代表的其他一级资本工具为重要的资本补充渠道的政策。自 2019 年 1 月商业银行发行永续债"开闸"以来,各类商业银行发行永续债的热情进一步高涨,截至 2021 年 6 月 30 日,商业银行整体发行永续债规模突破 1 万亿元,尤其是中小商业银行,永续债已成为其补充其他一级资本的重要渠道和工具。

值得注意的是,在银行间债券市场,商业银行永续债的发行者是商业银行,购买者大多也是商业银行,存在商业银行之间相互持有和交叉持有的关系。其实,相比较资本实力较强的系统重要性银行,中小商业银行在发展中的资本补充更为迫切,更依赖银行永续债,但需要指出的是,中小商业银行发行永续债补充资本的热情进一步高涨的同时,也需考虑自身的经营管理能力和经营压力。中小商业银行一方面应积极把握政策窗口,进一步丰富资本补充渠道;另一方面应结合自身实际做好资本规划和资产配置,进一步提高资本管理水平,夯实资本实力,做好服务实体经济和防范风险之间的平衡,才能更好地助力高质量发展和可持续发展。目前永续债投资者的活跃度高,投标倍数多达 1.8 倍,投标机构还包含了多家国有大型商业银行。中小商业银行特别是民营商业银行发行的永续债也有发行主体资质相对较低、市场化投资者有限、信用利差较大、经营压力较大等风险和挑战,大型商业银行持有这类永续债是否会构成系统性风险传递?这一点尤其值得关注。进一步讲,永续债是指没有明确到期日或期限非常长的债券,这只是理论上的永久存续。因此,金融机构也要注意永续债的风险,应该避免出现一些资信较差的中小商业银行过度发行永续债,以防范风险。中小商业银行一旦出现破产状况,它的永续债其实是不能永续的,这就有可能带来系统性金融风险。我们在发展的同时,一定要做好相应监管和风险管理,保障市场不出现系统性金融风险。

为了更好地培育中小商业银行做大做强,监管机构已经密集出台相关政策,鼓励商业银行多渠道增强资本实力,有序推动商业银行资本工具创新,拓宽资本补充渠道。2020 年央行工作会议就曾提出,继续推动银行多渠道补充资本,创新更多资本补充工具。永续债主要是用于补充银行的其他一级资本,中小商业银行对其他一级资本的补充渠道比较匮乏,特别是一些非上市的中小商业银行补充资本主要依靠发行二级资本债。多元化资本补充还需更好地结合中小商业银行的经营管理和发展阶段统筹考虑。

同时，国家主管部门应高度关注并进一步规范商业银行永续债发行管理和投资管理，引导商业银行核心资本、附属资本真正实现多元化和差异化融资，如鼓励中小商业银行资本补充也可以通过地方政府专项债认购可转债等方式补充中小商业银行资本金；对符合条件的中小商业银行通过发行股票、无固定期限资本债、二级资本债等方式补充资本，保证中小商业银行稳健经营。中小商业银行也要真正用足用好监管部门为其提供的各种渠道补充资本。笔者认为，中小商业银行也不要超过其自身经营管理能力过快或过度地补充资本。

（原文刊发于《中国银行保险报》2021年8月19日，原文略有修改）

强化"三大功能"和"五大支柱"的绿色金融建设

中国人民银行确立了"三大功能"和"五大支柱"绿色金融发展的政策思路。积极落实好"三大功能"和"五大支柱",是金融机构支持"碳达峰""碳中和"的出发点和有效着力点。商业银行及非银行金融机构应深刻领会中央银行发展绿色金融的系统设计和政策思路,当前特别要强化"三大功能"和"五大支柱"的绿色金融建设,依此着力构建实现"碳达峰""碳中和"的绿色金融目标,全方位地参与有效落实国家产业结构、能源结构、投资结构和人民绿色低碳生活方式转变。笔者认为,强化"三大功能"和"五大支柱"绿色金融建设,金融机构应从如下方面着力:

第一,深刻领会绿色金融发展的"三大功能"。金融机构应充分发挥金融支持绿色发展的资源配置、风险管理和市场定价三大功能。即通过货币政策、信贷政策、监管政策、强制披露、绿色评价、行业自律、产品创新等,引导和撬动金融资源向低碳项目、绿色转型项目、碳捕集与封存等绿色创新项目倾斜,强化资源配置;通过气候风险压力测试、环境和气候风险分析、绿色和棕色资产风险权重调整等工具,增强金融体系管理气候变化相关风险的能力;推动建设全国碳排放权交易市场,发展碳期货等衍生产品,通过交易为排碳合理定价。

第二,努力把握进一步参与构建绿色金融发展的"五大支柱"。绿色金融发展的"五大支柱":一是完善绿色金融标准体系。开展绿色金融应遵循"国内统一、国际接轨"的原则,重点聚焦气候变化、污染治理和节能减排三大领域,不断完善绿色金融标准体系。二是强化金融机构监管和信息披露要求。商业银行及非银行金融机构应持续推动规范化环境信息披露,落实与央行绿色金融信息管理系统直连,实现监管部门信息共享。三是逐步完善本机构系统内的绿色金融考核激励约束机制。四是不断创新和丰富绿色金融产品,提高各类绿色金融市场的参与度。五是积极拓展绿色金融国际合作空间。

第三,积极确立和有效落实实现"碳达峰""碳中和"的绿色金融目标。商业银行及非银行金融机构要全方位参与国家产业结构、能源结构、投资结构和人民绿色低碳生活方式转变。全面落实"碳达峰"和"碳中和"要求,要全面、理性、科学认识"碳达峰"和"碳中和"两者的内在联系,金融机构应确立自身的绿色金融目标,重点推动能源行业绿色低碳发展,不断完善绿色低碳业务标准,持续健全支持体系，提供具有针对性和差别化的绿色金融服务，突出向负碳排放和碳汇方向进军。

第四，积极深度参与碳交易市场建设。金融机构应着眼全局，强化对全国统一碳市场建设的参与度及金融支持度。一方面，金融机构要积极做好绿色金融支持；另一方面，金融机构应积极促进碳排放权交易市场建设。碳市场构建有助于推动全社会的"碳中和"行动。碳市场的核心是通过市场化定价，约束排放，激励减排，同时发挥金融的期限转换和风险管理功能。金融机构的深度参与能够更好地引导跨期投资，推动低碳技术发展。金融机构要进一步发挥金融在碳市场建设中的支持作用。碳交易的底层逻辑是排放权的转移，包含配额分配、登记、交易、核查、评估等诸多环节，实际运行成本较高，限制了市场效率。金融机构的有效参与能创新出更多包括碳衍生品在内的金融产品，有利于发挥碳市场的价格发现功能，降低交易成本。

第五，商业银行应借助央行新政策，大力发展交易银行业务，促进银行间市场绿色债券发展。中国人民银行已经发布了《银行业金融机构绿色金融评价方案》，其中对金融机构绿色贷款、绿色债券业务开展综合评价，评价结果纳入央行金融机构评级。中国人民银行会同国家发改委、中国证监会联合发布《绿色债券支持项目目录（2021年版）》，统一了绿色债券标准，不再将煤炭等化石能源项目纳入支持范围。同时，中国人民银行宣布计划分步推动建立强制披露制度，统一披露标准，推动金融机构和企业实现信息共享。因此，大型国有银行应大力发展交易银行业务，在银行间市场推动"碳中和"债务融资工具和"碳中和"金融债，引领支持符合《绿色债券支持项目目录（2021年版）》标准且碳减排效果显著的绿色低碳项目。

第六，强化绿色金融人才的培养。各类金融机构应更好地落实"碳达峰""碳中和"要求，金融行业从业人员应具备有效"碳达峰""碳中和"的知识，如碳排放量究竟如何度量；如何建立绿色信贷的标准；如何开展绿色债券尽职调查；如何确定"碳中和"债券评级；如何评估与应对绿色项目潜藏的经济金融风险……诸如此类的新情况、新知识、新问题，金融从业人员应在专业化培训中提高认知。各类金融机构应强化对绿色经济及"碳金融"人才的培养，也应积极引导从业人员提高对中央银行"三大功能"和"五大支柱"发展绿色金融的政策思路的认识水平，加强对从业人员的"碳达峰""碳中和"教育，使金融从业人员真正理解碳减排要求，带头增强节能减排意识，减少浪费。从业人员的培训培养应突出深化产教融合，如与高等院校、科研机构、企业大学同频共振，强化对绿色经济和"碳金融"人才的培养、选拔与使用，促进绿色金融的"三大功能"与"五大支柱"的高质量建设。

（原文刊发于《中国银行保险报》2021年7月15日，原文略有修改）

商业银行如何强化绿色信贷

　　我国政府庄严承诺：2030 年前，我国二氧化碳排放要达到峰值；2060 年前，我国二氧化碳排放将通过植树等碳汇和节能减排等技改全部抵消掉。未来 30 多年，我国在可再生能源等七个领域需要投资多达 70 万亿元，我国实现"碳中和"所需要的绿色低碳投资规模将超过 100 万亿元，我国森林植被等碳汇年价值产量将超过 10 万亿元。近年来，为落实《巴黎协定》，我国商业银行绿色信贷发展迅速。据央行披露，截至 2020 年第三季度末，本外币绿色贷款余额为 11.55 万亿元，比年初增长 16.3%，目前我国绿色信贷余额已居世界第一。分用途看，基础设施绿色升级产业贷款和清洁能源产业贷款余额分别为 5.56 和 3.08 万亿元，比年初分别增长 17.1% 和 9.3%。事实上，我国绿色信贷已成为商业银行有效支持"碳达峰"和"碳中和"目标实现的重要金融措施。

绿色信贷业是商业银行落实节能减排和"碳达峰"的重要抓手

　　绿色信贷是商业银行支持国家和企业控制污染、保护环境的重要举措。围绕节能减排、保护环境和可持续发展，近年来国务院相继出台了一系列政策，包括《国务院关于环境保护若干问题的决定》《促进产业结构调整暂行规定》《国务院关于落实科学发展观加强环境保护的决定》《国务院关于加快推进产能过剩行业结构调整的通知》《节能减排综合性工作方案》《中国应对气候变化国家方案》等。实施绿色信贷，既是执行国家政策、金融管理部门制度的要求，也是商业银行积极贯彻"碳达峰"和"碳中和"的重要选择。

　　国家明确要求商业银行把促进节能减排作为落实宏观调控的重点，作为调整经济结构、转变增长方式的突破口和重要抓手，作为贯彻落实科学发展观和构建和谐社会的重要举措，改进和加强对节能环保领域的金融服务，合理控制信贷增量，着力优化信贷结构，加强信贷风险管理，促进经济金融的协调可持续发展。国家政策对商业银行的客户准入、客户退出早已提出了环保标准。例如，《国务院关于环境保护若干问题的决定》规定，在建设项目审批和竣工验收过程中，对不符合环境保护标准和要求的建设项目，银行不予贷款。也就是说，对合格项目和企业，信贷准入的首要标准就是要符合国家的环保要求。国家政策对产业和行业发展也提出了指导意见，为商业银行的信贷投向指明了方向。例如，《国务院关于加快推进产能过剩行业结构调整的通知》明确鼓励和引导金融机构加大对循环经济、环境保护以及节能减排技术改造项目的信贷支持。金融机构对限制和淘汰类新建项目，不提供信贷支持；对淘汰类项目，停止各类形式的新增授信支持，并采取措施收回已发放的贷款。

金融管理部门也通过《关于落实环保政策法规防范信贷风险的意见》《中国人民银行关于改进和加强节能环保领域金融服务工作的指导意见》《节能减排授信工作指导意见》《绿色信贷指引》《能效信贷指引》等一系列文件对"绿色信贷""节能减排授信"工作提出了明确要求，商业银行一是要根据自身业务特点、风险特征和组织架构，制定应对高耗能、高污染引起的各类风险的工作方案；二是要根据客户所在的主要行业及其特点，制定高耗能、高污染行业的授信政策和操作细则；三是要根据内部控制和风险管理的需要，制定节能减排授信程序和规范；四是要根据授信审批人员的专业能力与经验等，适当集中与高耗能、高污染风险有关的企业和项目授信的审批权限；五是要董事会审核和批准相关方案、政策、程序和规范，并安排适当资源，指定熟悉了解高耗能、高污染风险的高级管理人员负责相关制度的落实和执行。商业银行要对不符合产业政策和环境违法的企业与项目进行信贷控制，将企业环保守法情况作为审批贷款的必备条件之一。对未通过环评审批或环保设施验收的新建项目，商业银行不得新增任何形式的授信支持。此外，相关政策还明确要求商业银行实行"节能减排行业名单制管理"，引导银行分支机构加强节能减排授信管理，提高授信人员对涉及高耗能、高污染企业和项目的授信管理能力，并要求商业银行应加强节能减排授信工作的信息披露。另外，金融管理部门出台的《中国银行业监督管理委员会关于报送绿色信贷统计表的通知》《绿色信贷实施情况关键评价指标》《中国人民银行关于建立绿色贷款专项统计制度的通知》《银行业存款类金融机构绿色信贷业绩评价方案（试行）》等一系列文件，建立了完整的绿色信贷专项统计制度以及绿色信贷业绩评价制度，使商业银行绿色信贷业务有了更加明确的发展方向，为全方位、多层次反映绿色信贷发展奠定了坚实的数据基础。

商业银行实施绿色信贷面临的待突破难点

第一，商业银行实施绿色信贷面临的首要待突破难点是风险把控。一方面，企业环保信息是银行绿色信贷决策的重要依据，企业环保信息获取渠道有限加剧了绿色信贷项目的风险。目前，企业环保信息主要由环保部门提供，除纳入重点排污单位名录的企业外，对其余企业披露自身环境信息不做强制性规定。另外，环保部门录入的仅涉及环境违法信息，企业正面环境信息并未纳入，企业征信报告中也基本不体现环保信息。我国企业信息公开机制尚不完善，银政企之间缺乏数据共享的平台，银行难以及时获取完整、准确的企业环保信息，贷前审查和风险评估难度较高。另一方面，新兴环保行业是绿色信贷发放的主要对象，投入较高、周期较长，经营和收益受较多不确定性因素影响。随着国家宏观调控的深入和治理环境污染力度的加大，部分企业由于达不到环保标准停工停产，威胁信贷资金安全。此外，银行或承担连带责任并受到经济处罚，导致资产损失以及声誉风险。

第二，绿色信贷专业人才缺乏使商业银行在面对绿色信贷带来的重要商机时心有余而力不足。绿色信贷的机遇主要体现在以下六个方面：一是清洁能源、可再生能源的生产投资，国家重点鼓励和推动的新能源建设项目和企业，如风力发电、秸秆发电、垃圾发电等；二是现有高耗能、高污染行业企业的环保投资项目，如火力发电厂脱硫改造项目等；三是"上大压小"项目的投入，如火力发电企业、钢铁企业、水泥企业通过新建环保型大项目，替代高污染的小发电机组、小炼铁高炉、小水泥生产线等；四是环保项目投入，如污水处理项目等；五是环保设备、环保产品生产企业投入；六是公共服务业的投资，如铁路、公共交通、服务、文化旅游等。这些为商业银行信贷业务又好又快发展提供了新机遇。但是，商业银行目前尚缺乏系统的绿色信贷专业人才。绿色信贷项目评估涉及环境与社会风险、节能减排规模统计等专业技术，需要具备节能环保、安全生产等多领域专业知识和经验的人才。我国绿色项目评估机制尚不完善，缺乏独立、合格、专业的第三方评估机构，绿色信贷项目环境评估主要依赖于信贷员的调查。商业银行内部人才以经济金融专业为主，或许会导致错失有价值的项目或在绿色信贷运作流程中无法及时发现风险点。

第三，全社会对绿色发展理论的认识和企业经营发展过程中对绿色发展理论的落实。尽管国家已具备了实施绿色信贷政策的条件，但商业银行实施绿色信贷外部条件还需逐渐成熟，如节能环保需进一步成为全社会共识。近年来，国际重要矿产、能源价格的高涨，引起了人们对过于倚重资源投入、能源消耗的粗放式经济增长模式的质疑和对国民经济可持续发展的担忧。对于中国这样一个人口众多、人均资源禀赋并不具有优势的国家而言，我们在关注经济增长的同时，对于环境保护、资源利用的重视已成为全社会的共识。此外，环境保护法律法规体系需要进一步完善。《国务院关于落实科学发展观加强环境保护的决定》《节能减排综合性工作方案》等，建立了国家环境保护政策体系，明确了节能环保工作的目标、原则、措施等，使得节能环保工作有法可依、有章可循，使商业银行实施绿色信贷政策有了较完善的环境保护法律环境。

第四，企业节能环保意愿。依据节能减排工作方案，各级政府均确立了节能减排重点项目和企业名单，社会舆论的压力、环保执法部门的尽责均促使企业认真执行节能环保相关规定。同时，节能减排任务的完成情况也成为企业负责人考核的重要指标。企业治理结构日趋完善，尤其是上市公司，积极履行社会责任成为企业的一项重要义务。节能环保是企业社会责任的重要方面，履行节能环保义务不仅是外部监管的要求，更是企业形象、企业文化的内在要求。随着能源、资源价格的大幅上涨，节能减排不仅是企业减少污染、保护环境的需要，也是降低成本、提高效益的需要。新能源利用、节能环保等属于新技术领域，是国家重点扶持的领域，代表新的生产模式和新的增长方式。现阶段，国家对于企业尤其是能源企业在新能源利用、节能环保方面也有一些硬性要求。

绿色信贷应着力做好风险控制

绿色信贷相关行业主要是高耗能、高污染和节能减排行业，主要包括电力、钢铁、焦炭、铝冶炼、水泥、铁合金、电石、铅锌、铜、建材、有色金属、石油加工、化工等行业。

在制度建设方面，商业银行应通过董事会审议，制定加强银行节能减排授信工作的方案，对涉及节能减排行业、企业项目的授信工作做出统一安排；要求借款人及担保人出具节能环保降污声明与承诺书，并在贷款合同及担保合同中增加相关条款；制定客户信贷准入和退出标准、行业风险限额管理办法等文件，针对高耗能、高污染和节能减排行业，从客户项目准入门槛、行业投放规模、客户资质等多个维度建立了一套全面、严格的政策控制体系。

在客户和项目选择方面，商业银行应将环保达标作为客户和项目准入的重要先决条件，对于环保不达标企业和项目实行"一票否决"；实行重点行业动态名单制管理。针对具体客户和项目，商业银行应实施区别对待、有退有进的策略。商业银行应将环保不达标、有违反国家和地方环保法规纪录的企业列入"黑名单"，对属于高耗能、高污染行业淘汰类的企业和项目实施信贷退出。商业银行应将腾出来的贷款规模和新增贷款重点支持清洁能源行业，高耗能、高污染行业中具有规模经济效益、工艺技术先进、具有行业竞争优势的排头兵企业以及环保技改、"上大压小"、废弃物综合利用等有利于节能减排的项目，从而实现行业信贷结构和行业内部客户结构的优化。总之，商业银行实施绿色信贷并不意味着放松信贷风险标准和管理，否则就不能实现又好又快发展，不符合科学发展观的要求。

商业银行进一步强化绿色信贷有效支持"碳达峰"和"碳中和"实现措施

商业银行为确保绿色信贷高质量发展，需要进一步强化绿色信贷长效机制，在加强绿色信贷项目评估和审批、加强绿色信贷服务和产品创新、加强风险控制和防范的基础上实施绿色信贷。商业银行可以从以下几个方面着力：

一是积极支持绿色信贷行业、企业和项目。例如，支持有效益的农业、林业等企业、项目。农业、林业等不仅是直接关系国计民生的重要基础产业，也是有利于环境保护、可再生资源的绿色行业。支持此类企业、项目是商业银行实行绿色信贷政策的直接体现。又如，支持清洁能源项目。我国已发布可再生能源以及核能利用发展规划，对风能、生物能、水电、核能的总装机规模和在整个能源消费结构中的占比均提出了明确的要求，对大型电力集团的可再生能源装机比重也提出了具体要求。这其中孕育着巨大的市场机会，商业银行应重点支持行业龙头企业。再如，支持环保项目。商业银行应加强对企业污染排放物、生产废弃物的处理及污水处理、垃圾处理等项目的信贷支持。

二是支持"上大压小"的节能减排项目。"上大压小"可以显著改善企业、区域、行业的整体能耗和污染物排放情况，是国家实施节能减排政策的重要措施之一。以电力行业为例，"上大压小"项目具有政策上核准优先、市场需求稳定可靠等优势，应予大力支持。商业银行应支持国家鼓励类新建项目。在高耗能、高污染行业中，先进的工艺技术以及合理的生产规模能够实现更高的能源利用效率和更少的污染物排放。鼓励支持"两高"行业中国家鼓励类新建项目，不仅有利于保证相关行业产品的市场供给，保持国民经济全面协调发展，也有利于降低和减少相关行业的整体能耗和污染物排放，是商业银行实行绿色信贷政策的间接体现。

三是支持有效益的环保设备、环保产品、环保技术研发等生产企业。减少污染物排放、加强环境保护，离不开环保技术、环保设备、环保产品的应用。商业银行支持有效益的环保设备、环保产品、环保技术研发等生产企业，也是对控制污染、保护环境的间接支持。商业银行应支持铁路建设和城市公共交通。相对于我国经济的快速增长，交通运输仍是经济发展的瓶颈，铁路和城市公共交通具有运力大、污染小、单位运力能耗低的特点。商业银行应积极支持铁路建设和城市公共交通建设，这既可以促进交通运输业发展、优化交通运输结构，又可以减少汽车污染、保护环境。商业银行应支持服务业发展，加强对信息、教育、物流、文化、旅游等无污染服务业的信贷支持，推动我国经济产业结构升级、转变经济增长方式，使我国经济真正实现又好又快可持续发展。

四是明确限制信贷投放的高耗能高污染行业、企业、项目。商业银行应逐年减少在高耗能、高污染行业的贷款新增额，降低高耗能、高污染行业贷款新增和余额占比。商业银行应通过信贷结构调整，促进国民经济结构调整和产业结构升级。对高耗能、高污染行业中的焦炭、电石、铁合金等重污染行业，商业银行应控制新增贷款。对高耗能、高污染行业淘汰类和环保不达标企业、项目，商业银行应实施信贷退出。国家规定的高耗能、高污染行业淘汰类企业或项目，已列入关停计划，环保不达标企业或项目如果经过整改仍不达标，也面临政府关停的风险。商业银行如不及早信贷退出，将面临信贷风险。商业银行应将有违反国家、地方环保法规纪录的企业列入"黑名单"，逐步实施信贷退出。对于列入政府环保"黑名单"的企业或项目，或者是不诚信、不愿履行社会责任的企业，或者是效益不好通过降低环保成本勉强经营的企业，商业银行应加强信贷管理，逐步实施信贷退出。商业银行应压缩高耗能、高污染行业国家限制类企业、项目的授信余额，调整产品结构，便于信贷退出。高耗能、高污染行业中国家限制类的企业或项目，单位能耗高于国家鼓励类项目、污染物排放多于国家鼓励类项目，生产成本高、环保投入多，长远来说经营效益必然落后于国家鼓励类项目。

五是压缩高耗能、高污染行业中国家限制类企业、项目的授信余额，并调整产品结构，以贴现、供应链融资产品等风险较低、流动性较强的授信产品替代固定资产贷款、流动资金贷款等授信产品，以便在国家或地方政府未来提高环保标准时实施信贷退出。在高耗能、高污染行业企业集群的区域，商业银行应限制信贷投放总量，限制对新建项目的信贷投放。高耗能、高污染行业企业集群的区域的环境承载压力大于其他区域，环境保护要求高于其他区域，限制对这类区域相关高耗能、高污染行业企业的信贷投放总量，有利于遏制该类区域高耗能、高污染行业企业的投资，改善该类区域产业结构。在江河流域或湖区周边，商业银行应限制对有水污染物排放企业、项目的信贷投放。在江河流域或湖区周边，水污染物的大量排放将会恶化相关江、河、湖的水质和流域生态环境，甚至影响流域居民饮用水的安全。限制对该类区域有水污染物排放企业、项目的信贷投放，有利于保护相关江、河、湖的水质和流域生态环境。对拟贷款的新项目、新企业，如果不符合国家和地方环保政策、环保不达标，商业银行应继续实行一票否决。这一措施不仅支持了控制污染、保护环境，也保证了信贷资产安全。

六是着力培养环境保护、节能减排、循环经济等方面的项目评估、信贷审批专家队伍，组建专门团队，专门负责高耗能、高污染行业企业、项目的环境保护与社会风险评估等问题的研究与论证。商业银行应按照专业要求，一方面加大对环保、金融等领域复合型人才的引进，建立绿色金融专家智库，提升专业技术水平；另一方面加快在职人员绿色金融技能技术培训，与高等院校、科研院所和专业化研究机构加强合作，培养一批具有专业知识和专业判断力的绿色信贷行业专家，促进绿色信贷政策的有效实施。

七是抓住绿色信贷新的发展机遇。金融行业身居现代经济的核心，商业银行应肩负着实现我国"碳达峰"和"碳中和"目标的重任。商业银行要积极作为，加快金融供给侧结构性改革、积极推动"碳达峰"和"碳中和"需求侧改革，更加积极主动地切实强化"碳达峰"和"碳中和"的金融支持，创新综合金融服务，科学引导金融资源向绿色发展倾斜，有效落实国家"碳达峰"和"碳中和"目标，进而促进我国生态文明建设和新时期经济社会的高质量发展。商业银行要强化绿色信贷系统意识、风险意识，着力持续注重绿色金融发展，将创新、协调、绿色、开放、共享的新发展理念贯穿于新金融改革发展的全过程。商业银行提出绿色信贷"进、保、控、压和退"的具体政策与准入标准等措施，推动构建绿色信贷等间接融资管控体系。商业银行应重点抓住"两高一剩行业"的信贷投放管控，实现信贷资金满足"碳中和"需要的绿色、低碳、环保的要求，将水泥、钢铁、化工、电解铝等重点排放行业，交通、电力等重点领域纳入绿色信贷等间接融资管控范围。商业银行应制定自身的信贷煤炭消费标准，大力支持发展新能源的项目，以信贷资金持续改善能源结构，积极开展绿色信贷业务，加快开发并充分运用绿色信贷管理系统，开辟绿色信贷快速审批通道，配套绿色信贷专项规模和优先序列，探索碳排放权、排污权等质押融资贷款，推进信用贷款和其他非抵押类信贷产品的持续创新。

做好绿色信贷，商业银行还应强化碳汇产业的金融支持，积极做好包括林业碳汇产业、农业碳汇产业、海洋碳汇产业、草原碳汇产业等金融支持。例如金融支持造林和再造林、支持开发林业生物质能源，培育具有完整林业碳汇的产业链；金融支持发展农业碳汇产业，通过农业资源、农业产品、农业废弃物再利用循环机制，增加农业碳汇；金融支持海洋碳汇项目，通过生态养殖支持，在提高经济效益的同时，实现海洋清洁生产；金融支持草原碳汇项目发展，着力帮助落实草原保护制度，控制草原载畜量，遏止草原退化，在草原生产过程中通过合理放牧、灌溉、施肥和品种改良等措施合理管理好草地，支持推动荒漠化土地的种树种草，通过扩大退牧还草工程实施范围，加强人工饲草地和灌溉草场的建设，不断增加草原碳汇。

此外，政府和金融管理部门应从建章立制着手，为商业银行开展绿色信贷提供更加健全的制度保障和更加完善的政策支持。

一是统一绿色信贷标准。我国已初步建立绿色信贷标准体系，但实践过程中暴露出统一性不足的问题：不同部门的标准对同一种绿色金融产品的认定口径不同；

不同的绿色金融产品，如绿色信贷和绿色债券之间对于绿色项目的认定不同；各地方政府的绿色信贷标准存在差异。推动统一绿色信贷标准有利于促进绿色信贷发展，准确引导商业银行信贷资源配置，推动商业银行加快绿色信贷产品创新，更精准地为绿色环保、污染防治、清洁减排等重点领域的发展提供动能。政府和金融管理部门在制定绿色产业目录和绿色项目认定标准时应加强政策协同力度，从根本上解决标准不统一、不对接等问题。同时，政府应牵头完善第三方评估制度，编制统一、完善、公开的第三方评估认证基本框架，加紧培育专业的第三方认证机构。

二是完善企业环境信息公开制度。充分了解企业环境保护信息，及时、准确地对企业环境风险作出正确判断，对不符合环保要求的企业及早实施信贷退出，有助于商业银行防范信贷风险，也有助于提高社会公众的环境保护意识，对促进我国生态文明建设具有不可忽视的重要作用。政府应建立环境信息披露强制性要求，扩大公开义务主体范围，尽快推动各类企业尤其是上市公司、发债企业强制性披露环境信息，要求企业披露更多更完整的环境信息，提高企业环境信息报送频次，设立环保风险较高的企业"黑名单"和零排放绿色企业"白名单"。政府应加强企业环保信息监测和沟通，加快建设绿色数据库和污染数据库，打造信息共享平台，强化商业银行与环保部门、金融管理部门之间的信息沟通，实现企业环境信息的共享。政府应设立环保监督投诉渠道，方便社会对企业生产经营行为进行外部监督。政府应建立健全激励相容机制，完善企业环境信息公开奖励制度，提高对不进行环境信息披露的企业的处罚力度，激励企业主动提供环境信息。

三是建立促进绿色信贷政策实施的激励约束机制。有效的激励约束机制是政策实施的助推器。一方面，商业银行是经营主体，首先要考虑经营效益；另一方面，许多绿色信贷项目，如风力发电、污水处理等，虽然有盈利但是利润率较低，对贷款利率高度敏感，一般都要求利率优惠。多数绿色金融项目具有公共服务性质、投资周期长、盈利性较低等特质，这与商业银行的盈利性原则存在着潜在的矛盾，势必会影响商业银行发展绿色信贷的积极性。因此，政府应建立促进绿色信贷政策实施的激励约束机制。中国人民银行可以通过调整存款准备金率、设立专项再贷款等方式，降低商业银行开展绿色信贷的融资成本。中国银保监会应实施差异化的监管政策，适当降低绿色信贷的风险权重计量标准，适当提高绿色信贷的不良容忍度，引导商业银行完善内部激励机制，对于其分支机构的绿色信贷减少资本回报要求，对高耗能、高污染行业企业的信贷退出相应调减利润等相关业绩考核指标等。地方政府应综合运用财政贴息、费用补贴、税收优惠等多种方式，牵头建立绿色担保机制和绿色项目风险补偿基金，通过财政资金担保放大商业银行投入比例，合理分散绿色信贷风险，调动商业银行开展绿色信贷的积极性。

（原文刊发于《英大金融》2021年第2期，作者：孙兆东、张筱钰。原文略有修改）

商业银行强化负债质量管理势在必行

    良好的负债质量管理是商业银行稳健经营的基础，是商业银行服务实体经济的支撑。负债质量管理是商业银行以确保其经营的安全性、流动性和效益性为目的，按照与其经营战略、风险偏好和总体业务特征相适应的原则，就负债来源、结构、成本等方面所开展的管理活动。负债质量关系到商业银行的生存发展，影响到商业银行的信用创造。片面地扩大负债，会导致商业银行恶性竞争，加大整个社会的融资成本、增加通货膨胀负担，甚至会引发商业银行的债务危机，如触动存款保险红线或会引发系统性金融风险。因此，商业银行强化负债质量管理势在必行，负债质量管理的重点在于提升负债业务质量、降低负债相关风险。

    商业银行负债的质量和数量是相对应的，商业银行负债质量的核心是稳定性、合规性和成本，数量即规模。截至2020年年底，我国银行业总负债达293万亿元，同比增长10.2%。银行业金融机构可划分为大型商业银行、股份制商业银行、城市商业银行、农村金融机构及其他类金融机构五大类，其中大型商业银行总负债多达110万亿元，股份制商业银行总负债超过50万亿元，城市商业银行总负债达到37万亿元，农村金融机构总负债也多达37万亿元，其他类金融机构总负债约59万亿元。

    商业银行负债主要包括存款、同业负债、应付债券和向央行借款等，并以存款为主体。负债质量管理主要是围绕负债来源的稳定性、负债结构的多样性、负债与资产匹配的合理性、负债获取的主动性、负债成本的适当性、负债项目的真实性等核心要素展开。其实商业银行负债具有涉众性、风险外溢性等特点，易产生不同市场间的风险共振，对金融体系的安全性和稳健性有较大影响。近年来，尽管各家银行的平均余额呈上升趋势，但资金存入银行的时间难以把握，稳定性较弱。这对银行资金的有效利用率形成考验，很难有效掌握资产负债的合理匹配。

    随着利率市场化的推进和资本市场、互联网金融、影子银行等金融业态的发展，商业银行负债业务复杂程度上升、管理难度加大。近年来，受金融脱媒等因素的影响，商业银行负债结构上一般性存款占比下降。同时，商业银行的同业负债等占比在提高。商业银行负债结构变化的背后是风险的变化，存款作为商业银行的核心负债，也是最主要的负债来源，其占比下降增大了银行流动性风险管理的难度。面对吸储难度加大，个别商业银行出现采用违规返利吸存、通过第三方中介吸存、延迟支付吸存、以贷转存吸存、提前支取靠档计息等违规吸收存款现象，无形中增加了商业银行自身负债成本的同时，也扰乱了市场秩序，还埋下了风险隐患。同业负债本身单笔规模较大，易导致集中度较高，其占比增加意味着商业银行之间的关联更加密切，风险容易在银行业金融机构之间形成链式传导，这也加大了系统性风险压力。此外，商业银行负债端成本受吸存成本增加的影响，资产端又受到降低实体经济融资成本需求的压力，亟须商业银行强化资产负债的全面质量管理。

值得注意的是，存款保险制度推出后，对于商业银行来讲，负债业务也在发生微妙的变化。为保护存款人的合法权益，国务院于 2015 年 2 月发布并实施《存款保险条例》，依法保护存款人的合法权益，及时防范和化解金融风险，维护金融稳定。其中规定，各家银行向保险机构统一缴纳保险费，一旦银行出现危机，保险机构将对存款人提供最高 50 万元的赔付额。中国银保监会为促进商业银行提升负债业务管理水平，维护银行业体系安全稳健运行，有效防范金融风险，制定《商业银行负债质量管理办法（征求意见稿）》并向社会公开征求意见，足见监管部门对商业银行负债质量管理的高度重视。

强化负债质量管理，商业银行应重点从以下六个方面着力：

一是强化负债来源的稳定性。强化负债来源的稳定性主要是提高对负债规模和结构变动的管理，防止负债大幅异常变动引发风险。一方面，商业银行要加强负债分类管理，并通过可量化的数据进行分析监测；另一方面，鉴于中央银行通过调整法定准备金率影响货币供给量，而这个过程会间接影响到商业银行的负债水平，商业银行应建立一套较为完备的适用于货币政策变化的波动防御体系（内部稳定器），提高负债稳定性。商业银行应当充分考虑运用各项指标衡量负债来源的稳定性，如可以引用银行业可量化的数据进行监测和预测，分析指标波动范围和变化趋势，可以纳入考虑范围的指标有净稳定资金比例、核心负债比例、存款偏离度、同业融入比例。此外，商业银行也可以引入财务会计中衡量债股比例、分析流动性和负债管理能力的指标。商业银行通过这些可量化的指标，加强管制的精度，改善管制措施。在数量监测方面，商业银行可以使用利息保障倍数检测模型，反映银行盈利能力对偿还到期债务的保障程度、银行的长期偿债程度，稳定良好的利息保障倍数范围是银行举债经营的前提。这里值得注意的是，在企业财务分析指标引入银行业的过程中，我们应意识到企业经营模式的不同所带来的指标衡量标准的差异，不能照搬照抄。同时，在分析现有数据时，我们可以引入敏感性分析，在假定的情况下，衡量盈亏平衡点与现有水平的差距确定风险并改善债务结构。

二是强化负债结构的多样性，并加强负债分类管理。商业银行应形成客户结构多样、资金交易对手分散、业务品种丰富的负债组合，防止过度集中引发风险。商业银行可以对负债进行客户和产品划分，进行分类管理。在企业的财务报表中，很多公司希望呈现的是风险更低、回报更高的表外业务以吸引投资者。其中涉及的对于资产负债表影响较大的财务操纵手段就是负债的分类管理。相较于负债，费用化的风险更小；相较于短期负债，长期负债的风险更小。这是因为短期负债往往于一年之内或一个经营周期之内到期，这个阶段企业需要偿还数额较大的本金，这就涉及大量的现金流流出，企业的经营与盈利也会面临巨大的压力。对于银行业务（特殊形式的企业），财务报表中的长期负债往往也比短期负债更加乐观，长期负债比重的增加，意味着资金周转的灵活度更高、风险更小。因此，商业银行应加强多样性的负债结构管理，明确要求财务报表中的长短期负债区别显著。

三是强化负债与资产匹配的合理性。商业银行应通过多种方式提升负债与资产在期限、币种、利率、汇率等方面的匹配程度，防止过度错配引发风险。由于银行业务的不对称（短期负债和长期资产），银行的流动性管理就成为银行经营的重要方面。妥善考察与管理流动性，首要任务是确定分类合理正确，尽量减少分类混淆与模棱两可的情况，判断匹配程度，考察流动性指标，考察财务杠杆（债股比），考察营运资本等资本结构。商业银行通过分析数据波动范围和调节资产与负债结构，提高匹配程度，降低流动性风险。

四是强化负债获取的主动性。商业银行要根据业务发展和管理需要，通过各种渠道主动获得所需数量、期限和成本的资金。从负债成本适当性的角度而言，商业银行在获取负债的过程中，应当始终遵循成本收益分析的原则，不应为获取一定负债或抢占市场份额进行恶意低价竞争。这样的恶性竞争一方面影响了市场秩序，另一方面也使银行本身承担了一定的损失。此外，在负债获取的过程中，商业银行考虑损失和收益不应仅仅局限于技术方面，即客观可衡量的发生的收益与成本，也应当考虑到人力资本方面的问题。虽然这些影响因素往往难以量化，但慎重考虑这些因素会提高负债获取的主动性、准确性和利润率。

五是应强化负债成本的适当性。商业银行应建立科学的内外部资金定价机制，防止因负债成本不合理导致过度开展高风险、高收益的资产业务。商业银行的负债交易、负债会计核算、负债统计等坚持符合法律法规和有关监管规定。从负债真实性的角度而言，商业银行应避免盲目追求规模扩大而非利益最大（奖励机制促使）选择净现值为负的投资项目，因为从一定程度上讲，这样的投资项目本身就会影响负债的真实性。商业银行应严格遵循监管部门的监察要求和审计要求，确保项目的真实性和负债成本的适当性。

六是强化更好地服务实体经济。实现商业银行高质量发展，让商业银行负债业务更好地服务实体经济，需要从系统论角度出发，统筹做好资产负债管理，努力实现资产负债总量适度增长、结构不断优化、量价协调发展。商业银行面对负债业务管理的新形势，需要总结提炼负债业务的管理评价标准，构建全面、系统的负债业务管理和风险控制体系，持续推动商业银行强化负债业务管理。商业银行在开展负债业务创新活动时，应当坚持依法合规和审慎原则，确保创新活动与本行的负债管理水平相适应，不得以金融创新为名，变相逃避监管或损害消费者利益。

总之，商业银行要强化负债质量管理的研究，及早着手，及时推动强化负债质量管理。商业银行既要符合监管要求，也要考虑自身情况，在合规的前提下寻求差异化策略，商业银行更要突出以存款性负债为主的负债发展格局，充分发挥其产品、服务、渠道、科技等综合性金融服务优势，以更优质的产品服务，推动存款继续保持稳定增长，将付息成本维持在合理适度水平，降低对同业负债的依赖性。商业银行在资产负债配置、流动性管理、定价管理以及资本管理方面有更多挑战。

（原文刊发于《中国银行保险报》2021 年 2 月 22 日，指导西南财经大学学生史嘉莉合作撰写此文。原文略有修改）

保障中小企业款项支付

　　为了促进机关、事业单位和大型企业及时支付中小企业款项，维护中小企业合法权益，优化营商环境，2020 年 7 月 1 日，国务院常务会议通过了《保障中小企业款项支付条例》（以下简称《条例》）。《条例》于 2020 年 7 月 14 日以中华人民共和国国务院令第 728 号正式公布，9 月 1 日起施行。这项针对保障中小企业款项支付的《条例》，对解决拖欠中小企业款项问题、维护中小企业合法权益、优化营商环境、扩大就业、改善民生以及促进普惠金融的健康发展，都具有重要的现实意义。

　　党中央、国务院高度重视建立长效机制解决拖欠中小企业款项问题。新冠肺炎疫情背景下，《条例》对更好地稳住经济基本盘、帮助中小企业渡过难关、全面清理拖欠中小企业款项有着非同寻常的解决资金链难题的意义。因此，国务院发布《条例》可谓正当其时，从行政立法层面对政府及时支付中小企业款项进行规范，从法律上进一步制裁"老赖"，使中小企业追债有法规可循。《条例》的实施能够极大地促进机关、事业单位和大型企业及时支付中小企业款项，切实增强中小企业的获得感。

　　条例是法的表现形式之一，是国家权力机关或行政机关依照政策和法令制定并发布的，针对政治、经济、文化等各个领域内的某些具体事项而作出的，比较全面系统、具有长期执行效力的法规性公文。条例具有法的效力，是根据宪法和法律制定的，是从属于法律的规范性文件。条例一经颁布实施，其所涉及的对象，必须依条款办事，否则将要受到法律、行政或经济的处罚。

　　需要强调的是，我国中小企业是建设现代化经济体系、实现经济高质量发展的重要基础，也是新冠肺炎疫情形势下扩大就业和改善民生的重要支撑。因此，我们必须着眼于增强服务中小企业的能力，充分保障中小企业款项支付，促进实体经济的良性发展。科法斯 2020 年中国企业付款调查显示，2019 年，平均付款期限（信用期限）稳定在 86 天。在受访企业中，提供平均信用期限超过 120 天的企业的比例从 2017 年的 12% 上升到 2019 年的 23%，几乎翻了一倍。50% 的受访企业提供的最大付款期限超过 120 天。2020 年 2 月，有多名企业家公开呼吁，建议相关部门严格执法，让大企业迅速支付拖欠中小企业的欠款。

　　更加值得注意的是，中小企业是金融机构普惠金融的重点服务客户群体，金融机构要积极贯彻落实《条例》，特别是商业银行要把更好地落实《条例》作为普惠金融发展的重要方面之一，也就是要把《条例》作为更好地服务中小企业的法律遵循。各级金融机构都要提高认识，中小企业的"续命钱"很可能关乎整条产业链的"生死线"。积极保障中小企业款项支付，恰逢其时。依照《条例》强化对中小企业的保护，有效保障中小企业款项及时支付，也就保护了普惠金融客户的发展，更是保护了商业银行自身。当前，中小企业大多是民营企业，在竞争力上不如大企业，因此需要法律和金融多维度的发展呵护。

总之，各金融机构和各级金融企业都要认真落实《条例》，加大对相关客户的宣传，做好机关、事业单位和大型企业客户的政治思想工作与法律咨询工作，更好地帮助中小企业的上下游客户积极参与落实好《条例》。同时，商业银行的支付结算也应更好地利用金融科技与大数据手段，采用智能结算帮助中小企业实现按时收款，落实合同条款要求。可以相信，在全社会的共同努力下，积极落实《条例》的规定，我们的营商环境一定能得到进一步优化。整个社会信用得到强化，中国的高质量发展就会更加可期，让我们携起手来共同努力。

（原文刊发于《中国银行保险报》2020 年 8 月 6 日，原文略有修改）

强化知识产权质押融资

　　金融机构应充分重视强化知识产权质押融资，特别是在数字化时代，金融机构要与知识产权管理部门、版权管理部门实现信息共享，促进知识产权、金融和经济的高质量协同发展。

　　据报道，国务院常务会议于2020年7月1日审议促进国家高新技术产业开发区深化改革、扩大开放的议题，决定要鼓励商业银行在国家高新区设立科技支行，支持开展知识产权质押融资，支持符合条件的国家高新区开发建设主体上市融资。

　　事实上，为贯彻落实党中央、国务院关于知识产权工作的一系列重要部署，促进商业银行与保险机构加大对知识产权运用的支持力度，扩大知识产权质押融资，早在2019年8月中国银保监会联合国家知识产权局和国家版权局，就出台了《关于进一步加强知识产权质押融资工作的通知》（以下简称《通知》）。《通知》要求商业银行应建立专门的知识产权质押融资管理制度，要求大型银行、股份制银行应研究制定知识产权质押融资业务的支持政策，并指定专门部门负责知识产权质押融资工作。《通知》还提出了鼓励商业银行在风险可控的前提下，通过单列信贷计划、专项考核激励等方式支持知识产权质押融资业务发展，力争知识产权质押融资年累放贷款户数、年累放贷款金额逐年合理增长。

　　当前，强化知识产权质押融资应成为商业银行等金融机构创新金融服务的重点之一，尤其对大众创业和万众创新类客户，知识产权质押融资具有广泛的客户需求。实际上，"双创"类企业大多在高新区，这类企业的主要资产往往是知识产权类的无形资产。知识产权作为企业的核心生产要素，理应成为企业融资的价值遵循。因此，商业银行与保险机构、知识产权质权登记机构应提高认识，高度重视知识产权质押融资工作的重要性。金融机构应积极开展知识产权质押融资业务，持续做好具有发展潜力的创新型、科技型企业的金融支持。

　　强化知识产权质押融资，商业银行应积极建立适合知识产权质押融资特点的风险评估、授信审查、授信尽职和奖惩制度，创新信贷审批制度和利率定价机制，尤其要通过金融科技手段，重点推动知识产权质押贷款，探索知识产权金融业务发展新模式，支持好知识产权密集的创新型、科技型企业的知识产权质押融资需求。

　　强化知识产权质押融资，商业银行应创新对企业的专利权、商标专用权、著作权等相关无形资产进行打包组合融资，提升企业复合型价值，提高融资额度。商业银行应扩大知识产权质押物范围，积极探索数字化的知识产权，如地理标志、集成电路布图设计等，作为知识产权质押物的可行性，进一步拓宽企业融资渠道。同时，商业银行要建立对企业科技创新能力的评价体系，通过综合评估企业专利权、商标专用权、著作权等知识产权价值的方式，合理分析企业创新发展能力和品牌价值，通过知识产权质押融资业务把握企业发展方向。

强化知识产权质押融资，商业银行应积极同相关部门合作，完善对创新型（科技型）企业的认定及评价机制，特别要运用云计算、大数据、移动互联网等新技术研发知识产权质押融资新模式。商业银行可以与知识产权密集型产业园区开展战略性合作，给予园区合理的意向性授信额度。商业银行应加大对产业供应链中的创新型（科技型）小微企业的融资支持力度，促成小微企业知识产权质押贷款，进一步将小微企业纳入知识产权金融服务体系。

强化知识产权质押融资，商业银行应进一步健全知识产权质押融资风险管理。商业银行应有效开展知识产权质押融资业务，做好对出质人及质物的调查、质权登记办理，并加强对押品的动态管理，定期分析借款人经营情况，对可能产生风险的不利情形要及时采取措施。此外，商业银行要努力培养知识产权质押融资专门人才，建立知识产权资产评估机构库，加强对知识产权融资业务的培训和实训。

（原文刊发于《中国银行保险报》2020年7月23日，原文略有修改）

大行券商：综合经营与分业监管

　　据媒体报道，中国证监会计划向商业银行发放券商牌照，或将从几个大型商业银行中选取至少两家试点设立券商。中国证监会新闻发言人也表示，发展高质量投资银行是贯彻落实国务院关于资本市场发展决策部署的需要，也是推进和扩大直接融资的重要手段。笔者认为，大型商业银行试点设立券商也并非"混业经营"，而是分业监管和综合化经营的有益尝试，对我国发展高质量投资银行和繁荣资本市场具有重要意义。

　　目前，我国仍以间接融资为主，也就是金融体系以商业银行为主体，进行债务性融资为主，股权性直接融资与社会融资总额相对较少，从融资结构发展的瓶颈上看，没有起到很好的"投贷联动匹配"效应，也在一定程度上制约了债务融资资本金不足等企业融资问题。我国资本市场构建多层次的市场体系任务仍然艰巨，从直接融资和间接融资的比重来看，直接融资仍然需要很大的提升空间。因此，让具有丰富信贷和客户识别经验的大型商业银行来开展投资银行等直接融资业务，具有实际可行性。

　　其实，以直接融资为主的投资银行业务，其核心业务是证券承销、经济业务和自营，这是投资银行的最基础业务，而企业并购、重组等收费性咨询业务以及证券化业务是投资银行的创新业务。此外，投资银行高质量发展需要的是智力创新。近年来，投资银行发展引申业务，开展资产管理和创新的金融衍生产品，如互换、契约废止等创新产品。以资产管理为例，投资银行业务在努力向商业银行业务进行延展。

　　大型商业银行开展投资银行业务具有得天独厚的客户、人才、技术、风险控制、资金等核心优势，也具有推动投贷联动的配套产品优势。从国际国内的历史看，分业经营和混业经营都出现过，在历次金融危机和系统性风险事件后不断进行了监管调整。实际上，笔者认为，有效监管是避免混业经营监管难题的重要法宝。尽管大型商业银行券商的加入会对传统投行带来压力，但是也会起到"鲶鱼效应"，促进行业规范发展。

　　优先向大型商业银行发放券商牌照，有助于资本市场情绪向好。商业银行通过改革促进债务周期和经济修复，使商业银行客户能增加间接融资的资本金拉动，形成货币政策适度宽松环境下企业融资的技术性投放。商业银行与券商能更好地协同，实现客户和信息的共享，共同推动直接融资及配套间接融资的协同发展，长期有助于资本市场和商业银行信贷市场的发展，使中国金融市场更好地支持实体经济发展。大型商业银行如果获取券商牌照，将进一步提升以综合金融模式服务客户的能力，无论零售还是公司业务都将受益。

事实上，早在十几年前大型商业银行重组上市之际，各大银行总部都纷纷成立了投资银行部门，因为在国内申领牌照未果，一些大型商业银行在香港、新加坡，甚至欧美已经尝试开展投资银行业务，并取得了很好的经验和业绩。可以说，我国大型商业银行都具有国际化的投资银行经验和视野。例如，中国银行成立了境外投行中银国际，中国建设银行成立了境外投行建银国际，工商银行成立了工银国际，农业银行成立了农银国际等，大型商业银行在境外都拥有投资银行的牌照、团队和经验。这些大型商业银行的投资银行子公司一般都会在总部投资银行部门指导下开展工作。所以说，大型商业银行具备国内开展投资银行所需要的资源和条件。

大型商业银行开展投资银行业务将成为"投资银行国家队"，促进我国资本市场的高质量发展。大型商业银行规模领先、影响力大、拥有足够大的资本规模、综合化程度和国际化程度高以及拥有完整的业务链、产品链和服务链和一站式金融服务。从长远看，"双向开放"的中国金融市场"综合化经营是大势所趋"，商业银行线下网点优势巨大，做零售经纪业务肯定差不了，和企业客户的接触天然更紧密，放开股权投行业务，实现融资业务全功能、全流程服务。

总之，在数字化时代的今天，我国金融业仍属分业监管框架，大行拥有的券商作为其子公司，可以通过完善分业监管，充分利用金融科技手段并设立严格的防火墙，实现综合化经营下的有效监管。

（原文刊发于《中国银行保险报》2020年7月13日，原文略有修改）

银行和企业应当休戚与共

新冠肺炎疫情过后，若不对银企关系中存在的矛盾加以足够重视，任其发展下去，将会带来十分严重的后果。如果受新冠肺炎疫情影响企业资金断链，会严重挫伤银行支持企业的信心，情况蔓延会带来信用危机。笔者认为，在经历历次经济危机、金融危机或突发公共卫生危机等艰难时刻，正是商业银行与其客户之间打造命运休戚与共关系之际。当前，商业银行应更加深入地认识银企关系，积极构建银企命运共同体的新型关系，并且势在必行、正逢其时。

银企之间存在天然的因果和依赖关系。银行要为企业打造良好的金融生态环境，企业才能发展得好。如果银行信贷投放渠道不畅，企业经营发展会面临融资难、融资贵问题；或者企业内部财务管理不规范，银行很难掌握企业真实的财务状况，企业的融资难、融资贵问题就会加重。反之，企业信用良好，经营数据透明、真实，银行就能更好地支持企业。总之，银企之间信息不对称的矛盾是制约传统银行和企业发展的根源。

鉴于此，关于如何构建新型银企命运共同体关系，笔者有以下建议：

商业银行应站在经济发展的整体高度，树立银企命运共同体理念。银行应急企业之所急，适时帮助企业主动调整生产结构和方式、实现产业升级、开发新产品，使企业渡过难关，重新开辟市场竞争空间，重获振兴发展机会。数字经济时代，商业银行要努力提高金融服务水平，要立足数字化和信用建设，打造政府、银行、企业等多方合作，积极构建数字化和谐共赢的银企共同体。

政府要着力营造良好的金融生态环境，统筹打造数字化信用体系。政府及相关部门要支持银行按期收贷收息，严厉打击恶意逃废债务行为，从根本上消除金融机构恐贷、惧贷心理。监管部门应积极引导，创造条件，鼓励商业银行建立现代金融制度，创新金融体制，增强银行通过数字信用服务企业融资的能力，缓解企业资金压力，构建银企合作数字化互联互通平台，提高服务效率。

与此同时，企业要不断增强诚信意识，强化"无信不立"的观念。企业要发展，目光不能短浅。企业要增强竞争能力，完善各项管理制度，依法合规经营，努力做大做强，积极创造条件，达到金融信贷支持的条件。企业要切实加强信用建设，树立诚信意识，增强法治观念，以良好的信誉赢得银行的认可。企业要主动与金融部门共享数据，加强与金融部门的联系，主动沟通，真正建立长期、良好的银企合作关系。

企业要更新理念，自觉融入银行建立的共同体。积极参与这一共同体建设，比如企业要信息公开透明，要以诚信为本，要把银行当成股东和战略投资者对待，企业在遇到经营不景气、资金运转困难时，要第一时间寻求政策和银行的更好帮扶，一起寻找走出资金困局的方法。从长远来讲，化解企业债务危机使危机"软着陆"，才能缓和社会矛盾，实现高质量发展。

值得欣慰的是，2019 年年底，《中共中央 国务院关于营造更好发展环境支持民营企业改革发展的意见》出台，结合民营企业面临的形势，从三个方面入手，鼓励银行与民营企业构建中长期银企关系。

面对新时代、新挑战，商业银行应更加主动地担负责任，推动打造命运休戚与共的新型关系。商业银行要主动担负起银行的职责，急企业之所急，立足帮扶企业发展，不局限于提供单纯的金融服务，而要立足在服务企业的过程中积累经验和发挥银行天然的人才、资金和资源优势，利用专业技能，成为企业的参谋顾问，切实帮助企业解决生产经营和生产发展问题，打造银企休戚与共的新型关系。

（原文刊发于《中国银行保险报》2020 年 3 月 30 日，原文略有修改）

中小企业也可享"主办银行制"

　　新冠肺炎疫情暴发引致"居家"已一月有余，由于没能完全复工复产，对中小企业现金流带来很大影响，一些企业面临经营困境和财务困境。党中央、国务院高度重视，相继出台了财政、金融、税收等政策扶持举措，各地方政府也纷纷响应号召出台细则。我们坚信，中小企业在政策扶持下能够渡过难关。笔者认为，疫情常态化防控阶段积极着力帮扶中小企业，既是商业银行的使命担当，也是商业银行出于对自身可持续发展的考量，推动主办银行制度实施是救助中小企业的良方。

　　回顾百年，经历多轮经济和金融危机后，很多发达国家都努力尝试通过深化和优化银行与企业之间的关系，建立主办银行制度来化解或避免企业危机而造成的银行体系系统性危机。例如，日本从 1944 年起要求军事企业和银行配对，银行必须保证配对企业的资金供应，积极参与配对企业的经营管理和财务监督，形成了日本主办银行制度的雏形。二战后日本经济极度萧条，通货膨胀严重，资金短缺。为了重振经济，日本强化了主办银行制度，允许银行和企业之间建立交叉持股、相互依赖的关系，既保障了日本企业资金的稳定供应，也保障了银行有稳定且优质的客户群体和投资对象。从 1998 年起，日本的银行可以通过金融控股公司的方式经营证券、信托、保险等各种业务，主办银行制度日臻成熟。

　　无独有偶，德国于 1994 年推动建立全能银行体系。全能银行实质上也是发挥主办银行的作用。德国的全能银行与企业之间除了传统的信贷关系，还会同时持有客户企业的股票或认购企业的债券，并在企业的董事会中占有一席之地，从而监督或干预企业的经营活动。此外，除了自身持股，银行还能作为持股储户的代理机构参加企业的股东大会，行使股东权利。

　　值得注意的是，日本和德国的主办银行制度对经济稳定与金融发展有三大优势。首先是信息优势。长期稳定的银企关系降低了信息不对称导致的逆向选择和道德风险。长期的银企关系方便银行获取更多关于企业和企业主的"软信息"，也就是客户企业不对外公开的信息，主办银行因此建立起对该企业的信息垄断优势，更好地判断该企业的风险，作出授信决策。其次是成本优势。对主办银行而言，其通过在董事会或股东大会的一席之地直接参与企业经营，降低了银行的监督成本。同时，混业经营模式下银行内部业务相互交叉，不同业务分支也可以共享信息，降低经营成本，形成规模优势和范围优势。对企业而言，其不仅能够以更低廉的利率获得银行相对长期的贷款，还能在同一家银行获得包括发行股票、发行债券、金融咨询等的多种金融服务，减少了谈判成本和手续费。另外，主办银行对企业的支持在社会上形成"广告效应"，银行的规模和声誉为企业提供了无形的背书，帮助市场树立起对企业的信心，从而也能降低企业通过资本市场融资的成本。最后是抗风险优势。一方面，混业经营的模式保证了银行资金来源和去向的广泛性，分散了银行自身的风险；另一方面，长期稳定的银企关系以及银行和企业间的产权联系让银行更注重企业的长远发展，而非短期收益。在企业陷入困境时，银行会在判明风险的基础上提供合理帮助，让企业渡过难关，而不会盲目抽贷自保，让企业避免雪上加霜。

其实，我国在金融制度安排方面已经为规避金融风险、促进金融稳定与实体经济高质量发展做了准备，中国人民银行主导的主办银行制度建立了稳定银企发展的长效机制。1996 年，中国人民银行出台《主办银行管理暂行办法》，开始在全国试行主办银行制度。主办银行为企业提供信贷、结算、现金收付、信息咨询等金融服务，并与之签订银企合作协议，建立较为稳定的合作关系。历经实践，主办银行制度已成为我国商业银行有效增强以客户为中心的服务理念的关键。

当前，宏观经济下行又遇新冠肺炎疫情困扰，商业银行的信贷资产很容易受到冲击，但是商业银行不应简单催贷、停贷，而应发挥主办银行的责任使命，为客户提供专业化金融服务解决方案和风险缓释方案。同时，监管部门应进一步深化监管制度，帮助商业银行提升服务能力、优化资产结构、进一步缓释信用风险。商业银行要进一步完善主办银行的定义和内涵，结合经济高质量发展的新时代需求，深化主办银行制度改革，进一步强化和建立较为稳定的合作关系，深化主办银行和企业之间的产权联系，优化金融资本和产业资本结构，巩固银企风雨同舟关系。商业银行尤其应从制度上进一步明确主办银行责任义务，优化银企主办合作协议，如在中小企业发生资金、债务和流动性风险时，主办银行应勇于担当，提出解决方案，不停贷、不抽贷、不主动获取质押股权，而是要给企业提供风险缓释方案。实施主办银行制度，有助于稳经济、稳金融、"软着陆"，帮企业渡过难关。企业变好了，商业银行才能真正获得"绿水青山"的经营生态。

（原文刊发于《中国银行保险报》2020 年 2 月 27 日，原文略有修改）

央行商行资产"双快"增长

2007—2011 年,我国中央银行和商业银行的总资产实现了"双快"增长。截至 2011 年年底,我国中央银行的总资产达到 28 万亿元,成为全球资产第一大中央银行,过去 5 年中央银行的总资产增长了 119%。与之相对应,截至 2011 年年底,我国银行业金融机构的资产总额到达 113 万亿元,过去 5 年银行业金融机构的资产总额增长了 158%。中国的中央银行的总资产已超过美联储和欧洲央行,同时我国四大国有控股商业银行的资产均已突破 10 万亿元,并都进入全球资产规模最大的 10 家商业银行之列。

因此,分析和探究过去 5 年我国中央银行与商业银行资产"双快"增长的因素,解读银行资产总量的"双快"增长对实体经济的发展发挥的作用以及思考高速增长下的银行资产结构建设,具有重要的现实意义。

经济高增长和扩大开放促进了央行资产高增长

2011 年,中国国内生产总值达到 47.16 万亿元,比 2006 年国内生产总值的 21.09 万亿元,增长了约 124%。由此可见,过去五年中国经济较快的增长是我国中央银行资产高增长的重要原因。

从中国人民银行公布的资产负债表我们看到,中央银行资产的高速增长主要来自三个方面的构成:一是国外资产快速增长。截至 2011 年年末,我国央行国外资产(包括外汇、货币黄金和其他国外资产)达到 23.79 万亿元,占央行总资产的 84.7%。从资产负债表的扩张和结构变化看,外汇储备持续高速增长主要反映了中国出口导向增长模式、人民币升值预期和外汇储备的积累,外汇储备增加的过程就是中国人民银行资产增加和基础货币上升的过程。值得注意的是,过去五年为了稳住人民币汇率,中国人民银行一方面大手买进外汇资产,从而在其资产负债表上形成外汇占款;另一方面又通过大量发行央票、上调存款准备金率等方式进行对冲,回收流动性。此外,货币黄金价格持续升值也促使央行国外资产升值。二是国内债权性资产增速较快。中国人民银行对政府债券、对其他存款性公司债权的增长较快,这得益于这些债权企业的发展和资产价格的上升,使债权获得很好的溢价,提升了国内债权性资产的总值。三是其他资产价升量增,主要包括中央银行的待收款项和固定资产。

改制上市推动了商业银行资产的快速增长

2006 年年末，我国银行业金融机构总资产为 43.8 万亿元。截至 2011 年年末，我国银行业金融机构总资产为 113 万亿元，五年增长了约 158%。事实上，商业银行资产的快速增长是伴随资本的快速增长而实现的。

过去五年，我国商业银行中四大国有控股商业银行和股份制商业银行相继上市融资、再融资，获得核心资本的补充就达到近万亿元。按照《巴塞尔协议》的监管要求，商业银行获得这一数量的核心资本补充后，可以扩大负债达到 12.5 万亿元，这还未包括数千亿元的次级债等附属资本的补充。因此，获得资本补充的商业银行在短期内资产取得快速增长。近年来，我国银行金融体系鼓励创新，如发行了上万亿元的银行理财产品及股票型、债券型和信托型理财产品，这些创新的金融产品也有力地推动了商业银行资产的快速增长。此外，我们从上市商业银行的年报中不难发现，近年来，商业银行网点发展迅猛，商业银行加大了网点资产的购买。由于房地产价格的持续增长，商业银行所持网点资产实现了很好的保值增值，也推动了商业银行总资产的增长。

应对金融危机的投资刺激计划推动了商业银行信贷资产高增长

为应对全球金融危机，我国政府提出了包括扩大内需、促进经济增长等 10 项措施的财政刺激经济复苏计划，该计划包括的投资项目在 2010 年年底完成，预计总额为 4 万亿元。投资计划主要在铁路、交通、水利等基础设施建设和灾后重建、廉租房建设等方面。

商业银行积极响应应对金融危机的投资刺激计划。公开信息显示，2009 年大型国有商业银行新增人民币贷款 4.6 万亿元。从中国人民银行公布的《2009 年金融机构贷款投向统计报告》我们注意到，2009 年，全国金融机构新增人民币贷款 9.59 万亿元，创历史新高。从商业银行的新增信贷的具体投向看，支持和保障投资刺激计划、保障经济增长成为投向的重点。受此拉动，2010 年全国金融机构新增人民币贷款达 7.95 万亿元；2011 年全国金融机构新增人民币贷款达 7.47 万亿元。

房地产价格上涨助力商业银行资产增长

考察我国间接融资理论框架和实际操作规定，我们不难发现，抵押、质押等贷款保证方式是商业银行信贷的主要担保手段。由于抵押和质押方便评估、登记和管理，房地产资产成为银行融资的首选资产。因此，商业银行各类贷款的 50% 以上采用了土地、房地产等资产作价后抵押担保。特别是商业银行的房地产业开发贷款，几乎 100% 都是以土地和房地产价值作为抵押，抵押率也都在 50% 以上。过去五年，全国土地和房地产价格上涨超过了 1.5 倍，因此贷款的抵押、质押标的估价随之显著上升。商业银行即可在充足的抵押担保下，放出更多的贷款，从而形成商业银行资产的快速增长。

如何进一步优化高增长下的银行资产结构

金融是现代经济的核心，中央银行和商业银行资产的高速增长，无疑对我国经济的健康发展具有重要意义，银行资产的运用对国民经济增长，特别是有效支持实体经济的发展发挥了重要作用。笔者认为，当我国的央行资产和商业银行资产总量已经达到规模效益，我们要更多地去思考结构性的问题。当前，从中央银行的资产看，在人民币国际化不断推进的大背景下，外汇资产总量可以适当压缩，可以通过货币互换和降低风险货币权重进行调整。

然而，目前我国商业银行的资产结构中，信贷资产占比过大，债券资产占比较低，无风险资产的流动备付功能与资产投资功能扭曲。在此情况下，商业银行的资产调整空间有限，可选择的资产调整方式只能是进行类似于资产转让和不良资产重组的操作。因此，积极拓展银行间贷款转让市场、推进银团贷款进展、进行多样化不良资产重组，是推进商业银行存量资产重组的必由之路。商业银行资产结构优化的目标应是在安全性、流动性、盈利性三维空间中寻求最优的平衡点。商业银行要按照资产组合原理进行风险分散，从存量资产结构重组、增量资产结构分散、资产营运等方面，引入价格传导机制，通过资金转移定价、推进产权改革、强化外部监督等方法，对商业银行资产结构进行不断优化，更好地服务实体经济。

商业银行要按照国家政策着力优化好信贷结构。对于商业银行来说，当资产达到一定规模时，其必须考虑对自身的信贷资产规模、比例以及风险承受能力进行重新界定。一方面，商业银行要合理调整信贷资产比例，一般要将其保持在55%左右的国际银行界公认的理性水平。换言之，商业银行的信贷资产应该与其他盈利资产基本上保持在1:1的国际通行标准上。另一方面，商业银行要创新信贷资产品种和方式，针对服务大、中、小客户对象的不同，量身定做各种新的贷款品种，从而优化商业银行的信贷资产存量和增量结构。

商业银行要加大力度拓展资产投资渠道。证券投资业务是国外商业银行最主要的业务之一。其在商业银行的持有比重一般维持在25%左右，对于优化商业银行的资产结构、改善信贷资产整体流动性不足的弊端以及创造新的盈利增长点，具有十分重要的借鉴意义。但是对于我国商业银行来说，由于我国目前采取的仍然是严格的分业经营模式，因此商业银行的证券业务主要集中在债券市场。在目前情况下，商业银行为上市所进行的种种努力，主要围绕两个中心点：其一，化解不良资产；其二，优化资产结构。在此目标下，商业银行在银行间国债市场囤积大量资金，尽管市场的收益已经相当有限，但是围绕国债以及政策性金融债的申购仍然成为商业银行的主要市场行为。因此，在风险可承受的情况下，考虑增持企业债券是当前商业银行优化自身资产结构的可行之路。

商业银行要以中间业务创新发展来促进资产结构调整。中间业务是现代商业银行必争的业务。中间业务在现代商业银行利润贡献中的比例，逐步成为评价现代商业银行市场开拓能力与市场创新能力的主要标志。国外商业银行中间业务的利润贡献度通常达到40%，仅次于信贷业务。对于我国商业银行来说，目前中间业务的利润贡献度还相当低。伴随着利率市场化改革的推进，商业银行存贷利差有下降的可能。在这种情况下，商业银行要想进一步提升盈利能力，就必须提升中间业务的利润创造能力。商业银行能够通过中间业务的创造，来多样化资产投资渠道。商业银行的中间业务是银行的服务性业务，其自身并不能带来资产结构的调整，但很多中间业务本身捆绑着资产业务。例如，信用卡业务是商业银行的中间业务，但是信用卡业务所衍生的信用卡透支是商业银行的一项资产，属于贷款业务。这种透支本身与其他种类的贷款相关性不大。因此，从资产组合理论上讲，它仍然具有资产分散的价值。对商业银行来说，其应创新中间业务，合理实现中间业务与资产业务两者资源的有效整合。

（原文刊发于《中国金融》2012 年第 15 期，与杜莉老师合作撰写此文。原文略有修改）

逆周期发展，银行助推中国经济发展

中国四大国有商业银行股改之际，国家花费了数万亿元帮助其股改上市，这不仅让中国银行业得以稳健发展，在这场国际金融危机中岿然不动，而且银行也将帮助中国经济率先走出低谷。

2003年，我国银行业贷款余额占国内生产总值的比重达117%。2009年4月末，我国金融机构各项贷款余额达到35.55亿元，超过同期我国国内生产总值（约31.8万亿元），银行贷款余额超过国内生产总值，意义非凡。

逆周期发展化解危机

当前，全球金融危机底部已经显现，但经济衰退还在路上。中国经济将在银行信贷的强力支持下，率先走出经济调整周期，并对全球经济早日走出衰退周期起到至关重要的作用。全球关注中国，中国关注金融。

改革开放总设计师邓小平一针见血地指出：金融很重要，是现代经济的核心。金融搞好了，一着棋活，全盘皆活。显而易见，中国经济如期结束此轮调整，金融作出了重要贡献。在新形势下，中国金融面对重要的历史使命，正是抓住了主要矛盾，并作出了创新的重要选择。

以往面对经济危机，金融特别是货币政策的决策者都会更加审慎，商业银行由于对经济衰退的预期，也会采取紧缩的信贷政策以应对经济危机下的金融危机的出现。然而，美国次贷危机导致了全球金融危机，这是源于过度的金融创新所引发的金融危机，其传导路径从金融领域延伸到实体经济，导致了全球的经济衰退。这场金融危机与实体经济危机所导致的金融危机有天壤之别，因此从危机开始，美国就采取了大力度的财政政策和货币政策，轮番救治。

本轮金融危机，对于中国而言，直接损失以千亿元计算，间接损失高达上万亿元。其中，金融领域受到的冲击远远小于实体经济的受损。恰恰是受到影响较小的金融能够帮助实体经济提振信心，避免实体经济所遭受损失的扩大。因为改革中的中国金融真正具备了拯救实体经济的资本，需要的就是决策者对形势的准确判断和过人的胆识及决策勇气。这些都离不开观念的更新和经营理念的创新，也就是要逆周期发展金融，以风险治理风险，以发展化解风险。

信贷高增长支撑经济

2008 年，受全球金融危机影响，中国国内生产总值的增速由第三季度的 9% 下降到第四季度的 6.5%，下降幅度之快历史罕见。国家紧急出台 4 万亿元刺激经济计划，特别是确定了国家财政拟出资 1.18 万亿元。

就在欧美等银行业面对经济衰退，金融被流动性紧缩的阴霾所笼罩时，我国的银行业实施了适度宽松的货币政策，半年时间里共新增贷款超过 6 万亿元，这一数字是 2007 年全年的 1.2 倍。

我国银行信贷成为稳定和支撑经济的核心力量。2009 年前 4 个月，在国家财政已经落实了 2 300 亿元资金投放背景下，我国的商业银行积极支持国家经济刺激计划，前 3 个月信贷新增 4.58 万亿元，由此使得 2009 年第一季度我国国内生产总值增速达到 6.1%，使得我国经济增长率下滑得到快速遏制。

资本过剩是贷款余额超过国内生产总值的根源

2009 年 4 月末，我国金融机构各项贷款余额达到 35.55 亿元，这与近年来主要商业银行完成了改制上市，并获得了巨额的资本补充密切相关。我国上市银行资本充足率均达到国际先进银行的平均水平，充足的资本为信贷支持经济提供了保障。

中国银行业贷款余额占国内生产总值的比重超过了 100%，这是一个具有标志性意义的数据。值得关注的是，我国商业银行贷款投放仍有继续增加的空间。我国商业银行储蓄总额已经达到 53 万亿元，仍然有 17 万亿元的存贷差以及 1.6 万多亿元的超额存款准备金。存贷比为 67%，低于 1991—1994 年 100% 以上的水平以及 1995—1998 年 90% 以上的水平。

笔者注意到，发达国家的融资渠道各有不同，美国、英国、日本的银行体系贷款余额占国内生产总值的比重都不到 100%，德国的银行资产占国内生产总值的比重却达到 150%，与美、英等国家相比，德国凭借外向型企业、稳健的间接融资和直接融资比例，成为应对国际金融危机较好的国家。

信贷大幅增长对实体经济拉动的后续作用还将进一步体现，局部的资产泡沫对于经济持续复苏的影响，当银行贷款余额超过国内生产总值 120% 后，实体经济如何消化巨额的贷款利息成本，在银行贷款余额远超过国内生产总值的新形势下，金融对实体经济意味着什么，银行贷款对保增长具有怎样的作用，信贷背后存在哪些隐忧，如何更好地让金融对经济作出贡献的同时，在下一轮经济周期中得到可持续发展，等等，都将是我们面对的金融如何促进中国经济科学发展的重要命题。

（原文发表于《华夏时报》2009 年 5 月 22 日，原文略有修改）

二调准备金率彰显宏观调控科学决策

全国"两会"刚刚结束，中国人民银行决定自 2008 年 3 月 25 日起上调存款类金融机构人民币存款准备金率 0.5 个百分点，这是继 2008 年 1 月 25 日上调存款准备金率 0.5 个百分点后的再度上调。本次调整后，银行法定存款准备金率将上调至 15.5%。

2008 年 2 月末，我国居民消费价格指数高达 8.7%，美国次贷危机导致的全球金融危机还在蔓延，外有次贷危机的冲击，内有通货膨胀加剧的隐患，面对内忧外患、复杂多变的国内国际经济金融环境，我国政府优先采用了存款准备金率上调的措施，而没有采取基准利率上调的措施，是为了更好地执行从紧的货币政策，继续加强银行体系流动性管理，引导货币信贷合理增长，同时能更有效地避免成本推动型通货膨胀的进一步加剧。笔者认为，此举是落实科学发展观进行宏观调控的重要手段，二调存款准备金率彰显了新一届政府在宏观调控方面作出了科学的决策。

本次存款准备金率的上调，主要原因在于以下三个方面：

首先，当前我国信贷增速仍然过快。尽管 2007 年中央银行已经 6 次加息、10 次上调存款准备金率，并采取了公开市场操作甚至严厉的窗口指导，但是 2008 年年初我国金融机构信贷增速仍屡创新高，2008 年 2 月末，金融机构本外币各项贷款余额达到 29.05 万亿元，同比增长 17.05%。1~2 月人民币各项贷款增加 10 492 亿元，同比多增了 692 亿元。仅前两个月信贷扩张数字就已经达到了金融机构 2008 年全年信贷增长目标的 1/3，可见贷款扩张的压力仍然很大。因此，中国人民银行此次上调存款准备金率的目的就是要进一步收紧银根，严控信贷的进一步过快增长。

其次，必须加快收紧银根，遏制流动性泛滥。由于外汇储备过快增长和商业银行密集上市造成的信贷扩张过快导致的流动性过剩必须尽快得到抑制，为此国家确立了 2008 年从紧的货币政策。我国金融机构人民币各项存款余额已经达到 40.49 万亿元，本次上调存款准备金率 0.5 个百分点，将使银行业金融机构的法定存款准备金增加 2 024.5 亿元，银行体系的流动性相应减少 2 000 多亿元。

最后，通过政策作用进一步强化紧缩的预期。2008 年 1 月以来，时隔两个月，中国人民银行再度上调存款准备金率，意在向市场发出进一步紧缩流动性、严控信贷的强烈信号，也表达了中国人民银行坚决响应中央经济工作会议"双防"的决心，实施从紧货币政策志在必得，以快节奏来强化预期，利于后续调控。

据测算，为了有效抑制由于外汇储备过快增长和商业银行密集上市造成信贷扩张导致的流动性过剩，短期内金融机构存款准备金率必须上调到 18% 以上，而且必须同时加强中央银行有效的窗口指导和计划指令，才能避免由于货币和金融体系对实体经济体系产生的重大冲击，所引致的不可避免的恶性通货膨胀的到来。宏观调控的首要任务是货币调控，而货币政策调控只有从存款准备金率和资本调控等本源上调控，宏观调控的目标才能真正实现。

值得注意的是，本次上调存款准备金率仍然没有采用差别化准备金率，因此调整对所有商业银行的影响是一致的。但对于资本充足率偏低和吸收存款能力偏弱的商业银行来讲，存款准备金率的本次调整及此后的继续调整，将使该类银行面临经营上的更大挑战。事实上，上调存款准备金率对所有商业银行本年度业绩增长预期都会产生重大影响，如 2008 年银行法定存款准备金率持续上调，若上调目标至 18%，由此将影响银行业净利润增长约 2 个百分点，即 2008 年我国商业银行业净利润增长将下调 2 个百分点。

利润增长面对更加严峻的挑战，因此商业银行应审时度势，下大力气提高经营管理水平，加快业务转型，寻找新的利润增长点，更好地实现可持续发展。

（成文于 2008 年 3 月 20 日，对二调准备金率撰写的时评）

银行赢利渠道变窄，亟须寻找利润增长点

2008 年是商业银行最具挑战性的一年。受美国次贷危机的影响，全球流动性将发生根本变化，我国的货币政策也将进一步从紧。因此，当前有七大因素将直接影响到商业银行的经营，使之利润增长乏力，商业银行经营面临新的挑战。

第一，存款准备金利率还将提高。目前，金融机构存款准备金率为 15%，已经达到近 20 年的最高水平，但是由于"资本爆炸"产生的冲击波所引致的流动性过剩因素仍没有得到根本改变，通货膨胀仍将持续加剧，而对冲流动性最安全、最有效的方法仍然是提高金融机构存款准备金率。按照测算，为了更好地消化货币体系流动性，避免助推通货膨胀，当前金融机构存款准备金率应该在 18% 以上。因此，2008 年存款准备金利率上调不会停歇。可以预见的是，商业银行近 18% 的存款准备金将被中央银行冻结，而存款准备金上存中央银行的利率水平又不足以维系其资金来源的成本，由此近 18% 的资金利润贡献不足为济。

第二，银行有效的可用资金将减少。由于史无前例的高存款准备金率时代的到来，商业银行可用的负债将减少到不足 80%。同时，由于资本市场的快速发展，投资渠道不断多元化，储蓄分流将进一步加剧，存款增长必然受到影响。因此，商业银行的可运用资金也会递减。传统商业银行的以规模效益和高利差为核心的主营业务利润将受到影响，利润增长将减缓。

第三，高收益产品匮乏，投资收益将降低。受美国次贷危机的影响，遭受损失的商业银行会吸取教训提高警惕，规避或减少对境内外高收益债券的投资。一方面，银行贷款受到规模限制，富余了更多的可投资头寸；另一方面，商业银行却因高收益产品的匮乏和风险防范的考量而使投资更加谨慎。因此，商业银行依托投资取得更多利润的可能性将大大降低。

第四，贷款所取得的收益将受到压抑。2008 年贷款投放增长将降低，一方面是受到中央银行窗口指导的贷款规模限制，全年贷款总量增长将放缓；另一方面是由于新的按季或按月度投放控制的要求，将改变商业银行传统的"早投放、早收益"的获得更多贷款收益的老做法。因此，商业银行依靠贷款取得更多利润将受到压抑。

第五，银行理财产品的收入增长不容乐观。尽管 2007 年众多商业银行因为发行或代销理财产品取得了可观的收入，理财产品也成为商业银行中间业务新的利润

增长点，但伴随资本市场的平稳、货币政策的紧缩以及监管部门对理财创新产品监管政策的陆续出台，特别是基于银行信贷资产的理财产品等终将被纳入中央银行货币统计口径等因素，银行理财产品的发行和代理销售的增长不容乐观。因此，商业银行依赖理财产品取得利润高增长的预期也不容乐观。

第六，基金代销的利润贡献增长将放缓。股票市场经历了快速上涨的时期，将回到科学发展之路，股指期货推出后，投资风险增加，股市震荡难免。同时，基金投资从火热趋向理性。打新股等新产品由于市场同类产品的增多、申购资金的富余使该品种产品取得的收益显著降低。因此，商业银行期望以基金代销持续获得中间业务利润更高增长的预期将降低。

第七，基准利率面临调整，存贷款利差趋于缩小。2008 年 1 月，我国居民消费价格指数同比上涨 7.1%，创下 1997 年以来的月度新高，中国人民银行或将加息的猜测不绝于耳。然而，当前流动性过剩等因素尚没根本改变，如果同时提高存贷款利率，必将又助推成本推动型通货膨胀，对宏观调控不利。因此，存款加息幅度更可能大于贷款加息幅度，从而将导致银行的利差进一步缩小。

面对上述经营形势的新变化，为做好 2008 年银行的经营管理，商业银行应对挑战的首要措施就是寻找新的利润增长点。寻找新的利润增长点，应着重从以下四个方面狠下功夫：

第一，加快产品创新，从产品上寻找新的利润增长点，包括加大力度对现有产品进行更新换代，同时也包括对新形势下市场需求的潜在产品进行快速的产品创新和业务创新，如做好商业银行业务与投资银行业务的组合创新，尽快找到具有独特优势的高端业务产品，以此提升银行的经营利润水平。

第二，着重提高议价能力，在原有业务上寻找利润增长点。从紧的货币政策以及高企的金融机构存款准备金率的局面的延续会大大降低非上市银行和中小银行的信贷扩张，因此优质和高端的客户信贷需求必然寻求大型商业银行的资金支持，此时正是大型商业银行推动利率市场化的绝好时机。因此，商业银行要在做好信贷结构调整的同时，着力提高议价能力，以此从传统业务上找到利润增长点。

第三，做好对外投资，寻求投资的利润增长点。商业银行要从战略角度做好投资安排，从短期、中期、长期的投资安排出发，抓住有利时机探索债券承销、资产证券化、持股、控股、并购等业务，获取投资收益。

第四，从提高经营和管理水平上狠下功夫，寻找利润增长点。商业银行要理顺管理流程，不断提高精细化管理能力，以管理带动经营，提高经营管理水平，从经营管理上取得利润增长。

总之，商业银行要千方百计地寻找利润增长点，以对冲上述七大因素对商业银行利润增长的影响。

（成文于 2008 年 2 月 25 日，分析研究过去一年商业银行的经营影响，撰写此文）

组合政策再出，银行经营面临新挑战

自 2007 年 7 月 21 日起，中国人民银行再次上调了金融机构人民币存贷款基准利率。金融机构一年期存款基准利率上调 0.27 个百分点，由现行的 3.06% 提高到 3.33%；一年期贷款基准利率上调 0.27 个百分点，由现行的 6.57% 提高到 6.84%；其他各档次存贷款基准利率也相应调整。个人住房公积金贷款利率相应上调 0.09 个百分点。同时国务院决定，自 2007 年 8 月 15 日起，我国居民储蓄存款利息所得的个人所得税适用税率由现行的 20% 调减为 5%。

我们注意到，本次出台的组合式宏观调控政策具有三大特点：一是存贷款利率同步上调，银行存贷款利息差没有发生变化；二是五年来首度提高活期存款利率，上调活期存款利率 9 个基点，由 0.72% 上升至 0.81%，这是自 2002 年 2 月以来活期存款利率的首度上调；三是减税增利，将储蓄存款利息所得个人所得税的适用税率由现行的 20% 调减为 5%。值得注意的是，本次调整是 2007 年的第 3 次加息，也是自 2004 年 10 月 29 日以来基准利率的第 6 次上调，本次调整后的基准利率水平已经达到了 1998 年的水平。

事实上，从 2007 年上半年国家统计部门公布的数据看，国内生产总值增速仍然较高，投资及信贷发放持续在高位发展，物价指数持续提升，上半年达到 3.2%，6 月更是达到了 4.4% 的新高，实际上这一通货膨胀水平为基准利率提升提供了空间。

因此，对我国宏观经济来讲，本次利税政策的调整，有利于巩固国家宏观调控的成果，为发展速度偏快的中国经济 "降温"；有利于抑制长期贷款需求和固定资产投资的过快增长，避免资金推动型通货膨胀进一步加剧；有利于缓解人民币升值，降低由于人民币过快升值带来的出口影响；有利于引导货币信贷和投资的合理增长；有利于调节和稳定通货膨胀预期，维护物价总水平的基本稳定。

对商业银行而言，此次组合政策调整，存贷款利差没变，这对商业银行盈利没有产生直接的负面影响，而储蓄存款利息所得个人所得税的适用税率由现行的 20% 调减为 5%，使得存款人一年期定期存款利息所得由 2.448% 上升为 3.164%，相当于存款利息收益提高了 29.23%，再加上 2007 年以来国家宏观调控措施效果的逐渐兑现，主要经济指标将向好，会促使商业银行储蓄回流，商业银行吸收存款的效应将再次显现。由于我国中长期贷款利率水平已经走出低谷，特别是个人住房贷款利率已经处于比较高的水平，加之目前利率又处于上升通道，基于市场判断，不排除个人住房贷款出现提前还贷潮，从而影响到商业银行的资产负债获利安排。因此，本次宏观调控政策的出台，尽管会给商业银行带来优化存贷款结构、增大获利空间、提高经营利润等诸多益处，但本次加息会使商业银行的经营管理面临新的挑战。

特别是当前我国宏观经济调控是以防止经济冷热不均的矛盾为主，宏观调控的第一要务就是平抑经济结构性过热，因此调控措施还会继续。值得我们关注的是，2007 年以来，央行 5 度提高准备金率，3 度提高存贷款基准利率，加上降低利息所得税等诸多宏观政策的累计作用，对商业银行的经营将会产生巨大影响。从一般经验看，每项宏观调控政策从出台到作用显现都会有一定的时间滞后，当累计的滞后作用叠加，调控政策的效果又将被放大。

由此，在 2007 年下半年，流动性过剩等诸多经济现象将发生重大变化。无疑，这些因素的影响必然成为商业银行关注的重中之重。商业银行一定要很好地把握当前经济运行的规律性，从规律当中确定银行定位、原则和基点，做好银行自身的经营管理，促进国家经济的发展，更好地服务社会。

（成文于 2007 年 7 月 24 日，跟踪研究央行组合政策，撰写此文）

组合政策影响深远，经营面临新的挑战

为了加强银行体系的流动性管理，引导货币信贷和投资合理增长，保持物价水平基本稳定，中国人民银行推出了组合式调控措施——存款准备金率、基准利率、汇率同时调整。此次调整"三率齐动"体现了央行保持宏观经济稳定、防止经济走向过热的决心，对当前我国宏观经济走向具有重要意义。但同时我们也应看到，这种组合式政策调整将对商业银行的经营管理产生深远影响。

准备金利率如期调整，业务规模及收益受到影响

央行继 2007 年 1 月 15 日本年首次上调、2 月 25 日二度上调、4 月 16 日三度上调、5 月 15 日四度上调，6 月 5 日起将再次上调存款准备金率 0.5 个百分点，上调后存款准备金率达到 11.5%，这也是 1998 年以来的最高水平。

出于对经济发展、金融开放和银行上市等重要因素的考量，本次调整恰如其分。我国存款类金融机构人民币存款准备金率还将持续上调，合理水平为 13% 以上。这种调整主要是基于当前我国流动性过剩已经成为货币、信贷和资本市场的主旋律这一事实。导致流动性过剩的主要原因是始于 2001 年中国加入世界贸易组织，特别是 2003 年后的国有商业银行改制上市，交通银行、建设银行、中国银行、工商银行、兴业银行等首次公开募股后银行资本得到补充，短期内巨额的银行资本金补充成为本次流动性过剩的关键"引信"，而人民币持续升值及加入世界贸易组织后的贸易顺差又助推了这一流动性过剩。

科学地治理流动性过剩，持续上调存款准备金率是最具直接效果的重要手段，既治标又治本。如果构成流动性过剩的根本因素没有改变，2007 年我国流动性过剩仍将继续加剧并在短期内仍不会停歇，调控也将不会停止。因此，商业银行应做好充分的准备，采取措施加快转型，扩大业务规模，适时对冲存款准备金率上调对经营规模及收益实现的影响。

利率受制通货膨胀被动调整，利差对主营利润产生影响

2007 年第一季度，我国国内生产总值增幅达到 11.1%，3 月居民消费价格指数上涨了 3.3%，虽然 4 月居民消费价格指数环比涨幅下降了 0.3 个百分点，但仍触及政府提出的全年 3% 的通货膨胀警戒线。从投资看，2007 年 1~4 月，固定资产投资增速比 2006 年同期增长 25.5%，增速较一季度回升。从信贷看，2007 年 4 月贷款

重回快车道，同比多增了 1 058 亿元。从货币供应看，2007 年 4 月广义货币增长 17.1%，继续高于央行此前设定的 16% 的水平。

此次利率调整是自 2004 年 10 月 29 日以来基准利率的第五次上调。与以往不同，此次利率调整具有两大特点：一是存贷款利率非同步上调，银行利息差首度缩小，存贷款利息差降低了 0.09 个百分点；二是长期利率上调幅度大于短期，一年期存款基准利率由 2.79% 提高到 3.06%，一年期贷款基准利率由 6.39% 提高到 6.57%，五年期存款利率由 4.41% 调整为 4.95%，五年以上贷款基准利率由 7.11% 调整为 7.20%。

无疑，这样的调整有利于巩固国家宏观调控的成果，为过热的中国经济降温；有利于抑制长期贷款需求和固定资产投资的过快增长，避免资金推动型通货膨胀的加剧；有利于缓解人民币升值，降低由于人民币过快升值带来的股份制上市银行汇兑损失的增加；间接有利于商业银行优化存贷款结构，提高经营管理水平从而提高利润。与此同时，我们也应注意到，商业银行主营业务获利空间变小，综合化经营管理面临更为紧迫的形势和新的经营挑战。

汇率波动沿汇改路径稳步推进，外汇业务获得发展空间

此次汇率波动幅度的调整，体现了我国人民币汇率改革的原则：以我为主，自主决定。中国人民银行根据国内外经济金融形势，以市场供求为基础，参考一篮子货币汇率变动，维护人民币汇率的正常浮动，保持人民币汇率在合理、均衡水平上的基本稳定。此次合理范围波动幅度的调整，有利于促进国际收支基本平衡，有利于维护宏观经济和金融市场的稳定，同时进一步扩大了美元兑人民币交易区间弹性，对下一步深化外汇改革具有重要意义。

对于商业银行而言，汇率波动幅度的增加，也为外汇买卖及理财业务提供了更大的可操作空间。

商业银行应加快业务转型步伐，有效应对组合政策调整的影响

商业银行应加大创新力度，尽快做好业务和产品盈利模式转型，加快收入结构的调整，不断提高经营管理水平，提高资金使用效率，以此对冲由于此次组合式政策调控对经营所产生的重要影响。

一是要积极应对利润实现受到的影响。我国商业银行高度依赖存贷款利差收益，而利差的降低将直接影响银行预期利润的实现。因此，商业银行只有通过主动做大中间业务才能对冲这种影响，更好地完成商业银行本年度的预期利润。

二是要积极应对客户争夺。加息的利率杠杆作用会抑制社会总需求扩张势头，从而抑制投资的信贷扩张。因此，符合国家宏观调控政策及产业政策的好项目也就成为众多银行竞争的焦点，客户争夺必将成为新一轮商业银行竞争的核心。同时，我们注意到，由于外资银行已加入国内银行业的竞争行列，外资银行以其多元化产品、资金实力和技术服务效率等方面的优势，使得我国银行业的客户争夺更加激烈。优质客户的稳定和争夺势必成为有效规避政策调整风险的措施。

三是要积极应对不良贷款的反弹。此次基准利率提高是在过去连续 11 年 9 次降息之后，3 年内第 5 度加息，可以肯定的是加息周期已经形成。从历史经验看，伴随着通货膨胀后加息周期的出现，银行不良贷款也将上升。因此，我们要高度关注我国宏观经济进一步的走势，关注进一步的利率调整及银行资产质量变化，及时采取有效措施防止不良贷款的反弹。

　　（成文于 2007 年 5 月 24 日，写作背景是跟踪研究政策变化对商业银行的影响）

《外资银行管理条例》对我国银行业的影响

　　根据世界贸易组织的相关协议，2006年以后我国取消所有对外资银行的所有权、经营权的限制，包括所有制的限制，允许外资银行向中国客户提供人民币业务服务，给予外资银行国民待遇。

　　2006年11月15日，国务院出台了修订后的《外资银行管理条例》（以下简称《条例》），《条例》于2006年12月11日正式生效。《条例》所体现的种种优惠条件不仅仅是中国对加入世界贸易组织承诺的兑现，更是中国为进一步全面开放而向国际社会做出的高姿态。《条例》的出台对中国金融业具有重要的里程碑意义。

　　我们注意到，截至2006年9月末，中国已向外资银行开放了全面外汇业务及25个城市的对中资、外资企业的人民币业务，即人民币批发业务。在华外资银行本外币资产总额达到1 051亿美元，占中国银行业金融机构总资产的1.9%；在华外资银行存款总额达到334亿美元，贷款余额为549亿美元。2006年12月11日全面开放外资银行业务后，外资银行机构数量将会进一步明显增加，业务品种范围和经营地域也将不断扩大。本土银行、外资银行将同台竞技，这将推动本土银行进一步改进服务质量、推进产品创新，我国将出现本土银行和外资银行新的竞争局面。

　　解读《条例》，我们认为，未来外资银行在华业务格局将发生较大的变化。例如，现有业务量较大、客户数量众多、盈利情况良好的外资银行，必然会选择在华设立法人银行。设立独立的法人银行后的外资银行将接受中国的法律监管，与中资银行在监管上并无差异，除了满足注册资本金、资本充足率、单个客户贷款上限等风险管理要求外，将接受监管部门一系列的现场及非现场检查。此外，其过去所享受的15%的所得税税率也将统一调整为30%的中资银行税率标准。外资银行在中国设立分行，因为承担民事法律责任的依然是其国外的总行，因此其业务受到相应的约束，如其只能吸收中国境内公民每笔不少于100万元的定期存款等。

　　值得我们注意的是，外资银行在取得人民币经营权后，短期内不会建立庞大的机构网点体系，会更多地注重网络银行的建设，并利用其资本优势和自身的经营管理经验，通过并购等方式进入我国商业银行体系以降低成本，提高在华竞争力。届时，我国银行、外资银行不仅在传统业务上展开日趋激烈的竞争，还将会在中间业务，如结算、代理、个人理财业务等方面进行竞争。在批发业务方面，外资银行将利用其高超的产品创新能力、良好的市场营销能力和先进的资金运营管理能力抢占市场。外资银行对公司客户的争夺将从优质的外资公司扩展到优质的中资公司，零售业务的客户争夺仍将主要集中于诚信度较高的高端优质客户。

《条例》实施后，尤其应值得我们高度关注的是，随着未来竞争的加剧，外资银行必将用有限的资源更多地投入到对优质客户的争夺中，加强其银行经营管理人员的本土化建设。因此，外资银行对中国的在职优质金融高端管理人才及业务人才的争夺必将展开。

（成文于 2006 年 11 月 28 日，写作背景是《外资银行管理条例》出台）

三调准备金率实时对冲流动性过剩

中国人民银行决定从 2006 年 11 月 15 日起上调存款类金融机构人民币存款准备金率 0.5 个百分点,这是央行 2006 年年内第三次上调存款准备金率,也是自 2003 年以来第五次提高金融机构存款准备金率。此次上调后,金融机构存款准备金率达到 9%。

我们看到,2006 年以来,中国人民银行综合运用多种货币政策工具,如两度提高存贷款利率、三度提高存款准备金率,通过大力回收银行体系流动性,实现了宏观调控的货币目标。此次存款准备金率的上调,笔者认为主要是基于当前国际收支顺差矛盾仍较突出,工商银行的成功上市带来了银行体系新的过剩流动性,为了对冲短期的流动性变化,中国人民银行再次提高金融机构的存款准备金率,以此巩固流动性调控成效。

我们知道,中国工商银行于 2006 年 10 月 27 日成功同步登陆上海 A 股市场和香港 H 股市场,在 A 股和 H 股两个资本市场共筹集资金约 1 528 亿元,融资额创下了全球首次公开募股历史新高。我国金融机构并没有因一系列的宏观调控措施而资金匮乏,相反流动性过剩仍然是我国货币市场和信贷市场的主旋律。在此背景下,对于中国大型商业银行,工商银行的发行和上市所产生的对市场流动性的影响与变化及其可能带来的传导效应,值得我们高度关注。

存款准备金率的实时对冲,体现了中央银行调控货币政策的及时和准确。自 2005 年下半年以来,交通银行、建设银行以及中国银行相继上市后,各家银行的资本充足率得到显著提高,这使得我国金融体系流动性产生了实质性的过剩。为了对冲这种过剩,中国人民银行 2006 年相继两次提高金融机构存款准备金率,准备金率由原来的 7.5% 提高到了 8.5%。可以说,这两次调整在一定程度上缓解了上述三家大型商业银行信贷的过快增长,对宏观调控发挥了重要的货币调控作用。

工商银行成功上市,募集资金多达 1 528 亿元,由此将使该行资本充足率提高近 5 个百分点,此举将通过货币乘数和传导效应,增加银行体系的资金流动多达 2 万亿元。因此,笔者认为,应对流动性过剩"引信"的工商银行上市,中央银行采取提高存款准备金率的措施予以对冲正当其时并恰如其分,以此来化解流动性过剩的加剧,直接避免了对宏观经济健康发展的影响。这一调整将会实时有效地对冲由于多家大型商业银行上市资本充足后所带来的资金流动性过剩的时滞影响,并将缓解我国国有银行跨越式发展所产生的进一步流动性过剩的危机，进而巩固国家宏观调控的有效性。

仍值得我们关注的是，存款准备金率上调后，各家商业银行对客户的争夺在所难免。我们注意到，伴随工商银行成功上市，国有商业银行改制上市的竞争调整期也将告一段落，随之而来的将是新一轮的银行竞争。国有上市银行将通过有效的公司治理、积极的产品创新开展新一轮的竞争；外资银行将通过准入门槛的降低，大力推动已成熟的舶来品开展新一轮竞争；各家银行将通过国内金融全面开放后的混业经营等有利条件开展新一轮的竞争，因此商业银行的竞争将更加白热化。此次金融机构存款准备金率的普遍上调，对前期上市及未上市的商业银行必将构成一定的抑制，传统商业银行的竞争将更加剧烈。商业银行竞争主要是以银行产品竞争为主的客户争夺。

（成文于 2006 年 11 月 9 日，对三调准备金率撰写的时评）

获利空间增大，经营面临挑战

2006年8月19日，中国人民银行对金融机构存贷款基准利率进行了调整。此次基准利率调整是自2004年10月29日以来第三次提高利率，此次利率调整具有三大特点：存贷款利率同时上调、长期利率上调幅度大于短期利率上调幅度、扩大了个人房贷优惠利率幅度。

此次加息，金融机构一年期存款基准利率由2.25%提高到2.52%；一年期贷款基准利率由5.85%提高到6.12%。五年期存款利率由3.60%调整为4.14%。贷款基准利率五年以上由6.39%调整为6.84%。值得注意的是，在加息的同时，中国人民银行还调整了商业银行商业性个人住房贷款利率的下限，由贷款基准利率的0.9倍扩大为0.85倍，而其他商业性贷款利率下限保持0.9倍不变。

无疑，此次利率调整有利于巩固国家宏观调控的成果，为过热的中国经济降温；有利于抑制长期贷款需求和固定资产投资的过快增长，避免资金推动型通货膨胀的加剧；有利于优化商业银行存贷款结构，提高商业银行的经营利润；有利于缓解人民币升值压力，减少由于人民币过快升值带来的股份制上市银行汇兑损失。同时，我们注意到，此次加息使商业银行经营管理面临新的挑战。

挑战一：商业银行债券投资预期收益的降低，将影响银行预期利润的实现。我国商业银行大都持有大量的债券，作为为数不多的投资品种，巨额的债券投资，由于价格的降低会影响投资收益，由此会降低银行的投资利润。此次加息特别是长期利率上调幅度大于短期利率上调幅度，使得银行持有的长期债券价格会明显降低，而且由于市场对长期利率走势仍抱有进一步的预期，因此可能的债券收益将进一步降低，这将极大地影响到大量持有债券的商业银行的本年及下一年度的投资收益，进而影响到商业银行的预期利润。

挑战二：由于流动性紧缩，商业银行会进一步加紧银行的客户争夺，使得同业竞争更为激烈。笔者认为，此次加息的利率杠杆作用会抑制社会总需求扩张势头，从而抑制投资的信贷扩张。因此，符合国家宏观调控政策及产业政策的好项目也就成为众多银行竞争的焦点，客户争夺必将成为新一轮商业银行竞争的核心。与此同时，我们注意到，伴随中国加入世界贸易组织与"金融开放元年"的到来，外资银行也已经加入国内银行业的竞争行列之中，外资银行以其多元化产品、资金实力和技术服务效率等方面的优势，将使得国内银行业的客户争夺更加激烈。

挑战三：进一步的紧缩会加剧不良贷款的反弹，影响商业银行的资产质量。我们注意到，此次提高基准利率是在过去连续 11 年 9 次降息后的 2 年内第 3 度加息，可以肯定的是降息周期的拐点已经确立，新的一轮加息周期已经到来。从历史的经验看，伴随着通货膨胀的加息周期的出现，银行不良贷款上升的周期也将显现。因此，我们要高度关注我国宏观经济走势，关注进一步的利率调整及银行资产质量，及时采取有效措施防止不良贷款的反弹。

（成文于 2006 年 8 月 24 日，对利率调整的分析）

商业银行应备战"专项资产管理计划"

所谓专项资产管理计划，是指由信托公司、投资银行、资产管理公司或商业银行等作为计划的管理人和推广机构，通过私募或公募的形式筹集一定数量的资金，专项用于特定资产或收益为保证的用途而设立的资产管理计划。专项资产管理计划是一种新型的企业直接融资模式。

2005 年 9 月，中国证监会批准的第一只专项资产管理计划——"中国联通CDMA 网络租赁费收益计划"转让，标志着一种叫做专项资产管理计划的金融创新业务产品诞生。

专项资产管理计划的实质是发行资产支持证券

专项资产管理计划的实质是发行资产支持证券。笔者认为，中金公司试点推出的专项资产管理计划的创新，实质上是资产证券化在我国的首次实践。该产品事实上是根据国际上相关证券业务的基本原理，基于特定目的、针对特定投资目标设立的资产管理计划，属于专项资产管理业务性质。按照我国《证券公司客户资产管理业务试行办法》的规定，通过设立综合性集合资产管理计划可以办理专项资产管理业务。因此，专项资产管理计划产品的创新是选择了国外成熟市场上适合中国国情的产品，也是国际证券业务在国内监管框架下的实际应用。

不难看出，专项资产管理计划是资产证券化的一个变种。这一创新产品的推出对健全我国资本市场体系、丰富证券投资品种、建立以市场为主导的金融产品创新机制、加大风险较低的固定收益类证券产品的开发力度、为投资者提供储蓄替代型证券投资品种等都具有重要意义。专项资产管理计划的设立方案，尤其是其中的固定收益性质和大宗交易安排，适应了投资者的投资需求，开创了新的直接融资渠道，充分体现了行业和市场的自主创新精神。

直接融资将快速发展

我们注意到，继 2005 年 5 月中国人民银行创新推出了企业短期融资券业务，8 月中国证监会再次批准专项资产管理计划的试点，年内首批试点的国家开发银行信贷资产证券化及中国建设银行住房贷款证券化产品将发行上市。我国通过货币市场、证券市场的金融产品创新，加大了直接融资的力度。

2005 年 10 月，约 700 亿元、30 余只企业短期融资券发行，这一企业短期融资渠道已得到市场各方的认可和好评。尽管短期融资券发行大都是大型优质企业，有消息说央行正在考虑允许符合产业政策和发行条件的优质中小企业进入短期债券市场。从本质上看，与企业债券存在着天然联系的企业短期融资券的成功运作，也已为企业债券的进一步发展提供了可供借鉴的经验。企业短期融资券在 2005 年发行规模将达到 1 000 亿元。

据媒体披露，多个专项资产管理计划将在 2005 年陆续登上券商业务舞台，数只具有资产证券化性质的专项资产管理计划已上报监管部门进行审核论证，其中部分券商的专项理财计划已经获得批准，预计不久即将正式推向市场。即将推出的专项理财计划流动性较强，并且因为认购门槛较低会有非常大的市场空间。由此，国家扶持企业直接融资快速发展的举措，力度可见一斑。据有关媒体报道，修改已至第三稿的《企业债券管理条例》即将出台，并且企业债券发行门槛将大大降低，这将使我国企业的融资渠道产生重大突破，商业银行的传统信贷业务将面临巨大挑战。

值得我们注意的是，在国家政策的指导下，我国直接融资比例不断加大，不断创新的融资模式必将分流商业银行的信贷资产，商业银行存、贷、结的传统经营模式面临挑战，银行盈利模式必须重新调整。

商业银行应准备"操刀"

通过专项理财计划，试点的投资银行作为计划的管理人和推广机构获得2%~3%的佣金收入以及3%的常年管理费收入。资产管理计划规模是 50 亿元，那么投资银行的收入就达到 1 亿~1.5 亿元，常年管理费收入近 1 500 万元，效益可观。

因此，为了应对大力发展直接融资新形势的挑战，商业银行应及时调整传统经营思路，加大金融产品的创新力度。一方面，商业银行要大力发展中间业务，努力拓展如资产托管、财务顾问等业务；另一方面，商业银行要积极参与直接融资创新产品的承销，用创新的投资银行业务产品，保持商业银行在客户和传统信贷业务上的优势，避免或减少直接融资和金融产品创新对商业银行传统业务的替代作用，降低新业务的冲击和经营风险，提高获利能力。

商业银行迎接金融创新的挑战应积极准备好对新业务的"操刀"。首先，商业银行应转变观念，积极创新经营理念，加大对混业经营金融产品的创新力度。其次，商业银行要加强金融工程及投资银行人才的投入和培养，努力打造一批具有直接融资（公募和私募）丰富经验和创新能力的承销人才队伍，以优秀的人才队伍参与创新产品的市场竞争。最后，商业银行要让激励机制真正成为保障商业银行在金融同业中具有突出竞争力的源泉。

（成文于 2005 年 10 月 27 日，对商业银行新产品进行系统研究而撰写此文）

物流银行：中小企业银行融资新突破

　　融资难问题一直是制约中小企业发展的瓶颈，也是商业银行着力研究的重要课题。日前，一项金融创新取得突破性进展——物流银行质押贷款业务应运而生。银行资金与企业的物流有机结合，成为破解大多数中小企业因缺少固定资产而出现的融资难、担保难问题的良方。

　　2004年6月，广东发展银行在佛山分行首家试点推出物流银行。两个月后，国家发改委和广东发展银行在广州举行中小企业融资创新产品推介会，会议宣布以解决中小企业贷款难为宗旨的物流银行将在广州和杭州等全国10个城市试点推广。其间，国家发改委中小企业司官员表示，将在10个城市试点的基础上向全国推进此项创新融资业务。据了解，广东很多城市都已经开办物流银行，此项业务比较青睐于一些产品销售比较稳定，而且在全国都有很多经销网络的大型企业和批发市场。

　　物流银行的全称是物流银行质押贷款业务，是指企业以市场畅销、价格波动幅度小、处于正常贸易流转状态而且符合要求的产品抵押作为授信条件，运用物流公司的物流信息管理系统，将银行的资金流与企业的物流进行结合，向公司提供融资、结算等银行服务于一体的银行综合服务业务。物流银行打破了固定资产抵押贷款的传统思维，创新引用物流（动产）质押解决民营企业的融资难问题。

　　传统的企业向银行贷款，一般是以房子、车子等固定资产来抵押的，而物流银行除了能以这些抵押以外，还可以拿流动的东西如原材料、产成品等来抵押。这一类动产原材料一般包括钢材、有色金属、棉纱类、石油类等，而成品则包括家电产品、陶瓷产品、家具产品等。只要符合质押品标准的原材料或产成品都可以进行质押。因此，不仅企业通过物流银行有效地解决了资金问题，经销商保证能把钱拿到，银行也可以通过物流公司的信息平台把资金流、信息流和物流统一起来，达到一个银行、生产方、经销商、物流监管方四方共赢的局面。这样企业能够把动产都盘活，原来拿来购买原材料的钱，经生产、销售后才能变成现金；现在原材料买回来后通过融资在仓库内就能立刻变成现金。如果把这笔现金再拿去做其他的流动用途，便能增加资金的流转率，这对企业生产有很大的推动作用。例如，佛山的家电、布匹、原材料、钢材和塑料等市场中有一大批竞争力强、产品在市场上比较畅销、价格比较稳定的生产企业，这些企业的特性都是物流银行选择的方向。

　　试点开办物流银行的银行，以市场畅销且价格波动小的物流产品质押为授信条件，并运用较强实力的物流公司的物流信息管理系统，将银行资金流和企业物流有机结合后向中小企业客户提供多项银行综合服务业务。银行还与国家发改委及各级中小企业局建立了试点城市的中小企业信息库，制定中小企业信用评价指标体系和融资准入标准。

　　值得关注的是，在物流银行，运输过程也可以被质押。不只如此，物流银行还把以前"动产"在量和质上面都有一个提升，比如厂方发给经销商的货物，运输过程中整个都被质押了。这样公司、厂方、银行甚至经销商这几方都有效地结合起来，形成动态的质押方式，等于一个"流动银行"。举一个例子，一家小型商贸 A 企业，在 21 天的销售周期内销售 75 万元的商品。采用物流银行融资模式后，A 企业用 60 万元作为保证金开出 200 万元的银行承兑汇票向厂商购买商品，厂商将商品发至银行指定的物流公司在 A 企业所在城市的仓库，并由物流公司负责质押监管。A 企业在银行存入 15 万元的补充保证金后，银行计算发货量，当天通知物流公司将商品发至 A 企业进行销售。如此，A 企业用 37 天便完成了按原销售模式约 56 天才能达到的 200 万元的销售规模，销售额扩大了近 50%。

　　物流银行质押贷款业务为中小企业带来了融资和发展双便利，也将为商业银行带来更大的市场和利润回报。

　　　　　　　　（成文于 2004 年 9 月 2 日，研究物流银行的发展而撰写此文）

存款准备金率上调对商业银行影响几何

存款准备金是指金融机构为保证客户提取存款和资金清算需要而准备的在中央银行的存款，中央银行要求的存款准备金占其存款总额的比例就是存款准备金率。中央银行通过调整存款准备金率，可以影响金融机构的信贷扩张能力，从而间接调控货币供应量。

在我国，作为央行可以利用的三大政策法宝之一，存款准备金制度是在 1984 年建立起来的。近 20 年来，存款准备金率经历了 6 次调整。1998 年以来，随着货币政策由直接调控向间接调控转化，我国存款准备金制度不断得到完善。根据宏观调控的需要，存款准备金率进行过两次调整，一次是 1998 年 3 月存款准备金率由 13% 下调到 8%，另一次是 1999 年 11 月存款准备金率由 8% 下调到 6%。

2003 年 8 月 23 日，中国人民银行发布消息称，经国务院批准，中国人民银行决定从 2003 年 9 月 21 日起，提高存款准备金率 1 个百分点，即存款准备金率由现行的 6% 调高至 7%。

此次调整是 1999 年 11 月存款准备金率调整以来时隔 4 年后的再次调整。此次央行上调存款准备金率后，商业银行 1 500 亿元的超额准备金将被冻结。

据中国人民银行发布的消息，2003 年前 7 个月，我国货币信贷增长明显偏快，为了防止货币信贷总量过快增长，保持稳定的货币、金融环境，中国人民银行作出了这一调整。尽管中国人民银行作出将根据实际合理需求，适当安排增加再贷款和再贴现，保持货币信贷的稳定增长，将继续督促商业银行及其他金融机构改善金融服务，保证符合国家产业政策导向的企业和居民的合理资金需求得到满足等承诺，但是中国人民银行上调存款准备金率仍然会直接影响基础货币的扩张乘数，引发货币信贷规模的变化，进而对商业银行的经营产生一定的影响。

第一，影响商业银行的利润水平。对商业银行而言，存款准备金率上调意味着银行要增加存放在央行的准备金金额，这将直接导致其可以用于发放贷款的资金减少。由于商业银行具有创造信用的功能，因此商业银行实际减少的可以用来创造利润的资金数额将比增加的准备金数额成倍放大。

从我国商业银行的经营方式及获利能力来看，主要利润来源仍然是通过发放贷款来赚取利息收入。商业银行法定存款准备金率为 1.89%，而中国人民银行再贷款利率为 3.24%，央行票据年利率约为 2.30%，贷款一年期利率为 5.31%，这三项与准备金率的利差分别为 1.35%、0.41%、3.42%。增加存款准备金率 1 个百分点，就意味着被冻结的 1 500 亿元超额准备金会减少利差收入 51.30 亿元。与此同时，商业银行存款的综合筹资成本大于 2.0%，银行上存存款准备金还需要倒贴部分利息支出，补贴息差支出达 2 亿元。因此，仅此一项就使商业银行减少了 53.30 亿元的利润收入。

此外，目的在于调整商业银行贷款投向的《中国人民银行关于进一步加强房地产信贷业管理的通知》中有关房地产信贷政策的变化，将使得各家商业银行固有的贷款盈利渠道又受到一定的限制。截至 2003 年 4 月底，全国房地产贷款余额达 18 357 亿元，占商业银行各项贷款余额的 17.6%。房地产贷款收入是商业银行重要的利润来源，对大多数商业银行来讲，上调存款准备金率和控制房地产信贷等政策效用叠加后，对各商业银行整体业绩将产生一定的负面影响。因此，2003 年下半年各商业银行的业绩必然会低于原先的预期。

第二，促进商业银行提高资金管理水平。商业银行的新增存款中可用资金比例比原来降低 1 个百分点后，在资金来源制约资金运用的自我约束管理体制下，将促使各商业银行更重视存款工作，以达到进一步增强资金实力的目的。商业银行一方面要缴纳更多的存款准备金，另一方面又必须向央行借入再贷款或回购央行票据来弥补信贷资金缺口，增加了再贷款或票据的利息支出。从流动性的角度看，国有商业银行本身流动性比较充足，具有很强的吸收流动性的能力，国有商业银行是国债、政策性金融债、中央银行票据的主要持有者，通过出售或回购可以及时满足流动性的需求，最后当出现解决不了的问题时，还可以从中央银行取得再贷款。因此，此次准备金率的上调将在客观上促使各商业银行有意识地灵活使用各种资金运用渠道，提高资金调拨和使用的效率，促进资金管理水平的提升。

第三，促进商业银行优化资产结构，有效减少不良贷款。根据货币乘数理论，货币供应量为基础货币与货币乘数之积，而法定存款准备金率是决定乘数大小进而决定派生存款倍增能力的重要因素之一，派生存款和货币供应量对法定存款准备金率的弹性系数很大，准备金率的微小变化将会导致货币供应量的大幅度增加或减少。商业银行创造货币信用主要靠贷款的发放进行，此次政策调整将使商业银行更加审慎地发放贷款，在同业拆借市场更加审慎地运作，以确保满足自身的流动性需求。由于我国商业银行分工越来越模糊，对资金需求越来越具有趋同性，当一家商业银行资金偏紧时，其他商业银行资金往往也会偏紧。全社会的流动性收紧的结果是今后几个月商业银行将更加谨慎地发放贷款，从而导致贷款增幅出现明显回落。同时，部分商业银行出售债券还将改变商业银行现有的资产结构。从长期看，由于新增贷款减少，贷款投向会更加审慎，新增不良贷款也将有所减少。依靠快速发放贷款、放大分母来降低不良贷款率的做法将失灵。因此，存款准备金率上调后，商业银行更应在不良贷款的存量上下功夫，进行盘活、清收、重组，以降低不良贷款的比例。

（成文于 2003 年 8 月 29 日，写作背景是央行上调了商业银行存款准备金率）

贷款增长细评说

中国人民银行发布的 2003 年第一季度金融运行报告显示，2003 年第一季度，我国主要金融指标变化明显，金融机构信贷投放同比增长 19.5%，全部金融机构各项贷款（含外资机构）的增幅是 1997 年 4 月以来最高的。

2003 年 3 月末，全部金融机构本外币各项贷款余额为 14.8 万亿元，同比增长 19.5%。第一季度贷款累计增加 8 513 亿元，同比多增加 5 022 亿元。人民币各项贷款余额为 13.9 万亿元，同比增长 19.9%，增幅比 2002 年年末提高 3.9 个百分点。1~3 月贷款累计增加 8 082 亿元，同比多增加 4 758 亿元。金融机构外汇贷款余额为 1 079 亿美元，同比增长 12.6%，第一季度增加 52 亿美元，同比多增加 30 亿美元。

2003 年以来，我国金融机构的信贷投放正以前所未有的速度在增加。其原因何在？同时，快速增长的金融机构贷款对当前我国货币和宏观经济有哪些潜在影响？这些都是值得人们关注的问题。

金融机构贷款的快速增长与国家经济的高速发展相辅相成

金融形势的喜人变化，显示货币政策的进一步放松将带来国民经济的加速发展。央行统计资料显示，2003 年第一季度贷款大量增加的同时，金融运行的显著变化表现为货币供应量快速增长、存款增长迅猛、人民币汇率保持稳定。其中，货币供应量的快速增长尤为引人注意。总体来看，当前货币资金供应充足有余。

货币资金供应充足有余意味着企业和居民可以通过更低的成本来获得资金。企业更容易获得贷款，将加速生产；居民更多地获得贷款，则可以提前实现消费。两方面叠加在一起，将循环刺激经济发展提速。来自国家统计局的资料显示，2003 年第一季度固定资产投资强劲增长，同比增长 27%左右；进出口增长迅猛，同比增长超过 40%。甚至有权威专家还预言，2003 年第一季度中国国内生产总值的增速将达到 10%左右。尤其具有标志意义的是 2003 年 3 月商品零售物价上涨了 0.2%，这是连续 15 个月以来零售物价指数首次由负转正。

银行贷款的快速增长是商业银行发展和解决改革中存在矛盾的重要手段

中国加入世界贸易组织后，内外资商业银行的竞争更加激烈，各商业银行之间的竞争导致市场规模的不断扩张。前两年商业银行为了降低新老不良资产，一度出现"惜贷"现象。伴随着市场竞争和银行发展战略的调整，国有银行信贷体制改革到位后，银行将根据效益增加值评价绩效。由于目前中国的银行业务收入80%来自传统存贷业务，因此以国有商业银行为代表的各家银行都在加大营销力度，过去手里的项目储备一抓到手中，马上就放贷，加快了贷款增长。加之经济发展促使企业对银行信贷资金需求旺盛，从而加快了银行贷款的发放。

金融机构贷款快速增长中也蕴涵一些值得我们注意的问题

一是要关注信贷资金快速增长潜藏的对商业银行的风险。当前资金充足，内需不足且监管力度不够，多余资金的走向尤其值得关注。我们注意到，2003年4月9日以来，深沪股市一改2001年7月以来的跌势，在资金推动下连续多个交易日放量上涨，以长安汽车为代表的热门股在280%的涨幅的前提下，仍有上升动力，股市一遍红火。我们很难预测有多少信贷资金以所谓的"企业自有资金"的形式进入其中，从而给银行资产带来潜在的风险。

二是要防止某些行业出现投资过热。例如，商业流通领域积压的产品价值已高达4万亿元，刺激消费显得更为重要。我们知道，当消费品零售总额与货币供应产生同步变化时，才意味着经济真正出现了转折。因此，金融机构贷款增长拉动经济有效增长的效果还需观察。

三是要提防银行贷款中信用扩张泡沫的加剧。我们注意到，在19.5%的贷款增长中，票据贴现业务的大幅增长起了相当大的作用。在商业银行中，票据贴现业务纳入贷款管理，贴现余额属于贷款余额范畴。我们不难发现，票据贴现余额增长迅速，成为拉动2003年第一季度贷款增长的重要因素。尤其值得关注的是，票据贴现市场中存在一定数量的非100%保证金开票的情况，如一些商业银行30%保证金开具全额银行汇票，使企业在银行间利用信用成倍扩张，从而套取贴现银行的资金。事实上，蕴藏在贷款增长中的这一部分能够扩大实体经济信用的泡沫已经显现。

（成文于2003年4月29日，对金融统计数据发布后的深入思考，形成此文）

贷款五级分类对商业银行影响重大

2001 年 12 月 19 日，中国人民银行发布《中国人民银行关于全面推行贷款质量五级分类管理的通知》。贷款五级分类的实施，有利于银行及时发现贷款发放后出现的问题，并迅速采取措施，提高信贷资产质量。另外，按照五级分类办法，银行应根据分类结果提取贷款损失准备金，以加强银行信贷的抗风险能力，提高经营管理水平。此项政策的出台表明，中国银行业已步入与国际运行同规则、同标准、同考核的指标体系，迈出了与国际接轨的重要一步。一方面，银行按照国际通行的做法和标准，对贷款质量进行五级分类披露，有利于提高银行自身素质，在金融业对外开放进程中更好地参与国际竞争和合作；另一方面，长期以来，我国银行一直采用"一逾两呆"分类方法对贷款质量进行监督和评估，五级分类的全面推行将给银行经营效益带来重大挑战。

提取损失准备金大幅增加

全面推行贷款五级分类管理，要求商业银行在提取普通准备金以外，另据每笔分类贷款之损失程度，逐笔提取相应的专项准备金。央行规定，关注、次级、可疑、损失类贷款的对应提取比率分别为 2%、20%、50% 和 100%；其中，次级和可疑类贷款损失准备金的提取比率可依损失程度上下浮动 20%。

我国商业银行的准备金主要包括贷款准备金和投资风险准备金。贷款准备金又分为两部分：一部分用于核销贷款本金损失，称为呆账准备金；另一部分用于核销贷款利息损失，称为坏账准备金。投资风险准备金则用于核销投资损失。与此相对应，五级分类管理的准备金通常只包括一般准备金和特殊准备金两种。其中，一般准备金实质上是体现商业银行总体抗风险能力的一种储备，不用来直接核销贷款或债券投资之损失。

值得注意的是，按照原来银行呆账准备金的提取和核销制度，我国银行提取的呆账准备金与贷款实际存在的损失相差甚远。五级分类办法实施后，提取的损失准备金会明显上升。可以预见，银行很可能因准备金比例提高而影响其财务年度利润目标的完成。

不良贷款率显著上升

我国银行于 1998 年引入五级分类办法试点，从过去三年试运行的实际结果看，五级分类的不良贷款比率较"一逾两呆"有所上升。这反映了五级分类办法的客观性和我国银行业贷款质量的现状,也反映了政府、监管层和商业银行正视现实、解决不良贷款问题的决心与信心。不过,在正式实施五级分类办法的初期,我国银行的不良贷款余额和不良贷款率会因考核指标的变化而显著上升。业界对此应做好心理准备。

短期利润水平受到影响

五级分类办法实施后,银行原来不计算在"不良贷款"内的债权,现在必须明确地划分到"关注""次级""可疑"或"损失"类中,导致银行利润下降;提取损失准备金的增加分流了利润,银行业绩将因此在短期内受到影响。

综上所述,尽管从长远看,贷款五级分类有利于银行的稳健发展,但未来1~3年内,势必给国内部分银行带来经营困难,甚至会有一些银行出现暂时的利润下降乃至亏损。有鉴于此,我们更应关注央行是否在推出具体实施细则时对中资银行贷款五级分类风险管理的准备金提取有一个过渡的时间表。

(成文于2002年1月28日,写作背景是《中国人民银行关于全面推行贷款质量五级分类管理的通知》发布)

居民外汇储蓄缘何快速增加

　　据中国人民银行公布的统计数据，2001 年 5 月，我国外汇存款继续快速增加。2001 年 5 月末，境内中资金融机构外汇各项存款余额达 1 346.7 亿美元，比 2000 年同期增长 21.2%。2001 年 1~5 月，外汇各项存款累计增加 59.1 亿美元。其中，5 月增加 28.2 亿美元，比 2000 年同期多增加 10.8 亿美元。企业外汇存款余额为 496.3 亿美元，比 2000 年同期增长 20.9%。2001 年 1~5 月，累计增加 34.3 亿美元，比 2000 年同期多增加 22.5 亿美元。其中，5 月当月增加 21.2 亿美元，比 2000 年同期多增加 17.7 亿美元。居民外汇储蓄存款余额 756.4 亿美元，比 2000 年同期增长 22.2%。2001 年 1~5 月，累计增加 23.1 亿美元。其中，5 月增加 10.8 亿美元。

　　我国外汇存款继续快速增加，其原因何在？笔者认为，B 股对境内居民开放是首要原因。2001 年 2 月 26 日，中国证监会和国家外汇管理局联合发布了《关于境内居民个人投资境内上市外资股若干问题的通知》，这一新政策的出台，使我国境内居民的个人外汇又增添了一个重要的投资渠道。同时，2 月 26 日至 6 月 1 日，国内商业银行外币存款业务面临了阶段性的挑战。

　　第一，B 股催生外汇买卖活跃和外汇储蓄存款回流。由于深沪两市 B 股交易分别采用的是港币和美元进行的，因此为了开立 B 股交易账户，居民个人投资者必须首先把外币资金变成相应的币种。B 股分流，一方面分流了银行存款，另一方面也使外汇交易和买卖成为 B 股资金的中转站和避风港。因此，从居民 B 股入市初期的 3 月和 4 月两个月看，外汇买卖非常活跃，而 5 月底 B 股的高位震荡走势也反过来影响了汇市和银行的储蓄存款。根据监测，5 月下单数量、成交量和外币储蓄存款的同比明显增加已经反映出 B 股放开催生外汇买卖活跃的迹象，国内的股市（B 股）与汇市的联动效应已经在商业银行出现。这一联动效应正是与国际资本市场接轨的一个重要方面和开端。

　　第二，B 股招致商业银行外币存款的增加。一方面，由于 B 股对境内居民开放是从 2 月 26 日起，而 2 月 26 日至 6 月 1 日，B 股对境内居民投资的开放只是在商业银行已有存款的账户和资金才能操作，2 月 26 日以后存入的资金在 6 月 1 日以后才能进入 B 股市场。这样商业银行活期存款、潜在的存款以及外汇买卖与 B 股申购和二级市场买卖的保证金在银行的存款等作为银行外汇储蓄的来源在不断增加。因此，从商业银行外币存款的走势来看，3~4 月分流趋强，而 5 月存款回流又持续增加。另一方面，各家商业银行在 B 股开放初期争相吸引各家经营 B 股的证券公司到商业银行开立保证金账户，并办理有关银行和证券之间的保证金划转业务，使股金在券商的保证金划转后仍停留在银行的券商账户内，作为商业银行的保证金存款余额，这也增加了银行外汇存款的统计余额。

第三，境外外汇流入是外汇储蓄存款增长的又一原因。在国际金融市场上，2001 年以来，以美国为代表的世界主要经济体经济走向衰退，为了缓解经济下滑，美欧等西方国家及时采取了宏观调控手段，纷纷连续调低银行利率水平，使得外汇资本在国际资本市场和货币市场上获利水平不断下降。同时，中国 B 股对境内居民投资的开放以及中国作为新兴资本市场的获利诱惑，使得境外外币通过资本转移进入我国，而且这种进入首先是反映在商业银行的储蓄存款账面上。

第四，我国经常项目下的外汇流动性增加也是外汇存款增长的原因。在该项目下，近年来我国居民的外币储蓄存款稳定增长。还有一个值得注意的原因就是，一年前我国外币存款利率处在比较高的位置，如美元一年期以上年利率都在 5.5% 以上，2001 年上半年正好是高利率时期储蓄存款的到期兑付期。因此，利息所得后的反存是商业银行外币储蓄存款增长的又一因素。

总之，由于上述诸多因素，我国 5 月的外汇储蓄呈现快速增长。我们也应看到，外汇储蓄的波动会引发商业银行存款、支付与经营风险。同时 B 股市场的走势和波动也会对商业银行存款产生较大的影响，商业银行更应关注货币乘数效应可能引起国家外汇储备统计上的困难和失真，更好地把握外汇资金的走向才能为我国资本市场的进一步开放和有效的外汇监管提供有力的支持。

（成文于 2001 年 7 月 13 日，关注居民外汇储蓄余额的增长而撰写此文）

以新产品研发增强银行的竞争力

现代企业的竞争越来越体现在研发能力上。从世界范围看，世界知名银行无不在研发方面投入巨大的人力物力。从国内情况看，各家银行纷纷把研发工作作为现阶段生存与可持续发展的重要条件。因此，强化产品研发管理、建立研发机制、夯实产品研发基础日渐成为国有商业银行实现以产品创新来赢得市场的金融产品研发的当务之急。

很多商业银行成立了市场研究与产品开发部门，正着手制定金融创新战略，进一步把金融创新列入银行的中心工作。研发工作应本着三个原则，即坚持从实际出发，采取正确的研究方法；新产品研发要坚持有所为，有所不为；充分调动网络高素质人才的积极性和创造性。因此，笔者认为应从三个方面狠下功夫，完善新产品研发管理。

产品研发要建立"三位一体"的研发模式

在当前市场研发体制下，商业银行应积极构建市场调研、产品开发、产品营销"三位一体"的金融产品创新研发模式，力图使新产品研发工作朝着规范化、科学化、标准化的方向发展。

首先，商业银行应从市场调研工作入手，加大新产品研究力度。为做好新产品创新工作，商业银行必须突破传统的"就产品研究产品"的思维局限，通过更好地了解市场、分析市场、把握市场，研究出名牌金融产品服务好市场。因此，商业银行应系统性地研究市场需求，夯实产品创新基础，利用科技和创新力量实现高质量的产品设计。

其次，商业银行应加大新产品开发管理，理顺新产品开发机制，强化三个阶段的管理。产品研发成败的关键在于管理，因此商业银行一方面要积极开展金融产品的研发工作，另一方面要建章建制建队伍，加强新产品开发管理工作。一要理顺新产品开发机制。新产品专家严格审批新产品立项、开发、验收等主要环节，使新产品管理工作进一步科学化、专家化。二要重点抓好新产品开发的三个关键阶段，即创新提案管理阶段、立项评审阶段、新产品评估阶段。在立项评审阶段，商业银行要组织新产品专家评审新产品立项的可行性，对新产品的经济可行性、市场可行性、政策可行性、技术可行性、风险可行性进行充分评估与论证，力争使新产品高起点、高效率开发。在新产品评估阶段，商业银行对推出的每一个重大新产品进行市场监测，了解客户反应，形成新产品市场监测报告，并及时报送银行领导及相关业务部门，加快市场意见的反馈速度，促进新产品不断改进完善，以提升顾客满意度。

最后，商业银行要牢固树立品牌意识，做好新产品市场营销工作。在实际工作中，商业银行要提出"产品营销就是产品二次开发"的口号，力争通过营销工作强化产品品牌知名度，为新产品创新工作画上一个完满的句号。同时，商业银行要加强品牌营销策划工作，加强产品推广，使产品营销工作更具准确性，使营销投入有的放矢，商业银行积极开展整合营销。在营销工作中，商业银行通过整合已有的各种产品，进一步巩固已有市场，挖掘潜在市场，规范新产品营销管理。

产品研发要依托有效的研发体制

第一，项目的立项应采用招投标制，项目的运作应采用项目经理制。项目的立项采用招投标制可以在招投标中明确项目开发的思路、可行性，并对投标人的研发能力进行评估，同时也可以为所立项目进行标准化运作和领导决策提供依据。项目的运作采用项目经理制可以在项目的立项初期明确责、权、利，通过对项目经理的考察和授权组成项目经理负责下的项目开发实施小组，项目经理对所立项项目负责，开发实施小组成员对项目经理负责，明确任务包干，责、权、利随任务走，从而充分调动科研人员的积极性，全面提高项目开发的效率和成功率。

第二，项目开发过程中应明确项目的职责，细化任务目标和任务时间情况，落实到具体人员。对于一个项目，项目经理是至关重要的，考察项目经理既要看其项目总体设计能力，又要看其细化任务的能力，即让每个科研人员知道每一步要去做什么、要怎样去做、应做到什么地步等。只有这样才能真正实现目标管理的有效结果。

产品研发要做好相应的机制保障

产品研发必须做好相应的保障，即完善项目考核、评估机制，明确项目开发中相应职责下的奖惩条例，充分调动每个人的积极性和主观能动性。当前产品研发工作的重点是做好基础性的工作，首要的就是从激励和约束机制入手，"两手抓，两手都要硬"，只有机制完善了，新产品研发和创新能力才能得到更好的发挥。

（成文于 2001 年 1 月 8 日，为研究商业银行产品及创新而撰写此文）

个人消费额度贷款缘何火爆

2000 年 10 月 9 日，中国建设银行在北京召开了中国建设银行个人消费额度贷款暨北京市分行个人消费额度贷款新闻发布会。从这一天起，北京市分行在所属的朝阳支行与长安支行正式开办了个人消费额度贷款业务，同时该分行也开始了对该项业务进行有针对性的市场监测与产品跟踪工作。开办第一周的情况表明：市场需求火爆、客户类别显现、产品供应谨慎、市场前景乐观。

咨询者数量大增，贷款客户类别显现

10 月 10 日，中国建设银行北京市分行朝阳支行接待直接来行咨询的人员 310 人，发放申请表 200 余份；10 月 11 日，朝阳支行接待前来咨询的人员超过 400 人；10 月 12 日仅一个上午，朝阳支行受理咨询就达到近 300 人。该支行个人金融部有限的办公空间挤满了前来咨询的群众。

由于建设银行此次推出的个人消费额度贷款是不指定用途的贷款，贷款最高额度达到 60 万元，贷款保证分为信用、抵押和质押，并可以综合保证，贷款还采用了可循环续贷方式，从而简化了再贷款的手续。经过分析，前来咨询人员和实际获得贷款人员呈现出三大类别：一是私营业主，约占总咨询人数的近 70%，实际发放的贷款中，私营业主所占比例也在 30%~40%（主要是因为当时建设银行对私营业主的放贷考核标准等同于一般自然人，并没有特殊的规定，朝阳支行对这一主要客户群也采取了较为谨慎的做法）。私营业主的贷款用途多以其生产性支出为目的，如作为经营周转金或扩大现有经营规模。二是以投资为贷款使用用途的人员。根据调查，这一群体的特征多为具有固定工作的上班族，其贷款的主要目的是进行股票、基金和保险等多用途的投资理财。三是用于纯个人消费的咨询者和贷款者。这一群体的客户对象比较分散，其贷款用途主要是教育消费、租（住）房消费、生活用品消费、医疗消费和旅游消费等。

市场火爆的主要原因

信用贷款额度高是此项贷款业务市场火爆的主要原因之一。2000 年 8 月 9 日，朝阳支行就曾试点开办了个人消费信用贷款，信用贷款最高额度在 5 万元以内，当时市场并没有出现火爆场面，而此次建设银行统一推出的个人消费额度贷款信用贷款最高额度达到了 60 万元，这一额度恰恰满足了上述三个贷款群体的需求。截至 10 月 16 日，朝阳支行已经发放个人消费额度贷款 90 笔，金额 700 万元，其中信用贷款 35 笔，金额 200 万元；抵押贷款 7 笔，金额 200 万元；质押贷款 48 笔，金额 300 万元。伴随个人消费额度贷款的推出，朝阳支行个人消费信贷的业务量呈现快速增长之势。

不指定用途是个人消费额度贷款市场火爆的又一主要原因。此次建设银行推出的个人消费额度贷款对贷款人的贷款资金用途和投向并没有严格限定。个人消费的指导性不影响贷款人对信贷资金的获得和投向，因此大大扩展了个人信贷的客户群体。

信用贷款是个人消费额度贷款市场火爆的最大的吸引力。信用贷款不需要抵押、质押、担保等保证，相对贷款办理的手续也较为简便，更受贷款人青睐。伴随着我国经济的发展和个人信用评估体系的建立，促使了更多个人越来越重视在银行以信贷的方式建立个人信誉。在已发放的个人消费贷款中，不乏只为建立个人信用而来银行借贷首次信用贷款的客户。

个人消费额度贷款市场火爆还由于贷款试点与经办行加大了宣传和管理力度。为更好地配合此次个人消费额度贷款的推出，建设银行北京市分行及时开通了 2951 和 95533 电话咨询，让客户不来银行就能了解到办理业务所需的各种程序，从而缓解了对朝阳支行客户经理的压力。另外，建设银行北京市分行还从业务管理和服务上下功夫，不断完善个人消费额度贷款业务，使这一新业务的开展更好地方便广大客户。

（成文于 2000 年 10 月 19 日，跟踪分析银行新产品的市场情况而撰写此文）

创新信贷管理思维，化解不良资产

为剥离四家国有商业银行原有信贷管理体制下长期积累的不良信贷资产，1999年国家相继成立了四家资产管理公司。从四家资产管理公司一年来的运作情况看，其正向银行体系外的资本市场发展，这就让我们注意到了以股票为核心的资本市场融资方式。换一个角度来讲，旧的不良资产剥离后，为避免新的商业银行不良资产的出现，国有商业银行必须考虑创新现有银行信贷管理经营思维，按照中国实际把商业银行的信贷经营工作做得更好。

企业股票融资和信贷融资的区别

第一，银行提供给企业的资金融通，对企业而言是它的外部债务，体现的是债权债务关系；而企业通过股票融资筹集的资金是企业的资本金，它反映的是财产所有权关系。

第二，信贷融资是企业的债务，企业必须在到期时或到期前按期还本付息，因而构成企业的财务负担；股票融资没有到期偿还的问题，投资者一旦购买股票就不能退股。

第三，对提供融资者而言，信贷融资是银行提供给企业的信用。银行提供的信贷资金不论数量多少，都没有参与企业经营管理的权利；而提供股票融资者可以成为企业的股东，能够参与企业的经营决策。

第四，从提供融资者的收益看，银行的收益是固定（或根据一定的标准浮动）的利息收入，无论企业经营好坏，企业都有义务支付应付的利息；而股票的收益通常是不固定的，它与企业的经营好坏有着密切的关系。

第五，在企业破产清算时，信贷融资和股票融资的清偿顺序不同，银行提供给企业的贷款，不论有无担保，都是对企业的债权，可以在股东之前取得清偿权。

第六，两种融资方式的不同体现在对投入者的考核上。对股票融资而言，投资者是股东，投资者对企业的考核方式和渠道是投资前期对企业的招股说明书的分析研究、对企业的实地考察、对一二级市场投入资金时机的考察；投资时操盘手进行投资操作投放资金；投资后对企业经营适时考察（包括日常动向、信息披露、中报和年报分析），根据企业经营与产品状况收回或继续投入资金，获得收益（或损失）。对信贷融资来讲，投资者是银行，银行对企业的考核方式和渠道是贷款前由企业申请，银行对企业财务与经营状况进行考核，对企业实地考察，进行信贷审批，发放贷款；贷中管理（主要是报表五级分类和少量的企业考察），收回贷款或续贷（包括不良和呆坏账的产生）；贷后风险管理，获得收益（或本息损失）。

在股票融资中，股东进行投资前要对投资的股票和企业进行深入细致的了解和分析，认为其具有明确的投资价值和充分规避风险的能力，才进行实际投资。可见，在管理观念和经营思维上，商业银行有必要借鉴股票投资者的经营思路和方式，从而化解银行新的信贷经营风险，提高信贷经营的实际收益。

对商业银行信贷资金投放考核的建议

第一，企业对银行的信息披露应当借鉴上市公司的做法。中国人民银行应当加强对企业信息披露的监管，就像证监会监督上市公司的信息披露一样加强贷款企业的信息披露。

第二，商业银行信贷审批人对企业的了解应当借鉴投资人对所投资行业的了解情况。大的投资券商利用其研究部门强大的行业研究能力，能够准确地把握某一上市企业在同行业中的情况，把握被投资对象的产品和获利能力，准确地预测企业的未来，从而有效降低投资风险。

第三，商业银行的信贷人员对企业的了解应当借鉴股东对企业的了解情况。投资股东可以通过上市公司的信息披露与股东大会了解企业的情况，及时调整对企业的投资。

第四，商业银行对企业贷款应当按照比例参与企业董事会管理。如果银行信贷资金占到企业的一定比例，银行有权参与企业的有关经营决策。

第五，商业银行信贷营销应当是主动的。在股票投资的资本市场，投资人是主动的，投资人始终是决定市场的主体。商业银行的信贷营销如果能够主动出击，不是企业找银行，而是银行瞄准企业进行优质客户的信贷营销，相信这样的营销本身就会降低银行信贷资产的投入风险。

总之，创新商业银行信贷管理经营的方式和思维，需要得到中国人民银行的政策支持以及企业的大力配合，而商业银行的考核体系则需要更系统化和科学化。

（成文于 2000 年 10 月 9 日，与尹婕合作撰写专题论文）

第四篇　把握经济

　　进入 21 世纪，中国经济进入新的发展阶段，正在从经济大国向经济强国迈进。与此同时，中国也正经历着"百年未有之大变局"，面临高质量发展、绿色发展和科学发展的不少新问题和矛盾。第四篇把握经济聚焦笔者 30 多年来跟踪研究世界经济及中国经济的发展，选取其中展现和总结中国经济在国际经济风云变幻中如何把握自身走势的研究，希望帮助读者更好地认识和把握经济发展规律，特别是掌握经济发展的原理。

地摊经济的高质量发展与创新金融支持

2020年全国"两会"后,"地摊经济"这一话题如火如荼,越来越多的地方地摊开摊、夜市营业,为新冠肺炎疫情常态化防控后复工复产、复商复市带来了新的气象。

如何认识和看待当下的地摊经济热?新地摊经济又将走向何方?其中蕴含了怎样的经济和金融创新服务机会?

新地摊经济恰逢其时,具有强大的发展潜力和空间

2020年5月28日,李克强总理在十三届全国人大三次会议回答记者提问时,点赞部分城市率先松绑地摊经济。无论是媒体报道还是各地动作,地摊经济都已被激活。

新冠肺炎疫情突袭让世界各国人民承受了前所未有的隔离和防控,我国新冠肺炎疫情防控开展得非常有效,疫情基本得到控制,复工复产、复商复市在常态化防控下恢复。适时推进地摊经济的健康发展,顺应了常态化疫情防控要求,可以更好地满足人民群众多元化的需求,也可以增加灵活就业,是当前做好"六保"、确保"六稳"的重要抓手。

其实,地摊经济是人民群众生活与生产并重很好的融合,对保障民生、促进就业、刺激居民消费、恢复经济具有重要的和积极促进的作用。但是当前更好地发展好新地摊经济,仍需政府和市场监管部门在优化"放、管、服"上再多下一些功夫,从而更好地以新地摊经济加快经济社会复苏、繁荣城市活力。

新地摊经济的生命力在于时代性和高质量发展

新地摊经济和传统的地摊经济有什么区别?地摊经济究竟是什么经济?新地摊经济又能走多远?

从历史上看,地摊经济是中国人的发明,有几千年的历史了。地摊经济其实是市场经济的雏形,市场经济最早就是来自地摊经济,从地摊到集市,再发展到市场。

研究地摊经济,我们能发现它具有"三低一高"的特点。所谓"三低",一是地摊经济门槛较低,无需门店,无需房租,无需从业者学历、知识、技能,薄利多

销，无税收压力等；二是经营风险低，摊主的经营规模都不大，即便是买卖不好，也可以及时调整方向；三是地摊的商品多为生活日用品，价格普遍较低，但聚摊成市丰富了商品的供给品种和层次。所谓"一高"，就是高效率，买卖双方都便利，提高了商品交易和流通的高效性。因此，地摊经济的特点决定了其既是低收入人群的日常消费需求，也可以成为人们创业、就业、做买卖的起步形式，地摊经济对就业、创业和改善民生都有非常积极的促进作用。

那么，眼下的地摊经济复苏为什么应叫新地摊经济呢？因为传统的地摊市场存在诸多问题，这些问题的存在导致其在城市化进程中被边缘化甚至一度被摒弃和替代，勉强能存在的地摊或流动地摊还成为城管工作的重点。

今非昔比，在今天的数字化时代，地摊的买卖已经不再是传统的现金交易，而是通过电子支付和数字支付实现了。买卖双方的数字化，也就有了数字痕迹，便于追溯管理，包括产品的质量也包括供给和需求者的个人信息，未来都可作为买卖诚信体系的一部分，因此笔者强调的"新"首先就是指这一方面。

此外本轮国家所倡导的地摊经济是规范化和示范性的，政府政策上会进一步做好"放、管、服"。一是"放"，一些地方已经开始规划，在保障安全、不占用盲道和消防通道、不影响市容、不噪音扰民、不污染环境的前提下，甚至放宽了占道许可条件。二是"管"。各地强调依法依规管理，带有温情温度。三是"服"。市场监管者重点做好全面周到的服务。

有些地方已经做出了表率和样板，各地见贤思齐将陆续松绑地摊经济，更好地让百姓有"真金白银"的获得感，让居民有幸福感。所以说新地摊经济潜力巨大。正如李克强总理提到的："我们西部有个城市，按照当地的规范，设置了 3.6 万个流动商贩的摊位，结果一夜之间就有 10 万人就业。"

地摊经济、小店经济是就业岗位的重要来源，是人间的烟火，和那些"高大上"一样，是中国的生机。

新地摊经济如何高质量发展？

新地摊经济与高质量发展相结合才能走得更远，地摊经济的高质量，首先要有政策扶持，其次要科学规划，最后要克服不足。

新形势下，我国新地摊经济能够真正拉动经济发展。社会零售将发挥经济拉动作用。当前受世界经济下行影响而出口不振，经济复苏很大程度上要依靠内需拉动。小微企业、个体工商户正是为了满足内需进行生产，地摊经济又是个体经营户的重要组成部分，是增加内需、纾解民困、挽救疫情中的个体工商户的有力支撑。

新地摊经济在新冠肺炎疫情常态化防控背景下的经济重启中将发挥重要作用。据统计，中国目前的个体经营户超过 9 776.5 万户，个体经营户涉及就业 2.3 亿人，占中国全部劳动力人口的 28.8%。2018 年，个体经营户全年的营收总额约为 13.1 万亿元，相当于国内生产总值的 14.27%。全年发生交易 839 亿笔，一个形象化的理解是，平均每天每 6 个消费者就有 1 人与个体经营者发生交易。每个个体经营户平均对应 2.37 个从业人员。大力发展新地摊经济将会快速带动就业和基本生计。

金融应更好地创新支持好新地摊经济发展

如果新地摊经济获得大发展，金融机构在里面应如何积极发挥作用呢？

金融机构不仅要研究新地摊经济，还要积极创新金融服务，更好地做好对地摊经济的金融支持。

我们注意到，截至 2020 年 5 月 31 日，微信支付"小店"交易活跃度达到历史最大峰值，较 2020 年 1 月疫情严重期间，全国小商家数量增长 2.36 倍，交易笔数增长 5.1 倍。这说明支付结算等服务带来活跃，与此同时，金融机构尤其是商业银行要通过金融科技大数据和技术手段，更好地支持地摊经济发展。

举个例子，对于地摊经济这样的市场，银行可以进行小额信贷，如"建行快贷"等大数据产品创新，如不能创新突破，地摊经济只有微信、支付宝等扫描转账结算还是有局限的，也流失了银行的客户。

其实，地摊经济是金融服务的新蓝海，作为现代经济核心的金融，一定要发挥好普惠金融的作用，把普惠金融产品创新转向关注地摊买卖、地摊客户，甚至要建立地摊银行。

金融机构做好新地摊经济的金融支持，同时也要有人民情怀，做好政府的智库，帮助有关部门共同对地摊经济进行理性的规范、引导，合理打造地摊经济的"升级版"，即新地摊经济。让民众得实惠、个体赢商机、经济得发展、民生有保障，让新地摊经济走得更远。

（原文发表于《建学论剑》2020 年 6 月 11 日，原文略有修改）

掌握好标准，坚持高标准

从 2020 年 3 月 1 日到 4 月 4 日，我国共向主要新冠肺炎疫情国家出口防控物资 102 亿元。其中，口罩约 38.6 亿只，价值约 77.2 亿元。正值全球新冠肺炎疫情越演越烈之际，出口口罩体现了遵循人类命运共同体的理念和中国人民的大爱，为世界人民防疫做出了重要贡献，也体现了中国的制造力。从口罩的标准来看，各国不尽相同。全球新冠肺炎疫情当下，由于各国标准不同，对进出口贸易、捐助、使用等也会带来诸多问题，甚至是误解或偏见，应值得高度关注。

值得注意的是，像口罩一样，任何产品的标准和质量如同一个货币的两面，掌握好标准，坚持高标准，才能有高质量的好产品。对于中国来讲，打造高质量的中国制造、中国产品和中国标准，具有重要的现实意义。一个产品没有好的标准，就没有好的质量，就没有好的品牌度和赞誉度，也就不会有信用度和实现长久发展。

实际上，近年来党和国家越来越重视质量和标准问题。党的十九大报告首次把"质量第一""质量强国"写入其中，并且有 16 处提到"质量"。发展经济的着力点是"实体经济"，把"提高供给体系质量"作为主攻方向，必须坚持"质量第一、效益优先"两大原则，推动经济发展的三大变革，即"质量变革、效率变革、动力变革"，努力实现"更高质量、更有效率、更加公平、更可持续"的发展目标。习近平总书记多次明确提出要"把推动发展的立足点转到提高质量和效益上来"。2014 年 5 月，习近平总书记在河南考察工作时，就提出了质量领域著名的"三个转变"：推动中国制造向中国创造转变、中国速度向中国质量转变、中国产品向中国品牌转变。

当前，我国已成为世界第二大经济体、第一制造大国和建设大国，人均国内生产总值突破 1 万美元，我国正处在提质增效转型发展的关键时期。笔者认为，我们既要借鉴发达国家质量发展的成功经验，也要立足我国实际，只有从标准和质量这一根本出发点出发，才能从世界工厂到世界设计师，再到世界标准的打造者，走上一条高质量发展之路。因此，当前打造中国标准是大势所趋且正当其时。实现高质量发展，不仅要发展高标准还要高效率，必须加快形成质量标准相关指标、政策、标准、统计等体系，创建和完善与高质量发展相适应的制度环境等标准。中国质量不仅是微观的产品和服务的质量，也包含宏观效率的质量，同样会像中国速度一样，得到世界的赞誉，让中国成为质量强国，在更广的范围造福世界人民。

谈到中国标准的供给，首先是要服务中国制造和中国建设能力现代化大局。一方面，我国要积极完善标准体系各构成要素。我国要坚持高质量发展理念，推进质量强制性国家标准建设，加快急需领域国标行业标准编制，鼓励团体标准和企业标准规范发展。另一方面，我国要聚焦新兴重点领域标准研制，加快制定"新基建"领域应用的相关标准研制，强化标准引领，助力提升产业基础能力和产业链水平。与此同时，我国要加快提升金融标准国际化水平。我国要满足更高水平对外开放，与国际标准应形成对接、联动和通用，促进各环节双向开放。在标准编制环节，我国要鼓励内外资企业公平参与我国标准化工作，加快外资企业标准制定的进程，提高标准制定的科学性和透明度；深度参与国际标准治理与标准研制，提升我国在国际标准上的话语权和规则制定权。在标准实施上，我国要加大法治力度，积极推进中国标准的品牌建设。各行各业的企业都要重视质量体系认证，建立健全质量保证体系，做好与体系认证直接有关的各项工作。

总之，打造中国标准对高质量发展至关重要。当前我国应立足现实面向长远，加强中国标准建设，强化质量标准的法治意识，做到有法可依，有法必依，执法必严，违法必究。同时，我国要全面打造中国标准和建设质量强国，为实现中华民族伟大复兴的中国梦提供标准和质量支撑。我国要更好地树立中国制造、中国质量和中国标准的世界地位，提升中国的供给侧质量，为实体经济高质量发展注入高标准、高质量因素。高质量应成为中国发展和提升竞争力的重要指向，只有这样才能实现中国经济的高质量发展。

（原文刊发于《中国银行保险报》2020 年 4 月 16 日，原文略有修改）

应启动县域经济发展新引擎

　　2020 年的突发公共卫生事件——新冠肺炎疫情正在改变着世界，改变着经济全球化发展的结构、进程和路径。各国 2020 年第一季度宏观经济数据纷纷显示，经济增长已经失速。当下，我国的县域覆盖县、镇、乡和村，是我国经济发展的重要阵地，加快发展县域经济既是常态化发展的需要，也是我国经济高质量发展的需要，更是我国经济再次腾飞的现实选择。

　　对于幅员辽阔的中国来说，县域经济功能完备，统筹城乡涉及生产、流通、消费、分配各环节及一二三产业各部门，是我国国民经济的核心基础。可以说，县域经济的强弱直接影响着国民经济的兴衰。事实上，我国经济的常规发展经历了集中力量办大事、改革开放、加入世界贸易组织、融入经济全球化和产业链等高速发展阶段。贸易摩擦和新冠肺炎疫情，打破了原有中高速发展的常规路径依赖和模式，我国要避免经济不振和衰退，就必须找到一条经济可持续发展之路。新冠肺炎疫情背景下，超常规地培育和打造县域经济新的增长点，启动县域经济发展新引擎至关重要且是当务之急。

　　目前，我国有 2 860 多个县（含县级市），县域生活着大于 9 亿人，全国县域经济生产总值占国内生产总值的 50% 以上，也就是有 50 多万亿元。可以说县域经济体量大，涉及面广，可谓中国实体经济的根基。面对对外开放和新冠肺炎疫情影响，县域经济理应成为政策调整和发展的重点。因为县域经济是承上启下、沟通条块、连接城乡的枢纽，县域产业兼有农业与非农产业，是宏观和微观、城市和农村的结合部，是统筹城乡发展的关键载体。因此，县域经济的发展决定着中国经济的未来。

　　事实上，我国经济是在过去约 40 年城市化进程中，实现了第一次经济腾飞，一二线城市是发展的龙头和重点。新形势下，我国需要县域经济依托城镇化发展后来居上、补好短板，也就是要再用 10~20 年的时间，为县域经济发展补齐短板，实现我国经济的第二次腾飞。当下，启动县域经济发展引擎，大力发展县域经济，是因为县域具备了城镇化、工业化、信息化、农业现代化等诸多水到渠成的条件，县域具备了劳动、资本、土地、知识、技术、管理、数据等生产要素，只要通过区域、产业、财税、金融等政策驱动，就可以启动县域经济发展引擎，迎来中国经济的大发展和高质量发展。

进一步讲，县域经济发展具有巨大的投资、消费拉动空间。县域发展与新农村建设是一脉相承的。在发展中，两者之间有着紧密的联系，并且能有效拉动第一产业、第二产业和第三产业的发展，县域经济发展能够为新农村建设提供物质基础，优化升级农村产业结构，为农业发展带来新的科学技术和人力资源，为农村带来新的空间布局等。随着新农村建设的逐步展开，其能为县域经济提供新的发展空间，提供更多优质的人力资源与新的产业支撑等。

启动县域经济大发展，应大力发展农村工业或非农产业。县域经济发展的主要基础就是农村工业，农村工业在我国工业化进程中承担着重要角色。县域经济发展要以县域为核心，以村镇为重点，以新农村建设为抓手，以加工园区带动产业化建设；以点带面，星罗棋布，由东部地区向中部地区，再推向西部地区。县域经济发展需要一场重大改革，除了深化价格、财税、金融等领域的改革，深化收入分配制度改革，完善产权保护和知识产权保护的制度改革等以外，也应该特别注重准确地界定政府和市场的分工、完善干部政绩考核制度。我国应激发来自基层的动力，来自每家企业、每座城镇、每个农民、每个工人的动力。依靠县域人民的奋斗精神和创造性，县域经济必将迎来新的大发展和绿水青山的大好生态环境。

总之，"县域兴，则全国兴"，适时启动县域经济发展引擎是高质量发展的现实选择。通过加强体制机制改革，进一步推进扩权强县，繁荣县域经济，促进城乡协调发展，我们一定能迎来县域经济发展的春天，中国经济也将再次实现中高速和高质量发展。

（原文刊发于《中国银行保险报》2020年4月23日，4月24日被"学习强国"评论栏目转载，当日点击访问量超8万人次。原文略有修改）

发挥政策优势，对冲输入性风险

　　为了应对新冠肺炎疫情的蔓延，各个国家都在积极行动，不惜动用货币、财政、应急等政策，对冲疫情对本国经济增长造成的越来越大的风险。以美国为例，美国政策应急举措的目的在于缓解企业还债压力、降低市场流动性风险、满足家庭和企业信贷需求、规避实体经济衰退的风险。笔者认为，顶级货币或主要货币国家政策调整及金融市场的振荡，都会产生溢出和传导效应，我们需要高度关注的是政策的输入性风险，并作出预判和科学应对。

　　2020年3月，全球金融市场起伏动荡。在全球降息周期和低利率的大趋势下，一些国家央行将进一步跟随美联储调整，加速推进低利率进程。2020年以来，美联储两次降息，澳大利亚、日本、加拿大等多个发达经济体央行纷纷跟进。从全球央行来看，密集的降息、降准、量化宽松和流动性释放，带来资本市场对不确定性的进一步担忧，确认了新一轮宽松周期的到来。低利率、负利率和流动性宽松真能化解发达国家沉重的债务负担吗？财政货币政策发力，能否支撑起不确定的经济复苏？这些都将成为难解之题。然而，任何政策对冲都会有后遗症，因此这会令战略家和学者对未来全球经济产生焦虑。

　　值得一提的是，中美贸易依赖性和互补性仍较强，美元的货币与财政政策调整，势必会影响到人民币及中国经济的发展。进一步讲，美联储货币政策调整对中国经济和货币政策也将带来冲击与挑战，这需要从三个方面来把握。一是量化宽松的影响。美联储货币政策宽松导致美元疲软，中国经济面临大规模短期国际资本流入的风险。二是利差影响。中美利差进一步扩大，如果中国货币政策没有同步调整，人民币会带来升值预期。人民币资产价格上涨预期会吸引短期国际资本大举流入。短期国际资本的流入首先会导致中国外汇储备进一步累积，加大央行冲销压力。如果冲销不完全，短期国际资本流入会推高中国的通货膨胀或资产价格。三是未来的不确定性。资金的输入将使得中国经济面临显著的输入性通货膨胀压力。随着疫情防控进入常态化阶段，中国经济又将面临中长期的重要调整，如短期国际资本流动逆转，国际资本由流入变为流出，这可能导致人民币资产价格下跌的风险、人民币面临短期贬值压力以及外汇储备存量下降的风险。此外，美元走强或走弱也将对全球能源与大宗商品价格造成难以想象的巨大波动，并将影响到中国经济的通胀或通缩压力。

为了更好地应对外部政策急剧变化对中国经济造成的各种不利冲击，笔者建议应该采取有效的应对策略。首先，我国应通过进一步加强资本项目管制来应对短期国际资本流动的冲击。例如，外管局、海关与商务部加强联网核查，可以更准确地甄别通过贸易渠道转移定价流入的短期资本；外管局、商务部与商业银行加强联网核查，可以更好地跟踪外国直接投资（FDI）资本金与外债结汇后的真实流向。鉴于推进人民币国际化的需要，在当前环境下我国应该注意把握资本项目开放的节奏与风险。其次，我国应进一步增强人民币汇率形成机制的弹性，如果美元继续走弱，较快的人民币升值有助于改善中国的贸易条件，在一定程度上抑制输入性通胀的冲击。如果美元显著走强，人民币对美元汇率短期内显著贬值，我国应有效管控好波动，以更强的人民币汇率机制抑制短期国际资本流入和流出。

总之，时至 21 世纪 20 年代，全球化已发展得较为充分，尽管有疫情隔离、关税壁垒、贸易摩擦等情况发生，但短期内无法改变经济全球化和全球产业布局的大格局。新冠肺炎疫情引发了一些国家反思应恢复本国制造业，如制造口罩和防护服。应该看到的是，疫情是短期的，从规模经济和成本效益比来看，并不是每个国家都应或都能建设全产业链。经历几十年甚至上百年才形成的全球分工和产业链格局，加上新技术、原有产业持续升级等因素，短时间内难以根本改变。因此，全球财政和货币政策的传导效应是新冠肺炎疫情无法阻断的。特别值得一提的是，中国与美国及全球疫情的阶段不同，中国的货币和财政政策要科学研判，做好预期管理，避免输入性政策陷阱。我国应以恢复经济活力、促进经济增长治本之策出发，既不盲动，也不过于保守，统筹考虑，针对实际需要，立足长远，有效发挥政策优势对冲复杂风险。

（原文刊发于《中国银行保险报》2020 年 3 月 23 日，原文略有修改）

共享单车的法律规制及银行机遇研究

共享单车是新型共享经济的最具典型性的案例之一。对于商业银行来讲，正确认识和研究共享单车及共享经济具有重要的现实意义。共享单车行业发展的核心是法律规制问题，本文重点对共享单车的法律规制进行研究，以期对商业银行正确认识共享单车及共享经济的未来发展提供有益参考。

新经济模式下的共享单车

从金融角度来看，共享单车实质上是一种新型的依托开锁技术、利用交通工具投放进行租赁的业务，互联网共享单车主要依靠智能手机应用程序提供保证金加限时付费租赁使用自行车（单车）。由于使用人数众多，每辆共享单车会有数人甚至数十人提交押金，无形中形成了巨大的资金沉淀。2017 年，共享单车覆盖全国 200多个城市，投放量超过 2 500 万辆，已成为城市交通生态的重要一环。

共享单车的经营模式不同于传统的有桩自行车租赁模式，共享单车是一种新的自行车租赁模式，这直接决定了应区别对待互联网共享单车与此前以政府为主导的公共自行车租赁模式，进而涉及产权的调整、规制权力的分配以及权利义务关系等方面。共享单车的发展是以共享经济为背景的，是在政府所倡导的"互联网+"的政策背景下兴起的。全球范围内颇为流行的观点认为，共享经济的核心特征是利用过剩产能、建立平台共享和有影响力的人人参与。交通部印发的《关于鼓励和规范互联网租赁自行车发展的指导意见》（以下简称《指导意见》）中指出："互联网租赁自行车是移动互联网和租赁自行车融合发展的新型服务模式。"共享单车由于其符合低碳出行的理念、使用方便、成本较低、需求广泛的特点，对解决居民出行"最后一公里"问题意义重大。同时，我们也应当看到，共享单车存在着诸多不确定性，这些不确定性将影响到共享单车的未来发展。

共享单车的法律规制现状

在法律规制逻辑上，是否规制及如何规制是两个不同层面的问题。市场竞争和自我规制具有优先性，政府规制并非行政法所提倡的首选规制方法，市场这一"无形的手"以及行业自律同样可以达到规制的目的。根据规制理论，政府介入规制应当分为社会性的情况和经济性的情况。经济性的情况是指自然垄断或市场失灵导致过度竞争情形的出现；社会性的情况是指不完全信息及涉及公共服务的领域。就经济性的情况而言，共享单车市场是否存在着过度竞争的问题而需要政府出面对共享单车的数量和价格予以管控。在行业协会无法发挥作用的情况下，对于共享单车的规制显然还要依赖于政府。关于如何规制，需要执法者对经济形势作出较好的判断，对规制后果具有较强的预见，同时也考验着执法者的智慧。

目前，针对共享单车运营中出现的种种问题，除了交通部发布的《指导意见》外，北京、杭州、上海、广州、深圳、济南、天津、海口、武汉、南京、成都等地纷纷出台了指导意见。各地的指导意见对共享单车的规范主要集中在以下几个方面：

第一，停放管理。共享单车乱停乱放给公共交通安全带来的问题经常能见诸报端。近日，北京一物业公司起诉摩拜公司，索赔100元停车管理费，是共享单车平台乱停乱放首次遭起诉的案件。对于共享单车乱停乱放问题，各地出台了不同的规制办法。《指导意见》指出，推广运用电子围栏等技术，综合采取经济惩罚、记入信用记录等措施进行规范。乱停乱放问题严重的且经过提醒仍不采取有效措施的运营平台应公开通报并限制其投放。《北京市鼓励规范发展共享自行车的指导意见（试行）》指出，区级政府要按照属地管理原则编制辖区停放规划，明确非机动车停放区域和禁停区域信息。大部分地区在指导意见中规范了共享单车的停放管理，而济南、成都交通管理部门出台了专门技术导则规范停放管理。从监督主体上来看，各地存在着不同。上海市规定的监督主体为各区政府，杭州市规定的监督主体为市城市管理部门，成都市规定的监督主体为公安交管部门等。各地指导意见均认为共享单车平台应当作为责任主体负责共享单车的停放管理，在技术手段上鼓励发展电子围栏等手段。

第二，押金管理。在共享经济模式中，共享单车的所有权属于提供这些资源的供应商，其提供资金购买单车、建立网络软件和平台、提供线下服务。以摩拜单车为例，其所有权就是属于北京摩拜科技有限公司，而个人作为单车的使用者，共享单车使用权。在共享单车租赁期间，单车的使用权和所有权相分离，使用者仅享有使用权而无所有权，共享单车平台与用户之间形成的是租赁关系，押金应视为担保性质，确保承租人能够按期归还租赁物，租赁关系的终止必然导致押金的担保性质终止，因此共享单车平台应及时返还押金。押金退费难的问题经常受到消费者的控诉。针对这一问题，《指导意见》明确规定："鼓励互联网租赁自行车运营企业采用免押金方式提供租赁服务。企业对用户收取押金、预付资金的，应严格区分企业自有资金和用户押金、预付资金，在企业注册地开立用户押金、预付资金专用账户，实施专款专用，接受监管，防控用户资金风险。企业应建立完善用户押金退还制度，积极推行'即租即押、即还即退'等模式。"以往，共享单车平台占用大量的用户押金，极容易引发非法集资及集资诈骗的问题，为防止共享单车平台经营者"跑路"引发的群体性事件，对押金予以必要的管理是有必要的。同时，我们也应当看到，运营平台企图利用押金组建"资金池"牟利，在这一监管政策下显然变得不可能，促使共享单车运营平台必须创造新的利润增长点。在严格的资金监管控制下，必有部分运营平台因为获利能力不足被市场淘汰。未来，"免押金租赁模式"将成为共享单车的主要方式。

第三，用户安全保障。针对共享单车所引发的用户骑行安全等问题，各地的指导意见中也出台了相关的保障措施。《指导意见》明确规定："运用生产许可、认证认可、监督抽查等手段，建立标准实施分类监督机制，促进标准落地。投放车辆应当符合有关技术标准规定……禁止向未满 12 岁的儿童提供服务……创新保险机制，为用户购买人身意外伤害险和第三者责任险，保障用户和其他人员人身安全。"在中央和地方的相关规范意见中，上海市自行车行业协会率先出台了行业标准，要求投入运营的共享单车的完好率应不低于 95%；故障车辆应在 48 小时内拖离故障现场；按照不低于投入车辆总数 0.5% 的比例配备维护人员，规定最为严格。

从现已出台的共享单车相关规定来看，以交通部出台的《指导意见》效力最高，应为行政法上的部门规章。各地所出台的指导意见从性质上看应该是规章以下的规范性文件，通常称为"有普遍约束力的决定、命令"。针对社会大众讨论热烈的骑行导致的人身伤害问题，我们认为共享单车理应受到《中华人民共和国道路交通安全法》与《中华人民共和国侵权责任法》等相关法律的规制。当骑行者出现人身伤害问题，若因共享单车自身产品缺陷导致人身伤害，则可以对运营企业提起侵权诉讼或违约诉讼，共享单车运营企业所规定的免责条款不能免除运营企业的责任。共享单车企业应该采取技术手段限制 12 岁以下儿童使用，若存在技术漏洞则应当根据过错情况承担责任，否则儿童骑行共享单车导致受伤，家长作为监护人首先需要承担责任。

共享单车为商业银行带来的发展机遇及法律建议

共享经济的发展已经成为大势所趋，建设银行作为传统大型国有商业银行，需要转变观念，顺应时代潮流，同时要保持理性，正视新业态发展背后的法律风险。商业银行加强研究与共享单车企业合作，共建金融生态圈，有助于拓展客户群，打造核心竞争力，创造新的业务增长点。建设银行应在《指导意见》的框架下，加强与共享单车平台的深度合作。

第一，开展资金存管业务合作。《指导意见》明确要求，为了保证用户的资金安全，企业需要区分自有资金、用户押金和预付资金，在企业注册地开立专用账户，防控用户资金风险。目前，虽然有部分企业实行免押金的租赁模式，但是大部分共享单车仍需要缴纳 99~299 元不等的押金。截至 2017 年 12 月底，共享单车国内用户规模达 2.21 亿人，占网民总数的 28.6%，用户规模半年增加 1.15 亿人，增长率达 108.5%，共享单车的押金及预付资金数额将达到数十亿元的资金沉淀。虽然现在的趋势是押金可以秒退，但充值不退，资金量仍十分巨大，存在资金被挪用的法律风险。按照《中华人民共和国物权法》和《中华人民共和国担保法》的相关规定，押金属于常见的"动产质权"，租赁服务收取押金的目的在于对双方租赁合同起到一定的担保作用。利用巨额资金沉淀所产生的利息收入成为共享单车平台营收的最重要途径。从法律角度来讲，根据民法理论，利息属于法定孳息应当归于资金所有人，即这种沉淀押金放在银行的利息应归属用户所有。因此，商业银行若开展此类业务，应明确商业银行作为存管人的权利义务。虽然目前并未出台针对共享单车存管银行的业务指引，但我们研究认为，共享单车平台沉淀的巨额押金类似第三方支付机构沉淀的巨额客户备付金，商业银行可以参照2017年2月23日银监会发布的《网络借贷资金存管业务指引》（以下简称《存管指引》）的规定。《存管指引》明确规定，商业银行作为存管人，开展网络借贷资金存管业务，不对网络借贷交易行为提供保证或担保，不承担借贷违约责任。在网络借贷资金存管业务中，除必要的披露及监管要求外，委托人不得用"存管人"做营销宣传。参照《存管指引》的规定，商业银行不对共享单车用户的交易提供担保和保证，不承担违约责任，共享单车平台不得利用商业银行进行营销宣传。目前，为了监管方便，跨地区存管没有被允许，运营平台应在企业注册地开立专用账户。据悉，摩拜单车已经同招商银行开展了合作关系，在《指导意见》出台后，共享单车平台公司必然会有存管需求，建设银行应及时对接龙头企业，取得合作先机。

第二，开展保险合作业务。《指导意见》明确规定，要创新保险机制，为用户购买人身意外伤害险和第三方责任险。根据《中华人民共和国侵权责任法》的规定，若共享单车平台公司对用户的人身伤害存在过错，则用户可以提起侵权诉讼或违约诉讼，共享单车所引发的骑行安全问题备受关注，也使得共享单车平台饱受诟病。建设银行集团的保险类子公司若大力发展共享单车的保险业务，将会取得较好的经济效益和社会效益。大量保险公司正在多维度挖掘共享单车的保险需求。根据法律规定，毁坏共享单车如果数额较大或有其他严重情节，就可能构成毁坏财物罪。偷盗共享单车达到刑法标准的可能构成盗窃罪。但是，追责困难无法使共享单车平台公司弥补损失，单车的损坏、被盗风险仍旧十分巨大。针对这类问题，建设银行可以大力发展旗下保险类子公司的保险业务，根据共享单车平台公司的需求定做保险产品，开展业务合作。

第三，拓展龙支付业务。共享单车作为"互联网+"发展的典型代表，在支付方式上采用了移动支付的方式。以某共享单车平台为例，其日订单已达千万级，支付结算需求旺盛。支付宝和微信都与几大共享单车平台开展了合作。建设银行与共享单车平台合作，发展其作为建设银行线上用户，在对方平台上接入建设银行龙支付，将大大拓展龙支付业务，同时可以多元化服务建设银行优质客户，开展免押金服务合作。建设银行可以基于信用卡、快贷业务的用户信用情况，为其担保提供免押金服务，增强客户黏性。同时，建设银行可以在本行支付平台布局绿色出行场景应用，利用增强现实（AR）实景模式创新服务，提升客户体验。建设银行应以客户为中心，将共享单车平台应用嵌入龙支付平台，减少手机应用程序的下载占用。此前，有人认为可以利用共享单车平台获取的大量客户信息优势，与平台公司开展合作，获取客户信息，建立信息合作机制。但是，《指导意见》已经明确，运营企业采取的信息不得侵害用户合法权益和社会公共利益，不得超越提供互联网租赁自行车服务所必需的范围。因此，向运营企业购买客户信息违背《指导意见》的规定，只有大力发展龙支付业务，才能合法利用共享单车背后所承载的大数据资源。

共享单车背后所承载的巨大的金融需求、生态圈共建为商业银行的发展带来无限商机。共享经济高速发展是大势所趋，建设银行应厘清共享经济背后的法律风险，更好地拓展共享经济类客户，做到精准营销、有效防范风险。

（成文于 2018 年 2 月 23 日，作者：孙兆东、李春旭、翟明哲。研究背景是共享单车如雨后春笋般在城市快速发展。原文略有修改）

国企如何充当"走出去"的主力

随着中国经济的转型升级，国有企业"走出去"的步伐加快了。"一带一路"沿线覆盖人口超过 40 亿人，经济总量约 21 万亿美元，如果每年有 4% 的增速，那么增量就是约 5.3 万亿元，可以说"一带一路"沿线蕴含着巨大的市场潜力。

在巨大的市场吸引下，我国国有企业成了向"一带一路"沿线"走出去"的主力军。国有企业有雄厚的资金实力，在"一带一路"沿线的对外投资中自然成为主导。

国企"走出去"进入 4.0 阶段

国企"走出去"可分为以下四个阶段：

第一阶段：1978 年改革开放到 1992 年。伴随着外资企业的"引进来"，我国企业也开始进行"走出去"的战略尝试。此期间"走出去"的目标主要是找市场、找资源。国有企业对外投资中，贸易和石油成为主要行业。

第二阶段：1992 年邓小平南方谈话到 2001 年中国加入世界贸易组织之前。这一阶段的"走出去"主要是为了取得战略性资产，国有企业对外投资主要关注生产加工企业。这一期间大量民营企业也加入"走出去"的行列。亚洲成为重点的区域，欧美市场开始有明显增加。

第三阶段：2001—2013 年。2001 年我国加入了世界贸易组织，国企对外投资的战略目标明显转变为取得战略资产和全球配置资源，"走出去"的区域几乎遍布全球。

第四阶段：2014—2025 年。这一阶段主要是以"一带一路"倡议为主导。这一时期，国有企业"走出去"是为了转移过剩产能或优势资源，共享先进的技术和先进的管理经验，通过互联互通建设进一步拓宽全球市场，实现和谐经济发展。同时，伴随着人民币国际化进程，国有企业通过"走出去"可以对冲不同经济周期的风险。

高度重视人才和高端智库建设

尽管国有企业"走出去"是大势，但这必定不会是一帆风顺的，也会存在着一些挑战，如缺乏适应复杂的国别风险的应对能力等。一般来讲，企业的境外并购是一项成本和风险"双高"的战略行为。风险不仅体现在交易活动本身，而且还体现在并购后的资产整合的全过程。不少中国企业在海外并购过程中失败的案例都源于文化和法律方面的冲突。企业缺乏对当地的法律和营商环境的了解阻碍了企业更好地"走出去"。

关于国有企业"走出去"怎样才能走得好，笔者认为主要可以从以下三个方面努力：

一是做好功课。做好功课除了要做好传统的并购、重组方面的功课外，还要熟悉国际模式，同时探索更多兼顾各行利益的创新合作模式。金融企业"走出去"的经验值得学习。以笔者所在机构为例，建设银行在成立 60 周年之际，国家领导人对建设银行提出了三大能力的要求：增强服务国家建设的能力、防范金融风险的能力、参与国际竞争的能力。截至 2015 年年底，建设银行在境外创建了 30 多家一级机构，覆盖了 20 多个国家和地区，搭建了服务全球的网络，站在与国际大型银行同业竞争的舞台上。同时，建设银行为客户"走出去"提供了两个市场的充分服务，一个是境内市场的服务，一个是境外市场的服务，提升了全球资产配置能力及全面风险管理能力。建设银行通过互联网金融和大数据应用等，紧跟新一轮的全球市场竞争，在参与国际竞争的过程中不仅增强了对现代经营管理和信息技术、网络技术、金融工程、大数据以及心理学、行为学的新知识的学习，也建设了一支具有全球化经营思维的人才队伍。

二是防范风险。"走出去"的风险包括国别风险、信仰风险和其他不可测的风险，这些都需要有效预防和化解。

三是提升能力。以光伏产业为例，我国的光伏产业受制于欧盟的法律政策影响比较大。目前，我们的光伏行业还没有一个国家级的行业组织智库，难以形成合力，多次受到欧盟"反倾销"的影响。英国的顶级智库英国国际战略研究所在 2004年推出了一篇文章，影响了英国政府对亚投行的参与。因此，不难理解为什么国家高度重视高端智库建设。

应统计和公布国民生产总值指标

新常态、新形势需要新的宏观管理理念认识和方法。伴随着"一带一路"倡议和人民币国际化战略的推进，越来越多的国有企业"走出去"，管理结构在发生变化，原有的管理模式和思路也要相应改变。

国家有必要开始统计和公布国民生产总值（GNP）指标。我们知道，GNP 是一个国家或所在地区的国民在一定时期内生产的产品和服务价值的总和。只要是本国（或地区）的居民，无论其是否在本国（或地区）居住，其生产和经营活动，创造的或增加的价值都应该计算在内。比如我国的居民"走出去"，通过劳务输出，或者和国有企业一起"走出去"，获得的收入就应该算在 GNP 中。目前，我们国家的主要统计和公布是国内生产总值（GDP），我国的 GDP 是一个国家常住活动单位的生产最终统计。GDP 是按国土原则核算的，是生产经营最终成果的体现，比如说外资企业在中国境内创造的价值就计算在 GDP 中，这是一个基本概念。

从 GNP 和 GDP 的关系来看，本国投在国外的资本包括"走出去"和劳务的收入再减去外国投在本国的劳务和收入。2001 年，我国的 GDP 是 95 933 亿元，GNP 是 94 345 亿元，两者差额为 1 587 亿元。2001 年，外商来华投资和来华打工新增加的价值之和比中国人在国外投资和劳务输出新增的价值之和多 1 587 亿元。这是我国加入世界贸易组织之前的情况。目前的情况已经发生了很大的改变，特别是"走出去"取得了巨大的成就。

实际上，从 1985 年起，国务院批准建立的国民经济核算体系正是采用了 GDP 对国民经济运行结果进行核算。目前我们所采用的是联合国 1993 年国民经济核算体系，也就是 SNA 的方法，并采取国家统计局统一制定方法制度，各级统计部门分别核算 GDP 的分级核算方法，经济总量一般是指 GDP 指标。GDP 衡量的是国内生产的总收入，GNP 衡量的是国民所赚取的总收入。新常态下经济发展速度放缓，非常有必要看看我们的 GNP 是否取得了更好的增长。

（原文刊发于《企业观察报》2016 年 11 月 28 日，原文略有修改）

上市公司应对危机应建立长效机制

　　重拾投资者的信任，首先要对上市公司的危机有个正确的认识。上市公司的危机不外乎来自三个层面：宏观层面、中观层面和微观层面。

　　首先，宏观层面。现在我们面临经济全球化，自然会产生经济全球化所体现出来的开放的、传导的、短周期的、快节奏的和波动的特点。在这样的特点下，特别是我国加入世界贸易组织之后，像是美国次贷危机、越南货币危机、希腊等国主权债务危机等，都会产生资本市场的跌宕起伏，这从宏观来讲就会导致包括 A 股市场在内的资本市场的波动。

　　其次，中观层面。上市公司面对的中观层面的危机往往是行业性的。20 世纪 90 年代，显像管电视及其生产企业，如松下等上市企业的利润都非常可观，但它们面对一个危机，就是技术的迭代——等离子液晶电视出现了，不少上市公司由于技术创新而辉煌不在。

　　最后，微观层面笔者将其概括为几个方面：一是产品危机，二是质量危机，三是减持危机，等等。

　　无论是宏观层面、中观层面，还是微观层面的危机，我们面对不同的危机要有不同的处理方法，才能获得投资者的信任。信心比黄金重要，投资者的信心更为重要。危机是上市公司信心缺失的原因，上市公司信心缺失必将导致上市公司危机。

　　第一，上市公司高管层要建立科学应对危机的方法，这是非常重要的。美国花旗集团前高级副主席兼高级国际管理人威廉·罗兹在美国花旗集团工作了 53 年，退休之后写了一本书《走向世界的银行家》（笔者翻译出版了中译本）。作为国际银行家，他在处理上市公司危机和国际债务危机中有非常丰富的经验。他认为，上市公司面对危机有一个非常好的应对工具。这个工具是什么呢？是行动的口令。他呼吁把自己当成局外人而"袖手旁观"，危机更能促进生机，上市公司高管应该积极面对危机采取行动。笔者在商业银行、投资银行工作了 18 年，笔者认为，一家上市公司首先应有远见，应该尽早预见问题，采取行动，防止问题的发生。上市公司应及早地发现危机，及早建立预警机制。

第二，上市公司应对危机应建立长效机制。上市公司的董事会、监事会、高管层应该高度重视危机管理，建立专门的危机应对部门，提升投资者的信心。上市公司应建立真正应对危机有效的预案。上市公司应该建立自己的预警机制，包括危机公关预案、危机应对评估预案，当危机来临时要按照预案正确地应急，及时地处理，尽早发现和化解危机。上市公司要根据法律法规及监管部门的要求，规范经营，增加透明度，有效遏制危机隐患的发生。

（原文刊发于《投资界》2011 年 11 月 12 日，原文略有修改）

相同的通胀，不同的加息

2008 年全球金融危机爆发后，为了应对、缓解危机和刺激经济复苏，世界上主要经济体都采取了量化宽松或宽松的货币政策，以致三年后的今天，全球面临居高不下的通货膨胀。部分新兴经济体为了顶住热钱流入的压力，中央银行相继不断加息，如俄罗斯、越南、印度央行数次上调基准利率，并多次提高外汇存款准备金率。2011 年 7 月，中国人民银行和欧洲央行相继宣布加息 0.25 个百分点，使全球加息达到高潮。然而此时，美国、英国和加拿大等发达经济体，在加息方面仍按兵不动，并明确宣布暂不加息。

笔者认为，2011 年全球经济"相同的通胀，不同的加息"将是最大的看点。从各国的加息态度和动作来看，我们也能观察出货币博弈的痕迹。

中国因通胀第五次加息

国家统计局于 2011 年 7 月 9 日发布的数据显示，2011 年 6 月居民消费价格指数同比涨幅为 6.4%，创出 34 个月来的新高，超过 2011 年 5 月 CPI 涨幅，再创年内新高。此前两天，中国人民银行于 7 月 7 日将金融机构一年期存贷款基准利率均上调了 0.25 个百分点，其他各档次存贷款基准利率及个人住房公积金贷款利率相应调整。这是 2011 年以来第三次加息，也是金融危机之后的第五次加息，中国正处于加息周期之中。

欧元区紧跟中国步伐再加息

欧元区自 2010 年 11 月以来通货膨胀率一直高于欧洲央行制定的"接近但低于 2%"的目标，6 月通货膨胀率为 2.7%。就在中国人民银行宣布加息不过 12 小时，欧洲央行宣布自 7 月 7 日起加息 0.25%~1.5%。2011 年 4 月，欧洲央行宣布将基准利率上调 25 个基点，至 1.25%，为该行近 3 年来首次升息。此次宣布加息后，欧洲央行行长特里谢召开新闻发布会指出，利率仍偏低，需要避免物价上涨演变成全面通货膨胀压力，利率变动有助于控制通货膨胀预期。在不确定性升高的环境下，成长前景的风险大致平衡，欧洲央行的责任是稳定物价。

英国、美国仍按兵不动

英国的居民消费价格指数同比升幅在 2011 年 1~5 月大多时候位于 4% 之上，远高于英国央行制定的 2% 的目标水平。人民币加息、欧元加息政策宣布之后，英国央行宣布维持 0.5% 的现行利率水平。英国央行自 2009 年 3 月以来一直维持这一基准利率，相比对通货膨胀率居高不下的担忧，英国央行显然更担心经济增速的放缓。

美国 2011 年 5 月的居民消费价格指数同比上涨 3.6%，为 2008 年 10 月以来的最大涨幅。美国不计食品与能源价格的"核心 CPI" 5 月环比上涨 0.3%，为 2008 年 7 月以来最大涨幅。6 月 22 日，美联储（FED）主席伯南克表示，尽管美联储在 6 月议息会议中继续对未来经济形势作出了乐观预期，但其依然秉承"较长一段时期内"维持极低利率政策的立场。美联储基准利率仍然为 0~0.25%，这一利率水平自 2008 年 12 月 17 日起已经保持了 2 年 7 个月。

人民币再加息的利与弊

从国内形势看，由于当前商业银行存贷款名义利率远低于市场利率水平，加息有助于校正我们所面对的存款负利率，一定程度将理顺价格传导机制，从而抑制通胀。同时，在流动性依然过剩的背景下，进一步加息也释放出抑制投资过热的信号，从而引导投资者不盲目投资。

然而，较高的利率水平会带来热钱不断涌入。值得注意的是，连续五次加息后，我们的整个社会融资成本增加较大，无疑增加了主要行业的综合成本，这也会在一定程度上产生成本推动型通货膨胀。尤其值得注意的是，我国倡导的大力发展小企业和做好"三农"支持也会因融资成本的上升，造成一定程度的融资难。

此外，此次加息之后，5 年期以上的基准利率突破"7%"的历史高位，达到 7.05%，房贷利率已升至近 10 年来的最高水平。多次加息对个人住房贷款产生了叠加效应，一方面用利率的上调来抑制房地产价格的效果将显现，另一方面存量购房者还款负担进一步加重，如以 20 年期 100 万元贷款额来计算，第一套房增加的月供为 149.63 元，第二套房增加的月供为 168.86 元。考虑到 2010 年 10 月之前的大部分房贷利率仍可打 7 折，对于这部分存量房贷来讲，在 2012 年开始执行新利率之后，仅 2011 年三次加息的叠加影响将会使 20 年期 100 万贷款额月供增加约 400 元，商业银行个人住房贷款风险将增加。

从国际视野看，货币是一个国家的资本，货币博弈的根本手段是利率和汇率的博弈。通过利率去影响汇率，从而获得更大收益，是发达国家在每轮经济周期中最终取得最大利益的主要法宝。

我们注意到，美元、英镑等国际货币自金融危机以来，2008—2011 年一直保持了低利率的稳健姿态，从美国和英国的实体经济上看，这会刺激投资和融资，对经济的恢复和增长有利。同时，在全球通胀的背景下，发达国家保持低利率具有后发优势，当美元和英镑等开始加息时，以美元计价的国际大宗商品价格将因为美元的升值而降价。到那时，全球的生产价格指数（PPI）会快速下降，从而拉低消费者物价指数，全球性输入型通货膨胀才会逆转。

总之，纵览全球通胀情况，审视发展中国家的不断加息和发达国家暂缓加息的权宜之计，我们能更深刻地体会到，在经济全球化、金融一体化的背景下，发展中国家的金融货币政策仍需历练，而人民币加息的利弊抉择也应从中国经济的整体发展和长期利益来考虑。同时我们不能忘记国际货币博弈因素的存在，人民币国际化更需要利率和汇率的长期有效支持。

（原文刊发于《资本市场》2011 年第 8 期，原文略有修改）

CPI "破5" 缘何加息迟滞

　　时下，居民消费价格指数（consumer price index，CPI）越来越值得关注，富裕阶层关注 CPI，因为他们要时时提防自己的资产缩水；中产阶层关注 CPI，因为每一轮通货膨胀都会让一大批中产阶层变为小康阶层；小康阶层关注 CPI，因为他们担心自己不能再保持小康生活水平。国家统计局公布 2010 年 11 月 CPI 达到 5.1%，创出 28 个月新高。11 月 CPI 公布次日，中国人民银行宣布自 2010 年 12 月 20 日起，年内第六次上调存款准备金率 0.5 个百分点。这也是中国人民银行在一个月时间内第三次宣布上调存款准备金率。央行高密集度地上调存款准备金率，意在进一步加强当前流动性调控，控制银行信贷投放和管理通胀预期。

　　央行上调存款准备金率政策一公布，立即引起了市场各方的广泛争议，调高存款准备金率，而不调高存贷款基准利率，有些经济学家坐不住了。甚至有些经济学家大谈应立即提高存贷款基准利率，而不应密集上调存款准备金率。针对当前经济形势，笔者不敢苟同这一观点。笔者认为，此番调高存款准备金率是应对通货膨胀的权宜之计。经过测算，为了对冲商业银行新一轮资本补充带来的可能的流动性过剩，我国的存款准备金率至少要达到 22% 的水平，因此如果每次调高 0.5 个百分点，则至少还要调高 6 次，市场应有足够的心理准备。

　　提高银行存款准备金率与提高银行存贷款基准利率，哪种政策更好？结果有何差别？提高存款准备金但不加息，是否会导致贷款趋紧，使更多企业出现融资困难？我们知道，加息，即提高存贷款基准利率是抑制融资工具，并非是直接降低通货膨胀的好办法。笔者认为，存贷款基准利率的提高会使通货膨胀由于融资成本提高而进一步走高，即对通货膨胀的发展有一定的助推作用。加之当前我国房地产价格居高不下，高房价下存在的高额按揭贷款还款会因利率的微小变动而加大还款人的生活压力。2006—2007 年美国正是由于不断加息，导致了次贷危机的发生，这种危害至今让全球记忆犹新。因此，我国当前宏观经济调控即便决定加息也应是被动的和迟滞的加息为宜。

　　其实，一个国家的经济管理者最为担心的是经济增长上不去而通货膨胀压力又居高不下，由此产生国内经济的"滞胀"。因此，我们看到刚刚结束的中央经济工作会议把治理通货膨胀放在了 2011 年经济工作的重要位置。事实上，整治通货膨胀，降低 CPI 的方法有两个，即"一压一拉"两个办法。价格管理的行政手段是

"压"，市场经济的货币手段是"拉"，也就是进行货币政策调控。通货膨胀情况下价格管理和补贴是往下直接压的办法，紧缩货币政策和抑制流动性过剩是往下拉的办法。本轮通货膨胀的主要因素是流动性过剩，因此要想真正治理通货膨胀，必须果断而坚决地紧缩银根，但仅仅管住银行信贷治理不了通货膨胀，加息又有副作用，比如吸引热钱流入、带来房地产贷款风险等。因此，"一压一拉"必须两手抓才行。

　　总之，尽管2010年11月CPI已经达到5.1%，但笔者认为央行动用的政策工具仍是提高存款准备金率有其合理性，并且还将继续。是否加息或许要视2010年12月和2011年1月的通货膨胀形势而定。

（原文刊发于《经济参考报》2010年12月14日，原文略有修改）

从油价巨幅波动看石油与金融的关系

我国目前的油价是根据国际油价约 90 美元/桶时制定的，实行成品油税费改革后，国内成品油的价格水平主要取决于国际原油价格水平。因此，对国际油价的关注就显得极为重要。究竟是什么原因导致了 2008 年国际油价如此动荡？金融与石油之间到底存在着什么样的关系？这是我们试图读懂国际经济的一个关键问题。

2008 年年底，伴随着次贷危机演变成为全球经济危机，经过连续数周的下跌，国际油价终于在 40 美元/桶附近再次获得支撑。在石油输出国组织（OPEC）减产预期以及美元下跌等利多因素推动下，2008 年 12 月 15 日国际油价期货主流合约单日反弹涨幅超过 10% 至 48 美元/桶。

然而，早在 2008 年新年的第一个交易日，国际油价一举突破了每桶 100 美元，随后快速攀升，7 月 11 日达到了每桶 147.27 美元的最高交易记录。随后，国际油价进入调整。2008 年 9 月，华尔街金融危机爆发，国际油价在不到 4 个月的时间内，迅速回落到每桶 40 美元左右。如此迅猛的涨幅和如此快速的回调，在世界石油历史上实属罕见。

那么，究竟是什么原因导致了 2008 年国际油价如此动荡？金融与石油之间到底存在着什么样的关系？这是我们试图读懂国际经济的一个关键问题。

其实，国际油价与一般商品的价格一样，是由供求关系决定的，真实的供给和需求是长期油价的决定因素。但是，随着石油期货的出现和发展，石油金融化趋势非常明显。

一个重要论据就是近几年流入全球主要石油期货市场的资金高达上万亿美元。金融行业大规模介入石油市场，使石油由一种单纯的套期保值工具发展成为新兴的金融投资载体。

近几年，仅在纽约商品交易所，石油期货交易商平均每日的合约数就达全球日石油需求的几倍。期货交易量远远高于现货需求量，中间的持仓者自然就是获利套现者。据统计，近几年投资者在期货市场投资石油的获利率持续超过其他商品。期货市场的杠杆效应、获利套现者买空卖空机制以及流动性过剩，共同导演了国际油价惊涛拍岸的宏大场面。

国际金融市场的追捧在使石油成为一种重要的金融衍生工具的同时，使石油的定价权不再属于生产者和消费者。以前石油定价是靠石油输出国组织官方的牌价来确定原油期货的交易价格。20 世纪 90 年代，金融机构和基金大举进军石油期货市场，迫使国际石油期货市场和石油贸易市场的力量易手，现在主要是由纽约和伦敦两个市场来进行指导。金融属性在世界原油价格形成过程中的作用日益突出，石油价格金融化在一定程度上加剧了国际油价的动荡。

2007 年 3 月 13 日，美国新世纪金融公司因债权人违约出现财务危机而宣布破产，标志着次贷危机正式爆发。在全球金融危机还没有全面爆发的情况下，全球过多的流动性就投向了石油等大宗商品，投资于国际石油市场的热钱希望在大宗商品上进行最后一搏，以对冲在次贷危机中的损失。因此，2007 年以来，国际油价一路上涨，节节攀升，直到 2008 年 7 月，在次贷危机又一次冲击波引发全球百年不遇的金融危机前夜，国际油价达到了创纪录的每桶 147 美元。

值得我们回顾的是，2008 年 9 月 15 日，以雷曼兄弟银行破产为标志，次贷危机正式演化为全球金融危机。此次危机已经造成了多家著名金融机构破产或被收购，而美国最大的五家投资银行几乎全军覆没。截至 2008 年 11 月底，全球因金融危机导致的经济损失高达 27 万亿美元。投资于国际石油市场的金融机构也在这次由次贷危机引发的金融危机中损失惨重。在这种情况下，投资者必然会抽回在国际石油期货上的投资，结果就造成了从 2008 年下半年以来的石油价格下跌。在全球经济面临衰退的情况下，石油需求将有所减少，短期内国际油价有所回落也属必然。然而，值得我们注意的是，由于各国央行不断注资，增加市场的流动性，将再次导致流动性过剩甚至泛滥。因此，一旦在炒作条件具备之后，石油价格再次步入上行通道的可能性就又会大大增加。

在全球经济急剧变化的今天，关心国际油价和中国石油安全问题，或许你就更能读得懂今天的经济了。

（成文于 2009 年 8 月 13 日，写作背景是国际原油价格出现大幅波动）

房价迷局背后的中国实际

在金融危机之下，全球房地产价格下跌，全球经济也步入周期性调整及衰退。然而，中国的房地产及房价却一枝独秀，逆势坚挺，尤其是近期局部地区房地产价格快速拉升，出现人们难以读懂的房价迷局。

要读懂中国目前的房价走势，就必须了解中国房地产的五大特性。

一是房地产从支柱产业到"暴利行业"。房地产是国民经济的支柱产业之一，特别是 1998 年，我国取消了福利分房，实行住房的货币化分配，由此带动了十余年的中国房地产振兴，同时也对国民经济的快速发展具有重要的拉动作用。我们从国际标准行业分类的研究中发现，房地产的发展能够带动建筑业、建材业、服务业等 50 多个行业小类的发展，这样明显的带动作用是其他行业很难做到的，同时这一行业也是一个涉及国计民生的重要行业。在中国的传统观念中，衣食住行中"住"非常关键。在过去的十年间，房地产黄金时代的来临，也为更多中国人安居乐业及成为"有产阶层"提供了一定的保障。同时，我们看到，房地产具有非常高的资本回报率，房地产振兴的初期，项目的资本金要求是总投资的 10%，即便后期由于房地产宏观调控这一指标上升到 30%～35% 的水平。无论是住房地产还是商业地产或工业地产，巨额的项目回报相对于很少的资本金，使得该行业的资本回报率高达 100%～400%。一般项目为 2～4 年的建设期，投资者和开发商在短短的几年从房地产项目中可以取得巨额的利润，于是"暴利行业"造就出了无数个我们熟知的亿万富豪。在 2003—2008 年"暴利行业"排名中，房地产开发连续名列前茅。

二是金融成就了房地产，圆了房地产开发商的亿万富豪梦。开发商用 40% 土地出让款，采用土地使用权抵押从商业银行获取土地储备贷款或开发贷款；付出不高的设计费用，取得设计单位图纸；办理规划许可证、开工许可证、施工许可证以及土地使用证，于是就有了后续的建筑商垫资入场开始施工，而建筑商同样能依靠商业银行的贷款进行施工和采购，而建筑一旦封顶，银行按揭贷款、公积金贷款便接踵而来。因此，从房地产开发的整个过程来看，金融伴随始终。可以说，是金融成就了房地产。对于房地产开发项目来说，项目的资金来源就是开发商的动脉血，而资金运用就是其静脉血，如果没有血液的供应，开发商资金链断裂，再好的开发商也难以用自己的资金顺利完成项目。当然，金融成就房地产的同时，也为银行自身创造了高成长和利润。

三是经济的周期特性决定了房地产的投资价值。尽管房地产是造就亿万富翁最佳的行业之一，但是房地产的自身规律决定了其发展与宏观经济存在一定的周期规律。房地产与经济周期密不可分，由此也导致了房地产投资并非总是最佳投资。也就是说，房地产价格不可能永远上涨，尽管房地产投资在通货膨胀中会起到保值的作用，但由于其流动性和成本性等因素，如果在高价位购买了它，当房地产处在经济周期调整中，价值规律就会发生作用，高价格就会回落到价值线及以下。从较长的历史经验看，这种调整也是经济周期的必然。因此，房地产的投资，也不总是最具价值的投资。

四是房价逃不出价值规律的范畴。在新兴市场和个别房地产高速发展的时期，似乎价值规律存在失灵的状况。例如，过去 10 年中国房地产价格的迅速上涨及金融危机下的"拒绝调整"，但是这也是特殊历史时期和发展阶段的个例。从更长的时期考察，如果房地产价格不回归到其价值线，那么就有一种可能，就是未来的通货膨胀去淹没房地产价格，于是价值规律的作用就将被充分认知。到那时，人们才会发现实际购买力相对于通货膨胀的房价还是增加了的。

五是房地产始终是宏观调控的重要内容。当前，针对国民经济支柱的房地产的宏观调控如同锋利的双刃剑，不调控就会造成过热和结构性通胀，而调控一方面会影响该行业自身发展，另一方面也会传导至房地产相关上下游 50 多个行业的发展，从而间接影响到国民经济的发展。

针对房地产的宏观调控应当借鉴国内外的经验教训，从货币政策、财政政策和资本调控方面综合考量，进行科学的调控，使房地产能够科学发展，保障国民经济的健康可持续发展。

（原文刊发于《华夏时报》2009 年 8 月 13 日，原文略有修改）

房地产业仍在制造更多富豪

历年的统计数据显示，在中国传统行业产生的亿万富翁之中，有60%以上的富豪起家于房地产业。每一轮经济周期都能造就一大批房地产业富豪，一个重要的原因就在于房地产业与金融业息息相关，是金融成就了房地产。

考察房地产企业的发展，我们不难发现，几乎所有房地产企业都采用的是以宏观经济周期为依托，以金融扩张为纽带，以人文关怀为题材，以营销服务取得最终收益的外部交易型发展战略。房地产企业的融资策略也都离不开市场、资源、资金三者之间的资本运作，以银行贷款为主，建立阶段性融资安排，实现低成本融资，获得高额利润回报。

值得关注的是，作为资金密集型产业，融资向来是房地产业生存和发展的关键。自2003年以来，我国房地产企业的发展面临着前所未有的宏观金融形势和经营挑战。2003年6月13日，央行出台《中国人民银行关于进一步加强房地产信贷业务管理的通知》；2003年8月31日，国务院出台《国务院关于促进房地产市场持续健康发展的通知》；2004年4月27日，国务院出台《国务院关于严格控制固定资产投资规模的通知》；2004年9月2日，银监会出台《商业银行房地产贷款风险管理指引》，相继出台的宏观政策改变了房地产企业原有的融资模式和融资渠道。这四个文件对房地产业和金融业都产生了深远的影响：房地产业将规范健康发展，房地产金融将产生多元化格局。

解读新的房地产金融政策，房地产企业面对的是房地产开发贷款必须"四证"齐全，贷款只能通过房地产开发贷款发放，不得以房地产流动资金形式发放，自有资金（所有者权益）不低于项目总投资的35%，贷款只能用于本地区房地产项目；土地储备贷款额度不得超过所收购土地评估价的70%，期限最长不得超过2年；建筑施工企业流动资金贷款只能用于购买施工必需设备，不得挪作他用；对个人住房贷款只能对结构已封顶的住房发放，而且购房者月均还款额与收入比不能高于50%；购买第一套房，首付比例为20%，购买第二套房将提高首付比例；个人商用贷款抵借比不得超过60%，期限不得超过10年；等等。毫无疑问，目前的政策抬高了房地产企业银行融资的门槛，符合标准的房地产企业数量大大缩水，而银行的潜在客户群也大大减少。与此同时，商业银行的房地产信贷质量却会因此得到提高。

面对新政策的要求，房地产企业融资策略也发生了实质性的调整：由原来的单纯依赖银行贷款，向以银行贷款为主、私募和创新融资为辅、建立阶段性组合融资安排、实现低成本融资、确保项目资金链安全的策略转变。自 2003 年以来，我国房地产企业融资相继涌现出自有资金加上银行贷款融资方式、自有资金加上信托计划融资方式、股权融资加上银行贷款融资方式、自有资金加上房地产投资基金融资方式等融资方式。此外，房地产企业还探索出了典当、股权和债券私募、开发商委托贷款、销售融资、采购融资、票据融资、资产证券化等新的多元化融资渠道。

为了适应新形势的变化，我国房地产企业融资呈现了前所未有的创新势头，房地产金融正走向融资模式多元化之路。传统的房地产金融格局被打破，以银行贷款为主、阶段性组合融资模式、融资渠道多元化的创新格局必将使房地产企业的竞争力得到全面提高。

（成文于 2009 年 7 月 12 日，因对美国次贷危机深入研究的需要，延伸研究房地产业规律而撰写此文）

通胀到来了，如何进行投资

进入 2009 年 6 月，上证指数突破 2 700 点，比 2009 年年初的 1 849 点上涨了 46%；国际原油价格突破 68 美元/桶，比 2009 年年初的 46 美元/桶上涨了 48%；1 盎司①黄金价格达到 978 美元，比年初的 879 美元上涨了 11%；国际主要期货品种价格一路上扬，如铜、铝期货及其他大宗商品价格都有不小的涨幅。

近期，由于美元持续贬值，导致以美元计价的石油、黄金、铜、食用油等大宗商品价格上涨，通货膨胀的预期已经越来越受到关注。

本周，随着国内成品油价格一次上调 6%，人们不得不再次开始担心油价进一步传导到产业链下游，使通货膨胀进一步加剧。

让我们来看一下经济学对特殊情况下通货膨胀的描述。在经济学上有一个概念叫“滞胀”，即停滞性通货膨胀，是特指经济停滞（stagnation）与高通货膨胀（inflation）同时出现的情况。这一状况下的经济现象是物价不断上升，但失业以及经济不景气同时存在，经济“停滞”不前。经济“滞胀”现象，兼有了生产停滞或缓慢发展和通货膨胀现象。

其实，“滞胀”时期社会大众的预期是通货膨胀会持续下去，而企业的预期是通货膨胀因素将反映在公司未来的成本上，由此会造成商品物价的进一步上扬。例如，石油价格上涨，厂商无法立即反映其成本，在高成本的压力下，不得不继续提价。

美国 20 世纪 70 年代就曾出现过“滞胀”。该次“滞胀”使美国国民生活水平大幅下滑。美国的“滞胀”从表面上看是石油危机导致的，但是从深层次看，其过于强调国家干预在经济发展中的作用，国家的管制对于经济的自行发展约束过多，从而忽略了市场的作用，结果违背了经济规律促使经济发展不能正常运行，通货膨胀及通货紧缩等经济危机开始爆发，经济“滞胀”现象也就开始出现了。

此次国际金融危机和经济衰退中，各主要国家也相应采取了许多重要的干预措施，这些措施如没有做好及时有效的对冲，如同美国在 20 世纪 70 年代的“滞胀”就将大范围出现。因此，未来全球大范围的“滞胀”似乎也难以避免。

---

① 1 盎司约等于 28.35 克，下同。

人们不禁要问，国际金融危机刚刚见底了，正处于衰退中的全球经济，在经济低增长的情况下，如果又迎来新一波的通货膨胀，即通货膨胀与经济衰退并存，我们该如何处理自己的资产和投资？

当前，面对复杂的经济形势，我们首先应更新对经济形势的观察和判断的视角，清醒地认识通货膨胀的客观发展情况和走向，及时调整我们投资和理财的理念。"买资产以对抗通胀"，我们要充分认识能抗通货膨胀的核心资产的优势价值所在。所谓核心资产，是指受通货膨胀影响较大的资产，但货币贬值时，则核心资产优先升值或长期保值。

投资者应当科学调整资产、负债的结构和投向，特别是要适当保留现金头寸，合理增加具有保值和增值功能的核心资产的比例，如短期内持有优质的股票、债券、基金等金融资产，中期考虑具有潜力的房地产实物资产等。

值得注意的是，在资产投向选择上，我们要尽量避免对全球产能已经过剩行业的投资。

（原文刊发于《理财周报》2009 年 6 月 9 日，原文略有修改）

手中有粮：战胜经济最困难一年的法宝

2009 年，温家宝总理指出，这一年是中国进入 21 世纪以来经济发展最困难的一年，克服困难、应对危机，在应对国际金融危机的特殊情况下，战胜困难最重要的是信心。对中国来讲，我们有信心，一个重要因素在于现在的中国"手中有粮"。

2009 年 1 月，中国经济出版社出版了一部由国务院回良玉副总理作序，第十一届全国人大常委会委员、全国人大农业与农村委员会副主任委员尹成杰先生所著的新书《粮安天下：全球粮食危机与中国粮食安全》。

"手中有粮，心里不慌。"粮食安全是国家经济安全的基础。我国拥有 13 亿人口，吃饭问题始终是治国安邦的头等大事。与以往我国面对经济周期波动带来的困难不同的是，当前中国粮食充足，过冬的温饱就得到了保障。

《粮安天下：全球粮食危机与中国粮食安全》分析了我国耕地、淡水资源供求矛盾和粮食供求偏紧趋势，研究了国际市场粮价暴涨引发通货膨胀和社会动荡、粮荒威胁全球安全、跨国巨头在粮食危机中攫取超额利润、美国发展生物质能源一年"烧"掉 2.1 亿人的口粮、迷信贸易自由主义等现象，使一些国家在粮食危机面前束手无策等问题。书中特别对一些国家用粮食发展生物质燃料、实行巨额农业补贴、推行粮食自由贸易主义、不能掌握自己饭碗的教训等事关全球粮食安全的因素做了分析评判，让人耳目一新。

在谈到中国粮食安全问题时，该书从中国手中有粮的理念和格局入手，就新时期"三农"政策理论、粮食生产重大跨越、粮食波动规律、粮食生产徘徊期与通货膨胀、粮食稳定增产高峰期、现代农业建设与粮食安全、农业国际化与农产品有效供给、国家粮食安全面临的新挑战等问题做了全面分析论述。书中以大量事实和数据，分析了中国应对全球粮食危机的底气和从容应对经济危机的底气。阅读全书，读者可以体会和透彻了解中国手中之粮来自何方、为什么中国能养活自己等世人关注的问题。

2009 年 1 月，胡锦涛总书记指出："保增长基础支撑在农业，全力推动农村经济。"2009 年伊始，为保护农民利益，保持粮食市场价格合理水平，调动农民种粮积极性，进一步促进粮食生产稳定发展，国家决定 2009 年继续在稻谷主产区实行最低收购价政策，并大幅提高最低收购价水平。此前国家已较大幅度提高 2009 年生产的小麦最低收购价格。

2009 年，全球正值世界金融危机、世界粮食危机之际，中国能够实现粮食安全，手中有粮，来自长期坚持粮食自给为主的方针，来自强农惠农政策，来自农业科技创新的有力支撑，来自健全安全的国家粮食储备体系，来自传统的农村农户储粮。

《粮安天下：全球粮食危机与中国粮食安全》的作者居安思危，深刻分析和指出了中国粮食发展的战略，以摆事实、讲道理的方式详细解读了中国共产党第十七届三中全会通过的《中共中央关于推进农村改革发展若干重大问题的决定》，分析了必须巩固和加强农业基础地位，始终把解决好十几亿人口吃饭问题作为治国安邦的头等大事。

"但愿苍生俱温饱"，回良玉副总理一语道出国家管理者的责任与愿望。值得一提的是，该书作者曾在中国产粮大省吉林省委办公厅、省委农村工作部、省农业委员会、省委农村政策研究室工作，并曾任吉林省常委兼秘书长、国务院研究室副主任、农业部常务副部长。作者 30 多年从事农业农村经济政策研究和实际管理工作，对"三农"工作的感情和实践溢于文字，使该书既具有学术和政策价值，又具有国情民意。作者对全球粮食情况的透彻分析，让我们用全球视野看待粮食问题，并坚信中国具备走出经济困境的实力。

（原文刊发于《理财周报》2009 年 2 月 16 日，原文略有修改）

世界经济在金融飓风中飘摇

2008 年的中秋佳节是中国第一个中秋公共假日，假期还未休完，就传来了世界经济再一次遭受金融飓风洗礼的消息。这充分验证了美国财政部原部长罗伯特·鲁宾所言："在不确定的世界，没有什么不可能发生。"

美国次贷危机袭击下，"两房"① 坍塌了，贝尔斯登倒下了，全球著名投资银行美林危机没落了，拥有 158 年历史的雷曼兄弟银行也不幸遇难，捉襟见肘的美联储再次紧急贷款拯救美国国际集团（AIG），下一个将会是谁？在这个不确定的世界，没人知道结果，但是市场却还是不相信 AIG 是最后的终结者。

做了 18 年半美国联邦储备委员会主席的艾伦·格林斯潘坦言："将有更多的大型金融机构在这场危机中倒下。"老道的格林斯潘在危机已经成为事实面前，也不得不承认，美国已经陷入百年一遇的金融危机之中。格林斯潘认为，这是最严重的一次金融危机，它可能仍将持续相当长的时间，美国躲过经济衰退的概率小于50%。这场危机将持续成为一股"腐蚀性"力量，直至美国房地产价格稳定下来，危机还将诱发全球一系列经济动荡。

似乎美国的情况还在加剧变坏，全球的通货膨胀也仍没有结束跌宕起伏。原油期货价格跌破了每桶 100 美元大关，尽管越南高通货膨胀下的货币危机得以缓解，但是众多新兴市场居高不下的居民消费价格指数仍然让投资者不安。次贷危机将恶化到什么程度，美国的货币政策和财政政策还将如何救市，全球经济又将走向何方？

"次贷危机仅仅走完了 1/3。"这一声音最初来自 2008 年 6 月摩纳哥国际对冲基金大会。一位曾经在这场令数以亿计的财富或消失或增加，让人们脆弱的神经时而麻痹时而敏感的危险游戏中准确预知了美国次贷危机并成为次贷危机大赢家的对冲基金经理约翰·保尔森曾预言了这一结果。3 个月后的今天，人们坚信了保尔森的预言。

在次贷危机的第一阶段，美国更多地利用了货币政策，联邦基准利率从 5.25%降低到 2%。由于降低利率，作为世界货币的美元大幅度贬值，导致通货膨胀的全球扩散和次贷危机的传染。美国继续使用降低基准利率的货币政策，已经遭到了来

---

① "两房"，即房利差（Fannie Mae）和房地差（Freddie Mac），是美国最大的两家住房抵押贷款机构。

自新兴市场国家的反对。因此，美国货币政策的调整将告一段落，这对全球通货膨胀的治理和缓解具有重要意义，中国应该做好政策调整的应变准备。

美国政府面对次贷危机的深化，更侧重财政救助。事实上，次贷危机中的美国已经步入了亡羊补牢阶段，这是危机的第二阶段。正如美国财政部部长亨利·鲍尔森所说，之所以采取历史性的措施，是因为其中任何一家机构垮掉都会导致美国以及全球金融市场的大动荡。放手让它们倒闭对金融市场的冲击将比这个代价要严重得多。

这将是美国自 1929 年以来最大的救市行动。更深层次救赎的意义在于美国次贷危机导致的市场对美元信心的严重影响，全球金融市场急需恢复美元信心，这的确需要美国政府付出更多。

在这种大背景下，中国经济增速放缓十分明显。2008 年 9 月 15 日，中国政府出其不意地宣布，下调人民币贷款基准利率和中小金融机构人民币存款准备金率。我国货币政策的本次调整有两大特点：一是准备金率采取了差别化调整，二是贷款利率调整，存款利率没有调整。这是自 2004 年以来我国首次降低贷款基准利率，也是 2003 年以来首次下调金融机构存款准备金率。

"降息+下调存款准备金率"的货币政策组合拳，有利于实现保经济增长的基本宏观目标，有利于解决当前我国经济运行中存在的突出问题，落实区别对待、有保有压、结构优化的原则，保持国民经济平稳较快持续发展。贷款降息有利于降低企业的贷款成本，减轻企业的财务负担，避免企业的利润进一步下降。下调存款准备金率有利于调整信贷结构、缓解中小银行资金紧张。当前，宏观调控的首要任务是"一保一控"，即保持经济平稳较快发展、控制物价过快上涨。贷款降息是"保增长"的需要，而差别化准备金率调整又是"控通胀"的需要。调整后究竟是从紧货币政策的松绑，还是拯救股市、拯救楼市、对冲来自美元升值的预期？总之，"两率"齐调，已经改变了中国货币政策的长周期偏好。对于中国而言，面对经济全球化、金融一体化的实际情况，中国应该改变方法，充分参与到国际大环境之中，使我国能够通过利率影响汇率，从而改变人民币汇率被动调整的格局，以主动性、预见性、提前量和对冲手法来化解金融飓风和经济危机风暴的洗礼。

当然，面对更加复杂多变的国际因素的影响，高瞻远瞩放眼全球，才能正确研判国际国内经济形势及政策走势，也只有这样，把握好大势，才能使我国经济发展得又好又快。

（成文于 2008 年 9 月 26 日，以国际视野思考中国发展而撰写此文）

特别国债对商业银行的"特别影响"

全国人大常委会决定批准发行1.55万亿元10年期以上可流通记账式特别国债，其票面利率将根据市场情况灵活决定。特别国债用于购买约2 000亿美元外汇，作为组建国家外汇投资公司（SIC）的资本金来源。

特别国债发行渐近，尽管特别国债的发行将是逐步的，但其对我国货币市场及银行经营所带来的深刻影响不可低估，商业银行的经营管理将面临新的挑战。

流动性过剩高潮将成过眼云烟

笔者认为，国家外汇投资公司的设立对流动性的影响将不仅局限于货币供应量的紧缩，更重要的是将会改变我国的货币投放机制，从源头上减缓流动性加剧。这一新政将大大缓解中国人民银行对冲流动性的压力，而流动性过剩高潮或将成为过眼云烟。

1.55万亿元特别国债的发行相当于提高存款准备金率5%，而自2003年9月以来我国共上调9次准备金率，金融机构存款准备金率水平已经达到11.5%。此次使用国债发行方式，将锁定相当于5%的流动性资金，相当于使商业银行准备金率水平达到16.5%。事实上，这一紧缩水平已经超过了因近两年诸多国有商业银行首次公开募股获得的5%的资本充足率提高的平均水平，从而实现了流动性引信的完全对冲。

值得注意的是，直接发行特别国债深度对冲流动性。完全对冲式收紧将产生流动性偏多情况的逆转。因此，发行特别国债的紧缩效果可能超出预期，商业银行流动性及资产负债管理会面临更加严峻的新挑战。

商业银行经营面临的新挑战

特别国债发行对我国经济的影响主要体现在两个方面：一方面是会提高银行长期资产的利率水平，增加实体经济的融资成本，而投资需求将受到抑制；另一方面是会对银行信贷产生挤出效应。国债具有流动性好、管理成本低、没有违约风险等优点，在长期国债供给大量增加的情形下，国债的收益率接近甚至高于扣除坏账准备、营业税、所得税后的实际贷款收益率，因此银行将更多地选择配置国债资产，而不是发放贷款，从而对信贷产生挤出效应。

因此，特别国债的发债将会对商业银行的资金来源和运用同时产生影响。第一，商业银行投资收益将有望增长。若负债规模为 5 万亿元的商业银行，购买约 2 500亿元的特别国债，将获得 8% 以上的年投资收益，这会远高于 3% 的银行利差收益，从而提升商业银行的利润水平。同时，我们也应关注特别国债的投资风险。一方面，特别国债主要用于境外投资，由于债券存续期较长，存续期间如果境外投资遇到全球经济衰退周期及金融危机等系统投资风险因素的出现，会造成发债主体收益预期降低，从而影响债券交易价格的大幅波动；另一方面，在长期债券存续期内，如果遇到人民币加息周期，基准利率上涨到高于国债年投资收益率的水平，则商业银行仍会存在投资损失的风险可能。从目前商业银行的经营水平看，对冲这两种风险的能力尚需考量。第二，商业银行资金来源将趋紧。资产流动性的降低会影响商业银行存款创造功能，使得货币乘数变小，最终影响整个金融机构的存款增速下降。存款规模和存款扩张乘数都将降低，对整个经济体系内部的资金供给起到紧缩的作用。毫无疑问，无论是机构还是个人，特别国债的发行会分流银行的负债，使得银行用于信贷的资金规模减小，加之多次上调存款准备金率，国内众多银行资金面已经大大缩减，存款准备金率已经达到 10 年来的最高水平。因此，商业银行在完成首次公开募股，资本短期不能继续得到补充的前提下，受制于资金来源的影响，传统业务规模扩张将受到制约。

商业银行应及时调整经营策略避免冲击

短时间内大量发行特别国债，可能会对金融市场造成冲击，主要反映为国债利率的明显上升。这对整个货币市场及资本市场将产生重大影响，进而会传递到信贷市场的利率定价及基准利率上升。利率上升过快还会导致套利资本大量涌入，进而使人民币承受更大的升值压力。因此，商业银行应因势利导，面对特别国债的发行，应及时调整经营策略，做好资金安排及业务转型，最大限度地减少流动性紧缩政策对经营的冲击。

（成文于 2007 年 7 月 6 日，研究背景是特别国债出台）

五大因素影响价格传导，适度调控力保平稳发展

经济是否过热、价格传导机制产生了怎样的变异、当前宏观调控如何进行是 2004 年全国"两会"期间人们普遍关注的三大主题。正如温家宝总理所强调的，中国的经济发展目前正处在一个重要关口。因此，政府宏观调控必须以"求真务实"的科学发展观为指导，做到适时适度、有力有效，妥善解决经济运行中的突出矛盾和问题，保持经济稳定发展。

刚刚闭幕的全国"两会"给人们留下深刻印象的是以新发展观为主线的新观念、新讨论，更值得关注的是 2004 年中国经济的未来新走向。讨论的议题主要集中在经济是否过热、价格传导机制产生重大变异以及当前宏观调控如何进行三大主题。

经济冷热并存的表现

根据宏观经济学传统的判断标准，经济出现过热表现为：物价持续快速上升；居民消费全面高涨，许多商品供不应求；生产在能源或原材料方面遇到瓶颈制约，即"消费推动型经济过热"。随着科技进步和生产能力的提高，商品供不应求的现象已经越来越少了，经济过热更多地表现为过度投资所导致的产能大量过剩，产品供给远远大于市场需求，物价不断下跌，也就是"投资推动型经济过热"。

2003 年以来，一方面，中国经济表现为过热与紧缩并存，如银行贷款过多，钢材、水泥等行业很热，但与总体过热还有相当的距离。中国经济增长率达 9.1%，中国经济现实增长率提升，但仍低于潜在增长率。投资过快增长导致低水平的重复建设，出现剧烈的价格竞争，由此导致价格的进一步下降。另一方面，中国经济的确存在比较明显的过热倾向。2003 年 1～9 月，中国投资的实际增长已经超过了 30%，是改革开放以来投资增长率最高的时期。此外，要素市场部分失衡引起居民消费价格指数上涨。2003 年至今的价格上涨从性质上看，仍处于初期阶段，具有结构性特征，典型表现在部分要素市场失衡出现供需脱节引起的价格上涨。价格上涨主要来自三个方面：一是粮食和部分农产品价格上涨，二是上游产品价格带动下游产品价格上涨，三是大量土地批租和房地产开发需求过度导致土地交易价格上涨和原材料价格上涨。

有专家指出，粮食及农产品价格上涨的原因有三个方面：近年来粮食流通体制

改革后价格恢复性上涨、交通运输和生产资料价格上涨增加粮食供给成本、粮食耕种面积减少使粮食供给缺口加大。

上游产品价格上涨主要是投资品价格上涨带动的。近年来，投资率过高，部分投资品价格领先上涨带动生产资料整体价格上涨，部分原材料和能源出现瓶颈制约，价格涨势迅猛。但价格的上涨很可能是短期现象。物价上涨是否具有持续性，是判断这一轮价格上涨是否会演变成恶性通货膨胀的重要依据，也是目前宏观经济决策的关键。我们应当看到，通货膨胀并不是目前我国经济运行中的主要矛盾，一方面居民消费价格指数上涨，另一方面存在物价下降的压力，因为过剩的劳动力仍然使得工资处于下降状况，在就业相对严峻的情况下，工资推动物价上涨的可能性是很小的。从逻辑上讲，以粮食和部分原材料价格上涨带动的物价上涨很可能是短期现象。因此，短期经济政策应重视防通胀，但长期经济政策仍应以防紧缩解决生产能力过剩问题为主。

事实上，有关部门刚刚公布的 2004 年 2 月居民消费价格指数降低为 2.1%，由此验证了新形势下对价格走势和经济是否过热的判断与以往不同，主要体现在价格传导机制上的变异因素。

价格传导机制变异

按照价格运行的一般规律，上游的能源与原材料价格的变动会反映在下游的加工工业和生活资料上。近年来，价格链条上出现了上游价格变动难以传导到下游的现象。具体而言，生产资料价格上涨会带动居民消费价格的上扬，滞后期一般在 3~6 个月。从 2002 年 11 月起到 2004 年 1 月，生产资料价格上升幅度由 0.2% 上升到 4.6%，尽管生产资料价格一路上涨，但居民消费价格并没有因生产资料价格的上涨出现明显的同步上扬，并且这种传导现象已经超过以往 3~6 个月的经验值，表明物价传导机制发生了重大变化。

与过去的物价涨势相比，目前原材料价格的上涨、工业成本的推进还未形成市场冲击波，也还未导致物价的全面上升。上游产品涨价后不能及时向下游产品价格传导、生产资料价格上涨不能向居民消费价格传导。这种情况表明，新的价格传导机制呈现价格效应减弱、时滞延长、上涨幅度缩小的特点。笔者认为，产生价格传导机制变异有以下五大原因：

第一，世界贸易组织的冲击史无前例，影响价格传导。我国加入世界贸易组织以后，大宗产品价格正逐步融入全球定价体系中。在开放经济体系下，我国大宗产品价格最终走势不仅由我国对该类产品的供求因素决定，而且也是同类产品全球定价的一种表现，因此形成了新的价格传导路径。

第二，地区发展差距空前影响价格传导。目前，各经济区域发展不平衡，地区发展总量差距悬殊，东北、西北与其他三个经济区相比较为落后，存在比较大的差距，尤其是收入水平和消费水平差距越来越大，这也影响了价格传导。

第三，投资"扎堆"效应影响价格传导。近年来，中国经济整体上出现了"高投资、低消费"的增长格局。热点和高收益行业投资增长速度持续加快，而消费增长相对缓慢，反映在物价变化上，就是生产资料价格上涨较快，而生活资料价格指数上涨较慢、涨幅较小。同时，上下游投资结构不均衡，中下游行业的准入限制比较少，而中上游行业一般都有准入限制，这种状况导致了上游价格涨得多，而最终产品价格涨得少。

第四，科技进步与民营经济的快速发展加剧了价格传导机制变异。在投资的快速增长中，民营经济在其中占有相当的比重，但原有考察经济过热、经济周期、经济波动、价格传导等仍是计划经济的一些思维。体制不同会使经济过热的原因、特点不同，科技进步及民营经济的快速增长及其竞争力的提高，导致价格竞争中成本效益改变了固有的价格传导体系。

第五，城乡之间、大小城市之间收入差距也影响价格传导。欠发达地区、中小城市及农村等低端劳动力供给的严重过剩，也减缓了劳动密集型生产企业工资上涨的压力，占有约80%比例的中低收入阶层影响了价格传导的最终实现。

宏观调控应求真务实

继江泽民提出"与时俱进"的发展观后，胡锦涛提出了中国经济未来可持续发展的重要思想——"求真务实"的发展观。全国"两会"报告中，温家宝再次强调，新一届政府在复杂的经济走向中要避免经济大起大落的宏观调控策略。

笔者认为，当前面对通货膨胀与通货紧缩的复杂情况，主要应加强三个方面的调控，力保经济发展的安全与繁荣的结构，使其均衡。

第一，适时调整财政政策，优先调整税收杠杆，加快税收制度的配套改革。我国主要应利用税收杠杆提高中低收入阶层，特别是农民的收入，增加整个社会的购买力。

第二，深化金融体制改革，加快货币政策调整。我国应充分利用货币政策的杠杆调节作用，调节投资和消费的结构，使其均衡。

第三，侧重对过热行业的产业专项调控。我国应做到"头痛医头，脚痛医脚"，对投资过热产业、价格上涨较快的基础设施和钢铁水泥等原材料行业进行产业引导，如采取特种行业税收等特种政策，降低原材料成本。此外，我国应加快建立与实物产业相对应的期货市场，利用金融期货对投资进行引导和市场调节。

（成文于2004年4月1日，研究背景是经济形势出现了结构性过热而带来了政策调整）

第五篇　主题洞见

　　主题是我们时下面对的主要问题，洞见意在很清楚地了解。应该说，2020年是世界格局的转折点，也是百年未有之大变局的临界点。这一年，中国能取得抗击新型冠状病毒的伟大胜利，归功于党和国家的准确预判与决策，统筹疫情防控与可持续发展的关系。中共中央政治局会议研究提出"六保""六稳"的目标和措施。"六保"的首要目标就是保证居民就业。疫情期间，从中央到地方，相继出台了一系列关于中小企业的优惠政策，对中小企业的生存和发展起到至关重要的作用。但是面对重大疫情的冲击，境外输入形势严峻，国内疫情偶有出现，疫情影响的链条会拉得很长，包括疫情对人们消费习惯、消费能力的影响，也会在较长时间存在等。因此，我们只有冷静思考，洞见缘由，研究策略方案，并及时积极应对。实质上就是做到"心中有数"，做到"手中有'粮'，心里不慌"，才能更好地以"心中之术"从容应对和迎接百年未有之大变局。第五篇主题洞见选取的文章，希望以"洞见"的方法由表及里、由现象到本质，为国家的经济金融发展和宏观决策提供智力支持，中华民族伟大复兴的愿景近在眼前。

金融业应弘扬伟大抗疫精神

2020 年 9 月 8 日，习近平总书记在全国抗击新冠肺炎疫情表彰大会上指出，在这场同严重疫情的殊死较量中，中国人民和中华民族以敢于斗争、敢于胜利的大无畏气概，铸就了生命至上、举国同心、舍生忘死、尊重科学、命运与共的伟大抗疫精神。习近平总书记高度凝练出的伟大抗疫精神，给中国人民和中国发展注入了强大的精神力量，也给世界人民送去了抗疫取得胜利的示范、坚强信念和强大信心。

2020 年以来，全球抗疫斗争艰苦卓绝，"中国答卷"举世瞩目。在抗击新冠肺炎疫情战线上，钟南山、张伯礼、张定宇、陈薇等作为中国共产党员的典范，敢为天下先，义无反顾逆行冲锋在抗击疫情战斗的最前沿。在他们身上，我们看到了生命至上、人民至上的情怀，看到了伟大抗疫精神。

人无精神则不立，国无精神则不强。伟大抗疫精神作为中国共产党和中国人民极为宝贵的精神财富，已经成为中华民族和中国共产党精神谱系的重要组成部分。伟大抗疫精神发展了我们党和人民军队的光荣传统与优良作风，丰富了民族精神和时代精神的内涵。作为金融从业者，我们也一定要不负党和国家的重托，不辱使命，努力弘扬伟大抗疫精神，并把抗疫精神的火种传递到金融行业的每一个岗位、每一个人。我们要让每一个金融从业者都能在履行金融发展重大任务和日常工作中，以抗疫斗争中涌现出的先进个人和先进集体为榜样，弘扬伟大抗疫精神，奋力推进金融高质量发展。

需要指出的是，金融是现代经济的核心，金融行业肩负着国家建设和发展的核心使命。各级各类金融机构尤其要把思想统一到国家建设和发展的战略要求上，坚定信心、鼓足干劲、努力工作，进一步扩大金融"双向"开放，实现中国经济金融的高质量发展。金融行业和广大金融从业人员一定要把抗疫精神转化为不竭动力，始终坚持人民利益高于一切，把人民对美好生活的向往，作为我们金融服务的努力方向，把金融服务普罗大众作为做好金融服务的出发点和根本遵循，努力完成无悔于新时代要求和使命的金融支持。我们特别应从伟大抗疫精神中汲取奋斗力量，以抗疫英雄榜样激励所有金融从业人员，强化参与国家建设的能力，提高参与国际竞争的能力，增进防范系统性金融风险的能力，积极做好金融科技创新和数字化应用转型，锐意开拓进取，为客户做好服务，为建设金融强国而不懈奋斗！

总之，弘扬伟大抗疫精神，金融行业和广大金融从业人员都要着力促进金融高质量发展。当前，面对疫情防控常态化及国际国内复杂的经济金融形势，金融行业和广大金融从业人员应在抓好经营管理的同时，特别要注重防控系统性金融风险，不断提升风险预警和化解系统性分析的能力与水平。商业银行和保险机构尤其要急客户之所急，着力提供金融服务，更好地为客户提供有针对性的问题解决方案，有效帮助客户渡过特殊时期遇到的经营管理和发展上的特殊难关，真正做到与客户同舟共济、荣辱与共。广大金融从业人员要向各行各业参加疫情防控阻击战的英雄们那样，不断提高专业能力和服务水平，提升履行建设经济金融高质量发展使命任务的能力，以弘扬伟大抗疫精神，积极践行人类命运共同体理念，忠实履行金融建设世界的神圣使命，用过硬的岗位技能和拼搏精神扛起肩负建设金融强国的使命担当。

（原文刊发于《中国银行保险报》2020 年 9 月 14 日，原文略有修改）

防疫金融政策：演化及调整

2020 年注定将是被历史铭记的一年，年初暴发的新冠肺炎疫情迅速席卷全球，给世界经济带来了沉重打击。总结经验，吸取教训，尤其是观察防疫过程中典型宏观政策的调整及演化，对金融业具有重要意义。

此次新冠肺炎疫情是全球性事件，而美国成为目前疫情最严重的国家。受此影响，2020 年第一季度美国经济以年化 4.8% 的速度收缩；截至 2020 年 4 月底，经济损失已达到 16%，失业率达到 14.7%。为应对疫情，美国政府出台了多项举措以维持社会经济的稳定。

美国政府宣布了 4 830 亿美元的《薪资保护计划和医疗保健法》，用于为中小型企业提供贷款、帮助医院运行以及对新冠肺炎的研究；同时，投入了约 2.3 万亿美元（约占 GDP 的 11%）用于《冠状病毒援助、救济和经济安全法》，补偿受新冠肺炎影响的单位和个人。除此之外，美国政府还投入了 83 亿美元的《冠状病毒防范和响应补充拨款法案》和 1 920 亿美元的《新型冠状病毒应对法案》，主要用于疫苗的研制和对医院及受影响人员的补偿。

美国政府的财政政策主要侧重于直接补偿受疫情影响的群体，巨大的投入可以在一定程度上暂时缓解社会面对疫情的压力。从金融市场来看，美联储在 2020 年 3 月将联邦基金利率大幅降低至 0 ~ 0.25%，同时引入了支持信贷流动的工具。在监管与规范方面，美国政府实施了一系列宽松和优惠政策。值得注意的是，美联储的低利率刺激投资的政策可能会适得其反，过低的利率可能使美国掉入"流动性陷阱"，即当利率达到最低点后，货币供应增加并不会再使利率降低，人们抱有"利率会上升，债券价格会下降"的预期，会选择持有现金，而不是增加投资和消费。美国政府的努力意在维持金融市场的稳定、鼓励在疫情持续期间的投资活动，但由于缺乏完善的疫情阻断机制，其财政、货币和金融政策可谓治标不治本。

疫情发生以来，为杜绝疫情传播而实施的"封城""停工"，减缓了中国的经济发展速度。为尽可能减小疫情带来的负面影响，疫情期间中国政府实施了一系列财政与货币政策，同时还采取了多种措施来帮助经济受到影响的单位及个人渡过难关，如延迟偿还贷款、放宽线上贷款的规模限制以及针对符合条件的中小型企业和家庭的其他信贷支持措施。在外汇市场方面，中国政府允许汇率灵活调整。在宏观审慎评估的框架下，银行、非银行和企业的跨境融资的上限提高了 25%。另外，中国取消了对外国机构投资者（QFII 和 RQFII）投资额度的限制。

值得注意的是，美国在此次疫情中虽然表现欠佳，但美元作为一种特殊的国际货币呈现出较高的避险属性，因此即使美国受疫情影响巨大，股市、金融市场起伏明显，但美元仍能维持在一个较稳定的汇率水平，甚至小幅度增值。可以预见的是，疫情结束之后，各国都将实施经济刺激计划，国际市场对中国出口产品的需求将会迅速增加。

为了应对疫情结束后的全球经济复苏，中国政府应在保证疫情稳定的前提下重点鼓励外贸行业的生产，提前建立出口优势以防止因外币市场变化导致的人民币汇率波动。另外，中国政府应延续积极的财政政策及稳健且更加灵活适度的货币政策，以促进国内市场的复苏。

（原文刊发于《中国银行保险报》2020 年 6 月 1 日。作者：孙兆东、李桐波，原文略有修改）

金融应着力"六保"确保"六稳"

在百年不遇的新冠肺炎疫情冲击下，国际、国内的经济发展都面临前所未有的挑战，我国必须充分估计困难、风险和不确定性，切实增强紧迫感，抓实经济社会发展各项工作。2020 年 4 月 17 日召开的中央政治局会议强调，在疫情防控常态化前提下，坚持稳中求进工作总基调，坚持新发展理念，坚持以供给侧结构性改革为主线，坚持以改革开放为动力推动高质量发展，坚决打好三大攻坚战，加大"六稳"工作力度，保居民就业、保基本民生、保市场主体、保粮食能源安全、保产业链供应链稳定、保基层运转，坚定实施扩大内需战略，维护经济发展和社会稳定大局，确保完成决战决胜脱贫攻坚目标任务，全面建成小康社会。

金融作为现代经济的核心，在疫情面前更要有"金融大义"。只有中国经济长盛不衰，才有金融业的健康可持续发展，经济出现困难时金融业应发挥责任担当，各类金融机构应积极作为和发挥扛鼎之力。金融机构一定要自觉对国之大者心中有数，自觉关注党中央在关心什么、强调什么，深刻领会什么是党和国家最重要的利益、什么是最需要坚定维护的立场，切实把增强"四个意识"、坚定"四个自信"、做到"两个维护"落到着力"六保"确保"六稳"行动上来。金融机构尤其要树立"救经济就是救自己"的理念，金融企业要加大逆周期主动作为和有效管理，以高度社会责任感，服务好国家经济、企业自身、对公和对私客户，持续优化金融生态，确保经济生态不断向好。

金融机构要奋力落实好对居民就业、基本民生、市场主体、粮食能源安全、产业链供应链稳定、基层运转任务的金融支持，扎实做好稳就业、稳金融、稳外贸、稳外资、稳投资、稳预期工作，持续优化金融生态和经济生态。在居民就业方面，金融机构应当用创新思维，积极开拓新的就业空间，拓展新金融岗位，吸纳应届毕业生；通过金融产品，如用失业保险等救助失业者，用信贷产品等帮助居民就业或创业。在保障基本民生方面，金融机构可以通过大数据等金融科技手段提供"数字信用"贷款或失业保险偿付等，助力保障基本民生。在市场主体方面，金融机构要积极落实信贷展期、续贷和扩贷等政策要求，创新银保联动，千方百计地为市场主体提供复工复产所需的金融支持，帮助企业客户渡过难关。在粮食能源安全方面，金融机构应积极推动"三农"的金融支持。无论是政策性金融还是商业性金融，都应积极发力涉农支持，如采用贴息贷款等政策，大力支持涉农领域，降低农业生产成本和风险，提高农业生产收益。对于能源行业，金融机构要主动保障能源的生产、流通、经营和储备，尤其是更多地运用金融衍生产品，如套期保值和期权期货等衍生产品工具，为企业客户提供保障能源价格稳定和适时储备的金融支持。金融机构要积极保障产业链供应链稳定，尤其要在"固链、补链、强链"上帮助企业，用供应链金融手段，保障客户上下游稳定，更好地帮助客户，稳定市场预期。在做好基层运转的金融支持方面，金融机构特别是分支机构，要更好地参与和服务好本地疫情防控，助力自身、客户、社区居民的生活和工作有序运转，保障民生稳定。

中国经济发展的大局是统筹推进新冠肺炎疫情防控和经济社会发展、打赢脱贫攻坚战。金融机构必须着力"六保"确保"六稳"，努力做好复工复产、稳定就业，牢牢守住金融系统性风险防控的底线，确保不发生系统性风险。金融机构要努力探索做好对外企、外资的金融支持，更好地稳外贸、稳外资。金融机构要积极主动地落实好货币、信贷政策，更好地起到稳投资的作用。金融机构来护航中国经济，那么企业和民众对国家经济发展的预期就会更好、信心就会更足。

总之，金融机构扎实做好"六保"确保"六稳"，是应对各种风险挑战、保持经济社会大局稳定的重要保障。各类金融机构积极主动地持续做好"六保""六稳"工作，我国经济的巨轮才能劈波斩浪，我国金融才能更加稳中向好、长期向好、行稳致远，驶向金融高质量发展的彼岸。

（原文刊发于《中国银行保险报》2020 年 4 月 30 日，原文略有修改）

从战"疫"经验学会产学研用

　　2020 年 3 月，新冠肺炎疫情防控总体形势持续向好，防控和救治效果明显，救治压力正在减轻，复工复产持续，经济社会发展加快恢复。事实表明，党中央、国务院针对新冠肺炎疫情作出坚决打赢疫情防控的人民战争、总体战、阻击战的决策是非常英明和有效的。回顾过去的 3 个多月，在全国疫情防控和救治上，有很多值得总结的成功经验。笔者认为，这场抗击新冠肺炎战"疫"，我们看到了产学研用的重要意义和实践价值，产学研用合作工程理应成为未来中国各行各业合作攻坚、提质增效以及中国经济走上高质量发展之路的新发展模式。

　　从医疗救治诊疗方案看，新冠肺炎疫情防控和救治充分体现了产学研用合作的高效率。事实上，自从 2020 年 1 月 16 日国家卫生健康委员会发布《新型冠状病毒感染的肺炎诊疗方案》（以下简称《诊疗方案》），到 2020 年 3 月新冠肺炎诊疗方案已经更新至第七版，一版比一版深化，一版比一版科学有效，从诊断标准、临床分型、鉴别诊断乃至重症和轻症的诊疗方案，都已经出台了更详细的指导办法。回头看，几乎每周出台和更新一个诊疗方案版本，相比之前的诊疗方案，每次更新都会把前期很多的临床实践融入新的诊疗方案中，包括病理结果以及新确认有效的手段和药物，还包括将康复的一些内容纳入诊疗方案当中。诊疗方案使得医务人员在患者的医疗救治当中，既能够促进康复、促进治愈，同时也不断提高了病患恢复健康的水平。值得注意的是，与 17 年前的"非典"（SARS）的防控和救治相比，我国的医疗行业反应和救治效率有了一个较大跨度的进步，而其中产学研用合作和联动组织作用显得尤为突出。

　　其实，产学研用合作也是各行各业解决实际问题的有效手段和方法。产学研用是一种合作系统工程，字面意思就是生产、学习、科学研究、实践运用的系统合作。从医疗方面讲，诊疗方案正是产学研用合作的结果，是充分利用医患病例、科研单位、药品生产等多种不同主体环境和医疗资源以及在人才方面的各自优势，把以诊疗实践和解决实际问题作为以直接获取实际经验和实践能力为主的生产、科研、人才培养等实践有机结合的产学研用相结合的成果。

　　进一步讲，金融行业产学研用合作系统工程同样具有重要意义。我国金融行业正面临强化"稳就业、稳金融、稳外贸、稳外资、稳投资、稳预期工作"，面对对外更加开放及疫情全球蔓延下的金融政策调整的输入性挑战，同时也面临金融科技、人工智能、大数据和数字化等技术创新与迭代所带来的新时代、新金融、新生态的挑战。新形势要求金融机构要勇于面对高质量的发展要求，积极探索创新新的发展方式，提高金融行业的交叉学科集成应用能力。这就要求金融机构有快速学习的能力，有敏捷应变的能力。本质上要求金融机构在复杂快速和高质量发展中，充分运用好产学研用合作的系统工程，边科研、边经营、边服务，不断通过科研赋能人才培养，使金融机构获得持续创新和持续发展的竞争力。

总之，危难之时见真功，产学研用见效用。产学研用联合攻关不仅能让我们战胜突发公共卫生事件带来的危难，而且可以解决金融行业发展的难点痛点问题。

（原文刊发于《中国银行保险报》2020年3月12日，原文略有修改）

公共产品和服务需政府调控与市场化结合

新冠肺炎疫情被列为国际关注的突发公共卫生事件。这次疫情发生以来，党中央高度重视，习近平总书记亲自部署、亲自指挥，有效调动全国公共资源，坚决打赢疫情防控的人民战争、总体战、阻击战。我们坚信此次战"疫"必胜，但同时也引发了我们对我国公共产品社会化服务的思考。公共产品的社会化服务是完全由政府调控还是发展市场化更经济、更有效？在我国现代社会治理建设和改革中，公共产品需要怎样的全新运行机制，才能更好地满足公共产品社会化服务的需要？

政府参与社会服务的调控，即在政府的引导下，对经济进行预测和规划，制定国民发展战略，优化资源配置，对社会结构进行调整并合理布局生产力以及调节收入分配。政府参与社会服务的调控有利于推动经济持续增长，避免发展的盲目性等问题，给社会发展造成危害。市场化是指通过市场配置社会资源的形式，即市场主要分为买方和卖方两个部分，价格由一般的供求关系所决定，不受政府约束。市场中的交易行为都是开放、自主平等的行为，自然会存在竞争关系，不仅是买方选择卖方，也是卖方选择买方的过程。卖方通过不断提升自身产品或服务质量，获取买方的青睐；同样地，买方也要提升自身的财力或能力，取其所需，才能相互促进。

政府调控和市场化相结合，不仅可以弥补两种模式的不足，还能在更大程度上发挥它们的优点。政府调控是以政府为主导，而市场化发展是以消费者为主导。如果社会运行中没有政府宏观调控，则会出现经济乏力、发展方向不明确的局面，最终导致社会发展的缓慢和滞后，这一点在美国经济危机中也得到了印证。另外，如果没有消费者的引导，完全由政府负责，权力过于集中，也会出现市场疲软、企业发展过程中动力不足的状况，进而阻碍了社会的稳步健康发展。因此，政府调控和市场化的结合才是中国社会主义经济建设的发展方向。

在社会服务领域，为了保证社会发展的稳定运行，需要政府的介入来制定规则，并进行严格的监管，落实政策。在保障基本需求、市场稳定有序的前提下，在一定程度上鼓励市场竞争，可以促进更高质量的服务，推动产品技术的发展。

经过多年的发展，我国在社会服务方面稳步向前发展，但还存在着一些问题。这里以医疗方面来举例。看病就医是社会服务中最重要的部分之一，我国自2009年3月17日开始实施"新医改"，其目标分为两类：一是近期目标，即有效减轻居民就医费用负担，切实缓解"看病难、看病贵"的问题；二是长期目标，即建立健全覆盖城乡居民的基本医疗卫生制度，为群众提供安全、有效、方便、廉价的医疗卫生服务。

"新医改"历经十年的发展，解决了很多问题，但是一些问题依旧存在。第一，政府将医疗机构推入了市场，让其适应市场规律，自行承担盈利和亏损。第二，政府对医疗机构投入的资金不足、供给能力偏弱，导致大部分医院为了维持其正常运行和收入，不得不"以药养医"来获取资金，使之变成了医院在市场化中追求利益最大化的工具，医疗机构丧失公益性，没有有效减轻群众看病就医的负担。

不同城市及区域之间，医疗资源分配不均，北京、上海、广州等一线城市集中了全国最先进的医药人才和诊疗设备，而经济欠发达地区医疗设施远远达不到这一水平，满足不了需求。偏远地区、农村的医疗卫生资源更为短缺，看病难、吃药难的问题较为普遍。这种缺医少药的问题，使一些地方的治病、防疫能力不断下降。

总体来说，公立医院应该减少"市场化"，不能将利益最大化放在首位。一方面，政府应当实施监管，因地制宜制定药物价格，合理抑制药品价格上升；应给予公立医疗机构足够的资金补贴，并且确认资金落实到医院的日常经营运作，避免医院再靠药品来获取高额利润。另一方面，群众普遍认为先进的医疗机构集中在一线大城市，一旦生病了就会去大城市看病，而其本身得的病也并非什么疑难杂症。因此，政府需要增加各个城市、乡镇的医疗资源，提高其基本医疗水平。这样才能切实解决"看病难、看病贵"的问题。

（原文刊发于《中国银行保险报》2020年2月20日，作者：孙兆东、高乃晴。原文略有修改）

美元指数走强对我国的影响及应对

2018 年 5 月底，美元指数一度突破 95.03，这是美元指数于 2018 年 2 月 15 日探底至 88.2 后，仅百日时间上涨 7.7%，一路走出强势反弹。2018 年以来，美元指数再次走出强势，美元指数的快速走强对发展中国家造成重大影响。就我国经济金融稳定而言，我们有必要分析美元指数上涨的成因，研判下一步走势，并做好应对准备。

美国经济主导美元指数变强

美国与欧盟、日本等经济相对强弱是决定美元指数（USDX）走势的最大因素，美元指数是以全球各主要国家和地区与美国之间的贸易结算量为基础的。其中，欧元权重占 57.6%、日元占 13.6%、英镑占 11.9%、加拿大元占 9.1%、瑞典克朗占 4.2%、瑞士法郎占 3.6%。经济周期不同步导致货币政策不同步，货币政策不同步导致利差变化，利差变化驱动汇率变化。1980—1985 年与 1995—2001 年两轮美元指数上涨，基本国际经济格局是美强欧弱或美强欧日弱，货币政策差异性较大，是利差扩大所致。

2008 年全球金融危机以后，美国经济复苏快于欧盟和日本，货币政策趋于收紧时点也早于欧盟和日本，美元指数于 2014 年中后期震荡上涨。利率、汇率市场的投资者群体不同，对经济趋势、货币政策预期也不同，利率、汇率走势时常会发生偏离。2017 年，欧元区、日本经济复苏明显，汇率市场预计通胀迟早会上行，欧洲央行在退出量化宽松上有所行动，日本央行行动预期却较晚。同时，美联储货币政策正常化按预期进行。因此，尽管美国与欧元区、日本利差持续扩大，但美元指数仍然持续了下跌趋势。

2018 年以来，美国经济健康程度仍相对强于欧盟和日本，美元指数反弹走高。美国就业相对充分，经济运行在潜在增速之上。"税改"等"特朗普政策"正向作用正在发挥。美国市场预期通胀率持续上升至 2.1%，高于美联储中长期通胀目标。同期，欧元区内部成员差异性仍较大，德国经济数据较好，意大利等经济压力仍然较大。欧元区经济闲置产能比预期大，通胀有较大上行压力。欧洲央行退出量化宽松仍未有动作，时间比预期延后。日本经济复苏主要源于外部需求好转，内部需求依然偏弱。汇率市场对欧洲央行、日本央行退出量化宽松的预期逐渐消退。由此欧元兑美元贬值回落，日元则相对稳定，美元指数反弹走高，汇率向利差走势靠拢。

"特朗普政策"助推美元指数走强

特朗普政府的"税改"、制造业回流、贸易保护、能源政策等政策组合，即"特朗普政策"均立足于全球经济蛋糕切割，存量博弈色彩比较明显。税改降低企业成本，促进制造业回流，但短期内增加了财政赤字，需要发债弥补。据美国国会预算办公室（CBO）测算，美国预算赤字到2020年年底将超过1万亿美元，较此前估计提前两年达到这个关口。贸易保护提高关税壁垒，强迫其他国家更大范围开放市场，减少美国贸易逆差。2018年以来，美联储"加息缩表"及财政部增加发债，正在推动美元利率上升。美国利用中美贸易摩擦等事件，扩大出口、减少进口，以缩减贸易逆差，这可能造成美元对外输出减少，美元流动性在全球范围内收缩。市场担忧这两个因素会继续发酵，客观上也助推了美元指数上涨。此外，美国中东战略等部分地缘政治策略跟随能源政策调整。其中，美国、沙特等合谋调整石油出口份额，促使油价升高。沙特进行经济转型，减少对石油出口的依赖，美国则力促本国石油出口。2018年5月，美国更是退出伊核协议。在美欧经济强弱不同的情况下，油价上涨对美国通胀预期的助推更强，利率上涨预期也更强，这进一步利好于美元。

美元指数仍有走强空间

全球主要经济体的花旗经济意外指数均呈回落态势，欧盟、日本的花旗经济意外指数则大幅回落至0以下，表明2017年以来全球经济复苏的局面难以持续。如果在全球经济回落过程中，美国经济持续强于欧盟、日本，美国与欧盟、日本货币政策差异性持续，从而利差持续扩大，美元指数下跌概率较小，反而震荡上涨概率较大。另外，除美元利率上行、美元指数走强外，美国国债收益率期限利差正在持续收窄。在历史上，期限利差倒挂通常预示经济衰退。这是由于短期国债收益率受货币政策影响大，而长期国债收益率与投资者对通胀和增长的预期有关。在经济周期后期，投资者对经济前景预期不乐观，导致长期利率上行速度慢于短期利率，或者利率停止上行。从1955年以来期限利差倒挂成功预测了9次经济衰退，仅有一次错误。其中，最近两次是2000年互联网泡沫破裂、2007年次贷危机。期限利差倒挂通常领先经济衰退6~24个月。美国2年期国债收益率上行至2.5%，10年期国债收益率处于3%左右，10年期国债与2年期国债的期限利差仅50个基点。由于美国是全球最终需求的重要来源，全球经济复苏前景不容乐观。鉴于欧盟、日本经济颓势已现，欧洲央行、日本央行可能已没时间恢复货币政策正常化。

美元指数持续强势对我国的不利影响

美元指数上涨容易引发新兴市场金融危机。在近10年的长期宽松货币政策助推下，新兴市场外币借款增加较多。根据国际金融协会的统计，2017年新兴市场外币借款增加8 300亿美元，总量达到8.3万亿美元的历史新高。美元指数上涨和利率上行的影响已初露端倪，部分脆弱新兴市场外债负担上升、汇率贬值。2018年

4月底以来，投资者担心美元升值影响阿根廷外币债务偿付，比索兑美元急速贬值，5月3日当天一度日内下跌了7.8%。阿根廷央行连续三次加息，累计上调幅度达1 275个基点。此外，截至2018年5月17日，土耳其里拉兑美元相对4月初已贬值17%，俄罗斯、巴西、墨西哥货币相对美元贬值逾7%。2018年1~4月，我国对"一带一路"倡议沿线相关国家和地区的新增投资合计46.7亿美元，同比增长17.3%。在"一带一路"倡议沿线国家和地区新签对外承包工程合同额为288.3亿美元，占同期总额的47%；实现营业额为242亿美元，占同期总额的54%。在美元指数上涨及利率上行影响下，如果"一带一路"倡议沿线相关国家和地区发生汇率剧烈波动，甚至发生金融危机，将给我国企业带来较大风险。

与大多数新兴经济体相比，我国外债比重远低于内部债务比重。因此，美元指数上涨对我国风险主要在于国内高债务。虽然我国宏观杠杆率仍较高，但结构性问题突出。非金融企业部门和地方政府隐性债务问题仍未解决。2017年，国有及国有控股工业企业资产负债率达到60.4%。以2 000多家城投债发行人测算，截至2017年第三季度末，其有息债务规模达到24万亿元左右，同比增长13.9%。债务高企情况下，利息支出负担较重，再融资压力较大。高杠杆下，金融风险仍处高发易发期。2016年下半年以来，金融监管延续加强态势，金融体系杠杆适度下降，金融系统性风险下降。随着整治金融乱象、地方政府债务清理等深入推进，相关领域企业再融资能力下降。部分民营企业、融资平台、中小房地产公司违约风险显现，影子银行等出现流动性风险概率也在上升。

近年来，美元指数、中美利差与人民币兑美元汇率相关性增大。我国经济名义增速呈回落态势，10年期国债收益率下降至3.67%，美国10年期国债收益率上升至3.06%，中美利差收窄至61个基点左右。如果美元指数再持续表现强势，人民币利率和汇率将进一步承压，导致我国货币政策空间将有被动紧缩压力，可能对国内债务与资产价格产生不利影响。

积极应对美元指数持续上涨

总体上，我国应适度扩大总需求，稳住经济增长速度，保持稳健中性的货币政策，与美国保持适当利差，尤其要在货币政策上充分考量影响因子，更多地兼顾高债务脆弱性，更加审慎使用价格工具。

首先，我国要坚定稳妥地推动宏观杠杆率稳定和逐步下降。一是降低非金融企业部门杠杆率。我国应推动企业兼并重组，特别是针对国有企业集中的产能过剩领域；补充银行资本金，加快不良贷款处置速度，核销部分"僵尸企业"不良贷款。二是控制居民杠杆率的过快增长。我国应继续遏制房地产泡沫化，管控个人购房贷款的非理性增长。三是整顿地方政府隐性债务。我国应加大改革力度，强化地方平台类企业的预算约束，控制债务增量；发挥好地方金融资产管理公司的作用，处置地方隐性债务存量。四是保持积极财政政策取向不变。我国应调整优化财政支出结构，确保对重点领域和项目的支持力度，压缩一般性支出，提高资金使用效率。

其次，我国要主动化解股票、债券、汇率等金融市场风险点，提高抵御外部冲击能力。我国应化解金融严监管、流动性退潮对股票市场的冲击，有效疏导市场风险点；通过逆周期调整质押率等手段，控制回购市场杠杆率；及时处理好债券违约问题，防范被动紧缩引致金融机构流动性风险；深化人民币汇率形成机制改革，审时度势做好人民币汇率逆周期调节；完善跨境资本流动的宏观审慎管理，强化微观市场的监管体系，构建风险预警和响应机制，防范跨境资本流动风险。

最后，除防范化解美元指数上涨可能引致的金融风险外，我国应更加重视汇率波动和人民币国际化发展。一是继续完善服务于实体经济的外汇市场。我国应建立健全开放的和有竞争力的外汇市场，为企业提供外汇衍生品工具，引导实体企业管理汇率风险。二是政府需要建立和完善中国对外投资保护框架，做好人民币国际化的长远考虑。三是企业需要建立有效的风险管理体系，提高危机应对能力。为了规避对外投资的汇率风险，企业应密切关注投资国的财政、金融、外汇、贸易结构等的变化，及时跟踪投资国的政治稳定等形势。

（原文刊发于《建设银行报》2018年6月15日，作者：孙兆东 刘立金。原文略有修改）

经济全球化不可逆

经济全球化，从形式上看，是经济活动超越国界，通过对外贸易、资本流动、技术转移、提供服务、相互依存、相互联系而形成的全球范围的有机经济整体的过程。

20世纪下半叶，联合国、世界银行、国际货币基金组织、世界贸易组织等世界范围的组织机构建立了新的市场经济规则。在这种新规则下，更多的国家和企业参与到国际贸易和投资中来，加之信息技术革命的推动，世界经济越来越融为一体。

一把双刃剑

一个客观事实是，在经济全球化过程中，我们品尝到经济高速增长的甘甜，也体味过大范围经济失衡带来的苦果，说它是一把双刃剑也并不为过。

毫无疑问，经济全球化推动了全球生产力大发展，加速了世界经济增长，为少数发展中国家追赶发达国家提供了一个难得的历史机遇。对发展中国家而言，现代化的核心内容是补上工业化的课程。在全球化分工下，凡是对外开放的发展中国家，无不参与到全球制造业分工中，工业化进程明显加快。

与此同时，在经济全球化过程中，各国经济的相互依赖度空前加强，不少国家的对外贸易依存度非常高，个别国家甚至达到60%。在这种环境下，危机的扩散性传染便不可避免，全球经济不稳定性表现明显。

2008年由美国次贷危机引发的全球性金融危机就是这种不稳定性的例证。美国次贷危机产生后很快传染到冰岛及欧洲其他地区，扩散至越南等东南亚国家，从而形成严重的地区性金融危机，随后又波及拉美地区，形成了全球性金融动荡。经济全球化进程中，金融危机频发，如20世纪60年代的美元危机，20世纪70年代的布雷顿森林体系的瓦解，20世纪80年代的拉美债务危机，20世纪90年代的欧洲货币体系危机……

进入21世纪，特别是全球性金融危机以后，全球经济增速放缓，以贸易保护主义为代表的反全球化现象浮现。

反全球化是现象而非本质

推动反全球化的因素在2016年层出不穷：2016年年初，全球金融市场异动，加之年中的英国脱欧公投，年末美国当选总统特朗普拟废除《跨太平洋伙伴关系协定》（TPP）、欧洲难民危机等。一些国家实施的自由贸易的歧视性政策措施也日趋多元，反全球化和"去全球化"力量急速上升，全球贸易保护主义压力持续积累，经济全球化似乎正在经历强烈扰动。

反全球化是美欧等西方大国，面对地缘政治和发展中国家利益再平衡格局所做出的收缩性调整。这一战略收缩是基于全球化进程中对其自身利益的保护，也是涉及经济问题与政治问题、国内问题与国际问题诸多方面的调整和再平衡策略。这一战略收缩的根本原因是发达国家经济发展面临挑战，内部收入不平等问题加剧。

但是，我们也应该清楚地看到，把全球经济增速放缓、难民危机等困扰世界的问题简单归咎于经济全球化，既不符合事实，也无助于问题解决。

反全球化只是现象而非本质。英国脱欧、欧洲国家民粹主义抬头、贸易保护主义势头上升等，都是上层建筑领域内的行为，是经济基础中问题的反映，而不是全球化经济发展规律本身。

经济全球化主要是基于生产力发展、社会分工扩大而产生和发展的，是一种经济规律。所有的政治行动、政党主张、政治人物竞选纲领以及所有的贸易安排都是上层建筑，它们反作用于经济基础，但不可能决定经济基础。因为经济基础才是最终决定上层建筑的因素。在世界经济已经是你中有我、我中有你的格局下，经济全球化作为一种经济规律也不会逆转。

事实是，在英国脱欧公投和美国大选以后，我们也听到了一个声音——"再全球化"。作为世界第二大经济体的中国，在"再全球化"的过程中将会起到东方引擎的作用。

东方引擎

习近平主席在出席世界经济论坛 2017 年年会时，发表了题为《共担时代责任 共促全球发展》的主旨演讲，宣布了推动经济全球化的中国担当和中国方案。

2016 年，中国经济扮演了世界经济增长"主引擎"的角色，从贸易、市场、投资等渠道为世界经济提供了有力支撑。国际货币基金组织的数据显示，中国 2016 年对世界经济增长的贡献高达近 40%，美国的贡献为 0.3%，欧洲的贡献为 0.2%。在国际直接投资遭遇逆风时，中国仍是全球最具吸引力的投资目的地之一。2016 年 1~11 月，中国累计对外投资额达到 10 696.3 亿元，较 2015 年增长 55.3%。随着"一带一路"倡议落实和亚投行运营，中国对外投资规模和领域进一步拓宽。从吸引外资角度来看，2016 年中国实际吸收外资（不含金融领域）约为 7 850 亿元，连续 25 年居发展中国家首位。

当前全球经济增长趋缓，有短期风险的冲击，也有长期结构的失衡。在世界充满复杂因素和不确定性的背景下，放眼全球，中国作为全球化的支持者，作为世界第二大经济体，有责任并且有能力扛起全球化的大旗。

在全球新的经贸治理体系形成前，各个国家都将面临诸多挑战。对中国而言，最好的应对是"应势而为、勇于担当"，积极开拓经济增长新空间，为世界经济和贸易增长做出贡献。

对中国经济来说，通过改革筑牢增长根基，深化对外开放、金融体系改革等取得重要成效。经济新常态下，尤其是服务业迅速崛起，中国新的增长动能不断涌现。中国要练好"内功"，经济"底气"更足才能在世界经济中发挥中坚作用。

值得注意的是，特朗普认为美国制造业衰退是因为从中国进口的廉价产品增加，强调要通过"高关税"和"修正人民币贬值"来恢复美国国内就业。中美之间的贸易摩擦为2017年的世界经济带来不确定性，而反全球化、强行推行贸易保护主义无法实现经济的繁荣和生活的富足，反而很可能导致狭隘的国家主义在全球盛行，因此中国应寻求更加广泛的国家出口贸易合作伙伴和推出多方共赢的贸易规则。

（原文刊发于《英大金融》2017年第2期，原文略有修改）

能源转型应充分利用"碳金融"工具

2015 年 12 月，巴黎气候变化大会最终达成《巴黎协议》，对全世界传统能源结构转型提出了更多新的、实实在在的要求。中国承诺，碳排放在 2030 年达到峰值。这就需要我们在未来 15 年内，在能源转型方面下很大功夫：一是强调传统能源利用的清洁化，加大技改投入，使硫、碳、氮等各种排放持续下降。二是向新能源转移，因地制宜发展风能、太阳能、地热能等，实现能源结构性转型。三是能源企业在转型过程中要充分使用碳金融工具。碳金融旨在用金融手段实现低碳经济的发展目标，促进能源转型。四是能源企业在转型过程中要充分考虑到"走出去"和国际化的因素，要从全球环境协议的要求出发，布局全球能源。同时，能源企业转型一定要紧盯全球能源利用的领先技术以及保持互联互通，在全球发展的大趋势中找到自己的定位，进而取得国际市场领先地位。

中国应因地制宜采用碳金融和碳税工具

碳金融和碳税都会对调控碳排放起到一定作用，但两者的作用机理和方法不同。碳金融和碳税恰好类似于供给侧和需求侧，碳金融作用于供给侧，而碳税更多地作用于需求侧。碳金融和碳税一个前端，一个后端，两者从不同的维度去解决同一个问题，目的都是促进节能减排，让能源更清洁。如果提政策建议，笔者认为，中国对两种方法都可以尝试。

但笔者认为，碳税不应该是一个普遍现象，因为在当前经济形势下，为企业减负是必然的，加税可能会有一定难度，所以碳税一定要配合结构性的财税体制改革推进。对于那些没有完成减排指标，又不愿意转型的高耗能、高污染企业，国家就需要施以重税，逼迫其转型。当然这个税不只是碳税，还应包括资源税等。在这种情况下，企业就应该学会用碳金融的方法节能减排或促进技改。

碳金融更趋向于市场，买卖由国家核定，是一个行政政策。一旦核定，大家都遵守了，后端操作就是趋于市场化的。但碳税趋于强迫性，更有行政命令和强制性特点。多种方法都有助于实现中国 2030 年减排目标，但要区别运用。碳税对那些完不成任务，或者拒不完成任务的企业有惩罚性，对于积极执行减排的企业，国家应让其获益。当然，我国可以考虑实行地区性碳税政策。

有必要统一碳交易市场，更好地调控碳排放

从宏观意义上讲，碳金融能促进能源企业特别是高耗能、高排放企业节能减排。只要节能减排了，企业就可以减少购买超额减排量，也就会主动进行节能减排及技改。但是，企业也可以不减排，购买碳减排量。

事实上，中国现有七个碳交易市场，这并不利于全国整体减排。为什么？哪个市场的交易价格低，企业就会到哪里购买，之后照样排放，也就达不到减排效果，甚至会适得其反，甚至形成污染转移。《巴黎协议》，包括之前的《京都议定书》和《中美气候协议》，都已经表明治理环境污染和减排是全球共同的责任。因此，中国应建立统一的碳交易市场。从国际竞争角度讲，中国也应该统一碳交易市场，只有这样才能建立有国际影响力的碳交易市场，与欧盟、美国的碳交易市场形成三足鼎立之势。金融手段能够解决全球减排问题，同时也能够通过碳金融市场建立中国在国际能源市场定价方面的影响力，因为发达的碳金融交易市场终将会影响到能源产品的价格。

正确认识碳金融工具的弊端

碳金融是采用金融政策促进节能减排，其弊端在于风险，既有政策调整风险，又有碳汇风险以及如《巴黎协议》发生改变使得大家不再重视碳减排等风险。这些风险的存在，可能会使原来的做法戛然而止，甚至被颠覆，又回到传统"能源为王"的时代。笔者希望碳金融不复存在时，是全球清洁能源利用起码占 1/3 以上的时候，尽管那时传统能源占比还会过半，但已能通过技改实现有效减排，变成低碳清洁的能源了。到那时，碳金融可能也就没有存在的必要了，碳税也是如此。

碳金融和碳税，包括环境税都只是中国治理环境污染的手段之一，各行各业应履行的社会责任就是要学会使用这些手段，特别是碳金融，主动节能减排，共同打造低碳环境。大家应该达成共识，即使用清洁能源是一种光荣。

行业复苏或是碳税推出的时机

中国政府已表示 2017 年将启动全国统一碳交易市场，但是碳税仍在酝酿过程中。当能源价格上涨、经济企稳且快速恢复上涨时，能源需求增加，能源企业利润增加，在这种情况下使用税手段，促使其节能减排，或许更符合时机。

怎么评价时机合适呢？要看经济增长。中国的战略转型如果到位，笔者认为，经济企稳回升的可能性是有的。如果"一带一路"倡议深入推进，每年可拉动中国国内生产总值增长约两个百分点。同时，我们还有很多新的经济增长动力，如互联网、智能化等，如果这些经济引擎真正发挥作用，可能至少拉动国内生产总值增长约一个百分点。纵观 2016 年的中央经济工作会议，2016 年的五大任务——积极稳妥化解产能过剩、帮助企业降低成本、化解房地产库存、扩大有效供给、防范化解金融风险等，这些均会在 2016 年发挥作用，笔者认为，2016 年经济增长会企稳，后半年甚至可以复苏。

但是能源行业普遍预测 2016 年经营会更惨淡，这是由于能源行业发展会滞后于经济复苏，这是规律。能源行业还会有下一轮复苏。事实上，淘汰落后能源，淘汰高耗能、高污染能源，发展清洁能源是大势所趋。那么，下一轮复苏中谁先得利？是低成本、高利润的清洁能源，这也是能源结构转型的必然结果。可以预期的是，如果不存在结构调整的话，能源行业复苏滞后期会比较短，半年或一年，就会伴随经济复苏而复苏。现在由于进行能源结构调整，能源行业复苏可能会需要一到两年时间，也就是在 2017—2018 年复苏。

从总体上看，能源整体价格的下跌，正是能源行业调整结构的契机。因为传统能源价格的下跌，部分应用领域产生了所谓的能源逆替代现象，其实就是非常态。如果国家不采取措施，如碳金融、碳税，那么在本轮经济复苏过程中，就会不利于新兴能源发展。我们要遏制逆替代现象的出现，如果等下一轮经济复苏了，人们又大量使用低价格的煤，那么就要采用碳金融加以平衡，增加高耗能、高污染行业的成本，实现正向淘汰。

应对气候变化、节能减排，政府的作用至关重要

政府部门的决策就在于其看重的是短线、中线还是长线。就节能减排而言，笔者认为，政府更多应着眼于中长期。《巴黎协议》就是一个典型例子，近 200 个国家和地区，各方认识水平是不一样的，最终仍能达成共识。中国也是一样，中国的 34 个省（自治区、直辖市）一定要提高认识。要知道，减排不仅是国家的事，地方政府对于调整、优化能源结构、减少雾霾，责无旁贷。中央政府不能只考核地方政府的地区生产总值，也要将节能减排指标纳入考核体系。国家核定减排额不仅要有行业、企业的维度，也要有区域的维度。区域的维度指的是对地方政府要进行多维度考核，甚至可以考核某地区内是不是应用了碳金融或碳税手段。

（文章主体内容来自《中国能源报》专访，发表于 2016 年 1 月 27 日，原文略有修改）

碳金融助力中国承担更多减排责任

第21届联合国气候变化大会（又称巴黎气候大会）于2015年11月30日至12月11日在巴黎北郊的布尔歇展览中心举行。会议的目的是促使196个缔约方形成统一意见，达成一项普遍适用的协议，并于2020年开始付诸实施。

按照气候谈判的计划，巴黎气候大会是继2009年后又一重要时间节点，将完成2020年后国际气候机制的谈判，制定出一份新的全球气候协议，以确保强有力的全球减排行动。因此，巴黎气候大会也是近年来最为重要的一次。

首先，与6年前相比，此次会议与之前最大的不同在于气候谈判模式已发生根本性转变：自上而下"摊牌式"的强制减排已被自下而上的"国家自主贡献"所取代。目前，全球已经有160个国家向联合国气候变化框架公约秘书处提交了"国家自主减排贡献"文件，这些国家碳排放量达到全球排放量的90%。此举让各国在减排承诺方面具有自主权和灵活性，谈判压力骤然减小。

其次，大国合作意愿更为强烈。中国与美国、欧盟、巴西、印度等已就气候变化签署了多项双边声明，提前化解了此前纠缠谈判进展的诸多分歧。中美之间还总结了2009年哥本哈根气候大会上公开争论影响谈判气氛的教训，通过双边对话增加理解，避免在谈判场合相互指责。

再次，关于气候变化的科学认知更深入。联合国在2013—2014年发布了第五次气候变化科学评估报告，对全球变暖受到人类活动影响的可能性由之前报告的"非常高"（概率在90%以上）调高至"极高"（概率在95%以上）。

最后，国际社会都在思考哥本哈根气候大会的教训，对谈判的期望值更趋理性务实。

巴黎气候大会于2015年12月12日公布全球气候协议，各国将在全球变暖的问题上达成明确一致的长期目标。中国已经在节能减排的工作上主动承担起更多责任。中国需要加快建立碳减排交易市场及与其相适应的碳金融体系，以碳金融手段支持节能减排和产业结构调整、化解产能过剩和解决环境危机。

中国已经开展了7个省（市）碳排放权交易试点工作。中国气候变化事务特别代表解振华在巴黎气候大会期间称，中国正在加速建设全国碳排放权交易市场，2016年将重点推进碳排放权交易的立法工作，开展碳排放权配额分配等工作，将争取2017年启动全国碳市场。

随着这 7 个碳排放权交易市场的建立，我国碳金融交易产品也不断涌现，交易产品的价格波动等风险也同时暴露出来。与金融的核心是风险管理同理，碳金融的核心是低碳交易的风险及其防控。中国碳排放权交易和碳金融试点处于起步阶段，急需厘清市场风险，依据风险价格模型通过逆向建模设计出更为丰富的、不同风险特征的市场交易产品和衍生产品。

"绿色"是中国的五大发展理念之一。低碳经济需要低碳技术的革命性突破，需要金融行业的资金支持。因此，中国启动全国碳市场急需构建适合中国低碳经济发展的碳金融支持框架和统一的碳交易平台。

然而，目前碳金融市场是一个新兴的还未成熟的市场，而此前国际有关碳减排的多次会谈未能达成共识，这给碳交易市场尤其是在国际碳合作前景上蒙上了一层阴影。政策风险加大了碳金融市场投资风险。同时，由于缺乏统一的市场体系，标准、目标或政策的不连贯导致统一的市场在不同阶段也存在流动性风险，会对投资者存在误导。

未来中国应构建以"有效控制碳交易市场风险"为核心目标的碳交易市场风险控制体系，以《巴塞尔协议 III》构建的闭环系统为框架，构建一个新的闭环系统。其中施控系统由宏观政策与法规构成，通过准入制度、信用评价、政策引导、加强立法等手段来对资本加以控制。

体系中反馈系统应涵盖市场风险评估与机构监管、压力测试等内容，通过对市场风险的指标监控来起到反馈的作用。政策风险应从立法与政策两个方面加以规避。

中国在低碳减排方面已做出更多努力。数据显示，截至 2015 年 10 月底，包括北京、上海等 7 个省（市）在内的中国碳排放权交易市场试点的累计配额公开交易量超过 4 600 万吨，累计成交额超过 13 亿元。在碳排放总量和强度上，被纳入 7 个省（市）碳市场试点的 2 000 多个企事业单位连续保持"双降"趋势。从实践情况看，碳交易机制对于有效控制碳排放增长、推动地方产业结构优化调整起到了显著作用。

在巴黎气候大会开幕式上，中国国家主席习近平在讲话中提及，中国在 2015 年 9 月宣布设立 200 亿元的中国气候变化南南合作基金。中国将于 2016 年启动在发展中国家开展 10 个低碳示范区、100 个减缓和适应气候变化项目以及 1 000 个应对气候变化培训名额的合作项目，继续推进清洁能源、防灾减灾、生态保护、气候适应型农业、低碳智慧型城市建设等领域的国际合作，并帮助其提高融资能力。

根据巴黎气候大会协议草案，协议将包括目标、减缓、适应、损失损害、技术发展与转让、能力建设、透明度等 26 个大条目，并将创建统一跟踪核查系统，追踪各国达到其减排目标的进程；同时，引入审查机制，每五年一次审查国家排放承诺。

对于 77 国集团和中国来说，巴黎气候大会最新的草案并没有解决大家所关心的气候资金的问题。大家都期望最终协议能弥合分歧，希望发达国家能兑现其每年向发展中国家提供 1 000 亿美元资金支持的承诺，并继续提高对发展中国家适应气候变化行动的资金支持力度。对于发展中国家来说，其也需要承担相应的义务。中国显然已主动担当起更多的责任。

碳金融技术是运用现代金融技术手段促进节能减排，以更好地服务人类实体经济的发展和创新，是现代金融技术的一个分支。从宏观上来讲，碳金融技术就是环保项目金融的别称，或者说是为了控制温室气体排放而提供直接金融、信贷和碳指标交易等融资服务。

目前，低碳环保、节能高效的低碳经济成为各个经济体实现可持续发展的必然道路和新兴经济增长点。以创新服务低碳、环保项目和新增长点的金融技术创新也成为全球金融机构技术创新和产品创新的着力点。然而，虽然中国新型绿色能源及低碳排放市场极具发展潜力，但有效利用和发展碳金融和碳金融市场来对新型能源行业提供支持以及对传统能源中高耗能、高污染能源进行抑制和管控的力度还不够。

中国可以通过碳交易手段创新，利用清洁发展机制（CDM）将环保义务转化为融资和交易产品，增加煤炭、金融和再生能源等行业超标排放企业的成本，从而促进节能减排。笔者建议，同时学习国外先进经验，通过建立碳交易市场界定产权，进而促使经济主体间的交易行为金融化。

数据显示，截至 2013 年年底，全球碳市场交易总额达 549.08 亿美元，全球碳排放总量更是突破 104.2 亿吨。世界银行预测 2020 年全球碳交易市场总额将达到3.5 万亿美元，碳交易市场有望赶超石油市场成为世界第一大能源市场。因此，从长远来看，碳减排将是一个争夺新兴碳金融市场话语权的战略问题。

从中国的 7 家区域性碳交易所现状来看，多家交易所处于亏损状态。究其原因，一是中国还没有实行严格的减排政策，企业减排内在动力不足；二是配套制度和监督管理并不完善，配额分配方案只是试点，排放监测制度设计问题还不明确。

对于市场而言，中国只有碳现货交易没有期货交易，不能进行套期保值，也没有套利空间，市场处于低级状态；同时，缺少碳资产证券化的条件，碳金融产品与服务也过于单一。另外，商业银行整体参与度也并不高，仍处于探索阶段。

对于市场机制而言，中国还存在着碳项目交易费用高昂，碳交易市场各自为战，缺乏战略规划，没有形成统一的交易市场。碳金融服务体系不完善，相关准入机制尚未建立，专业人才更是奇缺。另外，中国在碳金融活动中主要依赖 CDM 项目，中国已经是 CDM 项目的最大输出国，但产业模式低级，缺乏议价能力。发达国家从中国以低廉的价格将产品收购后，又通过种种手段将其打包重新设计，通过复杂的碳金融衍生品形式出售。

经过几年的交易，中国 7 家独立碳金融交易试点市场已经初具规模，在循序渐进构建统一碳金融交易市场的过程中，可利用风险价值模型研究市场风险，以便为监管当局及交易主体的风险、区域碳金融的稳定发展提供有益参考。在交易平台与交易机制方面，中国可以借鉴欧盟的碳交易制度，逐步整合 7 家碳交易市场。

我国应构建多层次的碳交易市场体系和多元化的碳金融服务体系，从而实现我国产业结构的低碳化与升级、各项资源的整合和可持续发展。笔者建议，在统一市场的进程中可以考虑股权置换、并购重组等方式，先进行资本统一，之后进行交易平台统一，最后实现交易市场的完全统一。

具体的构建方式可以采取政策引导、自上而下的方式，通过中央政府建立一个更有效的价格发现机制，替代 7 个试点。在难以快速建立二级市场的情况下，中央政府可以通过高频次、周期性拍卖的方式对未来年度的全国配额进行提前发放，逐步建立一个有效的一级市场竞价机制。

构建统一的碳交易市场后，在产品方面，我们可以借鉴国外的成熟经验，设计出环境保护相关的交易品种，比如包括碳、氮化物、二氧化硫等在内的具有"可操作性"的减排产品对市场产品进行扩容；同时，可以挑选合适的成熟行业和大型企业进行试点等。但是这一切都需要建立在完善的交易规则的基础上，并制定"碳减排交易法"。

值得注意的是，碳金融市场会有政策风险、流动性风险等诸多风险，在建立统一市场中风险管控方面应更加注意。我国应以中国碳排放权交易体系（CCMS）为重点，根据区域、行业、市场和品种的不同，设计出不同的实践序列；通过碳交易监管体系的形成，同时逐渐实现对各区域碳交易所的统一管理。我国应主要从三个方面下功夫：一是统一监管，以央行为主的宏观审慎监管委员会负责识别、检测和控制系统性风险；二是统一定价，针对碳排放指标在全国制定统一的、明确的定价体系，提高碳交易的效率和便利性；三是统一配额，实行全国统一的总量控制，并根据各区域地区生产总值及碳排放量需求等因素分配配额，建立碳配额交易制度。

此外，针对市场主体行为方面的监控，监管部门及相关金融机构可以通过一定的模型，结合定性分析，构建全面有效的碳金融风险预警指标体系。在可能发生较大市场风险的情况下，监管部门及相关金融机构应提前运用压力测试检测碳金融市场在极端情况下可能的表现，提前采取防控市场波动风险的措施。

（文章主体内容来自《清华金融评论》专访，发表于 2015 年 12 月，原文略有修改）

有必要尽快构建全国统一的碳金融市场

由于金融市场间风险的传导性，分区域的碳交易市场会增大风险发生的概率，因此需要尽快建立全国统一的碳交易市场，通过统一监管、统一定价、统一配额等对各区域碳交易所进行统一管理，从而保证国内碳交易价格的有序波动，保证碳金融市场风险的有效监测和防范，并促进碳金融市场的稳定发展。

中国碳金融市场的未来战略发展在于建立起中国统一的碳金融交易市场。目前，国内区域性碳金融市场的统一是大势所趋，这是中国碳金融与国际接轨和国际化的需要，也是历史发展的必然。

我国存在 7 个独立的碳金融试点交易市场，经过运行已初具规模，市场整体价格趋于稳定，价格在 20 元/吨到 90 元/吨之间波动，价格波动区间的稳定对未来全国碳市场的建立及其价格形成与波动有很强的示范作用。

值得注意的是，自碳交易市场启动到 2015 年 8 月 22 日，7 个碳市场的交易总量不足 1 300 万吨，碳交易总额不足 5 亿元，表现出流动性不足的特征。各地区配额总量与配额宽松程度以及交易品种的单一化决定了其活跃度远远不及欧洲市场。

我国碳交易市场虽然有 7 个试点，但是涵盖区域范围明显太小，区域范围过小直接决定了买卖双方参与者的数量很少，这使得市场的流动性也很小。这种流动性不足直接影响到碳交易市场的有效性与市场定价的权威性。流动性严重不足，同样会影响到碳价的准确性。

经过几年交易，我国碳交易市场的碳价信号已经初步形成。碳交易市场的重要功能是价格发现，释放碳价格信号，碳价格信号可以反映碳减排成本，减排成本的大小直接决定企业减排的动力大小。

从实际情况看，我国各试点地区碳交易价格相差比较大，截至 2015 年 8 月 22 日，深圳市场最活跃，价格最高达到 130.9 元/吨，成交均价也是最高的，为 70.2 元/吨，波动幅度最大，达到 -62% ~ 80%；天津市场最不活跃，最低价出现在天津市场，为 20.74 元/吨，最低均价也出现在天津市场，为 29.6 元/吨。上海市场和北京市场价格波动幅度相对较小。7 个交易市场的履约期都设定在每年 6 月或 7 月。我们可以观察到，除天津市场外，2014 年履约前最后一个月各个市场的成交量占总成交量的比重均超过了 65%。这说明这些交易以履约为主要目的，这种交易市场集中度过高，从而使市场有效性不足，难以形成公允价格。

值得注意的是，在各区域碳金融交易所迅速发展的同时，交易市场的价格风险难以避免。以欧盟的碳排放交易体系为例，2007 年年末第一阶段即将结束之时，碳排放的价格接近于零，给碳排放的多头方带来了巨大损失。碳金融交易中由于标的物的复杂性、时间的跨期性以及结果的不确定性，存在更多未知风险。

笔者发现，在碳金融交易市场的各类风险中，市场风险是最突出的交易风险。基于此，我国碳金融交易的市场风险研究应为监管当局及交易主体的风险控制、区域碳金融的稳定发展提供有益参考。

然而，从发展态势来看，各个市场间存在一定的竞争。在这种情况下，各个交易市场很难自发性地形成一个大市场，不仅市场间存在重复建设与恶性竞争的可能，而且还可能导致较大的资源浪费并产生历史遗留问题。

此外，由于金融市场间风险的传导性，分区域的碳交易市场会增大风险发生的概率和维度。因此，我国需要尽快建立全国统一的碳交易市场，通过统一监管、统一定价、统一配额等对各区域碳交易所进行统一管理，从而保证国内碳交易价格的有序波动，保证碳金融市场风险的有效监测和防范，并促进碳金融市场的稳定发展。

在交易平台与交易机制的建立方面，我国碳交易市场应借鉴欧盟的制度，逐步整合 7 家碳金融市场。例如，我国应将北京、上海、深圳的碳金融市场确定为区域性碳金融中心试点，以其他具备条件的城市作为面，构建多层次的碳交易市场体系和多元化的碳金融服务体系，从而实现我国产业结构的低碳化发展与升级、各项资源的整合和可持续发展，达到共赢的局面。在统一市场的进程中，我国可以充分考虑股权置换、并购重组等方式，先进行资本统一，再统一交易平台，最后实现交易市场的完全统一。

在具体构建方式上，我国可以采取政策引导、自上而下的方式，通过中央政府建立一个更有效的价格发现机制，替代 7 个试点市场。在难以快速建立二级市场的情况下，中央政府可以通过高频次、周期性拍卖的方式对未来年度的全国配额进行提前发放，逐步建立一个有效的一级市场竞价机制。拍卖的配额数量比例不用太高，但是其数量和影响力会远远超过试点市场，一旦这一价格发现机制建立起来，试点市场的价格或者会逐渐趋同，或者会跌至零，迫使其主动衔接。

构建统一的碳交易市场后，我国可以借鉴国外成熟的经验设计出环境保护相关的交易品种，包括碳、氮化物、二氧化硫等在内的具有"可操作性"的减排品种。在具体操作时，我国可以采取分步骤分阶段方式。准备阶段必须要有深入的宣传，并细致地研究和制定交易规则，培训和组建团队。初试运行阶段要挑选合适的企业进行试点。这些企业可以是条件成熟的行业的大型企业。扩大运行阶段要建立在完善交易规则的基础上，并制定"碳减排交易法"。立法是保证碳交易市场正常运行的基础，是在法治条件下全面实现低碳发展的根本保证，是实现承诺的降低单位国内生产总值碳强度目标的根本保证。

（原文刊发于《中国能源报》2015 年 9 月 14 日，原文略有修改）

能源行业"混改"可借鉴金融业的经验

能源行业是关系国家经济社会发展的全局性、战略性的行业。由于能源行业垄断较为严重，常使得能源企业偏离市场规则，自身发展受到限制。这对该行业融资、参与国际竞争和可持续发展带来不利影响。因此，当前我国能源企业如何更好地改革股权结构、优化治理结构、充分整合社会资源，是发展的当务之急。

2014年以来，我国石油行业大力探索混合所有制改革（"混改"），就是基于上述考虑。从中石化引入社会和民营资本实现混合所有制经营，成立全资子公司中国石化销售有限公司的实践看，市场化混合所有制改革应是我国国有能源企业改革和公司治理的发展方向。党的十八届三中全会审议通过的《中共中央关于全面深化改革若干重大问题的决定》指出，发展混合所有制经济，可以有效放大国有资本的带动力，激发国有企业的活力。一方面，民营企业参股国有上市公司，国有上市公司控股民营企业，为企业的发展带来了活力；另一方面，混合所有制经济将解决国企缺活力、民企缺实力的问题，将国与民、公与私有机结合，可以大大增强企业的竞争力，也是对国有资产管理体制的完善。

对国有能源企业来讲，混合所有制改革并不是要改变以公有制为主体、多种所有制经济共同发展的基本经济制度，而是国有资本投资项目允许非国有资本参股以及允许混合所有制经济实行企业员工持股。进一步讲，市场化混合所有制发展对能源企业来说，是治理机制的创新，体现公平参与原则，让各种所有制同台参与，市场化程度又进一步。事实上，市场化混合所有制机制下的参与者，具有互补性和多样性。在合作发展整合资源的共同诉求下，各方都有自身利益的要求，但也要团结应对挑战，为更好发展创造新机制。

值得注意的是，能源行业混合所有制改革应充分学习金融行业的经验，尤其应借鉴我国国有商业银行成功重组上市的经验，做好混合所有制改革创新。2004年，国家启动国有商业银行的改制工作，允许国有商业银行引进战略投资者，甚至还创新开展了员工持股的尝试。股份制改造和上市极大地调动了国有商业银行的活力。国有商业银行的治理结构也由原来的一股独大发展成为国有资本、外国资本和民营资本在内的多种所有制主体共同参与的公众公司。公众公司建立了完善的董事会、监事会和高管层，股东大会成为公司决策的最高权力机构，投资者按股权的多少发表表决意见。同时，按照市场规则，在公司定期路演和业绩发布会上，即便是小股东也有表达意见的发言权。

我国能源企业也是投资较大的资金密集型企业，能源企业的快速发展离不开资金的支持。资金缺口仅靠国家投入是远远不能满足需要的，因此能源企业需要通过开发资本市场新工具、培育长期的投资者等方式，吸引更多的社会资本投资能源企业建设。能源企业的现代企业制度建设能够通过混合所有制改革得到诸多治理结构上的好处。

（原文刊发于《中国能源报》2014年12月11日，原文略有修改）

能源行业必须构建碳排放权交易统一市场

自 2013 年年中以来，已先后有深圳、上海、北京、广东、天津、重庆、湖北七个碳交易区域试点展开。

截至 2014 年 6 月底，深圳、上海、北京、天津市场成交量暴涨。其中，深圳、北京、天津市场分别刷新各自周成交量纪录，还创下日成交量纪录。在价格方面，北京市场出现价格历史新高，天津、广东市场成交均价有所上涨。按照国家有关主管部门的计划，2015 年后中国碳排放权交易市场将在全国范围内实施碳交易。

相对于中国碳排放权交易市场这个有形的市场，中国碳交易市场是个无形的市场。但是，碳交易市场和碳金融产业都是朝阳产业。以欧盟为例，借助于欧盟排放交易体系的实施，欧盟已培育出多层次的碳排放交易市场体系，并带动了碳金融产业的发展。欧洲碳排放权交易最初是柜台交易，随后一批大型碳排放交易中心也应运而生，如欧洲气候交易所（European Climate Exchange）、北方电力交易所（Norpool）、未来电力交易所（Powernext）以及欧洲能源交易所（European Energy Exchange）等。碳排放交易仍以柜台交易为主，柜台交易占交易总量的 2/3。但是，交易所有力推动了排放权的期权交易。欧洲交易所于 2005 年 6 月推出了与欧盟碳排放权挂钩的期权交易，使二氧化碳如同大豆、石油等商品一样可以自由流通，从而增加了碳排放市场的流动性，促进了碳交易金融衍生品的发展。

碳排放交易市场与金融产业交互作用，形成良性循环。二氧化碳排放权商品属性的加强和市场的不断成熟，吸引投资银行、对冲基金、私募基金以及证券公司等金融机构甚至私人投资者竞相加入。碳排放管理已成为欧洲金融服务行业中成长最为迅速的业务之一。这些金融机构和私人投资者的加入又使得碳市场容量不断扩大，流动性进一步加强，市场也更加透明，还能吸引更多的企业、金融机构参与其中，而且形式更加多样化。这种相互促进作用既深化了欧盟碳交易市场，又提高了欧盟金融产业的竞争力。

中国碳金融交易市场应更好地借鉴国际经验，做好碳金融市场的风险识别，尤其要关注政策风险、市场风险、操作风险和系统风险的管控。风险管控好了，碳减排交易和碳金融两个市场才能共同发展好。

碳排放权交易制度属于一种基于利用市场力量和经济激励的环境政策工具。从国际排放权交易市场看，目前形成了三大减排机制，即清洁发展机制（CDM）、联合履行机制（JI）和排放贸易机制（ET），三大减排机制各有利弊。

按照上述机制，国际上形成了两大交易市场体系，也就是欧盟碳排放权交易体系（EU-ETS）和美国芝加哥气候交易所（CCX）体系，这两大市场是世界上最具代表性的碳排放权交易体系和机构。

回顾国内市场情况，七大区域性试点市场刚刚兴起，各有特点，却没有统一规范的标准。中国碳排放权交易市场的发展存在缺乏定价权、碳金融市场发展滞后、没有形成统一的标准和交易市场等问题。中国碳排放权交易市场发展滞后的主要原因是碳排放权尚不具备商品属性；在碳减排的管理上没有形成高效的运行机制；数据收集、配额分配、排放监督测量等基础性工作不健全；企业对温室气体减排、交易均缺乏必要的认识。

因此，下一步中国碳排放权交易市场建设必须以中国碳排放权交易体系（CCMS）建设为重点，构建中国碳排放权交易的统一市场。我国要在大力推进碳排放权交易试点的基础上，实行全国统一的总量控制；促进统一的碳金融市场风控管理机制；组建统一的监管体系；加强碳市场法律制度建设的统一性和标准化。我国最终要构建有中国特色的有国际影响力的碳排放权交易体系，与欧盟碳排放权交易体系（EU-ETS）和美国芝加哥气候交易所（CCX）体系，形成三足鼎立之势，促进全球的绿色发展、可持续发展。

（原文刊发于《中国能源报》2014 年 8 月 20 日，原文略有修改）

货币供应量指标内涵的调整与拓展

货币供应量统计数据作为货币政策制定及宏观调控的重要依据，其统计口径与数据的全面性、准确性对中央银行的科学决策具有重要影响。

近年来，国际金融形势日益发生着深刻的变化。我国的经济金融体系和格局伴随着加入世界贸易组织后的改革开放深入推进过程也发生了深刻的变化。由于国际贸易和经济金融的快速发展与变化，我国外汇储备余额取得了高速持续增长。金融机构和金融产品创新发展非常迅速，特别是民间金融的快速发展、直接融资比例的持续提高、金融脱媒状况加剧以及金融衍生产品的引进、创新和发展异常迅速。

2009 年，我国人民币国际化开始起步后，人民币结算、离岸金融、投资和被作为储备货币等因素的发展变化，使得我国货币供应量统计口径的内涵及其反馈的金融政策指向也发生了巨大变化，进而也使得通行的原有货币供应量统计方案、货币供应量统计指标和数据，已经不能满足我国宏观经济科学决策、货币发行和监管部门对货币供应统计的分析研究的需求。

为充分反映我国经济金融发展的全貌，提高宏观经济调控的准确性和货币政策中介目标的适用性，使货币政策的调控更好地与实体经济对接，有效调控宏观经济运行，笔者认为，我国应尽快扩展货币供应量统计口径、增加构建"M4"等新指标，进一步完善我国货币供应量指标体系。

我国货币供应量统计口径的发展变迁

1994 年 10 月，中国人民银行正式向社会公布货币供应量统计数据，将货币供应量分为以下三个层次：

M0 = 流通中现金。

M1（狭义货币）= M0 + 单位活期存款。

M2（广义货币）= M1 + 储蓄存款和企业定期存款。

2001 年 6 月，中国人民银行第一次修订货币供应量统计口径，将证券公司客户保证金计入 M2。

2002 年年初，中国人民银行第二次修订货币供应量统计口径，将在中国的外资、合资金融机构的人民币存款业务，分别计入不同层次的货币供应量。

2003 年，中国人民银行向社会公开《关于修订中国货币供应量统计方案的研究报告（征求意见稿）》，第三次修订货币供应量统计口径。此次修订将货币供应量统计口径在原 M0、M1、M2 三个层次的基础上，再扩大到 M3，即增加了外汇存款、保险公司存款和各种基金存款。这个方案在操作时把监测重点仍放在 M2 上，M3 只作为监测的参考指标。第三次修订方案的优点是既考虑货币供应量统计的连续性，又具有可操作性，但货币供应量中一些新增货币因素仍未能包含进去，如日益发展的各种衍生品形成的存款、商业票据等。

2011 年 10 月起，中国人民银行考虑到非存款类金融机构在存款类金融机构的存款和住房公积金存款规模已较大，决定将上述两类存款纳入广义货币供应量（M2）统计范围。

目前，中国人民银行统计和公布的货币供应量指标以 2003 年的第三次修订方案为基础，并结合 2012 年 10 月中国人民银行新的调整，即将住房公积金存款等纳入 M2，按时点公布 M0、M1、M2 等统计数据。

货币供应量指标统计的国际口径

由于世界各国经济发展、金融市场结构以及金融工具和衍生产品应用差别较大，目前世界范围内的货币供应量指标的结构体系、统计口径，没有统一标准。

国际货币基金组织于 1997 年制定并发布了《货币与金融统计手册》（*Manual On Monetary and Financial Statistics*），并于 2000 年进行了修订。《货币与金融统计手册》明确了货币供应量统计口径如下：

M0：现金，即本币流通中的现金。

M1：狭义货币，M0+可转让本币存款和在国内可直接支付的外币存款。

M2：狭义货币和准货币，即 M1+ 一定期限内的（3~12 月）单位定期存款和储蓄存款+外汇存款+存款证书（CD）。

M3：广义货币，M2+外汇定期存款+商业票据+互助金存款+旅行支票。

值得注意的是，美国采用的是参照国际货币基金组织制定的货币供应量指标统计口径。1996 年 12 月，美联储主席艾伦·格林斯潘对当时高位运行的股市价格作出了一个"非理性繁荣"的论断，并告诫不应该低估资本市场和整个经济之间的复杂关系，对此应该保持警惕。同时，格林斯潘宣布美联储允许在过去 5 年保持相对稳定的 M3 货币供应量的大幅增加。在格林斯潘时期，美联储更多地关注 M3 指标的统计和在调控中的使用。美国的 M3 货币供应量包括现金、支票和储蓄账户、货币市场账户、存单、欧元存款和回购协议等货币数据。按照格林斯潘的解释，从一般意义上讲，它代表的是可用于购买商品、服务和证券的货币数量。因此，货币供应量 M3 的增加加剧了这种在股票市场和消费者支出领域已经存在的非理性繁荣，因为它在经济体内注入了更多未曾预见而实际上并不需要的多余货币。

进一步考察我们可以发现，自 2006 年起，美国政府只公布 M2 货币供应量指标，停止了关于 M3 货币供应量指标报告的发布，这一举动也引起了全球经济学界对 2008 年美国金融危机缘于美国货币当局试图掩盖货币扩张的阴谋的猜测。M2 显然不如 M3 涵盖广泛，仅从美联储公布的数据就可以看出，其货币扩张一直持续到了 2008 年。次贷危机后，美国政府是以实施量化宽松的货币政策向社会公布其政策取向的。

影响我国货币供应量指标及其内涵的新因素

近年来，随着全球金融创新，特别是金融衍生产品、互联网及虚拟经济的迅猛发展，货币的概念及其存在形式有了很大程度的扩展。人民币国际化进程正在推进，货币在境内外的流动，即人民币和外币的流出与流入等因素，都使得货币供应量的波动加剧。因此，原有国际通行的采用金融中介的负债货币指标统计标准已经不能完全反映货币供应的实际内容了。

随着我国金融创新的不断深化，金融市场既出现了一些新的影响货币供应量指标变动的金融机构（如金融租赁公司等），又出现了一些新的影响货币供应量指标变动的相关的金融资产（如住房公积金存款、社保基金存款、非金融机构在金融机构的各类新型存款和银行理财产品准存款等）。这些存款的规模日益增长，而新的存款机构，如金融资产公司和各类私募金融机构的交易量也增长迅速。以商业银行理财产品为例，我国商业银行发行的各类理财产品种类繁多，这些理财产品绝大多数分流了商业银行的活期或定期存款，如以传统的银行负债统计，当银行发行理财产品时，银行的存款将减少，体现到中央银行的 M2 将减少。如果理财产品用于信托类投资，则由社会融资项目统计进入中央银行的资产负债统计范畴。然而，如果理财产品直接投入一级或二级资本市场，则不能直接反映到中央银行的社会融资统计范围。特别是近年来各商业银行热衷的股权类直接投资理财产品，即 PRE-IPO 基金，成为追求高收益的重要创新产品和投资渠道，规模已经达到上千亿元。这些理财产品所分流的银行存款体现为 M2 的减少，但其投资又不能被反映到企业融资的货币供应量指标之中，同时也没能反映到社会融资总量的统计口径之内。

中国人民银行于 2011 年 8 月 12 日公布的 7 月金融统计数据显示，当月新增人民币贷款 4 926 亿元，同比少增 252 亿元；广义货币（M2）余额 77.29 万亿元，同比增长 14.7%，分别比上月末和上年同期低 1.2 和 2.9 个百分点；当月新增货币数额大大低于此前市场预期，也创下 M2 增速近年来的低点。M2 增速下滑与存款大幅减少有关。数据显示，当月人民币存款减少 6 687 亿元，同比少增 8 166 亿元。其中，城乡居民存款减少 6 656 亿元，非金融企业存款减少 4 057 亿元。

我们有理由认为，7 月存款的较快下滑和 M2 的增速下降与上述高收益理财产品和民间高利贷等分流的短期因素有直接关系，这些新因素的综合作用导致了当月的 M2 增速下滑幅度较大。值得注意的是，一些银行分流出去的存款转移到民间借贷、高收益理财产品，这部分资金具有高流动性特质。这些高流动性资金实质上是货币供应量，但不能反映到货币供应量指标的统计范围内，因此在一定程度导致了我国近期广义货币供应量增长速度减缓。

2009 年以来，中国人民银行先后公布了《跨境贸易人民币结算试点管理办法》及其实施细则、《境外直接投资人民币结算试点管理办法》等。中国人民银行加速了人民币赴港离岸金融业务的拓展，同时也增加了人民币对境内外货币的供应量。

截至 2011 年 3 月底, 香港的人民币存款为 4 514 亿元, 占香港所有外币存款的 15%。香港的人民币贸易结算量也由 2009 年最初的 36 亿元, 到 2010 年年末累计成交值约 3 700 亿元。2012 年第一季度, 在港人民币贸易结算达到 3 108 亿元。2010 年, 香港的人民币债券发行量增逾 2 倍至 360 亿元, 而 2011 年前 4 个月人民币债券发行量达到 185 亿元。人民币发挥其功能的地域范围不断拓展, 要求我们对人民币货币供应的流量和流向也要有新的统计与认识。

调整和拓展我国货币供应量指标口径与内涵的思路和建议

根据上述分析, 在经济和金融发展越来越迅速、越来越复杂的背景下, 适时调整和拓展我国货币供应量指标的统计口径及其内涵是十分必要的。进一步调整的思路和建议有以下三个方面:

一是从我国当前金融市场结构及其总量持续发展的实际出发, 我国应更新货币供应量统计。根据新形势、新监管的核心需要, 我国应加强货币供应量的精细化管理, 尽快修订我国"货币供应量统计方案", 适时增加和构建包含新金融资产和新金融机构各项存款在内的货币供应量统计指标, 即 M3 和 M4。

二是在新增货币供应量统计指标中, 我国应将第三方支付、电子货币系统、高收益理财产品和民间借贷等对货币供应有影响的因素, 纳入 M3 和 M4 的货币供应统计范畴。

三是对货币供应量的统计, 我国应将离岸和回岸人民币, 单列项目统计到货币供应量增减, 把人民币在境内外的双向流动纳入货币供应量监测之中。

(原文刊发于《中国金融》2012 年第 3 期, 作者: 杜莉、孙兆东。原文略有修改)

专业的东西要让外行也能读懂

我每年要看 20 多本书，这是 30 岁后养成的习惯。最近所涉猎的图书主要有两个方面：一方面是发达国家财长、央行行长的传记，如罗伯特·鲁宾的自传《在不确定的世界》、格林斯潘的自传《动荡年代》；另一方面主要看一些原理性的经典图书，如马克思的《资本论》等。

2007 年 8 月，我到美国出差，美国次级抵押贷款及其衍生的众多金融产品的缺陷及风险让我震惊，也唤起了我一问究竟的想法。

2007 年，当人们对美国次贷危机的影响存在分歧时，我就坚定了自己的判断。两年过去了，回过头来看，《次贷危机》这本书总结的危机成因、教训和可能的演化，都被后来的全球金融危机历程所验证。

我最近出版的新书《世界的人民币》和《次贷危机》有一脉相承的元素。我国著名思想家荀子曾说："前车已覆，后未知更何觉时。"2009 年，我在《出版人》杂志发表了一篇题目为《亲历环球金融危机》的文章，回顾了我们关注华尔街发现次贷危机；跟踪通货膨胀，关注越南"危机"；追踪国际债务危机，关注冰岛国家"破产"的经历。

我和我的合作者继续跟踪研究金融危机下的世界经济走势，发现了越南因次贷危机产生的后遗症，导致了严重的通货膨胀，由此爆发了越南的货币危机。2008 年，我们出版了《越南"危机"》。2009 年 3 月，我们再次总结国际债务危机出版了《国家破产》一书……

谈到人民币国际化有何利弊？我认为应积极地看，人民币国际化有利于平衡国际贸易。举些具体的例子，一家外贸公司接了一笔 200 多万元产品出口到欧洲的订单，接单时只收了 30% 的定金，还有 70% 的货款要等出货前才支付。3 个月后收款出货时，欧元汇率跌了 12% 左右，外贸公司就损失了 20 多万元。人民币国际化后以人民币结算，这个外贸公司就可以避免汇率波动带来的损失。

对普通百姓来讲，人民币国际化的推进过程，也是人民币保持不贬值的过程，当个人去境外旅游时就会感到相同数量的人民币能买到比以前更多的东西，并且使用更方便了。

当然，人民币国际化也存在两面性，由于取消了货币壁垒，国际上的经济危机、通货膨胀可以随时传递到国内。

那么，如何把专业的术语转化成非专业读者阅读的文本？记得 15 年前，当得知我进入银行工作的时候，我的母亲对我表示祝贺的一句话就是："那你就研究好人民币吧。"带着母亲的这个心愿，在多年的金融系统工作中，我始终关注人民币的动态和发展。

事实上，我参考了大量的历史文献、学术著作以及研究报告。我是工科出身，后来改行做金融工作的，从外行成为内行，一个重要的训练就是要用常理去解读专业。专业的东西能让外行也读得懂，这只是通俗的最低要求，而通俗的更高要求是用常识来表述术语。

（文章主体内容来自《厦门商报》专访，发表于 2010 年 1 月 17 日，原文略有修改）

未来是碳本位制的天下吗

2006 年，英国环境大臣大卫·米利班德提出了个人碳交易计划："想象在一个碳成为货币的国家，我们的银行卡里既存有英镑还有碳点。当我们买电、天然气和燃料时，我们既可以使用碳点，也可以使用英镑。"政府为个人分配一定的碳点，在用气和用电时使用。当个人的碳点用完后，可以向那些拥有节余碳点的人购买。但这个曾令很多人激动的计划由于其操作管理的复杂性等，在米利班德出任外交大臣后被束之高阁了。

"碳本位制"由《京都议定书》的实施而衍生。1997 年 12 月，《联合国气候变化框架公约》第 3 次缔约方大会在日本京都召开，149 个国家和地区的代表通过了旨在限制发达国家温室气体排放量、抑制全球变暖的《京都议定书》。《京都议定书》于 2005 年生效，以国际法的形式规定了发达国家未来发展进程中的二氧化碳等温室气体排放权。

所谓"碳的商品化"，是指限制温室气体排放，把包括二氧化碳在内的温室气体的排放权作为可交易单位转让或出售，因此交易排放一单位温室气体的权利就形成了碳交易最明显的商品属性。二氧化碳排放权的确立促使缔约方根据规定推进清洁发展机制、联合履行机制和国际排放贸易机制三个机制建设，以达到《联合国气候变化框架公约》规定的全球温室气体减排目标。进入 2006 年以后，日本和欧盟部分发达国家靠自身挖掘减排难以满足《京都议定书》设定的目标。因此，它们根据《京都议定书》第 12 条的规定，向不承担减排义务的发展中国家购买"可核证的排放削减量"（CER）。

发达国家对二氧化碳定价从发展中国家购买二氧化碳排放配额，形成二氧化碳等温室气体排放权交易制度，被欧盟和日本称为"碳本位制"。

2005 年年底，欧洲气候交易所上市欧盟排放交易体系下的二氧化碳排放权期货。芝加哥气候交易所也进行二氧化碳期货交易。目前，法国"PowernextCarbon"是主要的欧盟二氧化碳排放配额现货交易市场。碳交易以国际公法为依据，签订购买合同或碳减排购买协议（ERPAs），合同的一方通过向另一方支付获得温室气体减排额。买方将购得的减排额用于缓解温室效应、实现其减排目标。在 6 种被要求减排的温室气体中，二氧化碳占比最高，因此这种交易以每吨二氧化碳当量为计算单位，统称为碳交易。

美元可能借机会完成从石油本位转向碳本位。石油是以美元作为计价单位的商品，同时石油价格的变化也关乎美元的地位。如果没有这一轮暴涨暴跌，美国很难接受发展新能源的思路。维持石油本位的代价太高，在这个时候继续坚持石油本位已经不合时宜。

对中国来说，一旦人民币国际化后，就得考虑如何来应对对冲汇率波动的风险。就像近年来美元贬值后，以美元计价的国际原油价格一路上扬，受到市场追捧，使得美元在金融危机之后，依然保持着全球储备货币的地位。发展中国家即将面临的二氧化碳排放权交易是我国今后发展人民币本位的一个新领域。

（成文于 2010 年 1 月 2 日，研究人民币未来本位而撰写此文）

值得关注的碳货币及其影响

当下，时值人民币国际化渐热之时，西方国家正在极力推动碳货币。笔者认为，中国应谨慎对待西方国家关于碳货币的言论，不应人云亦云。

其实，碳货币最早是由《京都议定书》的实施而衍生出的"碳本位制"构想而来的。1997年12月，《联合国气候变化框架公约》第3次缔约方大会在日本京都召开，149个国家和地区的代表通过了旨在限制发达国家温室气体排放量、抑制全球变暖的《京都议定书》。《京都议定书》于2005年生效，以国际法的形式规定了发达国家未来发展进程中的二氧化碳等温室气体排放权。

所谓"碳的商品化"，是指限制温室气体排放，把包括二氧化碳在内的温室气体的排放权作为可交易单位转让或出售。二氧化碳排放权的确立促使缔约方根据规定推进清洁发展机制、联合履行机制和国际排放贸易机制三个机制建设，以达到《联合国气候变化框架公约》规定的全球温室气体减排目标。进入2006年以后，日本和欧盟部分发达国家靠自身挖掘减排难以满足《京都议定书》设定的目标。因此，它们根据《京都议定书》第12条的规定，向不承担减排义务的发展中国家购买"可核证的排放削减量"（CER）。

发达国家对二氧化碳定价从发展中国家购买二氧化碳排放配额，形成二氧化碳等温室气体排放权交易制度，被欧盟和日本称为"碳本位制"。"碳本位制"的形成催生了国际碳市场。

2005年年底，欧洲气候交易所上市欧盟排放交易体系下的二氧化碳排放权期货。芝加哥气候交易所也进行二氧化碳期货交易。目前，法国"PowernextCarbon"是主要的欧盟二氧化碳排放配额现货交易市场。碳交易以国际公法为依据，签订购买合同或碳减排购买协议（ERPAs），合同的一方通过向另一方支付获得温室气体减排额。买方将购得的减排额用于减缓温室效应、实现其减排目标。在6种被要求减排的温室气体中，二氧化碳占比最高，因此这种交易以每吨二氧化碳当量为计算单位，统称为碳交易。

《京都议定书》下的基本碳交易单位包括国际排放贸易机制的指定数量单位（AAUs）、清洁发展机制的核证减排额（CERs）、联合履行机制的减排单位（ERUs）。此外，在区域性的、国家级的和次国家级的交易体系中，还有欧盟排放许可（EUAs）、新南威尔士温室气体减排体系（GGAS）的减量证书（Abatement certificates）等。碳交易种类日趋多样化，一旦新的国家级和次国家级的碳交易市场建立，新的交易单位就出现了，我们将其统称为"碳信用"。

《京都议定书》正式生效后，全球碳交易市场出现了爆炸式的增长。2007 年碳交易量从 2006 年的 16 亿吨跃升到 27 亿吨，上升 68.75%。成交额的增长更为迅速。2007 年全球碳交易市场价值达 400 亿欧元，比 2006 年的 220 亿欧元上升了 81.82%，2008 年上半年全球碳交易市场总值甚至就与 2007 年全年持平。据碳点公司预测，2008 年全年的二氧化碳交易量将达到 42 亿吨，比 2007 年增长 55.56%。以碳交易价 15 欧元/吨计算的话，交易额相当于 630 亿欧元。

经过几年的发展，目前碳交易市场已渐趋成熟，参与国地理范围不断扩展、市场结构向多层次深化、财务复杂度也不可同日而语，甚至在美国次贷危机引发全球性衰退和金融危机的情况下，全球碳交易市场依然保持强劲增势。

日本和欧盟正在利用环保优势推进"碳本位制"进程。近年来，日本加紧实施环境立国战略，加大环保力度。欧盟于 2007 年 2 月提出 3 个 20% 的指标：2012 年温室气体排放量比 1990 年减少 20%，一次能源消耗量减少 20%，再生能源的比重提高 20%，希望全球气候变暖控制在适度范围内。

日本和欧盟推进"碳本位制"进程和国际碳市场建设，旨在以"碳本位制"挑战"美元体制"——欧盟国家的碳市场以欧元结算，日本的碳市场以日元标价，这无疑是在动摇美元的地位，潜在削弱美国的地位。"碳本位制"发展动向已引起美国政府的关注和重视，成为美国与日本和欧盟博弈的新焦点。

在今天，气候问题远不是个简单的环境问题，也是在创立一个新的全球货币发行体系，或许可以这样认为，许多国家都看好这个体系的前景，就看谁出手更快、更狠了。

美元可能借机会完成从石油本位转向碳本位。因为石油是以美元作为计价单位的商品，同时石油价格的变化也关乎美元的地位。如果没有这一轮暴涨暴跌，美国可能还很难接受发展新能源的思路。维持石油本位的代价太高，在这个时候继续坚持石油本位已经不合时宜。美国可能会将重点转移至领导世界的节能减排，让美元继续成为新交易的国际货币。

对中国来说，一旦人民币国际化后，就得考虑如何来对冲汇率波动的风险。就像近来美元贬值后，以美元计价的国际原油价格一路上扬，受到市场追捧，使得美元在金融危机之后，依然保持着全球储备货币的地位。从目前来看，实行碳货币对中国来说，弊大于利。

在二十国集团峰会召开之前，美国能源部长于 2009 年 3 月 17 日在众议院科学小组会议上称，如果其他国家没有实施温室气体强制减排措施，那么美国将征收碳关税（Carbon Tariff），这将有助于公平竞争。

所谓碳关税，是指对高耗能的产品进口征收特别的二氧化碳排放关税。这个概念最早由法国前总统希拉克提出，用意是希望欧盟国家应针对未遵守《京都协定书》的国家课征商品进口税，否则在欧盟碳排放交易机制运行后，欧盟国家所生产的商品将遭受不公平竞争，特别是对欧盟国家的钢铁业及高耗能产业。

　　如果欧盟国家、美国、日本等国家联合对中国征收碳关税，中国制造的产品的低成本将毫无优势，这些国家将以碳关税的形式，堂而皇之地直接将中国的财富纳入自己的国库。安邦咨询宏观经济分析师称，以碳排放的算法，电价要涨一倍，太阳能电池板所需的硅原料的耗电成本就超过了三四百元，中国新能源的电池组件与美国产的相比较就没有任何优势了。

　　面对"碳货币"论以及有可能引发的贸易、世界金融形式的新变化，我国政府当冷静谨慎应对、着眼长远。

　　　　　　　　　（成文于 2009 年 9 月 5 日，关注气候变化及碳金融创新而撰写此文）

亲历全球金融危机

迄今为止，国际金融危机从爆发到蔓延已经有两年零四个月的时间了，眼下各国政府对这场危机的理解更加深刻，并且相继采取了行之有效的救市措施，尤其是为应对金融危机的全球协作得到有效加强，从而阻止了国际金融危机的进一步深化和蔓延。时下，金融危机的源头逐渐平复，危机在全球的蔓延也得到了有效控制，投资者信心和金融指标已见好转。但是国际金融危机的影响仍在继续，金融体系复苏和修复还需时日。在全球消费疲软和国际贸易萎缩的背景下，经济触底反弹进程仍较为脆弱和不稳定。

关注华尔街，发现次贷危机

早在 2007 年 8 月，笔者到美国出差，工作之余走访了华尔街的一些著名投资银行家，并考察了美国东部地区的一些房地产项目。华尔街投资银行家们巨额的收入账单、普通美国人豪华的别墅和绿油油的草坪、纯净天空下人与动物的和谐共处的景象，与次级抵押贷款及其衍生的众多金融产品的缺陷及风险颇为不和谐，让我为之震惊。

我国古代著名思想家荀子曾说："前车已覆，后未知更何觉时。"事实上，爆发于 2007 年 3 月的美国次贷危机给全世界上了很好的一课。我们从中应该悟到的是：首先，基准利率调控应采用温和的调整措施，应避免大起大落，只有适度的货币政策与金融工具的创新监管才能防范漏洞；其次，抵押贷款应严防过度证券化或衍生出更多交易，金融创新和监管要做好对冲以规避系统性风险；最后，要引导消费者不过度消费和提前消费，以此压抑房地产市场的过度投机。

在经济全球化和金融一体化的背景之下，美国的次贷危机对中国经济也产生了重要影响。这一影响体现在两个方面：一是直接影响，主要是即期损失，如投资美国次级债和衍生产品所造成的损失。这方面我国相对于世界其他主要国家的损失还不大。二是间接影响，其对中国影响较大。间接影响具体到经济层面：一是对金融的影响，主要是对货币和金融市场的影响。次贷危机导致美元利率快速下调，美元大幅贬值，从而导致我国的外汇储备损失、人民币利率高位凸显并招致热钱逐利。这在 2008 年上半年助推了我国的通货膨胀。由于通货膨胀出现，2008 年我国宏观调控加强了有针对性的决策。2008 年下半年，我国资本市场剧烈震荡，这种震荡对整个国民经济的健康发展带来了重大冲击。二是对外贸的影响。美国次贷危机爆发初期，由于美元的大幅贬值，人民币继续加快升值，加之美国购买力的下降等因素导致了我国制造业出口受到较大影响。我们看到，2008 年 2 月，我国贸易顺差比 2007 年同期减少 152 亿美元，1~2 月我国累计贸易顺差下降 29.2%，3 月的数据继续受到影响。三是次贷危机对中国整体经济的影响。这主要是受到上述两个方面影响的传导，我国经济的各个层面都受到了影响，这种影响还在继续，并会在相当长的时间内延续。

总结美国次贷危机对其国内金融机构的影响，笔者认为，一是投资高收益债券和衍生产品一定要充分了解其风险和收益，也要看好时机，并做好相应的跟踪和适时的尽职调查；二是金融产品的设计和创新要充分考虑到宏观货币政策对其可能产生的作用和影响，要避免产品的缺陷和操作漏洞，同时金融机构的风险模型也要在复杂多变的市场面前对有关参数作出适时调整，注意风险防范和化解；三是风险管理应始终贯穿于公司文化之中。

跟踪通货膨胀，关注越南危机

美国次贷危机爆发后，我们并没有停止对全球经济金融发展的关注，而是继续深入研究美国次贷危机的进一步演变和传导路径。笔者相信，在经济全球化和金融一体化的新形势下，美国的次贷危机必将对全球经济产生重要影响。

的确如此，2008 年 3 月 17 日，全球著名投资银行贝尔斯登公司退出历史舞台，成为美国次贷危机后第一个倒下的美国五大投行之一，拉开了"华尔街风暴"的序幕。2008 年上半年，国际大宗商品价格一路攀升，全球通货膨胀泛滥，一度有 50 个发展中国家通货膨胀率达到了两位数。2008 年 5 月开始，我们的比邻越南陷入高通货膨胀下的货币危机，股市出现了 25 日的连续下跌。越南在这一时期成为全球关注的焦点。2008 年 7 月，国际油价在每桶 147 美元触顶，之后一路下滑。2008 年 9 月，雷曼兄弟公司破产成为美国次贷危机引发的金融风暴导致全球金融危机的标志。

越南出现的货币危机正是美国次贷危机爆发后传导的产物。在次贷危机爆发之后，越南 2007 年的居民消费价格指数增幅高达 12.63%，大大超过了越南同期国内生产总值的增长水平（8.44%），持续增长的居民消费价格指数在 2008 年 8 月更是创下了 28.3% 的新高。越南常年的贸易逆差、财政赤字和高额外债导致外汇储备应对冲击的能力有限，越南政府又无力维持本币汇率稳定，越南的货币越南盾在短短的 3 个月内由升值转为急剧下跌，如越南的汇率在 12 个月远期汇率市场上跌幅达 40%，越南由此陷入货币危机。2008 年，越南的实际通货膨胀率逼近 23%，创下 20 年新高。

追踪债务危机，观察冰岛国家破产

时光到了 2008 年下半年，美国次贷危机已经转变为全球金融危机，全球经济滑入深渊，全球的流动性紧缩来袭。2008 年 10 月，作为发达国家的冰岛等国又遭遇了"国家破产"，全世界为之惊诧……

冰岛金融美梦迅速破碎的谜团让我们看到了虚拟经济严重脱离实体经济所带来的泡沫的破灭。

如果把越南货币危机、冰岛国家破产两个貌似偶然的事件放到美国次贷危机的大背景下去考察，不难发现相隔遥远的两个国家各自遭遇困境的必然性以及彼此之间的共性与个性。

实质上，冰岛遭遇的是美国次贷危机的"第二波"影响，是次贷危机真正转化为金融危机后的阶段性产物。这一波影响的标志性事件就是雷曼兄弟公司的破产倒闭。雷曼兄弟公司倒闭得如此突然，其身后留下的巨额商业票据和短期债瞬间变成废纸，令国际金融市场人人自危。此时投资者不知道还有哪一个对手方值得相信、对手方会不会忽然倒闭。这使得商业票据市场、同业拆借市场陷入停顿，企业无法得到短期资金，银行隔夜拆借成本骤升，又导致了更多的债务违约和更严重的流动性萎缩，国际市场信贷活动几乎冻结。

同时，冰岛近年来疯狂的金融扩张正是建立在借贷融资基础之上的，需要滚动地从国际金融市场融取短期资金弥补外债敞口。于是，流动性枯竭、短期信贷渠道关闭和隔夜拆借成本飙升等一系列因素好似釜底抽薪，抽走了冰岛金融体系的"脊髓"，使这一体系陷入瘫痪。

事实上，越南和冰岛都是美国次贷危机的"受害者"，它们算得上是"难兄难弟"，有着不同的苦楚。相似之处在于两者都是规模较小的经济体，都率先经历了一轮高通胀、高速扩张阶段，成为区域内经济增长的"明星国家"，而且都严重依赖外资，外债水平也都较高，产业结构都不合理。两者都经历了一段"不合时宜"的币值坚挺期，随后都对美元大幅贬值。共性使得其经济防线在面临危机一波又一波的冲击时更容易被撕裂。

然而，这两个国家的发展模式各有不同，它们遭受的危机的区别也显而易见。越南的外债规模仍然在可控范围内，2007 年的外债为 305 亿美元，占国内生产总值的 42.8%，外汇储备约为 200 亿美元。冰岛的外债则一度超过国内生产总值规模的 9 倍！越南的银行体系发展速度相对较慢，虚拟经济与实体经济的错配并不明显。冰岛的银行体系迅速膨胀，虚拟经济严重脱离实体经济。

总之，我们的结论是，美国次贷危机的第一波影响的特征是全球恶性通货膨胀，从次贷危机爆发开始，随着美元大幅贬值和国际商品期货市场的炒作而深化，直接导致包括越南在内的外汇储备少、货币价格高、对外资依赖性强的发展中国家陷入货币危机。第二波影响的特征则是全球金融市场信贷紧缩，从雷曼兄弟公司倒下开始，信贷恐惧的蔓延使得国际金融市场遭受重创，直接导致包括冰岛在内的高外债、外汇储备少、虚拟经济严重脱离实体经济的发达国家陷入经济危机。尽管当前全球金融危机还没有结束，但是我们已经经历的两波危机，窥见了全球金融危机的一斑。

（原文刊发于《出版人：图书馆与阅读》2009 年第 7 期，原文略有修改）

金融危机会在薄弱环节兑现

解读世界金融史，我们会发现，任何一场金融危机的发生都是由于存在了很多薄弱环节和漏洞，金融危机最终会在薄弱环节兑现。

回顾 20 世纪末的金融危机

我们知道，早在 20 世纪 60 年代末，日本已经成为世界主要的出口大国，日益上升的外汇储备在扶助其成为工业强国的同时，也见证了出口增长战略的成功之处。到了 1981 年，日本的贸易顺差就如同脱缰野马，奔腾上涨。1968—1989 年，日本所积聚的贸易顺差就达到 75 万亿日元，日本的外汇储备也从 30 亿美元增加到 840 亿美元。在日本，大量的资本流入所带来的信用扩张也拉开了序幕，日本的国内信贷与国内生产总值的比例从 1970 年的 135% 增长到了 1989 年的 265%。

1989 年，日本的房价和股价终于创出历史新高，此时的日经指数冲破了 38 000 点。但也恰在此时，日本信用扩张的"盛宴"在高潮中戛然而止。日本由于过度投资造成的国内生产能力过剩，最终在 1990 年导致了泡沫的破裂。日本的股价和房价开始"跳水"，短短的几个月，股价下跌 75%，房价缩水 50% 以上，引发了日本的金融危机。

时至今日，日本还没有完全从那场噩梦般的危机中缓过来，危机过后，日本政府的负债与国内生产总值比例上升到了 140%，使得日本的国家信用评级沦落到了与一些非洲国家同等的地步，原本与美元抗衡的日元的地位也因此每况愈下。

20 世纪 80 年代初期，日本为了应对美国人施加的日元升值的压力，开始把制造业转移到亚洲各国。不论是模仿还是承接，泰国、韩国、马来西亚以及印度尼西亚等国开始了日本奇迹的复制。

1984—1996 年，泰国外汇储备由 19 亿美元上涨到 377 亿美元，韩国外汇储备由 25 亿美元上涨到 340 亿美元，印度尼西亚外汇储备从 50 亿美元上涨到 190 亿美元，马来西亚外汇储备从 40 亿美元上涨到 270 亿美元。无论当初这些货币进入这些国家的原因如何，最后资金进入这些国家的银行体系后，货币供应量都出现爆炸性增长。

这些国家无论是资本账户顺差、贸易和经常账户顺差还是短期债务，资本大量流入引发的信用泡沫，在带来经济高速增长的同时，也在不断蒸发社会财富，将经

济推向危险的边缘。1997 年 7 月 2 日，泰国的经济泡沫首先破裂，泰铢贬值超过
50%，股市市值跌去 95%。随后，经济崩溃如瘟疫般传染了整个东亚地区，形成金
融风暴横扫亚洲，影响甚至一直延伸到俄罗斯和巴西。

事实上，这场金融风暴同 20 世纪 90 年代早期日本的"泡沫经济"崩溃，共同
构成了 20 世纪最后一场金融危机，这一场金融危机产生了巨大的影响，造成了严
重的后果。

不败的本位货币——美元

货币在本质上只是一种价值测算的度量工具，它最重要的特征应该是中立、恒
定，不以银行家的贪婪为转移，不以政府的喜好而左右，不以垄断利益集团的诉求
而涨落。但在历史上，这一切只有自由选择而来的黄金和白银才能做到。

因此，在金本位制的货币体系下，全球所有主要贸易国家均以一定的价格盯住
一定数量的黄金，这些国家的货币一直都维持固定的汇率。金本位制以一种自动的
调整机制，防止了各国贸易账户失衡的问题。顺差国因为积累了更多的黄金，会在
该国银行体系创造更多的信用扩张，在促进繁荣的同时也引发通胀。物价上涨导致
该国贸易竞争力下降，出口下滑、进口上升，黄金开始外流。逆差国则相反。在金
本位制下，政府是不敢轻易扩大赤字的，因为那会形成贸易赤字和黄金外流，导致
痛苦的经济萧条。

第二次世界大战后，美国为了掌控世界稳定的金融和贸易体系，以 1 盎司黄金
35 美元的固定价位，为日本、德国等创造了通货膨胀几乎为零的黄金发展环境。20
世纪 60 年代后期，许多国家把挣来的美元储备如滚滚洪流般从美联储设在诺克斯
堡的金库中换成黄金，1971 年 8 月，尼克松总统停止美元对黄金的兑换。美国也不
再需要以黄金作为进口的支付手段，甚至不再需要以黄金作为美元的支持。

此后，美国以没有任何支撑的美元和美元计价的债券作为进口支付手段，以此
能享受到更多其他国家所制造的消费品。美元的纸币本位时代就这样悄然来临了。
因此，流通中的美元的数量也开始爆炸性增长。

有学者认为，在美元的纸币本位下，信用创造和扩张是以美元纸币储备为支撑
的，产生了遍及全球的信用泡沫。信用泡沫到哪里，哪里就是一片经济持续过热、
流动性过剩和资产价格膨胀的景象。

事实上，特别是在一个价值尺度不停变化及缩水的美元纸币情况下，美联储不
再受困于黄金的束缚，可以轻易战胜日元、欧元等世界主要竞争货币，而战胜了一
国的货币也就是战胜了一国的经济。

当美国相对其他国家出现贸易逆差，其就会支付美元，而接受这些美元的国家
的国民就会再把美元卖给该国的央行，换回本国的货币。接着该国的央行又反过来
把这些美元重新投资到美国。

一方面，美元换成本币使该国的货币供应量扩大；另一方面，该国的中央银行
把美元又重新投资到美国，继续支持美国的赤字增长。如此一来，我们不难发现，
亚洲金融危机中，危机国货币供应泛滥引起的超级通货膨胀，制造者就是来自美元

的印钞机。

格林斯潘这位当了近 20 年美联储主席的人，早在 1966 年还没有担任美联储要职时，就发表了《黄金与经济自由》一文。他指出，在没有金本位的情况下，将没有任何办法来保护人们的储蓄不被通货膨胀所吞噬，将没有安全的财富栖身地。这就是那些福利统计学家激烈反对黄金的秘密。赤字财政简单来说就是没收财富的阴谋，而黄金挡住了这个阴险的过程，它充当着财产权的保护者。如果人们抓住了这一核心要点，就不难理解有人对金本位的恶意诽谤了。

其实，格林斯潘已经深刻理解并运用了"美元本位"的作用，在近 20 年的时间内，他很好地实践了"美元本位"的全球化，并通过利率影响汇率，实现了其国内低通胀、高增长的持续发展，保持了"美元本位"的美国经济引领世界经济周期。

正如诺贝尔经济学奖获得者斯蒂格利茨在参与亚洲金融危机救助工作中所发现的秘密：一个或隐或现、节奏匹配的"华尔街—美国财政部轴心"指挥着一切。当美国财政部指导着国际货币基金组织的国际金融体系打开一国市场大门后，华尔街上的金融公司就开始拥有了永远赚不完的钱。然而，美元本位下的金融，仍难以规避金融风险的出现。

次贷危机的薄弱环节

探究美国次级债危机的始末，我们发现，同历次金融危机一样，次级抵押贷款引发的一系列危机没有离开三个方面的薄弱和漏洞。一是金融工具本身的薄弱和漏洞。次级抵押贷款信用评级的严谨性和对借款人偿债能力尽职调查不够等产品缺陷的存在，是导致系统性风险发生的前提条件。二是过度的证券化显现出次级抵押贷款风险的放大，而放大的风险转移和传递无疑为系统性风险的出现创造了可能。三是货币政策的调整是引发次级抵押贷款产品薄弱点的危机的根本原因。另外，次级债市场的参与者在利益的驱动下，放松风险管理，在经历了市场的火爆之后，最终痛尝苦果。

其实，华尔街的有识之士也早有预见，一位投资银行家坦言："尽管我们对次级抵押贷款衍生产品和投机资本将带来怎样的不稳定心知肚明，但是我们迫使外国开放它们的资本市场，让我们的衍生产品和投机资本进入这些市场，因为华尔街想要这样，而且华尔街想要的比它们可能获得的还要多。"

1913—2001 年，美国一共积累了 6 万亿美元的国债，而 2001—2006 年，美国国债又增加了 3 万亿美元，到达 8.6 万亿美元，每年仅付息就高达 4 000 亿美元。如果再将美国各州与地方债务、国际债务和私人债务加起来，美国总债务高达 44 万亿美元。如此庞大的债务每年需要付息 2.2 万亿美元，几乎等于美国联邦政府全年的财政收入。这也是为什么这一时期美联储青睐低利率政策的关键。

根据美国商务部发布的数据，2006 年外国在美国投资的收益比美国在海外投资的收益多 73 亿美元。这是自 1946 年美国政府开始收集此类数据以来首次出现"投资赤字"。

"9·11"事件之后，为应对经济疲软和通货紧缩，美联储连续降息至1%的超低利率且保持一年之久，欧洲央行将2%的低利率维持了4年，日本央行则实施了长达5年的零利率。全球三大经济体长时间的宽松货币政策，在加大全球经济失衡的同时，也使全球流动性过剩。全球流动性过剩引起了国际游资泛滥，国际游资于全球范围内寻找乃至创造投机获利的机会，资产泡沫日趋严重，由此导致全球的股市、房市、商品期货市场大幅震荡。欧洲房地产市场泡沫相当严重，丹麦、比利时、爱尔兰、法国和瑞典等属于房价增长的领先者；英国和澳大利亚的房租分别比长期平均值高出55%和70%；美国房地产价格被高估50%，部分地区，如圣地亚哥、洛杉矶等地的房价涨幅超过100%。同时，资源价格大幅震荡。1998年以来国际市场油价已上涨了5倍多，2008年1月曾一度超过了每桶100美元的峰值。

近年来，美国的对冲基金也发展迅猛，对冲基金支配的资金从1990年的不足500亿美元激增到1.2万亿~1.5万亿美元。对冲基金运作缺乏透明度，其大举进入衍生品市场又缺少监管，由此相关违约导致局部金融恐慌近年来时有发生。欧洲央行多次警告，对冲基金威胁世界金融体系稳定，尤其是许多基金经理采取与对冲基金类似的投资策略，增加了投资项目突然崩盘的风险。

适度的货币政策调整与金融工具创新能够防范薄弱环节和漏洞产生的危机。如果次级债危机产生的前提条件都受到控制的话，即消费者不过度提前消费，房地产市场投资不那么强烈，利率采用温和的水平调整而不是大起大落，次级抵押贷款不被过度证券化或衍生出更多的金融交易的话，或许由于金融工具、产品、创新自身的薄弱环节和漏洞就不会产生一个系统性的危机。

（原文发表于草根网2008年9月19日，原文略有修改）

金融危机见底，第二波金融海啸不具有爆发能量

　　2009 年 5 月 14 日，美国财政部部长盖特纳在与社区银行家们开会时表示，金融体系正开始痊愈。笔者认为，时下反映金融危机底部的三大信号已经明确显现，全球金融危机底部已经显现。

　　首先，金融危机的源头已得到平复。尽管经济活动仍在萎缩，但近两个月来经济下滑的速度已明显减缓并有所反弹。美国房地产市场在连续两年多的下跌后有触底企稳的迹象。金融机构"去杠杆化"的进程正在进行，金融业调整过程中的"相当大一部分"已完成。特别是自 2009 年 2 月全美 19 家大型银行进行的压力测试已经完成，金融危机的深度得到测算，且在预期和可能救助的能力范围内。因此，此前有的学者预测的以欧美大银行破产倒闭为特征的第二波金融海啸已不具有爆发能量。2009 年 4 月初以来，美国短期银行同业拆借市场的风险溢价下降了 2.75 个百分点，美国最大的几家银行在信贷违约掉期市场的信用保障成本下降了大约 1.5 个百分点。同时，反映在金融指标上的以美元计算的道琼斯全球指数在 4 月飙升了 12%，创下了该指数自 1991 年创建以来的最大月度涨幅。来自金融危机源头的数据显示出金融危机已接近尾声。

　　其次，国际金融危机的蔓延得到控制。我们看到，欧盟成员国救助基金规模增加至 500 亿欧元，匈牙利和拉脱维亚获得 96 亿欧元的援助，罗马尼亚获得 50 亿欧元的援助；国际货币基金组织与欧洲复兴开发银行一揽子拯救计划也使罗马尼亚总计将获得 200 亿欧元的援助等，东欧经济形势正在好转。东欧国际债务危机国家得到帮助，使日益严重的金融危机得到缓和。亚洲建立并扩大了区域外汇储备库（规模达到 1 200 亿美元），有效地提高了防控区域金融风险的能力和抵御金融危机的能力。

　　最后，投资者信心和金融指标已见好转。全球股市持续回暖，10 年期美国国债收益率超过 3.15%，比此前的最低点上升 1 个百分点。同时，2008 年 11 月底至 2009 年 5 月中旬，美国投资级公司债券和国债收益率的息差下降了 2.1 个百分点，而高收益率公司债券的息差下降了约 8 个百分点。这都意味着投资者的风险承受能力明显提高，投资开始追求高收益。在美国财政部和美联储的借贷工具的帮助下，美国新证券的发行开始复苏；由信用卡应收款担保证券组成的 AAA 级资产担保证券的息差较高点下降了大约 3 个百分点；30 年期抵押贷款利率下降至 4.8% 的历史

低点，抵押贷款再融资规模也迅速增长。

近期尤其值得关注的是中国、巴西、俄罗斯和印度的股市大幅反弹，这些国家的很多金融和经济指标数据出现了积极迹象，对全球金融市场提振信心起到了重要作用。

从金融危机爆发到金融危机见底，从"现金为王"的退位到"资产优势"的起步，在新的经济金融形势下，无论是国家、企业，还是个人，都应准确把握经济金融走势，顺应经济金融形势的新变化，转变观念，科学调整资产、负债和资本投向。

（原文发表于《理财周报》2009 年 5 月 25 日，原文略有修改）

金融危局下中国的国际债务管理

1979 年之前，我国奉行的是无外债原则，我们既不借外债，也不接受外国投资。改革开放以后，吸收外资、拓宽对外筹资渠道成为我国对外开放的重要内容之一，外债规模从无到有，逐渐扩大，外债管理制度也逐步建立和完善起来。

我国对外债实行统一计划、统一政策、分工负责、加强管理的原则。所谓统一计划、统一政策，就是国家根据国民经济发展需求、国际收支状况以及外债承受能力，制定利用外债的计划和政策。具体而言，利用国外贷款，无论是政府贷款、国际组织贷款，还是向国外商业银行贷款和发行债券，均由国家制定统一政策，对外债务进行归口管理。

改革开放后，随着我国间接引进外资工作的逐步开展，为进一步规范管理，1986 年 8 月，国务院下发了《国务院批转国家计委关于利用国外贷款工作分工意见的通知》，对外债实行分工负责、归口管理的体制。1988 年 9 月，财政部下发了《财政部关于地方财政部门做好世界银行贷款工作几点意见的函》，明确提出地方财政部门在世界银行贷款管理工作方面应拥有统一权能。1998 年以前，我国没有统一的政府外债管理机构，政府外债实行分口管理，因此在上项目、办担保等方面，信息沟通不够，缺乏一个能够较好地掌握全部外债总数及分年度还款额负担的部门，对外债来源结构、币种结构、期限结构等缺乏统筹规划、科学论证和统一管理。1998 年以后，随着中央政府外债管理机构的逐步统一，政府外债管理逐步实现了统一管理，但由于体制改革时间比较短，外债管理还没有真正建立起一套统一监管的管理制度体系，而且政府外债同非政府外债仍没有实现统一管理。

我国外债管理的目标如下：第一，控制外债规模，合理安排外债结构，确保偿还能力；第二，合理确定外债投向，将外债资金用于生产建设上，重点是出口创汇企业、进口替代企业和技术先进企业以及能源、交通等基础产业；第三，提高外债使用效率。

为了减轻中央政府的负担，增强地方和部门使用国外贷款的责任心，提高使用单位的负债经营意识，国家确立了"谁借款、谁偿还"的原则。具体划分为统借统还、自借自还、统借自还。统借自还对外构成国家债务，对内则为企业或地方债务，国家对外是债务人，对内则是债权人；自借自还形成地方、部门或企业直接对外债务；统借统还直接构成国家债务。

20世纪70年代，外债逐渐成为发展中国家经济振兴的一项重要工具，国际借款达到了一个鼎盛时期。发展中国家借入巨额外国资本来发展本国经济，在全球范围内营造了一片经济飞速发展的繁荣局面。巴西、韩国以及东南亚各国就是大量借入外债用于发展本国经济，创造了"巴西奇迹""汉江奇迹""东南亚奇迹"，使得国民经济发展速度超过了美国、日本等发达国家。但是自20世纪80年代以来，外债危机问题浮出水面，并且愈演愈烈，全球性的债务危机接踵而来，几乎造成了世界范围内的资本流动阻塞。20世纪80年代席卷全球的债务危机、1994年的墨西哥债务危机、1997年的东南亚金融危机以及随后的俄罗斯债务危机、2001年的阿根廷债务危机等，沉重的债务负担给许多国家经济发展带来了近乎灾难般的后果。

对于中国来说，20世纪90年代以来，外债规模与日俱增，外债风险已初露端倪。1998年的"广信事件"引发的对外窗口的债务危机已经给我们敲响了警钟。我国是发展中国家，其他发展中国家的债务危机同时也给我们提供了前车之鉴。2007年，为对世界主要国家和地区的外债情况有一个清晰的认识，国家外汇管理局曾做过部分经济体外债规模与风险指标情况比较，选择了具有代表性的样本经济体进行研究，包括主要发达国家（七国集团）、部分新兴市场经济体（韩国和中国香港特别行政区）和部分发展中国家［阿根廷、巴西、墨西哥、印度、马来西亚、菲律宾、泰国、俄罗斯和中国（统计数据未包括我国港澳台地区，下同）］，共计18个经济体。

从2006年年末的外债规模看，主要发达国家中，美国外债余额为107 318亿美元，居世界第一；英国外债余额为91 210亿美元，居世界第二；德国外债余额为41 434亿美元，居世界第三。在包括中国在内的11个新兴经济体中，中国香港特别行政区外债余额为5 131亿美元，居第一位；其次是中国，外债余额为3 230亿美元；排名第三位的是俄罗斯，外债余额为3 097亿美元。我国外债规模在18个经济体中排名第八位，处于中等水平。与发达国家相比，我国外债规模较小，仅为美国外债规模的3%；与发展中国家相比，我国外债规模不大，仅比俄罗斯外债余额高133亿美元。

据国家外汇管理局的统计，截至2008年9月末，我国外债余额为4 419.52亿美元，比2007年年末增长18.29%。2008年年末，我国的外汇储备余额为1.95万亿美元。国际上认为，国家偿债率的警戒线为20%，发展中国家偿债率的警戒线为25%，危险线为30%。当偿债率超过25%时，说明该国外债还本付息负担过重，有可能发生债务危机。根据世界银行的建议，我国的偿债率应以15%为安全线。

（成文于2009年5月3日，研究我国债务数据而撰写此文）

冰岛模式的反面是下一波危机

美联储决定在 6 个月内购买 3 000 亿美元中长期国债，这一举措撼动了全球金融市场。美国始料未及的救助计划，让全球金融危机迎来了新的开端。

"这是买下一个北欧国家的绝无仅有的好机会，虽然无可否认的是这个国家在财政上稍微有点糟糕。"这句幽默的广告语，不知冰岛人听了心里是什么滋味。

在金融危机传染下，2008 年注定是众多"明星国家"纷纷陨落的一年，冰岛就不幸中招，从人均国内生产总值位居全球第四沦落为人均负债约 40 万美元。这个只有 32 万人口，国内生产总值不到 200 亿美元的北欧国家却背负了近 1 400 亿美元外债，货币贬值 50%、银行全部被国家接管……虽然几乎所有人都知道冰岛濒临"破产"，甚至有人还兴致勃勃地参与了这个国家的"网上竞拍"，却很少有谁能说得清楚到底什么是"国家破产"。

冰岛上演国家破产

《国家破产》一书对冰岛破产进行了 360 度的"全景扫描"，全面解读"国家破产"背后错综复杂的因素。该书从理清一些似是而非的概念入手，一步步解开了冰岛金融美梦迅速破碎的谜团。虚拟经济严重脱离实体经济所带来的泡沫、过高的外债水平、从银行家到平民的贪婪以及全球金融体系长期以来努力掩盖的内在缺陷，共同编织了一个"美妙"的童话。当次贷危机引起全球金融风暴，童话世界迅速被无情地打破。

笔者在 2008 年曾先后出版《次贷危机》和《越南危机》两本书，写作的过程就是在全球范围内不断锁定金融危机新行踪的过程。有几个关键的时间点需要回顾一下：2007 年 3 月 12 日，美国新世纪金融公司破产，抵押贷款风险浮出水面；2008 年 3 月 17 日，贝尔斯登公司退出历史舞台，成为第一个倒下的美国五大投行之一，拉开了华尔街风暴的序幕；2008 年上半年，国际大宗商品价格一路攀升，全球通货膨胀泛滥，一度有 50 个发展中国家通货膨胀率达两位数；2008 年 5 月开始，越南陷入货币危机，该国股市出现"25 连阴"，越南在这一时期成为全球关注的焦点；2008 年 7 月，国际油价在每桶 147 美元触顶，之后一路下滑；2008 年 9 月，雷曼兄弟公司破产，金融危机由此滑入深渊，流动性紧缩突然来袭；2008 年 10 月，冰岛遭遇"国家破产"，全世界为之惊诧……

如果把越南货币危机、冰岛国家破产两个貌似偶然的事件放到次贷危机的大背景下去考察，不难发现相隔遥远的两个国家各自遭遇困境的必然性以及彼此之间的共性与个性。

借贷融资是金融"脊髓"

越南危机在次贷危机的第一波动荡中产生，处于从次贷危机向金融危机酝酿、演化阶段。在次贷危机爆发之后，越南2007年居民消费价格指数为12.63%，大大超过同期国内生产总值8.44%的增长水平，在2008年8月更是创下了居民消费价格指数为28.3%的17年来的新高。

加之常年贸易逆差、财政赤字和高额外债导致外汇储备应对冲击的能力有限，越南政府无力维持本币汇率稳定，越南盾在3个月内由升值转为急跌，在12个月远期汇率市场上跌幅达40%，由此陷入货币危机。2008年，越南通胀率逼近23%，创下20年来的新高。

冰岛遭遇的是次贷危机的第二波动荡，处于次贷危机真正转化为金融危机的阶段。这一波动荡的标志性事件就是雷曼兄弟公司的破产倒闭。雷曼兄弟公司倒闭得如此突然，留下的巨额商业票据和短期债瞬间变成废纸，令国际金融市场人人自危，投资者不知道还有哪一个对手方值得相信以及对手方会不会忽然倒闭。这使得商业票据市场、同业拆借市场陷入停顿，企业无法得到短期资金，银行隔夜拆借成本骤升，又导致了更多的债务违约和更深的流动性萎缩，国际市场信贷活动几乎冻结。

冰岛近年来疯狂的金融扩张正是建立在借贷融资基础上的，需要滚动地从国际金融市场融取短期资金弥补外债敞口。于是，流动性枯竭、短期信贷渠道关闭和隔夜拆借成本飙升等一系列因素好似釜底抽薪，抽走了冰岛金融体系的"脊髓"，使这一体系陷入瘫痪。

次贷危机第三波动荡向何处去？

越南和冰岛都是次贷危机的"受害者"，算得上是"难兄难弟"，有着不同的苦楚。相似之处在于两者都是规模较小的经济体，都率先经历了一轮高通胀、高扩张阶段，成为区域内经济增长的"明星国家"，而且都严重依赖外资，外债水平也都较高，产业结构都不合理。两者都经历了一段"不合时宜"的币值坚挺期，随后都对美元大幅贬值。共性使得其经济防线在面临危机一波又一波的冲击时更容易被撕裂。

两者的区别也显而易见。越南的外债规模仍然在可控范围内，2007年的外债为305亿美元，占国内生产总值的42.8%，外汇储备约为200亿美元。冰岛的外债规模则一度超过国内生产总值的9倍。越南的银行体系发展速度相对较慢，虚拟经济与实体经济的错配并不明显。冰岛的银行体系迅速膨胀，虚拟经济严重脱离实体经济。

次贷危机的第一波动荡的特征是全球恶性通货膨胀。从次贷危机爆发开始，随着美元大幅贬值和国际商品期货市场的炒作而深化，直接导致包括越南在内的外汇储备少、货币价格高、对外资依赖性强的发展中国家陷入货币危机。

次贷危机的第二波动荡的特征是全球金融市场信贷紧缩，从雷曼兄弟公司倒下开始，随着信贷恐惧的蔓延，国际金融市场遭受重创，直接导致包括冰岛在内的高外债、外汇储备少、虚拟经济严重脱离实体经济的发达国家陷入经济危机。

下一步，次贷危机的第三波动荡会有什么特征？世界银行的报告指出，在二十国集团中已经有 17 个国家实施了贸易限制措施，贸易保护主义有所抬头。这个问题解决不好，或许次贷危机的第三波动荡会成为全球金融危机向经济危机全面转化的阶段，即由于"去全球化"的贸易保护主义而导致实体经济进一步遭受重创。

但愿这一幕不会真正发生。

（文章主体内容来自《投资者报》专访，发表于 2009 年 4 月 6 日，原文略有修改）

濒临危机的东欧银行

美国次贷危机爆发两周年之际，东欧正成为全球金融危机的新焦点。为什么眼下东欧如此令人担心？一个重要的原因是东欧国家最大的债主是德国、法国、奥地利等西欧国家，一旦东欧大规模爆发银行业危机，无疑将祸及西欧乃至整个欧洲。因此，危情之下，美元和黄金再次成为资金的避风港。

外汇储备危机四伏

2008 年以来，受到美国次贷危机的影响，东欧主要国家都耗费了大量外汇储备来对抗本币的持续贬值。货币危机一方面是由于国际金融危机下，全球经济衰退的影响；另一方面是由于本国银行业巨大的外债负担和市场信心下降。

值得我们关注的是，欧盟一直是负债率较高的地区，当地企业债务占该地区生产总值的比重高达 95%，而在美国这个比例只有 50%，因此如果贷款违约潮出现，影响将会更大。

据英国《每日电讯》公布的欧盟委员会报告，欧盟银行业问题资产的规模可能高达 16.3 万亿英镑（约合 18.5 万亿欧元）。这意味着欧盟整个银行业资产中有 44% 是问题资产。东欧和西欧银行之间的盘根错节，使欧洲银行业正面临一场可以预见的从货币危机到更为严重的银行业系统性危机。

股权交易盘根错节

波兰、匈牙利、捷克、斯洛伐克、斯洛文尼亚、立陶宛、拉脱维亚、爱沙尼亚8 个国家不仅地域相近，而且均于 2004 年加入欧盟，更有意思的是 8 个国家的银行体系改革时间和路径也基本一致。

8 个国家银行体系的改革大致经历了两大步骤：第一步，结束了大一统的一级银行体系，建立了由独立的中央银行和市场主导的商业银行构成的二级银行体系；第二步，将商业银行民营化（私有化），同时对整个银行产业进行对外开放。

这些国家银行业的对外开放有着共同的特点：一是降低甚至取消了外资银行进入的门槛，放松外资银行设立分支机构的限制；二是允许外资银行作为战略投资者参股国有银行或收购国内银行。

尽管中东欧 8 国的政府对银行业对外开放的政策不尽相同，但最后无一例外地都选择了完全的对外开放。原来的国有大银行基本都出售给了国外的战略投资者，本国银行市场当然也就由外国银行所控制。近年来，大规模向外国银行出售国有银行股份，形成了东欧国家银行业的最大特色，即银行市场对外开放度高，外资银行占有了国内银行市场的主要甚至绝大部分的市场份额。

比如对外开放后，斯洛伐克、斯洛文尼亚、立陶宛和爱沙尼亚由外国银行控制的市场份额超出了90%，其中爱沙尼亚的银行市场几乎全部为外国银行所占领。

经过20世纪90年代的改革之后，东欧主要国家的银行体系都逐步走上了健康稳定的发展道路，银行资产规模也因此迅速扩张。在本国经济中，经济发展对银行业的依存度显著提高。

西部债券是东部债务

西欧的银行家近年来将大笔的钱借给东欧国家，希望东欧的经济繁荣能够一直持续下去并且获利，而现在的东欧经济却陷入困境。

有关研究机构透露，西欧国家的银行在东欧拥有超过1.5万亿美元（约合1.27万亿欧元）的债权，这些债权银行主要来自奥地利、意大利、瑞士、希腊、比利时和瑞典等国。

国际清算银行的数据显示，奥地利银行2008年9月有2 780亿欧元资产与欧洲新兴市场国家相关，这一数字几乎是该国国内生产总值的2/3。有分析人士表示，如果东欧经济持续恶化，这些曾经的优质资产将很快会转变成"问题贷款"。

按照信用评级机构穆迪公司的测算，奥地利、意大利、法国、比利时和德国等欧元区国家的银行，拥有对东欧地区债权金额高达1.5万亿美元，这相当于外国银行拥有这一地区债权总额约90%，可见债权集中度之高。

更令人担忧的是，东欧国家在信贷市场压力重重的2009年，1.5万亿美元的债务中约有4 000亿美元的债务到期，届时到期偿付将面临巨大压力。

风险波及整个欧洲

笔者认为，金融危机导致全球经济的衰退，而东欧的经济衰退又累及其银行业，银行业所面对的困境使得欧洲货币再失信心，导致货币兑换价格普遍下跌。

此时，欧洲的金融安全成为全球关注的焦点，2009年2月的债券市场走势也已充分验证了这种担忧。包括匈牙利、波兰、捷克在内的中东欧多国国债已被投资人降级并遭到抛弃，市场对东欧银行业动乱的日益担忧，促使全球投资者蜂拥购买美元和美国债券等安全资产，这又进一步拖累了欧元对美元继续下跌，并使欧元对美元的贬值创出新低。

事实上，东欧、西欧之间，股权也好，债权也罢，千丝万缕的联系已经形成了一荣俱荣、一损俱损的系统性风险局面。正如美国次贷危机爆发时，引发了次级债危机的因果关系，当下东欧金融体系的风险，可以将其负面影响外溢到西欧金融体系，从而将波及整个欧洲金融系统。

金融危机的未来发展

次贷危机两周年，次贷危机的发展已经走过了直接损失的第一阶段。这一阶段的结果即为杠杆和泡沫的破灭，相关利益者的损失和倒闭，并演变为全球信心丢失下的经济衰退。

2009 年经济衰退的阴影摧残着全球经济，欧洲经济也不例外，以冰岛的财政破产和政府更迭为代表，国际债务危机显现，东欧和西欧之间复杂的债权债务关系反映出的薄弱环节和漏洞，已经暴露在金融危机之下。

需要注意的是，紧随欧洲银行业危机，我们将迎来新一轮国际大宗商品价格波动，这使中国拉动经济的基础设施项目的成本提高面临新的考验。

（原文刊发于《华夏时报》2009 年 3 月 7 日，原文略有修改）

从越南危机看新兴市场面对的挑战

　　近来，我们的近邻越南传来了由于货币困境带来的危机：物价上涨、股市下行、汇率震荡、外资出逃、经济信心锐减……

　　越南危机震惊了世界，更让中国关注究竟是什么引发了越南危机？越南的货币危机是否会演变为一场涉及面更广的金融危机？越南危机是否真的与美国次贷危机有关？新兴市场国家在开放中能否承受美国"流感喷嚏"的考验？面临高通货膨胀的新兴市场，国家如何保障经济和金融的安全？宏观调控政策如何应对和防范"通货膨胀堰塞湖"等？

　　事实上，2008年，越南经济仍以较快速度增长。2008年前5个月越南国内生产总值增速达7.4%，越南的国有经济在能源、电力、金融等国民经济最重要的领域发挥着主导作用。越南经济陷入困境的原因主要有两个：一是国际油价、粮价、原材料价格持续上升，导致越南生产成本增加和粮食及其他食品价格暴涨，加大了通胀压力；二是近年来，特别是2007年，越南的信贷和外国直接投资强劲增长，导致货币供应量大幅增加，通胀压力骤增。越南政府在这方面反应略显"迟钝"，没能采取有效措施，导致了经济过热及多年沉积下来的问题集中爆发。

　　2008年以来，除越南盾外，泰铢、印度卢比、菲律宾比索等亚洲新兴市场国家的货币也出现了抛售压力。值得我们探究的是，作为新兴市场国家，面对对外开放，传统的认知是否会有失偏颇？

　　首先，高额储备就更安全吗？在1997年的亚洲金融危机中，泰国因为经济基本面恶化受到冲击，但也有不少国家如韩国、马来西亚等是因为外汇流动性不足受到冲击。新兴市场国家从中得出教训，认为必须积累足够的外汇储备，以防资本流向逆转风险，经济越开放，储备越重要。因此，过去的十余年间，全球外汇储备增长了235.9%，其中工业化国家外汇储备增长了80.7%，发展中国家外汇储备增长了357.1%，亚洲新兴市场国家外汇储备增长了396.6%。2002—2007年，全球外汇储备增长了146.7%，亚洲新兴市场国家外汇储备增长了201.0%，外汇储备支付进口的能力从5.9个月提高到12.9个月。在开放的国际背景下，由于外汇储备的持续较快增长，亚洲各国中央银行大量增发货币，形成了输入性的流动性过剩。事实上，大量的外汇储备，在保障本国经济金融安全的同时，也加剧了经济金融体系的脆弱性，为本国货币危机埋下了隐患。过多的流动性，一部分进入了生产领域，支持了投资持续高涨，积累了通货膨胀、经济过热的因子；另一部分进入了金融领域，银行信贷扩张、股票价格和房地产价格飙升，最终导致信贷泡沫和资产泡沫双重风险积聚。当市场发生逆转，本币被抛售，经济金融健康恶化就会制约政府抵御资本流动冲击的能力。政府抛售外汇储备、回笼本币，不但会导致经济紧缩，进一步打击市场信心，而且还会继续打压汇市和股市。外汇储备的下降又会强化本币贬值的预期。

越南危机表明，健康的金融体系是抵御资本流动冲击的第一道防线，亚洲金融危机中香港的表现也证明了这一点。因此，外汇储备的积累如果是以侵蚀到本国经济金融体系的健康为代价，那么高额储备就不一定更安全了。

其次，汇率稳定是经济健康的标志吗？金融危机之后，亚洲地区的汇率体制更加富有弹性。但是面对国际资本大量流入带来的本币升值压力，为维护本国出口竞争力，不少亚洲国家采取了市场干预措施。在这方面，越南就是个典型的例子。2002—2007年，越南外汇储备增长了544.7%，越南盾面临着较大的升值压力。自2002年以来，为刺激出口、缩小贸易逆差，越南盾对美元总体贬值，外汇储备的过快积累，导致越南的广义货币供应每年增长20%～30%，货币推动了越南国内物价上涨。2007年8月开始，越南的通货膨胀率突破两位数，同年10月越南放宽汇率管制，允许越南盾升值，实际汇率一飞冲天。2008年前5个月，越南贸易赤字已达到2007年全年的水平，通货膨胀趋于失控。

在本币升值压力面前，越南最终没有逃脱名义汇率不变而实际汇率升值的一般规律，不仅没有解决本国贸易失衡问题，还因为高通胀的侵蚀，触发了市场对越南盾的集中抛售风潮。是选择名义汇率变化还是选择实际汇率变化，这确实是开放环境下各国宏观经济管理中必须认真抉择的问题。

最后，直接投资不是热钱吗？越南长期以来靠吸引波动性较小的外商直接投资来弥补贸易赤字，这被认为是比较稳健的做法。2001—2004年，越南每年吸收直接投资20亿美元左右，2005年上升到39亿美元，2006年上升到76亿美元，2007年高达179亿美元，2008年前5个月就达到147亿美元。2001—2007年，越南直接投资占国内生产总值的比重从6.7%升至25.1%。然而，过快的国外直接投资流入，助长了通货膨胀压力和经济过热，再次埋下了货币动荡的隐患。2007年爆发的美国次贷危机，更是引发了全球股市的大幅调整，亚洲新兴市场也未能幸免。由于对货币的升值预期陡然转变为贬值预期，外资撤离，昔日市场的宠儿便沦为资本的弃儿，直接投资也迅速沦落为出逃的热钱。

越南金融动荡的教训再次告诉我们，资本账户的开放必须审慎推进，不论是吸收长期资本还是短期资本，都必须与经济发展水平和市场承受能力相适应。第一，我国要建立牢固健康的经济发展基础，这是抵御开放危机的基石。在经济全球化的今天，我国特别要做好发展模式的转型和经济结构的调整。第二，我国必须进一步健全和完善金融体系建设，同时也要进一步促进资本市场的科学发展，防范金融风险，建立基于国家安全的金融防范体系。第三，我国要完善宏观调控和危机管理机制。宏观调控要更主动、更有预见性，避免面对危机的被动性。此外，主权联盟或主权基金联盟或许是一条有效防范风险之路，新兴市场国家间应建立战略联盟和危机应对储备体系，共同应对开放市场进程中的危机与挑战。

（成文于2008年6月30日，总结越南通胀危机而撰写此文）

美元十度升息意欲何为

　　美国联邦储备委员会于 2005 年 8 月 9 日决定，将联邦基金利率即商业银行间隔夜拆借利率从 3.25% 提高到 3.50%。此次升息是自 2004 年 6 月以来第十次加息，一年多的时间以每次 0.25 个百分点进行升息，频率之快、幅度之大历史罕见。截至目前，美国联邦基金利率已达到了 2001 年 9 月 11 日以来的最高水平。

　　我们知道，汇率体现的是本国货币以国际货币支付的买卖价格，利率体现的是本国货币对内的价格。币值、汇率与利率之间存在密切的联动关系，利率上升则本国货币的租借费用上升，也会联动本国货币的币值上升，从而影响到汇率。当前，美国经济脚步稳健，企业提供的工作机会持续增加，薪资收入水平不断上升，民众消费支出也有所上涨，美国商务部公布的 2005 年 6 月消费者支出较上月增加 0.8%，工业订单也上涨 1%，几项重要经济指标都在持续上升中，同时通货膨胀并不明显。美联储明确表示，这一相当长的加息周期尚未结束。

　　那么，起于 2004 年上半年的美元加息，带来了美元新一轮升值周期，美联储如此频繁的货币利率调整，对货币政策意味着什么呢？美联储十度升息意欲何为？

　　美元连续加息意义深远。一般来讲，利率上升相当于给经济降温。全球经济正在承受着美国过度消费和金融市场上的巨大投机。美国国内在通货膨胀并没有明显高涨的情况下，短短的 14 个月的时间连续十次提高利率，对美元来讲，这种调整是源自其深远的国际、国内经济因素的。

　　从国际因素分析，一是利用利率调控熨平美元汇率贬值峰值。自从 1999 年欧元诞生开始，美元与欧元之战便烽烟四起，欧元先是高开低走，之后是对美元的大幅贬值，贬值一度达到欧元兑美元 1：0.82。此后由于美元货币及汇率政策的调整，特别"9·11"事件之后美国经济政策的重新定位，美元走上了大幅贬值之路，到 2004 年 12 月底，贬值一度达到欧元兑美元 1：1.366。短短的 3 年，美元对欧元的快速贬值，使得美元兑欧元最大贬值幅度超过了 50%。

　　美元之所以会有如此大幅度的贬值并可控，是与其国内的货币政策调整密不可分的。2004 年上半年，以美元购买力评价的汇率已经使得美国出口商品竞争力得到充分发挥，美元汇率贬值峰值也同时出现，继续贬值可能对美国国内经济带来一定的负面影响。因此，通过利率影响汇率，利率评价的汇率调控政策由此出现。通过连续的升息，美元对欧元的汇率贬值得到抑制，欧元兑美元回落到 1：1.23 的水平。实践表明，利用利率调控熨平美元汇率贬值峰值的手段是有效的。

二是利用利率上升来调停美元汇率继续贬值。通过国内的利率调整，采用利率传导到汇率的调控手段，是一种"软着陆"的思路，能够有效地避免外贸的直接冲击，也会避免汇率市场的过分投机和炒作。美元过度升值不利于出口和美国国内经济的发展，而过度的贬值又会降低美元的强势地位，失去世界货币的重要角色，与其经济政治地位不相匹配。因此，通过短期内的利率快速调整来调停美元汇率继续贬值，可能是货币当局升息的一个重要考量。

三是利用加息平衡和缓解人民币微幅升值的压力。一方面，从 20 世纪 90 年代中后期起，人民币与美元的挂钩使得人民币与美元具有了同向走势，美元与欧元的货币博弈使得美国的出口及经济增长获得收益，人民币也获得了比较好的国际环境；另一方面，从 1996 年起长达 9 年时间的人民币连续 8 次降低利率，使得人民币自身获得了一定的货币贬值，进一步增加了中国商品出口的竞争力，而美国同类商品出口面临挑战。在政治压力和国际市场规则并不能左右人民币升值的情况下，美国利用国内利率上调的手段，间接升值美元，可以缓解和带动人民币的升值。事实上，2005 年 7 月 21 日，中国政府出其不意地宣布人民币汇率形成机制改革，并提高了人民币的汇率，使人民币升值 2.1%。但是人民币 2.1%的小幅升值没能影响到美元对人民币升值的继续渴求，美元在国际市场的弱势也在短期内淡化了人民币升值对美元带来的利益。因此，美联储通过利率影响汇率的政策仍会持续。

从国内因素分析，首先，房地产过热和房价快速增长是美国国内重要的国情。所谓经济过热，是指投资过度，而投资过度的一个重要标志是劳动力供给不足。在美国国内，连续三年的房地产价格快速增长和居高不下，一方面是由于其国内房地产投资和消费的过热，另一方面是由于美国比较优惠的中长期按揭贷款利率作用的结果。美联储通过抬高联邦基准利率来影响利率水平，从融资成本上可以缓解房地产过热和房价过快增长。

其次，石油价格的居高不下也是美国国内面临的重大问题之一。以美元计价的石油在 2005 年 8 月 8 日期货价格突破了每桶 63 美元的大关，并保持了长期价格高位，能源及原材料价格的上升会带动通货膨胀的增长。为避免恶性通货膨胀的到来，升息是必然的选择。我们看到，伊拉克战争使美国控制了世界第二大石油资源。美国及国际游资在石油期货上做多头，不断拉高国际油价。国际油价在可预期的时间内，最终仍可能一路走高。石油、黄金以及基础原材料都已成为被国际游资集团从事金融炒作的国际金融资产。值得关注的是，油价及基础原材料价格的不断拉升，对人民币汇率上升会造成持久的压力。对西方国家来讲，改变人民币汇率的最终目的，是破解中国的保护性金融体制。

最后，经济惯性与通货紧缩调控决定了利率的调整。2005 年，全球经济走势主要取决于美联储的货币政策。如果美联储持续缓慢升息，这将令真实利率保持在低水平，美元弱势和充满泡沫的金融市场将同时存在。虽然这种做法将会增加流动性过剩，并使得最终修正更加痛苦。但是这种策略将保证全球经济继续强劲增长。如果美国遭受通货膨胀，这将会迫使美联储快速提高利率，全球经济和中国经济增速都将大幅减缓。伊拉克战争带动了美国经济的快速发展,但随着战事的结束,经济投入的惯性及接下来的投资递减会带来经济增速的降低或通货紧缩。对通货紧缩的治理,一个有效的手段是货币政策的利率调控。实践表明,先提高利率水平,之后再通过降低利率来调控投资和货币紧缩是一个有效而快捷的手段。

(成文于 2005 年 8 月 12 日,时评美联储加息)

第六篇　预见趋势

　　预见分为"道、术、势"，但是无论着眼于哪一项，都应风物长、放眼量。例如，如何看待中国经济时下的成绩和未来的走势？如何预判中国和世界经济的未来前景？30多年的工作经验和研究经验告诉我，我们不能只看眼前，我们既要"顾"也要"盼"，应该拉长视角，从历史角度看，也要从比宏观更加广阔的宇观视野切入，回顾经济的发展历程，更要学会放大聚焦，厘清各个时期经济增长的动力，只有这样才能对未来有更加准确的判断。第六篇预见趋势选取的典型文章注重对时事和趋势的判断，希望给读者提供分析参考和历史借鉴。

强化供应链的金融支持

2020年5月14日，中共中央政治局常务委员会会议指出，要深化供给侧结构性改革，充分发挥我国超大规模市场优势和内需潜力，构建国内国际双循环相互促进的新发展格局；要实施产业基础再造和产业链提升工程，巩固传统产业优势，强化优势产业领先地位，抓紧布局战略性新兴产业、未来产业，提升产业基础高级化、产业链现代化水平；要发挥新型举国体制优势，加强科技创新和技术攻关，强化关键环节、关键领域、关键产品保障能力。

新冠肺炎疫情不仅对人民生命安全带来威胁，对全球经济也造成了巨大冲击，这一疫情短期不可能过去，对全球政治格局和国际关系、全球化进程和全球经济治理体系同样带来了一系列深刻影响。在深刻分析疫情对全球及中国经济影响的基础上，党中央作出要高度重视产业链、供应链稳定，着力提升产业基础高级化、产业链现代化水平，巩固中国制造竞争优势，推动我国经济化危为机，克服眼前困难，打开发展新局面等重要决策，从战略角度为常态化疫情防控下的产业链和供应链安全与发展提早布局，提升稳定性和竞争力，意义重大。

我国首要的任务是着力提升产业链和供应链的稳定性与竞争力，尤其要围绕重点产业链、龙头企业、重大投资项目，打通堵点、连接断点，加强要素保障，促进上下游、产供销、大中小企业协同。同时，我国要加快推动各类商场、市场和生活服务业恢复到正常水平，畅通产业循环、市场循环、经济社会循环。我国应继续加强国际协调合作，共同维护国际产业链和供应链安全稳定，这样也能缓解和避免我国制造能力和产能的过剩。

值得注意的是，作为经济核心和经济血脉的金融，国家应积极着力提升产业链和供应链的稳定性与竞争力。各类金融机构应积极作为，用信贷支持和非信贷金融产品，大力支持好产业链和供应链稳定，尤其要在固链、补链、强链上下功夫。尽管因产能或产品过剩带来商业银行制造业不良率较高，但商业银行不应以过往的不良率去限制或盲目减少对制造业的信贷投放，要差别化对待客户，实事求是，以前瞻性眼光看待制造业发展，特别要对国家指引的产业链和供应链方向加大投入。

据报道，工业和信息化部联合15个部门推动产业链协同复工复产工作，在前期梳理重点产业链中51家大型龙头企业和7 300余家核心配套企业基础上，又梳理了41家龙头企业和379家核心配套企业，"一企一策"解决困难，通过龙头企业带动贯通产业链的循环。对于国家产业链和供应链支持的重点，商业银行要聚焦保障重点，也要保障重点客户上下游稳定，充分运用保理业务等供应链金融手段，更好地帮助客户，推动产业链协同复工复产。商业银行要进一步聚焦重点行业的产业链，以龙头企业带动上下游核心配套企业，实现以大带小、上下联动、内外贸协同，在全链条上提高企业复工率、复产率。商业银行尤其要梳理重点、优势、特色产业的产业链条企业名单，采用名单制有效支持固链、补链、强链企业。商业银行和各类金融机构要掌握供应链和产业链企业的核心需求，完善金融响应机制，加强资金支持，尤其要重视龙头企业发展和优势特色产业集群培育，以金融支持助力企业创新链、产业链、资金链、人才链、政策链"五链统筹"，做好对战略性新兴产业集群、创新型产业集群、先进制造业集群等的金融支持。

进一步讲，金融机构就是要围绕产业链和供应链做好金融支持，充分重视加快转变经济发展方式，把实体经济特别是制造业做实做强做优。我国要推进第五代移动通信技术（5G）、物联网、人工智能、工业互联网等新型基建投资和融资，加大交通、水利、能源等领域金融投入力度，加大补齐农村基础设施和公共服务短板的投入，用金融着力解决发展不平衡不充分问题。

从长远来看，具备稳定的产业链和供应链创新能力，我国经济的竞争力和抗风险能力会更强。可以相信，金融机构主动作为，强化产业链、供应链金融支持，我国必将以更高的效率、更好的服务、更优的营商环境做到"六稳"，实现实体经济和金融业的高质量协同发展。

（原文刊发于《中国银行保险报》2020年6月8日，原文略有修改）

合作共赢是中美关系的正轨

在当今国际关系中，中美关系至关重要，不仅关系到世界的经济贸易与和平发展，也关系到疫情防控和世界人民的福祉。面对全球疫情和经济衰退的趋势，当前中美两个大国只有相向而行，走上合作共赢的正轨，才能共克时艰，为两国人民和世界人民带来信心。

回顾两年之久的中美两国间不断升级的贸易摩擦紧张局势，为缓解双方的巨大损失，两国一直在进行紧密的会晤与磋商。中美两国经历了 13 轮双边谈判，终于在 2020 年 1 月 15 日签署了第一阶段贸易协议。尽管此前大部分具有攻击性的关税以及贸易政策并没有被取消，但第一阶段贸易协议的签署仍然代表着中美两国的摩擦趋势正在缓和。贸易协议缓和之际，新冠肺炎疫情又席卷全球，这对中美两国以及全球经济都造成了新的沉重打击，也在一定程度上推迟了中美贸易协议第二阶段的进程，使得两国间的贸易关系变得更为复杂。

值得注意的是，旷日持久的贸易摩擦致使中美两国人民对彼此国家企业的态度也发生了变化。有咨询公司在 2019 年调查了 1 000 名美国消费者对中国的看法。结果显示，60%的被调查者注意到关税政策实施后，家庭用品的价格明显提高了，这意味着美国消费者对于中国企业的看法偏负面。然而，多家权威机构的调查数据指出，大多数美国民众对美国加征关税的做法表示不认可。值得注意的是，即使反对关税政策的美国人，大多数依然同意"中美贸易关系不平等"这一观点。因此，在第一阶段贸易协议中，一方面，中方承诺大量购买美国农产品、能源以及制造业产品以缩小贸易逆差，同时加强保护美国知识产权和外汇市场透明化等；另一方面，美方承诺降低部分中国进口产品的关税。第一阶段协议中双方的妥协为两国间的贸易摩擦带来了缓冲。

毫无疑问，贸易摩擦给中美两国经济都带来了较大影响。根据美国商务部公布的数据，美国在贸易摩擦开始后的 2018 年与 2019 年国内生产总值增长率分别为 2.9%与 2.3%。其经济发展增速始终没有达到预期，且年增长率连续创造新低。数据显示，2018 年与 2019 年全球经济增长率持续走低，分别为 3.7%与 3.2%。导致经济低迷的原因是多方面的，但不可否认的是，持续的中美两国贸易摩擦是主要诱因之一。第一阶段贸易协议的签署虽然只是初步缓解了两国贸易的紧张局势，但是具有里程碑意义。可以预见，今后中美两国间的贸易往来和全球的经济情况都将得到改善。

　　新冠肺炎疫情自 2020 年年初开始暴发，以惊人的速度席卷全球，并被列为国际关注的突发公共卫生事件。这次疫情发生以来，中国有效调动全国公共资源，坚决打响疫情防控的人民战、总体战、阻击战；同时，全世界的中华儿女也积极响应，付出了巨大的努力，从而迎来国内现阶段疫情基本得到控制的成果。但由于新冠肺炎病毒的高传染性，人们也响应号召减少外出，从而导致许多线下产业迎来寒冬。可以预见的是，在未来数个月内疫情得到有效控制后，国内人们的生活将回归正常，且将迎来报复性消费的浪潮。作为全球最大的制造业国家，中国在诸如医疗器械、医药研究等领域的投入，不仅仅是在帮助自己，也必然惠及全世界，医疗用品及救治经验的输出可以帮助那些与疫情作抗争的人，并提高中国在全球的地位与声誉。

　　新冠肺炎疫情的暴发同样给美国带来了沉重打击。美国的确诊病例早已超过了其他国家。一些疫情严重的地区，比如纽约、新泽西也都实施了强硬政策——宵禁、学校停课、居家办公等。美国经济受到的打击更为严重，美股被熔断，且 10 天熔断了 4 次之多。美联储连续两次降息，但效果依然有限。纽约联邦储备银行公布的调查显示，2020 年 3 月，纽约州制造业已显示出下滑趋势，总体经营状况指数为 2009 年以来最低。受疫情影响，美国各地餐馆预订和上座率急剧减少，影院票房收入大幅下滑，各大媒体也频频报道中小企业主面对疫情的无奈与挣扎。值得注意的是，美国一改对中国的强硬态度，取消了针对中国进口医疗产品的关税。面对疫情，美国制造业的短板显露出来，对于中国出口产品的依赖增加了中国在今后谈判中的筹码。

　　总而言之，中美两国经济面临了同样的问题和挑战，中美两国应合作共赢，着眼大国担当才能共克时艰。疫情背景下，"封城""停工"等手段使疫情得到了有效控制，但也付出了巨大的经济代价。从 2020 年第一季度的数据看，中国产能供给不足，汽车、通信设备、电子、机械等多个行业减产明显，部分行业甚至一度停摆。进入 2020 年第二季度，随着欧美国家陷入疫情，中国出口企业的订单也随之大量减少，进而影响其他配套企业。一系列现象表明，中美两国之间没有谁可以在疫情中独善其身，一方的损失势必也会影响到另一方。

　　从历史的角度看，重大传染病疫情是全球共同面对的危机。中美两国应积极交换防控疫情的经验与教训。实际上，任何国家都应以国民的利益为优先考虑，国家间任何形式的摩擦与矛盾最后都会由国民来承受。因此，在全球危难时刻，作为世界上最具影响力的两个国家，中美两国应彼此理解，加强沟通和合作，共同渡过难关。

　　（原文刊发于《中国银行保险报》2020 年 4 月 20 日，作者：孙兆东、李桐波。原文略有修改）

提升金融开放免疫力

　　近年来，我国金融双向开放持续加快推进。金融业对外开放涵盖银行、保险、信用评级、理财公司、养老金管理公司、货币经纪公司等金融机构类别，以及涉及放宽外资持股比例限制和准入门槛、缩短外资持股比例限制过渡期时间等方面；同时金融机构也在"走出去"，尤其在"一带一路"沿线国家和地区建立分支机构或子公司。

　　金融业开放程度是反映一个国家金融成熟度、融入世界和全球化的重要指标。金融业双向开放有利于增加有效金融需求与供给，优化资源配置效率，更好地满足实体经济差异化、个性化、区域化的金融服务需求，并能够进一步促进本国金融制度、金融标准规则的建立健全。笔者认为，我国在金融双向开放中，一定要着力新金融建设，提高金融系统的免疫力，才能实现金融的高质量发展。

　　新金融是依托于云计算、区块链、大数据、移动互联网发展的金融，新金融的显著特点是速度快、成本低、服务面广。在第五代移动通信技术时代下新金融将更趋向于数字化。新金融更倚重科技深耕，不断为客户提供平等、便捷的新金融服务。从新金融的科技支撑发展看，数字经济是大势所趋，数字金融正逢其时，因此目前稳步推进我国金融业双向开放，就要着重新金融的建设，新金融建设与金融双向开放同步进行。

　　新金融的重点是金融数字化，而金融数字化的核心是央行数字货币。在全面数字化的未来世界里，数字金融这种新科技的落地势必对现有金融体系带来革新。央行数字货币有助于提升货币政策的有效性、优化央行货币的支付功能、提高央行货币的地位。央行数字货币＝银行账户系统+加密货币钱包。央行数字货币的推出也一定要有数字金融科技的支撑。金融科技将使金融服务的效率大大提升，推动服务创新，带来更优质、更精准的服务。

　　习近平总书记指出，防范化解金融风险特别是防止发生系统性金融风险，是金融工作的根本性任务。金融双向开放应对风险挑战，应以数字金融为抓手，重在数字金融标准化的建设，构建数字金融的中国标准。我国在扩大金融业的双向开放、构建更高水平开放型经济新体制的同时，也要重视防范化解金融风险，维护好国家金融安全。利用新金融手段能更好地做好新时代我国扩大金融业的双向开放，对于增强金融服务实体经济的能力和推动经济高质量发展具有重要意义。扩大金融业的双向开放，合理引导资金流入和流出，加大融入国际金融市场的深度和广度，有利于提升我国金融业的国际影响力和国际金融治理能力。

值得注意的是，新金融建设一定要与数字经济、数字金融和数字央行货币等一系列举措相配套，相互依托，同时加强数字监管，有效防范新形势下输入性和数据性的系统性风险。我国要注重发挥金融科技在金融业双向开放中的作用，以区块链、大数据、人工智能、云计算、物联网等信息技术与金融业深度融合，让科技适时动态监管线上线下、国际国内的资金流向，增强金融监管的专业性、统一性和穿透性。双向开放必然会涉及国家之间的跨境资本流动，我国应进一步强化金融监管的国际协调与合作，加强母国监管当局和东道国监管当局之间的协调，减少金融风险的跨国传染性，确保国家金融安全。我国还应通过加强与其他国家和地区以及国际组织在数字金融科技治理体系、规则制定、数据互联互通与及时共享等方面的合作，在监管跨境资本流动、提升金融业务综合统计分析等方面，稳健推进金融业的双向开放。

总之，我国扩大金融业的双向开放，必须加快新金融建设，在开放过程中提高金融开放的免疫力，既要充分利用金融业双向开放带来的跨境资本，使之服务于我国的经济发展战略，又要注意防范化解金融风险，维护金融安全。

（原文刊发于《中国银行保险报》2020 年 4 月 9 日，原文略有修改）

做好"大基建"的金融支持势在必行

2020 年 3 月 4 日，中共中央政治局常务委员会召开会议提出，要加快第五代移动通信技术（5G）基建、特高压、城际高速铁路和城际轨道交通、新能源汽车充电桩、大数据中心、人工智能、工业互联网七大领域新型基础设施建设进度。这七大领域的基础设施建设称为"新基建"。概括来讲，"新基建"主要是发力于科技端的基础设施建设。

其实，中国对基础设施的认识，从"要想富，先修路"就得到了验证。"新基建"也好，"传统基建"也罢，我们姑且把所有与基础设施相关的建设都纳入"大基建"的定义，"大基建"对于我国国民经济和人民福祉都将发挥重要作用。特别是当前面对国内国际新冠肺炎疫情和极其复杂的经济形势，基建领域投资的拉动，会使经济走出低谷，走向复苏，踏上新时代、新周期之路。我们称"大基建"还在于基建投资规模大、基建投资周期长、基建投资拉动经济的能力强。例如，"传统基建"的高铁建设能拉动上下游几十个行业的增长；又如，"新基建"的人工智能也能拉动包括软硬件设计、高端制造、能源存储、新型材料等数十个领域的发展。与此同时，"传统基建"和"新基建"的发展还将带来更多新兴领域投资，也能吸纳和创造更多的就业，培养更多专业化的新兴人才。

"大基建"必有大作为，做好"大基建"的金融支持势在必行，并且机遇难得。从数据上看，截至 2020 年 3 月 5 日，据不完全统计，21 个已公布年度计划投资的省（自治区、直辖市）2020 年计划投资总额合计 8.5 万亿元。从已经公布的这些项目计划来看，基建仍是各地投资计划的重要组成部分，有的地区的基建计划投资额甚至占到总投资额的一半以上。此前，有媒体统计了包括云南、河南、福建、四川、重庆、陕西、河北、江苏、江西、北京 10 个省（市）公布的重点基建项目投资计划，总投资约为 25.5 万亿元。这些计划项目不会在 2020 年一年内全部落地，很多需要未来多年建设。值得注意的是，上述省（市）2020 年度计划完成投资约 4.34 万亿元。

从金融视角看，基建投融资是传统商业银行优先支持的中长期产品，因为基建有银行传统授信所需要的抵（质）押担保等优势，融资模式成熟，风险相对较小。"新基建"相对"传统基建"似乎有所不同，如大数据等基础设施，需要服务器等硬件或技术人才等软件提供融资保证，也就要求有新的融资模式和融资创新作为解决方案。此外，"大基建"涉及面广、资金需求量大，因此仅靠商业银行的资金支持还是远远不够的，也要充分调动社会资金，如鼓励民间资本参与"新基建"，调动民间投资以政府和社会资本合作项目运作模式充分参与。民间投资的助力能有效填补投资、运营中的不足之处。此外，由于"大基建"多是中长期投资的特殊性，其融资也适合资本市场的创新支持，如可以探索用"注册制"制度优化等形式，提高资本市场"大基建"金融产品发行效率，也可以通过产业基金、专项债等形式更快速地为基建项目提供资金。按照研究机构的预计，我国民间固定资产投资潜力不少于 33 万亿元。

总体来看，尽管遭受了突发的新冠肺炎疫情的严重影响，但由于"新基建"以及"大基建"等投资拉动，2020 年全社会整体的投资规模将保持 6% 或更高的增速。按照中国人民大学刘元春的推算，基建增速每提升 1 个百分点，拉动国内生产总值增速 0.11 个百分点左右。2019 年基建增速是 3.8%，若想实现 2020 年 5%～6% 的经济发展目标，基建增速至少要达到 10%，即新增基建超过 2 万亿元。笔者认为，在"新基建"持续发力，"传统基建"强化补短板的多重驱动下，中国经济的投资引擎必将动力十足。可以相信，我国国内生产总值增速将不低于 5.5%。值得注意的是，金融机构要更加积极落实党中央、国务院的重要部署，着力以金融支持稳就业、稳金融、稳外贸、稳外资、稳投资、稳预期，抓住"新基建"和"传统基建"补短板的发展机遇，积极作为，早动手、早受益，创新投融资模式和服务，为中国经济战胜疫情后的恢复发展发挥重要的金融作用，为新时代的高质量发展做好金融支持。

（原文刊发于《中国银行保险报》2020 年 3 月 16 日，原文略有修改）

强化金融标准化建设

改革开放 40 多年来，我国金融监管体系逐步完善，对我国金融行业健康发展和防范系统性金融风险发挥了重要作用。未来我国金融行业将继续扩大对外开放，当前，面对进一步开放和金融高质量发展的要求，我国金融监管体系需要进一步完善，尤其是要探索金融监管的前瞻性和事前监管。笔者认为，强化金融标准化建设能进一步有效补充和完善金融事前监管，对金融行业进一步对外开放和高质量发展具有重要的现实意义。

金融标准化建设是金融领域通过标准化活动，按照规定的程序经协商一致，为各种金融活动或金融经营结果提供规则、指南，供金融行业或子行业共同使用和重复使用的文本遵循。目前，我国银行业、保险业、证券期货业、信托业等主要金融子行业已有了一些行业标准，这些标准统称为"金标"。但相比于制造业等其他行业，我国金融行业的标准化还是起步较晚的，标准化建设还不够成熟和全面。我们不难发现，越是发展成熟的行业或领域，其标准化程度越高，标准化建设做得越好。

实际上，标准化源起于质量管理范畴。从理论层面看，是管理学大师泰勒把标准化引进了管理科学，他把所有的工具和工作条件实现标准化与完美化列入科学管理原理之中。泰勒发表论文对科学管理的机制进行论述时，进一步重申使所有专用工具、设备以及工人做各种工作时的每一个操作都应达到标准化，他把标准化作为实现科学管理的基础。

值得注意的是，金融行业是一个实践性很强的行业。金融行业包括银行业、保险业、证券期货业、信托业等许许多多的子行业。金融行业要更加深入理解金融标准化的内涵，通过制定最佳秩序的标准，提供规则、指南，供同业共同使用和重复使用。其实大多金融标准来自实践，也必须回到实践中去才能发挥其作用，进而检验和完善标准。进一步讲，金融行业的标准化做好了，可以找到金融各子行业的准入门槛、规范操作、降低风险，从而发现金融事前监管的遵循。金融标准化还能够提高金融行业生产经营效率、抵御系统性风险。标准化的经营管理和专业化的协作可以降低金融产品成本，提高金融服务和产品需求的精细化水平，促进商业银行或非银行金融机构达到规模效益。另外，金融标准化还能够推动金融行业上下游相关产业发展，鼓励产业间贸易发展，而且金融标准在产业升级中能够进一步发挥技术支撑作用。

当前金融行业竞争十分激烈，尤其是在金融科技和数字化应用的背景下，金融标准越来越成为金融行业竞争的制高点。从国内市场看，金融机构的金融产品标准和服务标准的先进与否，决定了金融机构是否能够保住其国内市场份额。从国际市场看，如果金融机构不重视采用国际标准和国外先进标准，必将在国际市场上受到排挤，很难占领国际市场，最终失去"走出去"发展的竞争力。从金融对外开放的角度看，我国金融标准化也是影响引进跨国公司项目的重要因素。因此，无论是"引进来"还是"走出去"，我们都要认真地研究国内、国外现行标准的兼容性与差异性，分析所在市场的标准，考察和掌握相应的金融标准，从而更好地拓展市场。

总之，推动金融标准化建设，能有效提高金融行业的整体水平，更能提高金融行业事前监管水平，使金融行业进一步实现更高质量发展。

（原文刊发于《中国银行保险报》2020年3月2日，原文略有修改）

积极参与"一带一路"建设的若干思考

　　2013 年以来，"一带一路"建设从无到有；未来五年，"一带一路"建设将伴随中华民族伟大复兴中国梦的实现，成为引领和驱动世界经济的重要引擎。作为国有大型商业银行和系统重要性银行，建设银行应紧紧抓住"一带一路"建设重要机遇，加大战略投入，积极创新提供"一带一路"建设的金融支持，不断提升服务"走出去"客户的能力和服务"全球化"客户的水平，为"一带一路"建设发挥更大作用。

积极支持"一带一路"建设

　　国有控股大型银行应始终坚持服务国家战略、服务实体经济定位。2014 年，建设银行将"一带一路"金融服务纳入转型发展规划，并明确将基础设施、交通运输、网络互联互通等七个重点领域作为服务重点；同时，统筹利用出口信贷、项目融资、跨境人民币、金融租赁等产品，配套债券、基金等多种投行工具，积极为"一带一路"建设提供全方位的金融服务。2015 年以来，建设银行累计为"一带一路"沿线国家和地区的 60 余个项目提供了融资支持，签约金额超过 30 亿美元。

　　近年来，建设银行加快海外布局，已在 20 多个国家和地区设立了 251 家境外分支机构，形成了 24 小时不间断的全球服务网络。建设银行在伦敦、瑞士和智利建立了人民币清算行；在南宁、昆明设立了中国—东盟跨境人民币业务中心、泛亚跨境金融中心；在新加坡、中国香港设立了基础设施建设服务中心和海外融资中心。

　　此外，建设银行还发挥综合性金融集团优势，利用旗下投行、基金、信托、租赁、保险等全牌照资源，形成层次合理、功能互补的多元化服务体系。建设银行结合长期以来支持国内基本建设形成的经验和优势，向"一带一路"沿线国家和地区延伸，采取股权、债权投资相结合的模式，融资融智服务"一带一路"优质项目建设。

推动"一带一路"建设的建议

　　值得注意的是，"一带一路"涉及 60 多个国家和地区，覆盖人口约 30 亿人，是世界上最具发展潜力的区域之一，金融需求巨大。尤其是"一带一路"基础设施建设投资总规模将高达 6 万亿美元。"一带一路"建设需要更加高效的跨境金融服务，需要对境内外客户提供更加有效的综合金融服务。建设银行需要创新服务模式，既要调动我国国内资金，也要聚集国际市场资金。

当下国有大型商业银行总资产规模大，具备了集团化管理、综合化经营、全球化发展和服务、境内外联动的服务"一带一路"建设的基础条件和经验，进一步从战略高度提升和推动服务"一带一路"建设具有重要的现实意义。

建设银行应打造高端智库，通过组织高端人才，加大对"一带一路"建设的深度研究，以高端研究成果服务银行自身战略、市场营销策略、市场商誉和客户依存度。建设银行应通过组织顶尖专家学者和行内专业人员，指引、服务或影响国家、银行、市场和客户发展，以此提升银行在金融业和在全球的影响力。建设银行应加强研究成果的舆论宣传和社会引导，如更好地发挥原有投资学会的作用，联合主办"一带一路"投资与金融高峰论坛，以此进一步加大向"一带一路"沿线国家和地区的宣传力度。

商业银行在国际上的软实力建设，应以打造高端智库对"一带一路"建设的经济金融影响为核心，形成全球重要媒体、媒介关注的重点，成为更有影响力和更专业化的银行。智库核心团队建设可以进一步发挥专业力量的影响，对全球金融市场走势、经济金融趋势产生合理引导，提振"一带一路"建设信心。例如，建设银行可以研究发布"基础设施领域投融资指数"，进一步提升建设银行在海内外的影响力，从而进一步赢得国内外市场和客户的信任。

银行高端智库不仅要注重对"一带一路"建设和人民币国际化战略加以把握，也要更好地提升服务国家战略、风险管理和参与国际竞争的能力，更好地研究推动可持续发展。例如，建设银行可以与国际国内顶级智库开展互动合作，进行重大项目专题研究，研究成果为整个国家建设、集团董事会和高管层决策提供服务。

建设银行应紧盯"一带一路"建设，进一步做好项目金融支持。建设银行应进一步做好与国家发改委、商务部等部门的对接，与"一带一路"沿线国家和地区的对接，与"走出去"的中资企业的对接，并建立集团所属利益相关机构统一的"联动利益分配方案"。明确的利益分配方案能进一步提升全面业务联动的动力，业务条线按照利益分配方案，会更有动力去挖掘客户和项目，促进利益相关者主动抓住市场机遇。同时，建设银行应通过建立"全行联动协同机制"，培育和提升全面联动能力，提升经营全球授信和风险管理能力，提高市场化利率定价能力，由此更好地找准客户需求，开发出有竞争力的联动产品，增强为客户服务的能力。

建设银行应在境外机构新一代业务系统建设的同时，进一步加强人民币业务团队建设，协调人民币账户开立、资金产品对境内报价、授信业务，不断提升境外机构的人民币联动、人民币与外部组合产品创新的能力，及时推出有竞争力的产品与服务。建设银行应积极通过人民币业务拓展客户，提高服务和联动能力，全面提升境外人民币业务服务综合竞争力，特别是要发挥好人民币清算行的"中转站"作用，创新资金管理模式，完善人民币清算行功能。

此外，根据人民币国际化发展需要，建设银行应加大对境外机构的人、财、物等方面的资源投入，支持境外机构扩大规模、提高市场份额。建设银行应大力发展人民币国际结算与贸易融资等基础性业务，做大跨境人民币业务，夯实境内外客户基础，提升产品的竞争力，进一步提高市场份额，持续提高跨境人民币业务竞争力。

建设银行应立足"三个能力建设"，创新培养国际化和"一带一路"服务人才。增强参与国际竞争的能力，抓住国家战略机遇，紧跟中国经济从"引进来"到"走出去"的时代步伐，全面参与国际竞争，加快融入国际金融体系，提升在国际金融界的影响力和话语权，深刻理解国际金融规则等，这些都需要商业银行进一步加快培养一大批熟悉掌握国际金融技术的专业人才和管理人才。

培养国际化和"一带一路"服务人才，应注重创新培养，注重不拘一格地选拔，多岗位、多项目历练，并加大对国际化和"一带一路"服务人才有针对性的培训。建设银行应让更多的一线服务人员具备帮助中国企业"走出去"的能力，成为中国企业全球拓展的专家顾问。

建设银行应搭建跨境创新平台，打造创新业务、产品和流程。时下"一带一路"倡议、人民币国际化战略等发展的新阶段，为商业银行提供了重要的参与国际竞争的新机遇。"一带一路"建设是变"中国制造"为"中国建设"的重要经济发展模式升级。

立足传统优势，更好地服务"一带一路"建设，需要搭建系统内外双跨境创新平台。对外建设银行应进一步强化与其他商业银行、政策性银行以及亚投行丝路基金和其他国际多边开发机构的金融合作，加强金融资源互通；同时，充分借鉴上海自贸区、新疆霍普金斯等试验区的成熟经验，积极参与中国和东盟双向经贸合作；进一步完善金融机构的协商机制，参照国际先进同业的合作模式，联合协同参与谈判，加强对国别、行业的监管要求，守住不发生系统性风险的底线，助力"一带一路"建设。对内建设银行应进一步以自贸区和境外机构为核心，推进商业银行人民币全球经营。人民币国际化的进展和实践告诉我们，人民币离岸市场业务及在岸业务也是国际业务。当前建设银行应立足自贸区和境外机构优势，创新发展国际业务，打破外币业务的传统概念，建设商业银行大国际业务的新思维——经营全球人民币业务，为境外金融机构和企业客户提供人民币资产负债业务。建设银行应积极推出人民币对外币的汇率、利率风险管理工具，为市场上利率和汇率风险管理提供有力支持。为此，建设银行应努力建设自贸区和境外机构新的境外人民币业务发展模式。

建设好"一带一路"必须打造创新业务，既包括创新业务模式，也包括创新政策制度、创新产品和服务。建设银行应运用好基础设施建设传统优势，推进金融服务的网络化布局，着力担当好牵头行、撮合行，做互利共赢的牵头者、撮合者，发挥人民币在"一带一路"建设中的主导作用。建设银行应做好境内外金融机构联动对接等，尤其应突出发挥全牌照功能优势，成为全球资本的整合者。

（原文刊发于《建设银行报》2017 年 12 月 5 日，原文略有修改）

落实《巴黎协定》需力推国际能源转型合作

2016年4月22日，《巴黎协定》签署仪式在纽约联合国总部举行，中国国家领导人习近平主席特使、国务院副总理张高丽出席并代表中国签署了该协定，同时有175个国家签署了该协定，这一数字超过了协定规定的最低数签署国家数。按照规定，协定即时正式生效。

《巴黎协定》包括决定和巴黎气候协议，决定包括协定的通过、国家自主贡献、关于实施《巴黎协定》的决定、2020年之前的强化行动等，不需要各国立法程序批准；巴黎气候协议包括目标、减缓、适应、损失损害、资金、技术、透明度、盘点机制等内容，需要各国立法程序批准。

《巴黎协定》正式生效后，成为《联合国气候变化框架公约》下继《京都议定书》后第二个具有法律约束力的协定。实际上，《京都议定书》只规定了发达国家在2020年前两个承诺期的减排承诺，而《巴黎协定》却包括了发达国家和发展中国家对2020年以后全球应对气候变化的总体机制做的制度性安排。

实际上，《巴黎协定》的签署表明，全球主要国家对应对气候变化的高度重视和认同，也发出了共同行动、加快推广应用可再生能源的信号。此外，《巴黎协定》还就气候适应、损失和损害、技术转让、加强透明度、能力建设等方面做出了相应的机制安排。

我们注意到，根据各国自主贡献目标，2030年全球碳排放量预计达到550亿吨，而2℃升温控制目标要求2030年全球碳排放量降至400亿吨，2080年全球实现零排放；1.5℃升温控制目标要求在2060年左右实现零排放。这就要求各国要大幅度提高减排，加快绿色低碳经济转型。对中国而言，落实《巴黎协定》应力促能源转型，着重以下方面的建设：

第一，我国应做好能源转型的顶层规划和设计。我国是碳排放大国，因此加快绿色低碳转型对我国来讲显得更加紧迫。后《巴黎协定》时代，我国必须尽快进行绿色低碳转型。绿色低碳转型的核心是能源革命和转型。

当前我国应大规模应用和普及低碳能源技术，如地热、水能、风能、太阳能、核能等主要清洁可循环的能源技术。一方面，我国要克服能源系统技术锁定风险；另一方面，我国应注重技术改造和清洁能源创新的长期能源战略发展，积极迎接可再生能源时代。

第二，我国在做好能源行业自身的转型的同时，也要加快产业结构转型发展，尤其要加大制造业的能源结构调整力度。我国应全面落实好《巴黎协定》规定的中国减排指标，量化分配能耗指标到各个主要行业门类、大类甚至小类，实现制造业能源结构的优化和调整。

第三，我国应大力发展清洁无碳能源。按照联合国政府间气候变化专家委员会（IPCC）、国际能源署（IEA）和国际可再生能源署（IRENA）等机构的研究报告，全球能源转型的基本趋势是实现化石能源体系向低碳和可再生能源体系的转变。同时，我国应积极发展先进储能，因地制宜推动风电和水电、风电和燃气发电等多种发电互补运行，构建由骨干电网、区域电网和微型电网形成的智能电网体系，发展智能化的能源互联网。

此外，在落实《巴黎协定》规定的自主贡献目标时，我国应充分利用碳排放权交易和碳金融工具，一方面尽快推动建立全国统一碳排放交易市场，另一方面加大金融创新力度，开发出更多基于减排的金融及其衍生产品，更好地以金融手段支持节能减排和清洁能源建设。

尤其值得关注的是，《巴黎协定》要求 2020 年以后，缔约方在考虑发展中国家需求的情况下，于 2025 年之前设定一个新的共同量化目标，且每年的资金支持量不少于 1 000 亿美元。因此，我国更要积极推动加强能源转型的国际技术和资金合作，充分利用好《巴黎协定》关于发达国家提高资金支持水平的约定，有效获得发达国家的技术和资金支持。

（成文于 2016 年 5 月 12 日，写作背景是《巴黎协定》签署）

必须高度重视碳交易市场发展

实践证明，无论全球经济，还是中国经济，可持续发展的三大支柱都是经济发展、社会进步和环境保护，只有兼顾三大支柱，做到全面协调可持续，才可以称为科学发展。

进入 21 世纪，特别自 2011 年以来，全球极端天气多发、PM2.5 连续出现新高，使得人类不得不更加注重可持续发展问题。达沃斯世界经济论坛公布的《2011 年全球风险报告》显示了各方对全球性的能源短缺风险高度重视。新时期探讨新能源发展的新方法，推动新能源体系的转型，推动新能源革命，已经迫在眉睫。

就我国现阶段的国情而言，在很多领域经济增长仍未达到集约化程度，尤其是第二产业在生产中能源消耗仍然以传统能源为主（传统能源占能源消耗比例超过80%）。2013 年以来，我国局部地区大面积雾霾天气持续时间再创新高。2014 年以来，越来越多的专家学者和政府官员思考并建言以碳金融支持节能减排、产业结构调整、化解产能过剩和解决环境危机，即通过建立碳交易市场界定产权，进而使经济主体间的交易行为金融化。

现阶段低碳经济的发展需要低碳技术的革命性突破，更需要金融行业的支撑。就全球而言，在经济全球化、金融一体化的大背景下，金融业的竞争也日趋激烈。从实体经济层面看，无论是发达国家还是发展中国家，都把目光转向绿色低碳经济和可持续科学发展，低碳环保、节能高效等概念受到广泛的欢迎。从全球金融层面看，无论是发达国家还是发展中国家，金融行业都在追求金融技术的创新，而以创新服务低碳、环保项目则正成为金融技术创新的着力点。

根据世界银行的预测数据，2020 年全球碳交易市场总额将达到 3.5 万亿美元，碳交易市场有望赶超石油市场。从全球角度和长远发展来看，碳减排将是一个争夺新兴碳金融市场话语权的战略问题。当前，国际市场上碳金融已成为各国抢占低碳经济制高点的关键，这一领域的竞争相继在各金融机构展开。在低碳经济道路上，所有国家都面临着共同的起跑线，而关键在于在这条道路上的起跑速度。因此，我国必须高度重视碳交易市场的发展，以在将来的低碳经济战略中处于不败之地。

作为全球碳排放大国，中国有广阔的碳金融发展前景，同时也存在着机制缺失、风险规避能力弱等问题。虽然中国新兴绿色能源和低碳排放市场极具发展潜力，但有效利用与发展碳金融和碳金融市场来对新兴能源行业提供支持以及对传统能源中高耗能、高污染能源进行抑制和管控的力度还不够。

笔者认为，为了从根源处解决困扰我国的产能过剩和环保污染难题，我国必须进行系统研究，构建适合我国低碳经济发展的碳金融支持框架和统一的碳交易平台。

经济金融理论与创新实践告诉我们，发展低碳经济，必须伴随创新金融支持，用金融手段支持和促进低碳经济，才能起到科学发展的功效。

事实上，碳交易既能促进新能源产业的快速发展，也能促进高能耗、高污染能源的技术改造和产业升级。我国碳交易的发展应抓住历史发展机遇，着力以下两个方面的建设：一方面，我国经济体量大且处于城市化、工业化的关键时期，生产技术水平落后，第二产业对石油、煤炭等资源消耗大，从而造成温室气体超标排放和较为严重的环境污染。因此，我国可以通过碳交易手段创新，利用清洁发展机制（CDM）将环保义务转化为融资和交易产品，增加超标排放企业的成本，如对煤炭、金属和再生能源等行业，利用清洁发展机制，加大力度促进节能减排。另一方面，近年来全球碳交易飞速发展，我国的金融行业可以充分学习国外先进的碳金融交易模式。

当然，我国更需要以良好的碳排放制度环境、规范的碳排放交易秩序为基础，建立基于市场调节为主的碳排放长效机制，从而使碳排放成为技术创新和经济发展方式转变的新的方式。

为了更好地约束市场主体的减排行为，我国需要建立碳排放相关的管理体制，创造良好的制度环境、市场氛围，以促进减排市场机制的有效发挥。事实上，经过20多年的发展，国际碳交易市场日趋成熟，我国的碳市场也开始起步并快速发展。

从我国碳交易市场建设来看，碳金融是碳交易的重要工具和重要组成部分，与其他市场的不同之处在于，碳金融市场还具有金融交易固有的一些风险特征。因此，我国需要在充分研究碳金融交易市场风险的前提下，才能更好地推出相关的金融产品和衍生工具，有效管控碳交易市场风险。也只有这样，我国才能高效发展碳金融市场，服务好低碳经济和实体经济发展。首先，我国需要整合国内碳市场，改变碳项目初级市场上以国外买家为主的现状；其次，我国需要在达到相应条件下，不断完善碳现货市场；最后，因为定价权是碳金融市场必要的一环，所以我国的碳金融市场要逐渐取得碳定价权。在这一过程中，我国需要不断探寻各阶段的政策边界，探索建立相应的监管模式、完善配套的法律法规，设计出既能满足我国国情需要，又能达到与国际接轨的碳交易规则及机制。

我国的碳排放权交易和碳金融试点处于起步阶段。开展市场交易初期，碳排放权交易和碳金融产品创新亟待风险把控模型的支持，碳金融交易市场机制亟待完善，碳交易及金融机构风险识别和防控体系亟待建立，交易所的内控机制亟待完善，各市场参与者的风险意识亟待提高，监管机构对交易市场风险亟待系统研究和作出科学判断。因此，我国急需碳金融交易市场的风险和管控方面的学术研究成果，为中国碳金融交易市场发展的进一步实践提供有力支撑。

（原文刊发于《中国能源报》2015年8月26日，原文略有修改）

提速产业：中国经济发展的新支柱

笔者认为，改革开放以来，中国经济发展依托四大支柱产业：重化工产业、基础设施产业、房地产业、汽车制造产业。这些支柱产业正在转变为以"提速产业"为核心的新支柱产业。未来，中国乃至全球经济将依托提速产业，实现人类社会的更高水平发展，目前正是这一转型的关键时期。

所谓提速产业，广义来讲是指能够提升人们衣食住行效果、提高企业运转效率、加强政府作用发挥、加快人类社会发展的产业。狭义的提速产业是指高速铁路、高速公路、超音速商用飞机制造、环保家用车制造、节能商用车制造等；宽带互联网、光纤传输网、物联网以及有线电视、无线通信和有线通信三网合一、智能手机等；涉及两岸经济合作架构协议（ECFA）、跨境贸易人民币结算、企业"走出去"等国家政策支持的产业。目前，我国上述提速产业相关行业年生产总值已经超过 10 万亿元，占我国国内生产总值的比重超过了 30%，并且提速产业所涉及的国民经济行业小类多达 200 余个，这些行业的年增长速度都在 10% 以上。

当前，世界经济的发展正处于后金融危机时代，各国都在反思金融发展的过快提速，一度使某些发达经济体的虚拟经济超越了实体经济的发展速度，从而造成了国际金融危机。因此，发达国家讨论金融变革、强化金融监管，发展中国家从金融危机中获得更多的经验和教训，更加重视金融的发展，金融控速和提速已经成为金融领域的核心话题。与此同时，各主要经济体都在进行结构调整，力图走向复苏。

对中国来讲，在经济全球化和金融一体化的大背景下，国际化是一条必由之路。为了更好地构建和加快中国的提速经济，笔者认为当前应从以下五个方面着力：

第一，我国应制定好"十二五"规划，凸显"提速经济"在国民经济中的重要作用，从规划、政策和制度上，对提速产业予以引导和支持。

第二，我国应加大对提速产业的资源配置、财政支持和资金支持。我国应引导各种社会资源，特别是科技、金融等资源向提速产业配置，对高技术含量和高附加值的提速产业，要给予差别化的财政政策和宽松货币政策支持。

第三，教育和科研领域要高度关注"提速经济"的未来发展前景。高校及科研机构的学科建设、人才培养，要把"提速经济"所需人才、所需技术支撑纳入重要视野。

第四，我国已经产业化的提速产业应加快试点，成熟后尽快走向世界。

第五，伴随着提速产业的企业及投资"走出去"，我国应加快人民币的国际化，做到实体支柱经济与金融货币有机结合，相互促进，共同提速。

（原文刊发于《经济参考报》2010年5月4日，原文略有修改）

人民币国际化有多远

在全国"两会"记者招待会上，温家宝总理指出，中国经济必须处理好保持经济平稳较快发展、调整结构和管理好通胀预期三者的关系。在这三者之间，我们必须走出一条光明的路子。只有这样，才可能避免"二次探底"。笔者认为，时下人民币国际化正是一条充满光明之路，人民币国际化是解决当前中国经济面对复杂问题的现实选择。

人民币国际化的时机与挑战

举个具体的例子，如果你有一家外贸公司，承接了一笔金额为 200 多万元出口到欧洲的订单，接单时只收了 30% 的定金，还有 70% 的货款要等出货前才付。3 个月后收款时，欧元汇率跌了 12%，你的公司就损失了 20 多万元。但是人民币国际化后以人民币去结算，你的公司就可以避免汇率波动带来的损失了。

从历史经验看，对普通百姓来讲，人民币国际化的推进过程，也是人民币保持不贬值的过程，尽管短期不会直接给你带来工资福利上明显的上涨，但当你去境外旅游时就会感到人民币能买到比以前更多的东西，并且使用更方便了。

当然，如同人民币升值的两面性一样，人民币国际化也存在两面性。人民币国际化的进程中不利的方面同样存在，如我国企业面临新的挑战、中国宏观经济和宏观调控面临更加开放的挑战等。再举个具体例子，人民币国际化意味着中国终将取消对资本项目的管制，使人民币最终成为完全自由兑换货币，这就有可能使中国的金融市场成为外国投机资本冲击的对象，这种冲击会对人民币和我国金融市场造成严重影响。另外，由于取消了货币壁垒，国际上的经济危机、通货膨胀可以随时传递到国内，这种情况在金融自由化、大量资本在国际上自由流动的今天尤为明显。

事实上，人民币已经开展国际化的征程，客观认识人民币国际化的这些利弊，才能未雨绸缪。人民币的国际化，既要有强大的经济实力、扎实的技术基础和较高的国际贸易水平作为后盾，又必须把握稍纵即逝的历史契机，及时推进。

我们知道，人民币在很长时间里与亚洲其他货币一样，无力与强势货币抗衡，而且通过辛勤劳动积累了大量的美元外汇。这就形成了被戏称为"中国人劳动，美国人消费"的世界经济两大发动机。自 20 世纪 90 年代欧元诞生以来，国内各界就多次提出改善外汇储备结构的思路，但是有资格作为备选的欧元和日元始终未能形成气候，美元资产占比居高不下。截至 2010 年 2 月底，美元资产仍然占到我国外汇储备的七成。

国际金融危机的爆发，使得以美元为中心的国际货币体系遭到广泛的质疑，建立多元国际货币体系甚至超主权货币的呼声此起彼伏，人民币走向国际化的舆论环境大为改善。人民币国际化迎来了难得的发展时机。

全球经济潮水的忽然退去，使得"裸泳"的美国及欧洲开始正视和倚重人民币对稳定世界经济的重要贡献，也逐步认识到中国作为对美最大债权人主动承担了怎样的责任、手中握有什么样的筹码。实际上，金融危机爆发后中国不断增持了近 1 000 亿美元的美国国债，这使得中国的外汇储备与美国国债的紧密度是加强了而不是减弱了。美元到这时才看到人民币是"雪中送炭"的朋友。中国帮助稳定世界金融秩序的做法，已经在欧美民众当中赢得了口碑、赢得了尊敬。

现代货币的根本在于"信用"，得不到国际社会信任的经济体及其货币是难以实现国际化的。早在 1997 年亚洲金融危机中，人民币就坚持了币值稳定，帮助亚洲其他货币避免了进一步贬值，防止危机进一步加深，得到了国际社会的广泛肯定。13 年来，中国作为一个负责任的大国，积极参与国际事务，承担国际义务，在环保、反恐、无核化、提振全球经济等众多方面做出了巨大贡献，特别是在亚洲区域经济合作中扮演了重要角色。在 2009 年年末正式签署的《10+3 清迈倡议多边化协议》中，中国发挥了重要作用，与其他国家共同建立起 1 200 亿美元的亚洲外汇储备库（中国贡献了 32% 的份额）。在这个框架中，中国承担了最高的份额义务，享受最低的借款支持，实际上是扮演东盟国家的救助者和支持者的角色，再次体现了积极承担责任、维护区域经济稳定发展的风范。

人民币国际化面临的障碍

从 2008 年起，中国人民银行就先后与韩国、马来西亚、白俄罗斯、印度尼西亚、阿根廷等国家签订为期 3 年的货币互换协议，总规模超过 6 000 亿元。2009 年 4 月以来，中国又开展了一系列跨境贸易人民币结算试点，并扩大金融机构发行人民币债券的数量，拓宽境外以人民币开展投资的渠道。目前看来，横亘在人民币国际化征途上的障碍至少有以下三个：

第一，支撑人民币国际化的内部条件还不完备。与历史不同时期实现货币国际化的英国、美国、日本相比，我国尽管在近年来保持了较高的经济增速，但总体经济发展水平和技术水平还相对落后，人均国内生产总值仅 3 000 多美元，全球排名低于 100 位，相当于世界人均国内生产总值的 1/3。我国的资本市场尚不成熟，深度、广度不够，如果此时实现资本项目下的可自由兑换，势必造成证券市场的巨大波动，进而冲击人民币汇率，甚至重演 2008 年在越南发生的货币危机。国内金融体系不够完善，缺乏先进的现代银行体系，金融机构的管理水平和创新能力不足。产业结构亟待升级，主要出口产业的附加值、技术含量和价格弹性低，特别是中国的巨额贸易顺差虽然开始增速减缓，但仍然保持数千亿美元的规模，这与国际化中通过贸易逆差输出人民币的要求相去甚远。离岸人民币金融市场和金融产品匮乏，也影响了人们在境外持有人民币的意愿。

第二，伴随货币国际化过程而自然产生的各种"陷阱"值得警惕。首当其冲的是人民币资本项目下可自由兑换所带来的一系列挑战。国际金融投机利益集团久经沙场、经验老到，只要能掌握足够数额的人民币，就有可能抓住机会将1997年对东南亚货币的狙击行动复制到人民币上来。中央银行执行货币政策的效果也会在相当程度上受到货币国际化的影响，给外汇市场和货币市场造成冲击。特别我国产业结构升级尚未完成，若过快推进国际化，可能造成我国的出口、就业和外国直接投资大幅萎缩，进而损害整体经济的稳健性，甚至掉进日本在20世纪日元国际化进程中遭遇的"空心化陷阱"。

第三，地缘政治因素的外力阻碍不可忽视。货币的国际化不是单纯的金融角力，而是大国在政治、军事、技术、文化等方面综合国力的对弈。对于当前乐享铸币税的美元等来说，其绝不会甘心将已经占领的市场拱手相让。更何况我国所采用的政治体制与西方大相径庭，西方阵营不会轻易放松对中国的遏制。一些国家肯定会充分卡住"人民币国际化"的通路，用这张牌在国际政治对话中增加自己的筹码。

人民币升值与国际化选择

今天，人民币已经成为全球关注的焦点，如果人民币出其不意地一次性升值，将不仅影响到国际汇率市场，也将影响到中国的资本市场，还将影响到我们的企业利润、百姓的实际购买力，甚至影响到国际关系的方方面面。

其实，人民币升值对国内各行业产生的影响是不同的。我们的进口商会直接受益，出口商会因为我们的商品变得更加昂贵，使海外竞争对手受益。人民币升值对中国的股市、楼市也会产生影响，影响的大小主要取决于升值的幅度大小和速度快慢。如果升值是在数月或几年里逐步进行的，那可能会吸引大量投机性"热钱"流入，推高国内资产的价格，包括股价和房价。如果是突然一次性升值，并且升值的幅度大，则远期升值预期就会变小。同时这一政策出台可能会被视为我国货币政策的进一步紧缩，从而会降低国际资本的流入热情，国内的股价和房价会因此低迷。如果一次性升值幅度小，那么也会进一步给国际热钱和投资带来未来升值的想象空间，因此会加剧境外资本向中国的流入。

显然，人民币升值问题是一个较为复杂的技术问题，需要我们准确计算、系统设计、把握整体和长远利益，并作出一个战略性安排。同时，我们的政府应当本着科学审慎的态度进行决策，不应仅仅受国际压力影响，应着眼于中国经济的长期和可持续发展。就目前中国整体利益来看，人民币对外升值比贬值有利，人民币预期升值比立刻升值有利，人民币渐进性升值比一次性升值有利。

（成文于2010年3月25日，总结人民币国际化元年而撰写此文）

外汇储备走向的选择

中国人民银行公布的 2004 年 6 月末国家外汇储备余额为 4 706 亿美元，同比增长 35.8%。

加入世界贸易组织以来，中国的外汇储备余额实现了高达 35% 以上的年均增长率。我国外汇增长主要源自国际贸易的增长、开放程度加深、国际交往的增加及其带动的经常项目外汇收支的增加。值得关注的是，加入世界贸易组织后资本和金融项目，特别是国外在华投资成为国际收支增长的重要因素。

分析资本和金融项目下的外汇收支增长，尤其值得关注的是，国内企业境外上市融资成为直接投资增长的重要因素。截至 2004 年 5 月底，中国有 85 家企业在香港以 H 股及红筹方式融资，占香港主板市值的 27%，市值达到 1 848 亿美元。这相当于 4 706 亿美元外汇储备的 39.27%。国内企业境外上市融资，已经成为我国外汇储备增长的一个重要因素。

外汇储备是指一个国家进行国际收支、外汇结算和维护汇率稳定的准备金，表现在国际收支平衡表上为中央银行结算项目中外汇储备资产余额。决定一个国家外汇储备水平的既有政策因素，也有经济因素，其中经济因素具有根本性的影响。经济增长较快的国家，外汇储备增长也较快，外汇储备是国际公认的国家经济实力的一个标志。国家对外汇储备的政策有两种：一种是稳健的储备政策，另一种是充分利用的储备政策。两种政策的目标不同，政策的效果也不同。前者使一个国家在资金力量上有备无患，产生较高的信誉；后者可以避免资金积压的损失，充分利用资金用于经济建设。

外汇储备充裕，有利于增强我国的国际清偿能力，维护国家和企业的对外信誉，提高境内外对中国经济和中国货币的信心，也有利于我国应对突发事件，防范金融风险，维护国家安全。

巨额的外汇储备对资源的合理配置与资金的使用效率提出了更高的要求。尽管大量的外汇储备为金融安全增加了保险系数，增强了我国经济的国际信用度，但也导致了人民币资源占用。外汇储备作为中央银行的对外资产，是用人民币在银行间外汇市场上购买的，外汇储备的增加势必占用央行人民币资产。我们注意到，2004 年 6 月外汇占款达到 40 071.83 亿元。大量的资产占用，影响了经济的货币投入、货币传导以及实体经济投资等方面对资金的需求，也影响到了资源配置的高效率。

一个国家面对巨额的外汇储备，更要求在资金运用上有一个长期的战略性构想和创新。事实上，自 2003 年起，我国政府就开始了外汇储备政策的调整与创新。从外汇储备稳健的储备政策向稳健与充分利用并重的储备政策调整，正是我国政府在宏观调控上落实科学发展观和求真务实的体现，也是面对国际国内复杂的金融形势的积极创新。

第一，注资国有商业银行实现股权投资。2003 年年底，我国动用 450 亿美元的外汇储备（占外汇总储备的 11%），注资了中国银行和中国建设银行两家股份制试点银行。动用外汇储备注资商业银行是资本性投入，也是我国政府外汇储备首次进行股权性投资，是外汇储备资金运用上的一个大胆的创新。

第二，多币种经营债权投资。此前我国外汇储备总额的 80% 是美元资产，主要用于购买美国债券。事实证明，单一币种的外汇债券投资风险相当集中，更多的金融专家及政府决策者注意到了这一点。因此，多元化的债券投资或许会降低投资风险成为一种考虑，多币种债券的分散投资是我国政府的又一个创新选择。

第三，探索其他形式的投资。国家外汇储备作为公共应急性储备，除了作为长期性、战略性的结构安排外，也越来越将应急与收益相互结合。由此，我国可以探索出更多的创新投融资渠道。

在稳健的外汇储备政策向稳健与充分利用并重的外汇储备政策调整的过程中，无论创新如何进行，国家的外汇储备资金在使用上仍然要坚持以安全性、流动性、效益性和盈利性为出发点，在保留一定比例的外汇储备作为支持贸易进口、外债和资本市场变化等支付需要的安全前提下，更好地实现股权、债权以及信用支付权等多元化投融资运用。

（成文于 2004 年 8 月 2 日，写作背景是加入世界贸易组织后中国的外汇储备余额较快增长）

北京奥运会将给我们带来什么

北京申奥成功，不仅将带来北京的高速发展，也将给建设银行尤其是建设银行北京市分行带来历史上前所未有的发展机遇与挑战，即扩大筹资、降低不良、提升利润、优化管理。

其一，国家投资 2 800 亿元的财政资金，为我们提供了巨大的资金来源。根据北京市"十五"规划和申奥报告财政预算，"十五"期间北京市与奥运有关的投入将达到 2 800 亿元。其中，城市基础设施建设（铁路、公路、机场和通信设施等）1 800 亿元，体育设施建设 170 亿元，环保设施建设 713 亿元，奥运会期间的运营费用 117 亿元。另外，根据高盛投资公司的预测，2 800 亿元的投入将使北京市在未来 5 年获得 5 000 亿元的投资回报，这也会增加建设银行北京市分行的资金来源。其二，代理财政资金清算、代理票务清算、代理合同预算和招投标等，将为建设银行北京市分行带来可观的中间业务收入。建设银行北京市分行可以凭借自身优势，抓住财政资金清算业务的源头，获取最大收益。其三，基础设施与环保项目的配套银行贷款，将为建设银行北京市分行提供更多的优质信贷项目。在财政投资的带动下，与奥运相关的建设项目将得到催生，这为商业银行提供了更多的优质信贷项目。同时，奥运相关项目的信贷增量将有效降低建设银行北京市分行不良资产比重、改善资产结构。通过奥运项目，建设银行北京市分行的资产负债将得到同步增长，不良贷款比例也将降低，利润将获得稳步增长。其四，奥运的要求倒逼提升各家商业银行服务竞争的标准。通过服务奥运，建设银行北京市分行的整体服务质量和员工素质也将得到有效提升。

为此，在未来 7 年的北京奥运建设中，建设银行应着力从以下三个方面下功夫：第一，抓资金来源。建设银行应推出如"奥运支行"专业化特色服务，并与北京奥申委、奥组委建立良好的合作关系，抓住资金源头；推出奥运项目建行企业全程结算服务，抓住资金流向。第二，抓资金运用。建设银行应推出奥运项目信贷绿色通道，实行奥运项目信贷授信专项服务；推出建行奥运项目招投标全程资质服务；推出奥运客户经理理财服务等。第三，抓服务、树品牌。建设银行应以奥运为契机，从创新服务品种、提高服务质量、提升服务效率等方面抓服务、树品牌。

总之，我们应以北京奥运为契机，全面提升经营管理水平，向国际化、现代化的商业银行进军。

（成文于 2001 年 7 月 19 日，撰写于北京申办奥运成功之际）

第七篇　数智建设

　　进入 21 世纪，数字经济迅速发展，并以在线交易、物流跟踪、移动支付、远程交流等多种形式便利人们的生产生活，在国民经济中的重要性日益凸显。2020 年年初，新型冠状病毒肺炎疫情的暴发更加速了这一趋势。疫情期间，数字化运营成为一些企业维持业务至关重要的方式。为了拓展生存空间，许多企业更显著地加速了他们的数字化战略布局。一项针对全球 2 569 家企业的调研发现，疫情将全球的数字化进程至少提前了 5~7 年。数字经济赋能浪潮中，能利用数字化改造产品、生产以及销售全流程以进行产品创新、降低成本、提高效率的实体类企业包括消费、医药、教育、金融、服务中介以及制造等领域的企业。数字化和智能化时代正在加速到来，需要我们做好准备，迎接未来。第七篇数智建设选取了笔者对数智建设的认知和期盼的文章，其中不乏一些预判和建议，希望引导读者提高认识，把握机遇，更好地参与到数智建设的进程之中。

商业银行基于央行数字货币的创新前景广阔

历时6年时间的研发，我国央行数字货币已进入了内部封闭试点测试阶段，央行数字货币呼之欲出。我国央行数字货币的出现或将对经济金融乃至社会产生重大而深远的影响。对于商业银行来讲，其更将迎来一轮前所未有的革命性经营模式改变和金融产品创新机遇。因此，当前商业银行应积极投入力量，提早研究基于央行数字货币的金融产品和衍生产品创新，迎接即将到来的央行数字货币时代下的新金融。

什么是央行数字货币？

央行数字货币是中国人民银行发行的数字货币。根据中国人民银行的信息披露，目前进入内部封闭试点测试的央行数字货币，又称为"Digital Currency/ Electronic Payment"，即数字货币电子支付工具，是基于区块链技术推出的加密电子货币支付体系。其中，"DC"指数字货币，"EP"则指电子支付。我国央行数字货币被定义为M0（现金），是具有价值特征的数字支付工具，这意味着其可以像现金那样自由流通，并具有不计息及无限法偿等与人民币相对应的职能特点，"DC/EP"也被称为数字人民币。

央行表示，在未来的2~3年内，全国会有30%~50%的M0被DC/EP所替代，实现DC/EP在全国范围内的推广。同时，从已经上线的农业银行等商业银行数字货币钱包应用程序看，虽然DC/EP在使用上与支付宝、微信支付等移动支付工具相近，但DC/EP作为M0本身具有价值特征，不同于以上提及的移动支付工具在支付时其资金担任的M2角色，并不需要开立银行账户和支付账户就可以实现价值转移，其背后是强大的国家信用的支撑。

时下我国已经成为全球电子支付最发达的国家，目前扫码、扫脸、近场通信（NFC）支付、传统销售终端机（POS机）等均在各个支付场景被广泛使用。商业支付机构在各个支付场景的频繁、大量参与，使得我国的M1和M2支付流转已经基本实现了电子化、数字化，而央行数字货币DC/EP作为M0，将围绕小额零售等高频场景，特别是纸币流通的支付场景进行推广和应用，而其无需账户、支持离线支付等优势，也将使其在某些特定场景快速占领支付的市场份额，并有助于重振M0的活跃度，提高M0的整体支付占比。

央行数字货币将如何改变传统商业银行的货币经营形态？

据报道，央行数字货币拟在深圳、北京雄安新区、成都、苏州四地开始试点，并将在未来的北京冬奥会场景进行内部封闭试点测试，而第一个试点将落地极具经济和科技创新活力的苏州。2020 年 4 月，苏州相城区的各区级机关、企事业单位中，工资通过工商银行、农业银行、中国银行、建设银行代发的工作人员，都已完成央行数字货币（DC/EP）数字钱包的安装工作。2020 年 5 月，试点单位员工的工资中交通补贴的 50% 以数字货币的形式发放，开启了央行数字货币的试点测试。

值得注意的是，2020 年上半年新冠肺炎疫情在全球蔓延，按照防疫的需要，纸币越来越多地被电子货币所替代，电子货币支付只是人民币的电子化支付方式，不是真正的数字人民币。常态化防疫将进一步促进数字经济加速发展，数字经济将在中国乃至全球突飞猛进。金融是现代经济的核心，数字经济需要数字金融的支持，数字金融的核心是央行的数字货币，即数字人民币。

其实，早在 2020 年 4 月 17 日，我国央行数字货币研究所就已表示，数字人民币研发工作正稳妥推进，并先行在深圳、苏州、北京雄安新区、成都以及未来的北京冬奥会场景进行内部封闭试点测试。央行行长易纲表示，数字人民币研发工作遵循稳步、安全、可控、创新、实用原则，内部封闭试点测试，以检验理论可靠性、系统稳定性、功能可用性、流程便捷性、场景适用性和风险可控性。

可以期待的是，经过封闭试点测试和其后的完善，央行数字人民币将正式发行。数字人民币的推出，将对金融系统、金融机构和金融创新带来一场重大的变革。据报道，央行数字人民币将采用双层运营体系，即央行先把数字货币兑换给商业银行或其他运营机构，再由这些机构兑换给公众。个人或企业开立数字人民币"松耦合"账户，对商业银行及其他运营机构来讲，将改变原有纸币和电子货币经营形态。未来基于数字人民币的形态，需要衍生开发出更多的数字资产、数字信贷和数字负债等创新金融产品及衍生产品。

央行数字人民币将给商业银行带来前所未有的创新机遇

实际上，数字经济时代的数字人民币应用，有利于高效地满足企业和个人在数字经济条件下对法定货币的需求，提高零售支付的便捷性、安全性和防伪水平，进一步助推我国数字经济快速发展。2014 年，我国央行成立专门团队，开始了对数字货币发行框架、关键技术、发行流通环境以及相关国际经验等问题的专项研究。2017 年年末，经批准，央行进一步组织部分有实力的商业银行和有关机构共同开展数字人民币体系的具体研发。数字人民币又被称为数字货币电子支付，在坚持双层运营、现金（M0）替代、可控匿名的前提下，进行了顶层设计、标准制定、功能研发、联调测试等。

公开信息显示，央行数字货币体系的核心要素为"一种币、两个库、三个中心"。具体构成要素包括央行数字人民币私有云，用于支撑央行数字人民币运行的底层基础设施；数字人民币由央行担保并签名发行的代表具体金额的加密数字串；

数字人民币发行库，即央行在央行数字货币私有云上存放央行数字货币发行基金的数据库；数字人民币商业银行库，即商业银行存放央行数字货币的数据库，可以在本地也可以在央行数字人民币私有云上；数字人民币钱包，即在流通市场上个人或单位用户使用央行数字货币的客户端，可以基于硬件也可以基于软件；认证中心，即央行对央行数字货币机构及用户身份信息进行集中管理，是系统安全的基础组件，也是可控匿名设计的重要环节；登记中心，记录央行数字货币及对应用户身份，完成权属登记，记录流水，完成央行数字货币产生、流通、清点核对及消亡全过程登记；大数据分析中心，进行反洗钱、支付行为分析、监管调控指标分析等。

值得注意的是，数字人民币具有更广泛的技术场景和应用场景，为数据库存储、云计算、大数据等金融技术应用和金融业务产品创新提供了广阔空间。例如，数字信用资信、数字人民币借贷、数字资产证券化、数字人民币的股市交易等业务创新和产品创新，总之金融创新空间广阔。数字人民币还将极大地降低经营商业银行及商业机构货币的运营和操作成本，提高效率。公开信息表明，数字人民币除了在工、农、中、建四大商业银行积极布局，三大运营商也参与了其中。在测试运营的过程中，许多信息技术企业也参与其中。因此，未来货币制造将由原来印钞造币公司承制，转成新的数字货币运营商承办。数字人民币从发行到流通、投放、支付以及监管等阶段，参与其中的产业环节还将包括银行信息技术改造、保密安全、数字认证、POS机具改造、自动柜员机（ATM机）对数字人民币支持、数字人民币钱包应用程序（改造或新开发）、密码保护、数字人民币的监控与应用等。如果数字人民币加速到来，银行信息技术等金融科技和大数据的投资必将进一步加大。

商业银行应及早抓住机遇，积极创新基于央行
数字货币的金融产品与衍生产品

需要指出的是，未来的数字人民币也将会在国际上流通，商业银行要把握跨境支付、数据安全、货币互换、储备货币、货币回笼等新需求及隐性需求。尤其值得注意的是，数字人民币"智能合约"应用使得人民币成为智能化货币，具备可加载智能合约的特性，可定向流通和可追踪。智能合约是一种旨在以信息化方式传播、验证或执行合同的计算机协议。智能合约允许在没有第三方的情况下进行可信交易，这些交易可追踪且不可逆转，合约会自动执行。在数据经济时代，伴随着数字人民币的智能合约有很大的应用空间，将给未来新金融时代带来更大的创新空间。人工智能技术将在数字人民币的金融场景应用中开发更多人工智能化创新产品和衍生产品。

商业银行应积极探索数字人民币与物联网技术更完美的结合，实现链下链上无缝衔接，随时随地进行价值交换。物联网技术应用的迭代也会促进数字人民币进一步优化和发展，更好地服务实体经济。在数字经济时代，数字人民币将与各种信息技术越走越近。在管理方面，央行也将私有云作为信息技术基础设施，私有云上的数据库、发行和账本管理完全由央行控制，商业银行可访问的储备数据库可以在央行私有云上，也可以在银行本地的私有云上。数字人民币钱包客户端，由央行发布

和维护，供所有单位和个人使用。区块链防篡改的特性和私钥加密技术防止了虚假交易和伪造，同时也使央行更容易进行流通管理。

从货币政策调控看，数字人民币的发行会使商业银行货币再造和 M2 更容易控制。这意味着央行能够更有效地控制和管理过度扩张的债务与信贷市场。由于区块链的可跟踪性和可编程性，在资产负债表隐藏银行产品和服务将变得困难得多。这也使货币政策的执行更容易、评估更准确，并使货币供应、流通速度、货币乘数和分布的测量更加准确。央行可以在代码层编写有关数字人民币流向的规则。例如，如果央行政策不想让数字人民币信贷资金流入股市和房地产市场，央行只需要通过程序设置，就可以阻止数字人民币进入股市或房地产市场。绿色信贷的执行也同样如此。

进一步讲，商业银行经营的数字人民币在区块链上一目了然。对于金融监管而言，监管部门将更加轻松地评估信用度、甄别洗钱、防止逃税和资本外逃。数字人民币也可以增强人民币对海外经济体的影响力。随着"一带一路"倡议的覆盖面不断扩大，数字化、无国界、稳定的数字人民币可以为"一带一路"沿线国家和地区的国际贸易提供更多便利。总之，商业银行的国际业务应积极采用数字人民币，提高全球贸易效率。作为新兴市场经济体的金融结算和清算工具，我国可以推动驻在国使用数字人民币作为重要的信用储备货币。商业银行应积极参与推动数字人民币成为新兴市场国家的储备货币，进一步促进数字人民币的国际化。

（原文刊发于《现代商业银行导刊》2021 年第 2 期，原文略有修改）

发挥金融力量，破解"卡脖子"问题

2021年作为"十四五"开局之年，在常态化防疫的同时，着力加快以国内大循环为主体、国内国际双循环相互促进的新发展格局建设，关键在于提升供给体系的创新力和关联性，解决好各类"卡脖子"和瓶颈问题，畅通国民经济循环。

金融是现代经济的核心，肩负着双循环相互促进新发展格局的引擎作用。为做好高质量构建新发展格局的金融支持，金融机构主要应着力"六个强化"。

一是强化金融更高水平的开放。金融开放的同时，要更好支持和促进新发展格局、服务实体经济、防范和化解风险，如有效推进资本项目开放，建设更高水平开放型外汇管理新体制，构建与新发展格局相适应的外汇管理体制的路径和方法；强化人民币国际化，做好金融业高水平对外开放与人民币国际化并重且协同发展；着力用金融科技加速双循环格局的建设，持续注重绿色金融发展，将"创新、协调、绿色、开放、共享"的新发展理念贯穿于新金融改革发展的全过程。

二是强化金融支持内循环构建。金融应重点支持我国产业链、供应链体系完善和安全，金融资源要加快推进科技强国建设，加强协同科技创新和技术攻关，强化关键环节、关键领域、关键产品保障能力，加快实现从代工到研发、从模仿到创新、从"中国制造"向"中国智造"和"中国创造"的转变。金融要推进加快实施产业基础再造和产业链提升工程，巩固传统产业优势，强化优势产业领先地位，抓紧布局战略性新兴产业、未来产业，提升产业基础高级化、产业链现代化水平，尤其要利用我国全球最完备的产业配套体系和超大规模市场的独特优势，做全球产业链、供应链的"稳定器"。我国金融特别是商业银行的信贷资源，必须着重支持构建自主、安全、可控的产业链和供应链。金融企业特别是大型商业银行，应紧扣高新企业核心技术自主可控需求的实际，纵深推进新金融支持行动，增强推进金融保产业链和供应链的使命，与时代同进步、与国家共发展、与百业竞繁荣。

三是强化金融科技和数字化的创新支持。数字化时代已经到来，金融行业参与构建新发展格局，一定要注重发展与科技和数字的生产要素相融合。金融行业应以数据为关键生产要素、以科技为核心生产工具、以平台生态为主要生产方式，进一步推动建设普惠、共享、开放的新金融体系。同时，金融行业应把传统金融对各方面、各领域、各环节的前瞻性研究、全局性谋划、战略性布局、整体性推进等优势数字化，让数字金融资源与新发展理念的实践不断引向深入。金融行业应发挥金融优势，解决好人民日益增长的美好生活需要和不平衡不充分的发展之间的矛盾，创造性地有效解决融资难、融资贵等社会难题。

四是强化金融参与国际竞争的能力。金融机构应兼顾国内国际双循环相互促进，通过跨境金融优化生产要素的跨国配置，扩大优质商品、服务的进口，进一步满足国内的生产和消费需求，使国内大循环更加通畅、更加高质。为此，金融企业也要更加积极地参与国际分工合作，坚持进口与出口融资并重、利用外资和对外投资相互协调，增强国际国内两个市场、两种资源的黏合度，逐步实现由商品和要素流动型开放向规则等制度型开放转变，提升投资、融资和贸易便利化水平，不断优化营商环境，促进与相关国家的交流和合作。

五是强化应对全球经济不确定性风险，提高我国金融抗输入性风险的能力。当今世界正在发生复杂深刻的变化，全球经济发展放缓，贸易保护主义、单边主义、孤立主义等逆全球化思潮有所蔓延，加之罕见的疫情冲击，全球化分工带来的产业链、供应链和价值链布局面临严峻挑战。面对全球经济日益严重的不确定性，构建新发展格局就要下好先手棋，在危机中育新机、于变局中开新局。金融企业关键是要做好自己的事，用深化改革开放的确定性应对外部的不确定性，通过金融的力量构建以国内大循环为主体、国内国际双循环相互促进的新发展格局，也要着力释放内需潜能，在实现经济高质量发展的同时，为经济全球化注入新动能，引领经济全球化朝着更加开放、包容、普惠、平衡、共赢的方向发展，以中国金融之力为构建人类命运共同体、实现合作共赢做出重要贡献。

六是强化金融业自身由大变强。中国金融业整体已经变大，"十四五"期间重点任务是变强。大型金融机构尤其要在金融助力经济双循环和加快建设统一开放、竞争有序的现代市场体系中，寻求形成国内市场和生产主体、经济增长和就业扩大、金融和实体经济的良性循环。大型金融企业着力从大到强，必须着眼于结构调整和科技创新。当前及今后一段时期，大型金融企业尤其应当大力发展好金融科技，充分利用互联网技术、区块链、大数据、云计算、人工智能等新型基础设施，全面改造和提升金融服务。只有有效实现了数字化转型，才能更好地为超大规模的国内国际市场充分提供高质量的金融支持，才会展现出极强的金融发展潜力和竞争力，我国的金融业和实体经济也才会真正强盛起来。

（原文刊发于《中国银行保险报》2021年1月14日，原文略有修改）

培育中小企业数字化经营能力

进入 2021 年，境外疫情和世界经济形势依然复杂严峻，我国要继续加强经济形势的研判，加强国际宏观经济政策协调，集中精力办好自己的事，搞好跨周期政策设计，支持经济高质量发展。我国尤其要加大对科技创新、小微企业和绿色发展的金融支持，延续普惠小微企业贷款延期还本付息政策和信用贷款支持计划。我国要引导企业和金融机构坚持"风险中性"理念，稳定市场预期，保持人民币汇率在合理均衡水平上的基本稳定。我国要继续持续处理好恢复经济和防范风险的关系，守住不发生系统性金融风险的底线。因此，新的一年，"六稳""六保"仍将成为我国经济面对复杂国际国内形势挑战、持续做好常态化防疫工作的指引。

从数据上看，我国中小企业贡献了 50% 以上的税收、60% 以上的国内生产总值、70% 以上的技术创新、80% 以上的城镇劳动力就业、90% 以上的企业数量，中小企业是我国国民经济和社会发展的生力军，是建设现代化经济体系、推动经济实现高质量发展的重要基础，是扩大就业、改善民生的重要支撑，是企业家精神的重要发源地。因此，保就业就要保中小企业，中小企业稳得住，就业的基本面就稳住了。因此，重视常态化防疫和做好中小企业工作，对稳就业、稳金融、稳投资、稳外资、稳外贸、稳预期，增强经济长期竞争力都具有重要意义。

需要指出的是，"久久为功，善建行远"，金融行业和金融机构面对包括疫情等重大持续的不确定性，新的一年应继续着力"六保"确保"六稳"，稳定和保障特殊时期的企业生存生态。从全局和金融生态角度来看，金融机构尤其应充分认识促进中小企业发展的重要性，"久久为功"加大对中小企业的金融支持力度，强化国家货币政策和信贷政策向中小企业的传导，通过强化对中小企业数字化经营能力培育与帮扶，践行普惠金融，缓解融资难、融资贵等发展问题。金融企业尤其要通过金融科技和大数据，强化对中小企业数字化经营能力的培育，通过金融科技使银企互联互通，与中小企业共成长。

商业银行应强化培育中小企业数字化经营能力，促使中小企业转型发展，促使中小企业增强自身造血功能，并发挥应有的积极作用。应当说，使中小企业生存，既要企业自身造血，也要金融机构发挥出数字普惠金融等应有的积极作用。从常态化防疫和长远眼光来看，商业银行在强化数字化经营能力金融支持的同时，也要按照国家政策要求，加大对中小企业的信贷纾困力度。例如，对受疫情影响较大的批发零售、住宿餐饮、物流运输、文化、旅游等行业企业，以及受疫情影响生产经营暂时遇到困难的中小微企业，商业银行不要盲目抽贷、断贷、压贷，要积极采取信贷展期、续贷、减免逾期利息等措施给予支持，不单独因疫情影响因素下调贷款风险分类。与此同时，商业银行应探索依托权益性交易场所给中小企业提供供应链债权债务交易。商业银行应发挥应急转贷资金作用，降低应急转贷费率，为受疫情影响较大的中小微企业提供应急转贷资金支持。

尤其值得关注的是，金融机构要创新数字化融资产品和服务，尤其应依托金融服务共享平台或政府性平台，为中小微企业开展网上融资快速对接服务，提升金融服务可获得性，降低企业成本。金融机构要积极推动运用如供应链金融、商业保理、应收账款抵质押、知识产权质押等线上融资方式，扩大对中小微企业的融资供给，大力推广政府采购合同融资。商业银行也要与保险机构协同开辟信贷、保险理赔绿色通道，加快数字化放贷速度和理赔进度。与此同时，商业银行应积极推动落实《保障中小企业款项支付条例》，针对拖欠中小企业款项问题，协同上游企业帮助解决应付实付，维护中小企业合法权益，优化营商环境、扩大就业、改善民生以及促进普惠金融的健康发展，从大局出发，在疫情之下为更好地稳住经济基本盘，助力中小企业渡过难关，清理拖欠中小企业账款，帮助中小企业解决资金链难题。

总之，新的一年，金融行业应积极强化培育中小企业数字化经营能力，立足融资融智、惠企惠民，千方百计对中小企业予以帮扶；从数字金融和金融资源方面加大对中小企业生存和发展赋能，创新数字科技支撑和引领，以数据为关键要素，以普惠价值释放为核心，以数据赋能为主线，对中小企业产业链上下游的全要素进行全面创新服务；把金融科技作为服务中小企业的抓手，强化中小企业的数字化经营能力，更好地持续打造中小企业的营商环境，为国家巩固常态化防疫，确保"六稳""六保"以及促进中小企业高质量发展和经济平稳加快发展，进一步做出金融应有的贡献。

（原文刊发于《中国银行保险报》2021 年 1 月 4 日，原文略有修改）

力推数字金融，服务乡村振兴

实施乡村振兴战略是党的十九大作出的重大决策部署。2018 年的中央"一号文件"指出，农业农村农民问题是关系国计民生的根本性问题。2018 年 5 月 31 日，中共中央政治局召开会议，审议《乡村振兴战略规划（2018—2022 年）》，同年 9 月，中共中央、国务院印发了《乡村振兴战略规划（2018—2022 年）》，并发出通知，要求各地区各部门结合实际认真贯彻落实。

落实乡村振兴战略，是"十四五"时期强化内循环发展的重要经济引擎。实施乡村振兴战略是建设现代化经济体系的重要基础，是建设美丽中国的关键举措，是传承中华优秀传统文化的有效途径，是健全现代社会治理格局的固本之策，是实现全体人民共同富裕的必然选择。因此，商业银行当前应强化经济内循环发展建设，积极研究做好金融高质量落实乡村振兴战略，尤其应着力金融科技和数字金融的建设，创新做好乡村振兴的金融支持。

首先，商业银行应着力数字金融支持乡村产业振兴。产业兴旺是解决农村一切问题的前提。乡村振兴，关键是产业振兴。我国农业农村发展已进入新的历史阶段，农业的主要矛盾由总量不足转变为结构性矛盾，必须深入推进农业供给侧结构性改革，提高农业综合效益和竞争力。这是当前和今后一个时期我国农业政策改革和完善的主要方向。金融系统尤其是商业银行，应当重点研究利用数字金融支持好乡村的产业发展，用金融和"金智"服务好乡村企业。例如，商业银行可以提供基于大数据的小微企业信用贷款，服务乡村中小微企业的生产、销售、流通。又如，商业银行可以与乡村企业的上下游关联企业共同帮助乡村企业开展好供应链融资，避免中小微企业被拖欠应收账款等。

其次，商业银行应着力数字金融对乡村生态宜居的建设。生态宜居是乡村振兴的内在要求。环境好了，农村生态文明建设质量才能真正提升，才能体现出广大农民群众对建设美丽家园的追求。良好生态环境是农村的最大优势和宝贵财富。实施乡村振兴战略的一个重要任务就是推行绿色发展方式和生活方式。因此，商业银行应把服务城市基础设施建设的经验和金融产品，利用金融科技下沉服务到乡村生态宜居的建设中去，如开展新农村建设数字化贷款、林权抵押数字贷款、乡村传统基建和乡村新基建的数字化贷款等融资业务。同时，商业银行也要把服务大客户的一揽子解决方案模式，利用网络直播咨询等形式移植到乡村建设和乡村中小微企业服务中，为其既赋智也赋能。

再次，商业银行应做好乡村治理的数字化帮扶。乡村治理在乡村振兴中至关重要，是乡村振兴的重要保障。其实，商业银行完全能够利用金融科技手段帮助乡村推进治理能力和治理水平现代化，让乡村既充满活力又和谐有序。例如，商业银行帮助某省会城市实现了一部手机政务通，这种模式更适合在乡村普及推广，通过一部手机政务通、金融通、教育通等，让乡村传统治理模式实现数字化和科技化，从而建立起更加健全的现代乡村社会治理体系，使农村社会与城市因"数字鸿沟"带来的差距得以填平。

最后，商业银行应把服务乡村振兴战略与商业银行自身的数字化转型发展相统筹。值得注意的是，我国幅员辽阔，60 多万个乡村都具有得天独厚的自然资源禀赋，若商业银行的金融资源如同金融活水一般流入乡村，则乡村人民的生活一定会很快富裕起来。乡村振兴了，服务乡村的企业和个人就会给银行带来相应的商业回报。可以说，乡村大市场是商业银行业务的广阔蓝海，商业银行只要更好地深耕、扎根服务好乡村，一定能够在建设美丽乡村的同时发展好商业银行自身。一方面，商业银行应以数字化和金融科技帮助乡村开拓投融资渠道，强化乡村振兴的投入保障，创新投融资机制，加快形成金融资源向乡村倾斜、积极发展乡村多元投入格局，确保投入力度不断增强、总量持续增加；另一方面，商业银行要加快农村金融产品和服务方式创新，持续深入推进农村支付环境建设，全面激活农村数字金融服务链条。商业银行应稳妥有序推进农村承包土地经营权、农民住房财产权、集体经营性建设用地使用权抵押数字化贷款。同时，商业银行应充分发挥全国信用信息共享平台和金融信用信息基础数据库的作用，探索开发新型信用类金融支农产品和服务。商业银行应结合农村集体产权制度改革，探索利用量化的农村集体资产股权融资方式。商业银行也要做好投贷联动，提高乡村市场的直接融资比重，支持农业企业依托多层次资本市场发展壮大。商业银行应创新服务模式，如可以引导持牌金融机构通过互联网和移动终端提供普惠金融服务，促进金融科技与农村金融规范发展。

总之，数字金融和金融资源对乡村振兴同等重要。商业银行应在新一代数字科技的支撑和引领下，以数据为关键要素，以释放普惠价值为核心，以数据赋能为主线，对乡村振兴产业链上下游的全要素进行全面升级创新服务，把数字金融作为发展普惠金融的抓手，强化金融科技和数字金融应用，全面提升业务数字化经营能力，更好地服务乡村振兴战略，为乡村振兴战略的实施做出贡献。

（原文刊发于《中国银行保险报》2020 年 12 月 3 日，原文略有修改）

强化数据和数字资产的价值创造

商业银行应跟上数字化时代的发展，强化数据和数字的价值创造。

数字天然不是货币，货币天然是数字。作为经营货币和货币信用的特殊企业，商业银行每时每刻都在产生海量的数据和数字，数据和数字业已成为商业银行的重要资源。在数字化时代，人们越来越重视可能成为生产要素的数据和数字，看似孤立的数据和数字已经开始带来越来越多的商业价值。数据创造价值的过程就是数据资产化的历程，因此商业银行应着力强化数据和数字的价值创造。

第一，商业银行强化数据和数字的价值创造，对进一步推动数字化转型具有重要的现实意义和战略意义。商业银行拥有海量数据和数字，只有使之产生价值才能成为资产。有鉴于此，为了实现数据和数字的价值创造，商业银行必须着力做好数据治理工作。数据和数字都是商业银行的重要资源，但是以往商业银行仅仅把数据作为资源，并没有把大数据与价值创造紧密关联起来。实际上，数据和数字资源一旦能够带来预期的经济收益，也就具有了商业价值。例如，商业银行基于数字信用记录开发的"小微快贷"就是数据资产价值创造的例证。因此，凡是能够带来商业价值的数据和数字，都应被定义为商业银行的"数据资产"。

第二，商业银行应注重将数据和数字资产化。数据和数字创造价值的过程就是数据资产化的过程。其实，数据和数字价值的彰显需要一个条件，那就是商业银行的业务场景。对商业银行经营管理来讲，只有让合适的经营管理数据或数字配上合适的业务场景，才能使数据和数字产生价值。从表面上看，业务场景可以孤立于数据和数字之外而产生价值，但实际上数据和数字无法孤立于业务场景之外产生价值。因此，数据和数字的价值产生之道就在于"场景为王"，数据和数字次之，再后才是算法。时下，对于商业银行数字化转型而言，充分利用大数据和大数字来发展数字货币、普惠金融和数字普惠金融，都将是按照业务场景进行数据或数字与算法的高度融合，进而构建模型并创造价值。因此，商业银行通过构建模型进行设计和实践，才能更好地利用回归分析，获取银行经营管理场景的商业价值。

第三，商业银行应进一步结合业务实际，从广度和深度上积极拓展场景，不断深化私有数据和公共数据产品在业务领域中的应用，并注重数据和数字资产的交易。大型商业银行应将数据治理纳入公司治理的范畴，建立自上而下、协调一致的数据治理体系。紧扣"建生态、搭场景、扩用户"，坚持数字化打法，全面推进数字化经营工作常态化并持续突破，使数据和数字经营能力不断提高。在数字化经营中，商业银行应努力探索数据和数字资产的交易，做好资产定价，同时也要做好数据和数字资产交易的合规管理。商业银行应让更多的确权数据能够以数字金融资产的形式进行合法交易，实现数据资产的价值再造，更好地服务数字经济和实体经济的高质量发展。

第四，商业银行应强化对数据和数字的管理，使数据和数字为商业银行创造价值的同时，做好确权和隐私的保护工作。数据从基础数字到公共数据产品，再到基于商业银行内外部数据的研发，各级用户都要在使用过程中，按有关规定落实安全和隐私保护要求。隐私保护的根本在于确权与合规使用，隐私保护就是要保护同隐私相关的数据或数字。商业银行应使被使用的数据和数字确立清晰的产权。确权需要商业银行、企业、政府、用户等多方参与，可使用区块链等独特的技术创新手段，更好地实现数据和数字资产的产权登记与可质押融资。确权后产权明晰的数据和数字也就成为可交易的资产，而其隐私一旦被泄漏也能够有据可查。

第五，商业银行应着力相关人才的培养。数据和数字价值创造的过程，本质上是一个数据和数字化思维的培养过程。商业银行应着力全程、全员、全方位的数字化人才培养。一方面，商业银行应对现有人员的数据思维作全面的产教融合培养提升；另一方面，商业银行应考虑在各个核心业务部门设立专门的岗位，该岗位人员的主要职责不是做业务，不是搞数据，更不是搞技术，而是成为连接业务与数据的桥梁。此外，商业银行要着力培养各层级经营管理人员的数据和数字化思维能力，让更多经营管理者能精通数据并回归分析思想，实现全员都能真正参与到数据资产治理的价值创造进程之中。

商业银行应跟上数字化时代的发展，强化数据和数字的价值创造。商业银行作为数据的生产者和拥有者，只有全面提升业务数字化经营能力，才能打造数字化管理体系，为客户拓客、留客、活客提供数字化动力支撑。

（原文刊发于《中国银行保险报》2020年9月7日，原文略有修改）

数字普惠金融大有可为

2020 年政府工作报告再次强调要强化普惠金融发展，让普惠金融发挥好保障小微企业和个体工商户渡过难关、稳定就业和民生的作用，并对大型商业银行提出了普惠型小微贷款增速高于 40% 的要求。近年来，国务院常务会多次提出大力支持普惠金融发展，采取定向降准与普惠金融挂钩等具体措施予以支持，由此可见，发展普惠金融的重要性。

值得注意的是，普惠金融的本质是金融的人民性。普惠金融就是要让金融活水更好地使大众受益。普惠金融体系要能有效、全方位地为社会所有阶层和群体提供金融服务。实际上，普惠金融的发展不仅要靠政策和监管，更需要商业银行和保险机构大力创新，特别是要注重金融科技、大数据的应用创新，当前尤其要着力数字普惠金融的建设。

在数字经济和数字化时代，数字普惠金融必将大有可为。数字普惠金融是通过有线互联网、移动互联网、第五代移动通信（5G）等技术，借助计算机的信息处理、数据通信、大数据分析、云计算等一系列相关技术在金融领域的应用，促进信息的共享，有效降低交易成本和金融服务门槛，有效扩大金融服务的范围和覆盖面。进一步讲，数字普惠金融就是通过数字金融共享、便捷、安全、低成本、低门槛的优势，运用大数据、云计算、人工智能的技术，构建起基于数据的风险控制体系，从而全面提升金融的风险控制能力。数字普惠金融使得更多偏远、落后地区人群，依靠科技的力量和信用的力量获得金融服务，享受到数字时代赋予的现代金融优质服务。

强化数字普惠金融，就是要利用信用理论、金融原则、金融科技、大数据手段，与新一代信息通信技术相结合，实现融合创新。创新的数字普惠金融产品和服务包括服务渠道、服务工具、服务产品和服务网络等，如小额信用快贷、扫描销售结算、央行数字货币购买支付结算等。对于广大劳动者来讲，普惠金融的新工具和新产品可以避免"打白条"，防止让打工者的劳务所得被拖欠。简言之，数字普惠金融就是要通过创新使社会经济发展中的难点和痛点问题得到有效解决。

事实上，如建设银行推出的"裕农通"普惠金融产品，已经让更多的益农信息走进千家万户，惠及"三农"。这一普惠金融产品创新是国家实施"互联网+农业"助推农村经济发展的重要举措，为农户、农民和农业提供了金融便利，很好地解决了束缚农村经济发展的信息、资金等瓶颈问题。建设银行还通过建行大学设立乡村学堂，与"裕农通"普惠金融产品相结合，让偏远的农村地区的群众学到了金融知识和生活防疫知识，提升了农村金融消费者和其他普惠金融服务群体的综合素养。从本质上看，建行大学的数字普惠金融教育正是数字普惠金融的再创新，是通过学习教育培训等途径将更多的经济主体纳入金融服务体系，享受到数字普惠金融发展的新"红利"。

其实，数字普惠金融并非商业银行的专利，2020年5月中旬，中国银保监会出台了《信用保险和保证保险业务监管办法》，该办法重点规范了融资性信用保险业务。新规之下符合条件的保险公司应聚焦普惠金融，充分利用金融科技和保险科技的互联互通，构建多维度的大数据支撑的风险管理体系，实现银行保险客户共享、风险分层，助力普惠金融开展"银行+保险"贷款联保产品。联动创新可以让涉农贷款和小微贷款的获得更安全高效。

进一步讲，强化数字普惠金融，核心在于抓好信用体系数据建设和风险控制。各类金融机构要联合起来，建立起完整的信用风险体系；要用数字化技术、大数据模式强化风险控制体系建设，针对金融产品的每个环节的不同风险特征，进行数字化精细化控制，从而确保风险可控。信用风险体系在接入各类传统金融数据的同时，也要接入大量非传统的征信数据，不断丰富数据的维度和边界，提升数据的可信度，逐步升级基于大数据的风险管理与审批决策流程，实现系统性风险的可控。

总之，数字普惠金融就是要让普惠金融更好地与大数据和金融科技等技术结合，让普惠金融数字化、智能化，使数字普惠金融尽快走进更加广泛的寻常百姓家。数字普惠金融能让普通人获得金融服务，实现财富的有效增长，改善经济状况和家庭财富状况，提升中国全面小康的发展质量。

（原文刊发于《中国银行保险报》2020年6月8日，原文略有修改）

强化数据治理，落实高质量监管要求

2018 年 5 月 21 日，中国银保监会正式发布了《银行业金融机构数据治理指引》。2020 年 5 月 9 日，中国银保监会依据《中华人民共和国银行业监督管理法》第四十七条和相关内控管理、审慎经营规定，首次就违反监管标准化数据报送等问题向银行业开出罚单，8 家商业银行被罚 1 770 万元。

从被罚原因看，主要是商业银行没有认真按照监管标准化数据（EAST）系统数据质量及数据要求报送数据，存在违法违规行为，如有的商业银行理财产品数量漏报、资金交易信息漏报等。无独有偶，2020 年 4 月底，中国人民银行郑州中心支行按照《金融统计管理规定》第三十八条第一款的规定，也对辖内虚报、瞒报金融统计资料的机构进行了处罚。其实，上述中国银保监会与央行的罚单，都与加强金融机构数据治理密切相关。

实际上，我国金融业已从数据管理转入了数据治理的新阶段。数据管理依靠的是科学有序的管理系统和大容量的存储设备，目的是保证数据资源的完整性和准确性，而数据治理则是对数据质量的更高要求。近年来，我国数据治理已成为金融监管部门的重点工作。无论是中国银保监会的《银行业金融机构数据治理指引》，还是中国人民银行的《金融统计管理规定》，都明确了数据治理的责任、要求，规定了对违反者要依法采取措施及实施行政处罚。笔者认为，罚没的目的不是为了收钱，而是要严格管理，规范发展，提升金融机构管理水平和治理能力。因此，强化金融机构的数据治理质量，尤其要整治数据不严格、不规范、不准确等现象的发生，以罚示警，才能提升金融机构数据的质量。

值得注意的是，商业银行和保险公司等金融机构是数据的重要产出单位，要高度重视数据质量，必须强化数据的标准化，统计的准确性、及时性和科学性。只有应报尽报，避免漏报或填报错误，才能如实反映情况。这样才有利于金融监管部门把握总体、科学研判。同时，数据治理规范和高水平既是金融机构自身高质量发展的需要，也是赢得客户、监管部门和社会信赖的基础。各类金融机构只有"心中有数"且规范，才能赢得信任。在信息技术不断发展和迭代的新时代，金融科技特别是数字化时代已经来临，金融机构一定要顺应技术发展大势，顺应数字化监管高质量的要求，实事求是，充分利用科技手段、人工智能等使数字准确、统计及时、报送及时以及保持高质量。

《银行业金融机构数据治理指引》对银行业金融机构数据治理的原则理念、数据治理架构、数据管理、数据质量控制、数据价值实现以及对银行业金融机构数据治理的监督管理等作出了规定。各类金融机构要加强学习和培训工作，积极按照要求严格落实，明确自身机构数据治理架构，明确数据责任，严格履行数据治理有关法律法规和监管规则。银行业金融机构在工作中要努力消除虚报、瞒报金融统计资料，消灭伪造、篡改金融统计资料，避免拒报或迟报，要严格按照标准编制报表，且规范使用权限，严格遵守保密规定，消除数据方面的弄虚作假。金融机构要做好数据管理的定期自查，并接受统计检查。

总之，金融数据治理的现代化是我国国家治理现代化的重要组成部分。面对新时代、新科技、新形势，金融系统一定要更新理念、提高认识，各类金融机构应更加主动地提升数据治理水平，落实责任，推动数据治理质量的提高。

（原文刊发于《中国银行保险报》2020 年 5 月 14 日，原文略有修改）

央行数字人民币呼之欲出

　　研究五年之久的央行数字货币呼之欲出。2019年8月10日，中国人民银行支付结算司副司长穆长春在中国金融四十人论坛上表示，央行数字货币即将推出，将采用双层运营体系。

个人和企业数字货币项目一度是主流

　　随着互联网科技和大数据的发展，全球涌现出不少所谓的"数字货币"。如今央行数字货币呼之欲出，众多的非主权数字货币将相形见绌。

　　截至2019年6月底，全球还没有一家央行推出主权数字货币。正因如此，"剑走偏锋"的信息技术人才，充分利用金融科技创新和区块链技术，早在十年前就研发出了所谓的"数字货币"。研究者至今未敢公开自己的真实姓名，而仅以"中本聪"的笔名刊出《比特币白皮书：一种点对点的电子现金系统》一文来昭示天下。

　　似乎数字货币来自比特币，但从货币属性看，比特币在本质上并非货币。从技术上来讲，比特币的确具有一定的先进性，如采用了区块链技术，多边记账、实时查询、软件开源，不依靠特定货币机构发行，而是依据特定算法，通过大量的计算产生。比特币使用整个点对点（P2P）网络中众多节点构成的分布式数据库来确认并记录所有的交易行为，并使用密码学的设计来确保货币流通各个环节的安全性。点对点的传输意味着一个去中心化的支付系统。

　　比特币诞生十年来，一直被定义为"衍生产品"，受各国监管尺度不同、勒索软件赎金、跨境洗钱及投机逐利炒作等影响因素，价格一度超2万美元一枚。然而，其投机性受到监管趋紧和技术问题等影响，导致价格大起大落。

　　受比特币示范效应影响，众多类比特币应运而生，时下所谓的非主权"数字货币"全球总计有上百种之多，一定程度干扰了国际货币金融体系。在巨大的"铸币税"诱惑下，更多企业和个人跃跃欲试。甚至美国著名上市公司脸书（Facebook）也发布数字货币Libra项目，这引发了包括中国企业在内的许多全球区块链概念企业的奋起直追。

　　值得关注的是，并非任何个人和企业都可以发行数字货币。从货币的本质看，只有国家才能行使货币发行的最高权力，而且这是排他性的权力。因此，不管技术多么先进，也不能超越国家的货币发行权。

央行推出数字货币具有突破性意义

还好，中国央行宣告要推出数字货币了。在大数据时代，对主权国家来讲，最好的践行货币国家发行权的办法是由政府和中央银行发行管控范围的主权数字货币。我国央行推出数字货币具有重要的突破性意义。

央行推出的数字货币，不是指现有货币体系下的货币数字化，而是基于互联网新技术，特别是区块链技术，推出全新的加密电子货币体系，这无疑是一场货币体系的重大变革。

2014 年至今，央行数字货币（DC/EP）的研究已经进行了五年，如今央行数字货币呼之欲出。据媒体报道，央行数字货币采用双层运营体系，即人民银行先把数字货币兑换给银行或其他运营机构，再由这些机构兑换给公众。在这个过程中，央行将坚持中心化的管理模式。央行不预设技术路线，不一定依赖区块链，将充分调动市场力量，通过竞争实现系统优化。央行数字货币前期或先在部分场景试点，待较为成熟后再进一步推广，出于稳妥考虑，会做好试点退出机制设计。

事实上，央行数字货币在一些功能实现上与电子支付有很大的区别。以往电子支付工具的资金转移必须通过传统银行账户才能完成，采取的是"账户紧耦合"的方式。央行数字货币采取的是"账户松耦合"，即可脱离传统银行账户实现价值转移，使交易环节对账户依赖程度大为降低。央行数字货币既可以像现金一样易于流通，利于人民币的流通和国际化，同时又可以实现可控匿名。

可以预见的是，数字人民币时代即将到来，数字人民币是基于国家信用、由央行发行的法定数字货币，将会产生很大的积极影响。对商业银行及其他金融机构来讲，这既是机遇又是挑战，未来将基于数字货币衍生出更多的数字信贷、数字资产和数字负责等创新，而非主权"数字货币"也会逐渐降温。

此外，央行数字货币发行后能提升对货币运行监控的效率，丰富货币政策手段。

央行发行法定数字货币，将使货币创造、记账、流动等数据实时采集成为可能，并在数据脱敏以后，通过大数据等技术手段进行深入分析，为货币的投放、货币政策的制定与实施提供有益的参考，并为经济调控提供有益的手段。与此同时，央行数字货币还能够在反洗钱、反恐怖融资方面提供帮助。

总之，中国人民银行推出数字货币，无论是对国内还是对国际，都是一场重大的货币体系变革。

（原文刊发于《新京报》2019 年 8 月 13 日，原文略有修改）

由大到强的内功外力

习近平总书记说："只有回看走过的路、比较别人的路、远眺前行的路，弄清楚我们从哪儿来、往哪儿去，很多问题才能看得深、看得准。"要想成为百年大行、国际一流的强行，建设银行要加强研究，在支持经济发展的同时借鉴其他企业成长经验，做大做强。就银行对公业务而言，研究和营销客户是基本功，而研究好客户的兴衰成败，从中总结出企业生命周期规律，对我们进行客户选择、金融支持和信贷资产安全把控等都具有重要的意义。

由电子工业出版社出版的《联想做大华为做强》一书，是作者进行了10多年跟踪研究、比较分析，找到了企业做大做强独具代表性的企业，并重点揭示了企业成长中的关键节点和关键事件，历史资料弥足珍贵。研读此书对我们正确认识企业客户有更深刻、更积极的意义和价值。

回望过去30多年的联想和华为，一路披荆斩棘，在关键节点做出了关键选择，最终使企业成为世界100强。联想和华为的经营管理存在巨大的差异，《联想做大华为做强》为我们指出了两家企业基于自己不同的核心能力，选择了大相径庭的战略布局。笔者认为，这两家企业在以下三个方面具有共性的内功外力，是其做大做强的原动力。

以人为核心的企业管理理念

任何企业都离不开管理。论及管理，必然包括几大要素：管理层的"搭班子"、制定企业发展规划（定战略）、组织运营团队（带队伍）。联想总裁柳传志响亮地提出这三个要素并将其概念化，于是其"管理三要素"理念传播广泛。

柳传志在用人方面双管齐下，既重用内部人才，也善于选用"街上的人"，从社会上招揽人才。在战略方面，恰如传播学博士张涛在其著作《柳问：柳传志管理三要素》里诠释的"定战略"那般："注重'势'的选择"。

联想的带队伍由五个方面组成，即企业的架构、规章制度、企业文化、激励方式和培育人。柳传志对规章制度与企业内部的一些原则特别重视，他强调做事的时候，如果制定规章的话，要先简后繁。不定则已，定了就一定要做到。面对激烈的市场竞争，联想人要永远保持锐意进取、步调一致、纪律严明、奋力拼搏的精神风貌，以不负发展壮大中国计算机产业的历史使命。

据资料介绍，联想的企业文化由核心价值观和方法论两部分构成。联想的核心价值观是联想长期发展所信奉的关键信念，是联想企业文化的根本。联想的方法论是在核心价值观的主导下，联想人思考和解决问题的方法。

任正非的"企业管理哲学"又是怎样的呢？1993 年的某一天，任正非走在北京中关村的大街上，有同行者问他："你怎么评价方正公司？"任正非回答："有技术，无管理。"那时候，方正公司的电子排版系统正在快速终结着传统的汉字印刷技术。同行都问："你怎么评价联想？"任正非回答："有管理，无技术。"对方进而问道："华为呢？"任正非脱口答道："既无技术，又无管理。"

什么驱动力使华为取得了成功呢？那就是华为的核心价值观描述的利益驱动力，驱动了全体员工的奋斗，是一场精神到物质的转移，而物质又巩固了精神的力量。在华为，"创造价值"是所有工作的核心。任正非在华为仅占 1.42% 的股权，但华为是他的事业。在某种意义上，华为是任正非管理思想的实验室。从古今中外任何思想宝库和组织实践的范例中，吸收对华为有用的成果，成为任正非基本的思维定式，而"以奋斗者为本"则是任正非管理理念的精髓所在。华为管理者的成长大致遵循"士兵（基层员工）→英雄（骨干员工）→班长（基层管理者）→将军（中高层管理者）"的职业发展路径。

以品牌为核心的并购重整

联想从本土"Legend"到全球化"Lenovo"的嬗变始于 2003 年，当时为了适应国际化发展的需要，联想把集团原有的英文商标"Legend"改为"Lenovo"。通过本土"Legend"到全球化"Lenovo"的转变，联想在国际市场上的宣传活动得以正常进行，"Lenovo"的国际知名度有了新的提高。联想通过投资并购，敲开国际市场之门；通过人才管理，搭建国际化团队架构；通过差异化战略，开启业务层国际化；通过赞助公益，借力奥运展示企业实力；通过整合营销，完成了从中国品牌到国际品牌的跨越。

再看华为的"农村包围城市式扩张"的国际化战略的实施过程。2004 年 2 月的一天，一阵突如其来的电话铃声打破了华为总部办公室的宁静。当工作人员拿起话筒时，听到对方自报家门是奥运会承办方，颇感意外，尤其在接下来的通话中，知悉对方要华为给即将召开的雅典奥运会提供全套全球移动通信设备系统，并表示立即支付 900 万美元的订金时，工作人员简直有点不相信自己的耳朵。首先，华为在中国香港投石问路，稳扎稳打地在发展中国家进行市场开拓；其次，华为步步为营，在次发达国家和地区全面拓展；最后，华为登峰造极，进军发达国家市场大展宏图。

以创新为核心的路径选择

联想 30 年来在"技工贸"与"贸工技"间轮回。联想有中科院计算机所的支撑，可无偿转化所内成果，具有产学研相结合的独特优势；联想实施"技工贸"发展战略，通过推出汉卡、开发联想微机，形成早期的两个拳头产品，创造了可观的经济效益。1987—1995 年，联想的科技创新成果十分显著。从 1984 年联想创办开始，联想凭借"技工贸"战略获得 10 年黄金发展期。1995 年，联想开始转型，进入"后技工贸"战略期。2004 年，联想开始回归技术发展道路。

华为则是实现从"贸工技"到"技工贸"的崛起。"我想我们都应该向一家企业学习，那就是华为。他们一方面积极通过互联网改造业务模式，另一方面坚持倡导'扫地僧'的精神，专注于打造自己的核心竞争力。这样的传统企业不但不会被颠覆，反而会更加强大。"2014 年 8 月 23 日，在亚布力论坛上，联想集团董事局主席兼首席执行官杨元庆演讲时如是说。

华为代理交换机起家，但华为几乎从一开始就重视技术研发，虽然靠"贸工技"起家，但很快转型"技工贸"。其间华为曾有几年的"半贸半技"过渡期，全面转型"技工贸"战略后，创造了无数信息与通信技术辉煌，最后在国际市场上崭露头角。

（成文于 2018 年 5 月 4 日，读《联想做大华为做强》有感）

借助数字货币发挥人民币在超主权货币建设中的作用

2016年是人民币加入国际货币基金组织特别提款权（SDR），成为五种入篮货币之一的"人民币SDR元年"，这也是国际货币体系改革发展的重要一步。从2008年国际金融危机以来，国际货币基金组织一直在探索推动国际货币体系改革，超主权货币逐渐成为国际货币体系的改革方向，构建稳定安全的全球金融市场越来越成为国际货币体系建设的共识。人民币可以借助数字货币发展新机遇，在国际货币体系超主权货币建设中发挥重要作用。对于新生事物，我们必须厘清其概念，挖掘其本质，才能看清其内涵和生命力，也才能判断其是否代表未来以及其未来发展的真正趋势。

数字货币的本质

货币是具有价值尺度、流通手段、支付手段、贮藏手段、世界货币职能的一般等价物，是一种所有者与市场关于交换权的契约，根本上是所有者相互之间的约定。货币的契约本质决定了货币可以有不同的表现形式，如一般等价物、贵金属货币、纸币、电子货币、数字货币等。尽管数字货币的表现形式是数字，但其本质首先应是货币。因此，数字货币也必须具有价值尺度、流通手段、支付手段、贮藏手段、世界货币等核心职能。

进一步讲，我们可以把数字货币看作实物货币的数字化或货币的电子化，如数字货币中的密码货币和可兑换的虚拟货币等都被称为数字货币。目前全世界被称为数字货币的产品可谓五花八门、龙蛇混杂，有些根本不是严格意义上的数字货币。一般而言，数字货币无外乎两种形式：一种是使用密码算法发行、结算和清算的数字货币；另一种是依托实物主权货币的电子化兑换和使用的数字化货币。因此，数字货币不完全等同于虚拟货币，虚拟货币也并非都是数字货币。

值得注意的是，时下真正的数字货币多是实物货币的电子化或数字化，尚没有任何一个主权国家的央行直接发行数字货币。互联网上流行的所谓数字货币，如比特币、莱特币等，并没有与基准货币挂钩，也并非由主权国家发行。从本质上看，这类虚拟货币更应被定义为数字（投资）产品，而不是真正的数字货币。

数字货币的发展前景

其实，人们对数字货币的认识是伴随互联网科技的发展而发展的，目前许多国家都在进行官方或民间的数字货币研究和操作尝试，也在不断总结经验教训。2015年，数字货币在欧洲相关国家和地区的交易量超过10亿欧元。总量虽然不大但发展迅猛。2016年年初，英国央行通报正在研究是否由央行来发行数字货币，英国央行首席经济学家安迪·霍尔丹甚至称，改用数字货币将是"伟大的技术大飞跃"。值得关注的是挪威DNB银行取消了现金柜台服务，该银行呼吁，政府应该彻底停止使用纸币。

实际上，相比于纸币，数字货币优势明显，除了节省发行、流通成本，还能提高交易或投资的效率，提升经济交易活动的便利性和透明度。由央行发行数字货币还可以保证金融政策的连贯性和货币政策的完整性，对货币交易安全也有保障。

2016年1月，中国人民银行召开了数字货币的新发展研讨会。会议指出，在信息科技不断发展之下，数字货币给现行货币政策带来了新的机遇和挑战。数字货币将带来一系列的正面作用，能帮助解决目前货币政策中存在的不足。"数字加密"技术持续发展，其方便快捷、高安全性以及资料公开透明等优点，也会使数字货币越来越贴近人们的生活。

总之，数字化时代已经到来，而数字货币将伴随数字化时代金融改革的推进而发展。可以预见，未来5~10年，会有主权货币国家发行数字货币，数字货币也将成为国际货币和超主权货币，在世界上流通。

可成为超主权货币的锚货币

从理论上讲，货币需要建立在主权国家信用担保基础上，离开了主权国家的信用担保，货币是无法确立的。但货币的表现形式一直在努力进步，比如很多主权国家希望进行货币的统一，像是欧盟创立欧元，就是一个很好的区域超主权货币的例子。自面世以来，十几年间欧元在欧洲经济中的作用也较为明显，但其结果如何仍不确定，因为欧元之所以能够维持是建立在长期的政治协商基础上的。随着国际金融危机向欧洲蔓延，欧元弱化表象已开始显现。美元作为国际顶级货币，是通过一系列条约与美国向全球提供市场开放的货币使用方式来实现的，但理论上存在特里芬难题，于是周期性金融危机对世界经济和金融带来困扰。

因此，主权国家的数字货币创新，以若干主导货币国家的数字货币为锚，可以创造性改革和完善现行国际货币体系，推动国际储备货币向着币值稳定、供应有序、总量可控的方向完善，维护全球经济金融的稳定。这是站立在以国际顶级货币和国际主导货币为主导的国际货币体系的基础上，寻求超主权货币的创新之路。

数字人民币推进国际货币体系改革

2009 年是人民币开启国际化元年。2015 年，人民币获准加入 SDR 货币篮子，中国的人民币已经成为世界的人民币。人民币数字化和数字人民币的研究，也已经起步，早在 2014 年，中国人民银行就成立了专门的数字货币研究团队。作为上一代的货币，纸币技术含量低，从安全、成本等角度看，被新技术、新产品取代是大势所趋。先进数字货币作为法定货币必须由央行来发行，且发行、流通和交易都应当遵循与传统货币一体化的思路，实施同样原则的管理。这样可以提升央行对货币供给和货币流通的控制力，也可以提升经济交易活动的便利性和透明度，减少洗钱等违法犯罪行为。

人民币加入 SDR 货币篮子后，可以通过篮子货币主导超主权货币的改革，如国际货币基金组织尝试基于数字货币规则的创新，即 eSDR。发行数字人民币对接 eSDR 国际货币计价和储备货币使用，可以更好地推动人民币国际化发展。未来，数字人民币发行、流通体系的建立还将有助于中国在国际数字货币和国际超主权货币体系建设中的标准制定和参与推动，更有利于中国金融基础设施建设，进一步完善国际和国内两个市场的支付体系，提升支付清算效率，为世界的数字人民币发展奠定基础。

2016 年 4 月开始，中国人民银行同时发布以美元和 SDR 作为报告货币的外汇储备数据。以往只报告美元计价，会造成单边报告走势风险，此次两者兼顾，形成两维参照，对人民币外汇储备的客观性有利。同时，以 SDR 作为记账单位，未来也可能发行以 SDR 计价的人民币债券。这会带来人民币国际化新的推动领域，对于创新人民币数字货币挂钩超主权货币篮子、推动数字化超主权货币等具有重要的历史意义和操作价值。

加强数字人民币建设的若干建议

随着数字货币的发展，原有的货币供应量统计、货币政策和监管政策等是否能适用数字货币是一个重要课题。为此，笔者建议，当前人民币国际化背景下的数字人民币，需要重点建设以下四个方面的内容：

一是建议做好数字货币理论研究和制度创新。传统银行体系下的货币制度如何与数字货币制度衔接和过渡？货币银行学的数字货币基础理论需要创新。原有货币的发行和回笼是基于"中央银行—商业银行机构"的二元体系来完成的，按照传统理论会产生信用扩张性的货币乘数效应，但是数字货币的新发行模式会给货币乘数机制带来较大变化。如果数字货币运行仍然基于该二元体系，则数字货币运送和保管将发生根本性变化，运送方式变成了电子传送，保存方式从央行的发行库和银行机构的业务库变成储存数字货币的云计算空间。虽然数字货币发行和回笼的安全程度、效率会极大提高，但各方面指导实践的理论却需要基于数字货币理论和制度的更新与发展。

二是建议中央银行对商业银行和数字货币经营机构开展基于区块链（block

chain）技术运用加强监管。区块链是通过去中心化和去信任的方式集体维护一个可靠数据库的技术方案，可以实现交易的结算和清算的同步进行。但在价值交换过程中如何保证安全性、便利性等还存在需要解决的技术问题，且数字货币替代纸币的流通和发行还需要对技术的安全性、真实性、储存性等方面实施监管。

三是建议中央银行数字货币技术开发分层分级。数字货币的账户可以分为基于账户和不基于账户两种，两种账户都可以分层交易、分级查询。鉴于区块链技术是一项可选的技术，其特点是分布式簿记、不基于账户，而且无法篡改，如果数字货币重点强调保护企业或个人隐私，可以选用占用资源较少的区块链技术和储存解压缩技术，以应对海量交易和查询。

四是建议中央银行在数字货币发行和回笼设计时，充分考虑做好国际标准设计和接口准备。例如，设计上兼顾推动 SDR（特别提款权）基于分布式规则的数字化接口等，最好能兼容其他主权数字货币的互换功能等。

（原文刊发于《清华金融评论》2016 年第 6 期，原文略有修改）

互联网农业才是真正的现代农业

　　与互联网的一日千里、千变万化相比，农业显得安静祥和、不紧不慢。然而，两者在慢慢融合。联想集团种水果、刘强东种大米、李治国养鸡、九城集团盖有机农场……互联网企业"务农"开始流行。全国人大代表、新希望集团董事长刘永好也表示，要用互联网精神做现代农业，进行变革和创新。

　　笔者认为，互联网农业是解决"三农"问题的新法宝，未来现代农业发展的方向就是互联网农业，农业只有与互联网有效结合才能成为现代农业。例如，杭州市西溪湿地附近有一个福地创业园，这是一个由阿里巴巴集团早期员工、口碑网创始人李治国发起的创业项目孵化基地，不少出身阿里巴巴集团的创业者前来投奔。

　　2011年年初，李治国和另外两个出身互联网通信行业的朋友一起在宁波市四明湖附近包了几个山头来养土鸡，半年后开始尝试借助新浪微博、淘宝平台销售，150元一只，仅面向杭州市配送。据介绍，李治国等已建成禽、蛋各一个养殖基地，产品品类也扩展为三个品种土鸡、两个品种鸡蛋，外加麻鸭和土法腌制咸鸭蛋。李治国等正在物色邻近杭州的蔬菜种植基地，兼顾会员生态旅游和禽蛋运输中转功能。此外，几位创始人并没有抛弃老本行，而是建立了一个由田间地头直达餐桌的电商平台。

　　李治国的案例让市场看到了互联网与农业深度融合的可能性。互联网农业是现代农业与现代物流的组合，它将使农业从订单、融资、生产都有互联网和物联网的支撑。

　　据介绍，互联网人集体务农并非是猜测的那样用农业概念炒作地产，务农可以理解为线上竞争白热化的线下延续。农产品的特性在于其不是可有可无的消费，而是关乎生命的必需品。电商、网游、即时通信、社交媒体等虚拟世界里的圈地大局已定，未来的机会在于互联网与传统产业相结合。

　　对于互联网来说，跨界到哪个行业，取决于不同公司对消费市场的理解，当前农业显然是其中的一个最佳选择。县域经济将会成为中国经济发展的重要引擎，而县域经济中现代农业会是重要支柱，这个支柱要依托的正是互联网。互联网在现代农业中发挥订制、生产、供应、销售等一系列渠道作用。值得注意的是，县域也是城镇化进程的主要阵地，这为互联网人提供了更加广阔的市场前景。

据了解，在互联网人眼里，养鸡就是一个 O2O（online to office）互联网项目。互联网还可以助力实现可视化生产，即消费者从网上实时了解生产的过程，这样的项目已经落地。这种用户体验缩短了农业生产者与消费者的距离，以后还可以借助大数据实现精准生产，避免了当下农业的供需不对称的状况。

（文章主体内容来自《农村金融时报》专访，发表于 2014 年 3 月 19 日，原文略有修改）

第八篇　新金融人才培养

　　我们正经历着百年未有之大变局。国际形势复杂多变，贸易摩擦、货币的数字化、美元的绝对权威被挑战、金融的数字化、产业的数字化、经济的数字化来得比我们预想得都要快。人民币在数字化进程中实现弯道超车，在全球范围内备受重视。值得注意的是，突发的新型冠状病毒肺炎疫情在这一切的动荡与变化中，事实上加速了历史进程，推动着各行业在变革中创新与突破，从而实现数字化。恩格斯说："每一次历史的灾难都是以历史进步为补偿的。"灾难具有双面性，既有破坏又有进步，这是人与自然的辩证法，在破坏的同时促进了新的进化和融合，灾难从客观上促进了人类的进步。疫情是一把双刃剑，客观上考验了人类智慧和数字化进步的能力。从技术角度看，数字化应用与防控效果正相关。疫情加速了数字化的发展进程，与此同时也推进智能化同步发展。智能化时代将提前出现和加快到来，服务数字化和智能化时代更为迫切的就是人才的培养，因此第八篇新金融人才培养选择了加快新金融人才培养及终身学习等方面的相关文章，希望持续推动新时代、新金融等方面人才的加快培养。

强化绿色金融人才培养势在必行

　　事业兴首先需要人才兴，绿色金融人才是"双碳"目标下高质量发展的根本保障，而加强绿色金融人才培养，将为我国绿色经济可持续发展注入强大后劲。绿色金融对扎实做好和有效落实力争 2030 年前"碳达峰"、2060 年前"碳中和"的目标，肩负着重要的历史责任和使命。推动绿色金融快速发展必须抓住人才，必须加强服务，必须加快融合。当前，紧抓绿色金融复合型人才培养是推动绿色金融发展的核心，强化金融系统和金融机构绿色金融人才培养不仅迫切而且势在必行。因此，大力培育复合型绿色金融人才具有重要的现实意义和发展意义。

　　绿色金融是为支持环境改善、应对气候变化和资源节约与高效利用的经济活动，包括对环保、节能、清洁能源、绿色交通、绿色建筑等领域的项目投融资、项目运营、风险管理等所提供的金融服务。绿色金融可以促进环境保护及治理，引导资源从高污染、高能耗产业流向理念、技术先进的部门。当前我国绿色金融政策稳步推进，在信贷、债券、基金、股票指数等领域都有长足发展。其实绿色金融不仅包括贷款和证券发行等融资活动，也扩展到了绿色保险等风险管理活动以及具有多种功能的碳金融业务。

　　时下，绿色金融正处于大规模发展阶段，而绿色金融人才相对紧缺问题凸显。绿色金融人才是能满足绿色金融发展的既懂环保又懂金融的人才，而绿色金融复合型人才的培养需要一个培养过程。例如，懂环保的人要学金融，而学金融的人也要懂环保。又如，做绿色金融认证评估，首先要评估是否属于"绿色"、对环境影响如何，此外还要看该项目的经济表现、金融收益，两者需要综合评估。为了更好地满足"碳达峰"和"碳中和"的实际需要，绿色金融人才需要拥有兼顾绿色金融与实体经济绿色发展的视野，更好地解决发展和绿色的平衡关系。

　　实际上，绿色经济发展要求企业投入环保成本，而金融机构创新绿色金融及其与金融科技的结合，能够降低企业融资成本，进而可以将绿色金融进一步推广和普及开来。但是从传统产业和金融行业的分工与专业化要求来看，环保人士懂环保但不懂金融，金融专家懂金融但不懂环保，环保项目的技术可行性和经济可行性难以整合，而绿色金融的发展恰恰需要将这些方面融合，这就需要培养出更多的绿色金融人才和绿色经济人才。

　　当前，社会需要的绿色金融人才和绿色经济人才呈现金字塔结构，不仅要培养研究型人才，也要培养更多应用型经营管理和专业人才，才能适应绿色发展的技能需要。金融行业和金融机构，特别是商业银行应强化绿色金融人才培养，主要应从九大方面来着力：一是充分发挥金融机构和金融人才的"金智惠民"，做好绿色金融的理念和"双碳"目标的传播；二是强化经营管理者绿色金融的专业能力，从绿色金融的内涵、分类、驱动因素等多个层面加强绿色金融专业知识的培训；三是开展对金融机构客户绿色金融的培训和培育；四是强化绿色金融人才的从业与执业资质培训和认证，立足"产学研用"，推动产教融合型绿色金融人才培养；五是做好绿色信贷人员的行业专业继续教育，持续提高履职能力；六是做好绿色债券项目专业评估人员的培训；七是开展绿色金融产品投资的投资者公益教育工作；八是选拔培养绿色金融国际人才，开展如中欧绿色投融资专题培训，围绕"一带一路"倡议，结合欧洲绿色投融资示范区建设及中欧应对气候变化暨环境、社会和政策（ESG）国际要求，提高绿色金融的国际合作能力，促进绿色金融技术、产品、资本、人才的国际化和常态化交流互动；九是着力创新构建绿色金融人才的培训、培育、培养体系。

总之，我国绿色金融发展态势迅速，但是绿色金融领域人才培育评价标准相对迟缓，当前强化绿色金融人才培养势在必行。金融行业和金融机构应高度重视绿色金融人才培养、大胆探索，尤其是金融企业大学应立足我国各类职业资格考级体制和绿色金融专业标准，创新建设绿色金融专业人才培育体系，结合发展需求和人才成长规律，开发适应绿色金融发展的课程体系，以等级考评为抓手、以管理办法为保障，将绿色金融专业技术等级作为各类岗位入岗资格纳入人才培养规划。我国要通过绿色金融人才标准制度的建立，培育培养符合绿色发展需求的绿色金融管理人才和专业技术人才，确保我国绿色金融工作有效开展。

（原文刊发于《中国银行保险报》2021 年 8 月 26 日，原文略有修改）

规范金融企业大学，实现高质量发展

为全面清理整顿"大学""学院"名称使用，规范名称登记使用行为，教育部发布《教育部等八部门关于规范"大学""学院"名称登记使用的意见》。该文件对企业设立的、无需审批登记的内设培训机构，要求有关部门要指导和督促其规范名称的使用行为，明确了主办机构属于银行保险机构的，由银行保险监管部门负责规范。实际上，该规范性文件出台前，"企业大学"并没有统一的规范管理部门，也就不难理解银行保险机构的企业大学称大学的实际背景。笔者认为，按照上述意见要求，规范金融企业大学正逢其时，规范的不仅是名称，还应包括教育学习发展的规律要求和办学质量要求，金融企业大学规范后将实现更高质量的发展。规范金融类企业大学，应兼顾多方统筹考量。

第一，从历史沿革出发规范。其实，今天的金融企业大学并非从无到有，我国金融行业的职业教育是伴随金融行业的发展而发展的。20 世纪 80 年代，国家教育部门统一管理的高等院校和中等职业院校中有很多是银行学校、高等投资专科学校等教育主管部门批准统一招生的学历教育机构。20 世纪 90 年代中后期，国家对普通教育与职业教育培训进行了转轨改革，一些涉及金融行业的学校向商业银行成人教育为主的方向转轨，逐步停止了全日制学历教育的招生，转向银行培训中心或银行学院，转型后为金融系统的人才培养和业务发展，发挥了教育培训的骨干力量。进入 21 世纪，原有培训中心和培训模式已远远不能满足经营发展的实际需要，特别是商业银行重组上市和综合化经营的需要，因此商业银行开始了新的探索。其中，招商银行率先建立了招银大学，目前主要商业银行都建立了自己的企业大学，如工商银行的工银大学、建设银行的建行大学、中国银行的中银大学、农业银行的农银大学等。企业大学由银行内设的培训中心发展成为办学形式多样化，特别是创新适应了社会和客户需要的更丰富的外延教育机构。因此，时下金融企业大学的规范应从历史沿革出发，考虑金融行业发展的长远需要而规范，把"企业大学"作为专有名词，尽可能保留金融企业的大学架构和使命担当。

第二，着眼职业教育改革规范。从宏观政策层面看，国家一直鼓励企业办学，金融行业同样如此，参与加快发展现代职业教育之中。2014 年以来中央先后出台了《现代职业教育体系建设规划（2014—2020 年）》《国家职业教育改革实施方案》等一系列职业教育相关政策，实施方案明确职业教育与普通教育是两种不同教育类型，具有同等重要地位，并提出要充分调动社会力量，吸引更多资源向职业教育汇聚，促进政府办学、企业办学和社会办学共同发展。值得注意的是，职业教育包括各级各类职业学校教育和各种形式的职业培训。职业学校教育属于国民教育系列的学历教育，职业培训属于非学历的技能培养。发展职业教育需要政府、企业和其他社会力量共同发挥办学主体作用，实现校企双向聚合、优势互补。金融企业大学正是金融企业实现校企合作、产教融合的桥头堡，国家教育主管部门尚未把企业大学的发展纳入其职能职责范围统一规范管理，因此此番教育部等八部门的规范文件将金融类企业大学的规范授权给了中国银保监会，这也恰恰是金融类企业大学规范发展和高质量发展的契机。

第三，从行业监管要求规范。金融是现代经济的核心，金融企业办教育培训具有得天独厚的各类资源优势。金融类企业大学是国民教育体系和人力资源强国建设的重要组成部分，是专业人才职业教育的重要支撑。在经济全球化深入发展和我国金融双向开放的大趋势下，越来越多的企业把对金融人才的培养作为核心竞争力的建设重点，金融企业大学将以金融智慧更好地服务企业的战略、经营管理和企业对金融人才培养等。其实，金融企业大学不同于培训中心、高校，金融企业大学依附于金融企业，是非独立法人机构，通常是非营利机构，是可以全程追踪企业运行状况的，这与高校具有不同的特点。监管部门要统一规划，做到着力产教融合和高质量、差别化规范引领。需要指出的是，不仅是商业银行，保险机构和其他非银行金融机构的企业大学的建设，都应纳入准入退出等规范要求。

第四，着眼服务客户需求规范。实践证明，金融企业大学是有效的学习型组织实现手段，也是服务客户的增值服务手段。在经济全球化潮流愈发汹涌的当下，企业文化竞争力的提升显得尤为重要。值得借鉴的是，拥有百年历史的企业大学，在成熟的跨国企业中已成为企业文化和客户竞争力创建的极佳平台。金融企业大学也可以探索在经营过程中实施经验风险、文化管理的有效途径，使企业大学成为增强客户服务能力和增强竞争能力的元素。优秀的企业大学将为企业发展、员工成长、客户服务提供及时而准确的知识的学习方案，为各层次需求设计不同层次的培训项目，有利于留住人才、稳住客户。更为值得关注的是，主要金融企业的企业大学在推动普惠金融创新、服务乡村振兴等国家战略上，积极满足人民及客户的需求，探索出了新金融之路，值得在规范中大力支持和提倡。

第五，立足执业教育发展规范。企业大学要按教育规范办学，金融企业大学应着力规范管理，在课程、讲师、学员、职业资质认证等方面提出执业规范。企业大学应是企业战略发展的助手，根据企业的发展战略运作，并推动企业的发展战略实施。企业大学的管理者应集成资源，即企业内外的各类学习资源，按照教育培训的专业化需要，统筹教学研究和科研管理，保证企业大学规范化、专业化运行。金融企业大学应有别于金融机构的其他职能部门，应着力学术性和自主性，可以独立运行，自主开发课程、挖掘培训讲师、开发新的培训项目、创新产教融合的科研项目等。金融企业大学要紧跟市场经济的飞速发展和网络技术的不断进步，探索应用先进的开放性和虚拟学习平台。

　　金融企业大学必须通过深化产教融合，强化与高等院校及职业院校等经济社会教育资源的同频共振，协同落实国家教育高质量发展，特别是兴办高质量职业教育与金融执业教育提供强大动力，金融企业大学也将创新出自身的管理理念和工具，取得教育学习革命性的突破，从而促进中国教育事业的高效和高质量发展。

　　　　　　　　　　（原文刊发于《中国银行保险报》2021 年 6 月 28 日，原文略有修改）

践行乡村振兴战略人才培养

为深入贯彻落实党中央指示精神，提升建行大学"金智惠民"社会影响力，助力乡村振兴事业，培养新时代新农人，2020年11月4日，建行大学课程设计管理中心主任孙兆东赴"金智惠民"农业经理人大讲堂，以"践行乡村振兴战略，金融如何支持中小微企业高质量发展"为题进行授课。

孙兆东主要讲授了四个方面的内容：解读国家乡村振兴战略和规划的宏观政策背景及内容、中小微企业生命周期及其风险应对、乡村振兴中小微企业如何获得金融"血液"和银行帮扶、中小微企业自身经营管理对策与能力提升重点。孙兆东还就大家关心的宏观经济、数字金融和数字货币等内容与学员进行了交流。

"金智惠民"农业经理人培训项目是建行积极落实农业农村部、河南省农业农村厅有关指示精神，由建行大学河南省分行分校与郑州大学携手共同打造，是积极探索银行、政府、高校、企业多方资源融合的有益尝试。

参加现场培训的有扶贫干部、农业职业经理人200余人；同时，5 000余名政府农业主管部门人员、农业合作社理事长、"裕农通"业主等通过建行大学网络直播平台进行了线上学习。现场培训历时14天，每天培训时间8学时。

该培训项目师资阵容强大，课程内容丰富实用。通过集中讲授、实践教学、直播实战、上市公司案例分析等多种培训形式，郑州大学近20位教授和博士生导师、知名上市企业董事长以及建行大学兼职师资、非遗传承人、河南省高素质农民培育优秀讲师，全面讲授了乡村振兴与农业现代化、农业经理人培育与农业产业化、农产品战略营销与品牌打造策略、数字农业和智慧农业发展等内容。

郑州大学是国家"211工程"重点建设高校、一流大学建设高校和"部省合建"高校。这次联合举办培训班，标志着双方在人才培养、产学研协同创新、教育培训等领域的合作迈上崭新台阶，是深化产教融合、校企合作，推动双方创新发展的重要举措。

志同道合，善建行远。建行大学河南省分行分校将继续深入推动银政校企多方资源融合，共建共享，携手并进，共同赋能社会，助力人民美好生活建设，探索实践以金融力量助力社会治理和民生改善的新路径，努力形成产教联合、同兴共荣的发展新局面。

（原文刊发于《建学资讯》2020年11月16日，原文略有修改）

企业大学应强化金融教育

　　在金融扩大双向开放的大背景下，我国各类金融机构是实现金融国际化和防范系统性金融风险的守门员。因此，强化金融行业、金融机构以及金融从业人员的金融教育十分必要且势在必行。

　　事实上，金融教育业已经成为我国大型商业银行传导金融政策、提高金融素养、教授金融生活、推动金融消费和实现普惠金融的重要方式。近年来，国有大型商业银行非常重视教育培训工作，继 2018 年中国建设银行整合原有职工培训中心等资源成立新时代新金融新生态企业大学的建行大学后，工商银行成立了工银大学，农业银行成立了农银大学，中国银行于 2020 年上半年也成立了中银大学。商业银行如此积极地创办企业大学足见对金融教育的重视。其实，大型商业银行已经从创办企业大学中尝到了发展的"甜头"，强化金融教育不仅使商业银行从业人员的思想政治水平得以提高，而且商业银行员工的认识水平、知识水平、业务能力和整体职业素质通过教育培训都得到了提升。此外，建行大学除了服务员工还着力通过教育培训赋能战略、赋能客户和社会，有效开展了"万民学子下乡社会实践活动"、乡村长培训、防假币、防诈骗、防新冠病毒知识等公益性质的培训，通过金融教育培训提升了社会的高质量发展，具有重要的社会意义。在强化金融教育培训中，商业银行的企业大学也得到了快速发展，成为职业教育和社会教育的有益补充。

　　强化金融教育，银行系企业大学应把金融思政放在首要位置。金融行业在国家经济建设和国家安全方面具有重要位置，因此金融行业的从业人员要有高度的政治站位，要有国家意识和民族意识，要把提高服务国家建设能力、提高参与国际竞争能力和防范系统性风险的能力放在能力建设的重要方面，持续提高"三大能力"，更好地服务国家的经济金融发展。为此，银行系统的企业大学要进一步加强思政建设及课程思政建设，落实好深化产教融合的战略部署，促进金融的教育链、人才链和产业链、创新链的有机衔接，深化课程改革，以课程转型推动专业转型，以专业转型推动企业整体转型发展。

　　值得注意的是，党的十九大报告提出优先发展教育事业，完善职业教育和培训体系，深化产教融合、校企合作。2017 年 12 月，《国务院办公厅关于深化产教融合的若干意见》明确提出将产教融合作为促进经济社会协调发展的重要举措，融入经济转型升级各环节，贯穿人才开发全过程，形成政府、学校、行业企业、社会协同推进的工作格局；将产教融合上升为国家教育改革和人才开发的整体制度安排。在这样的大背景下，职业教育与普通教育是两种不同的教育类型，具有同等重要的地位。因此，银行系企业大学应深化高技能金融人才供给侧结构性改革，注重深化产教融合、校企合作，让企业大学深度参与产教融合的职业教育高质量发展和健全应用型金融人才培养体系建设中，对高等教育和职业教育建设高度衔接加强融合。

产教融合是企业大学持续发展的合理选择，企业大学的课程建设必须着力解决教育与产业的融合关系，找到各自的需求点。企业大学培养高素质金融人才，要面向经济社会发展，把教育和行业需求紧密结合，从而推动企业大学培养方案、课程标准、教学方式与生产实践对接。产教融合型课程正是为了适应职业教育发展与改革的新形势而推出的，目的在于培养符合企业实际和劳动力市场需求的复合型人才。要提高教育培训的质量，课程体系的构建和教材的建设则是关键。

同时，金融作为市场经济的重要系统，强化金融教育要做到尊师重教，要让教师成为金融教育培训的善源，释放金融活水，服务于员工培养，服务于客户发展，服务于整个社会的更好发展。

（原文刊发于《中国银行保险报》2020 年 10 月 13 日，原文略有修改）

开创新曲线服务教育强国工程，建设新时代美好生活更好教育

习近平总书记指出，建设教育强国是中华民族伟大复兴的基础工程，必须把教育事业放在优先位置，深化教育改革，加快教育现代化，办好人民满意的教育。我们党把更好的教育作为美好生活最重要的前提条件之一，相继出台了一系列有关职业教育改革的政策和举措，当前与企业大学发展相关的新政策新举措就达 7 项之多，充分说明教育改革紧锣密鼓，导向清晰明确，政策推动持续发力。这为建行开拓职业教育带来了无限机遇，建行大学更是不负厚望，创新驱动，打造核心引擎，先后举行新金融人才产教融合联盟首届理事会暨主题论坛、万名学子暑期下乡实践活动等，开启产教融合大数据实验室、产教融合实训基地、金融科技联合创新实验室、人工智能与大数据联合实验室、金融科技师认证等共建共享之路，在产教融合道路上越走越宽。

教育强国工程——建行大学高质量发展指引和基本遵循

建行大学高度重视国家政策导向，凡是新出台的教育政策，都会第一时间被转发到建行大学工作群进行学习领会。建行大学首席学习官、执行校长薛胜利认为："在职业教育深耕和职业技能提升方面，我们必须把握政策导向，积极深入研究，深刻领会党和国家职业教育改革的重大战略意义，研究提出建行大学以'职业教育改革实施方案'为引领，有效对接和落实国家政策举措，提出建行大学可行性行动方案。"

2018 年 11 月，中共中央印发《2018—2022 全国干部教育培训规划》，这是党中央对教育培训的总要求，也是职业教育一系列政策举措的顶层设计。2019 年 1 月，国务院印发《国家职业教育改革实施方案》；2 月，中办、国办印发《加快推进教育现代化实施方案》；3 月，国家发改委、教育部印发《建设产教融合型企业实施办法》；4 月，经国务院职业教育工作部际联席会议研究通过，教育部、国家发改委、财政部和市场监督管理总局联合印发《关于在院校实施"学历证书+若干职业技能等级证书"制度试点方案》；5 月国务院办公厅印发《职业技能提升行动方案（2019—2021 年)》；7 月，中央深改委审议通过了《国家产教融合建设试点实施方案》。

从构想到实践——建行大学开创服务教育强国基础工程新曲线

　　因新教育而生，因新金融而行。建行大学于2018年12月17日在北京成立，既是面向内部员工的职业教育平台，也是以"共享化、专业化、科技化、国际化"为办学理念，以新金融新曲线，推进产教融合、赋能社会、教育培训的新生态。

　　一是以增强"三个能力"建设为引领，开创服务国家战略新曲线。按照习近平总书记对建设银行提出的增强"三个能力"要求，建行大学紧紧围绕服务实体经济、防控金融风险、深化金融改革三大任务，紧紧围绕国家战略安排，探索以金融科技和大数据等科研与教学手段，着力服务金融职业教育和职业技能提升的新路径。

　　二是启动"金智惠民"工程，开创新金融教育普及新曲线。一场针对全社会的"金智惠民"新金融启蒙行动，开展包括金融基础知识、法律法规、前沿理念、风险意识等在内的全面金融知识普及，在全面建成小康社会、实现社会主义现代化的征程上，为提高国民金融素养贡献建行智慧。建行大学围绕当前社会热点和公众关心的痛点难点问题，坚持"走出去"，热情"请进来"，采用线上线下相结合的模式，开展多层次、多形式的金融普及和实用知识培训。

　　三是以"三大战略"为引擎，开创服务客户新曲线。建行拥有众多的公司机构客户和个人客户，银行大数据及各类服务客户的客户经理掌握客户和企业的第一手材料。在重要客户帮扶上，建设银行重点提供金融科技、普惠金融、住房租赁服务，帮助客户更新理念，提高经营管理能力，做大做强。建行大学赋能创新创业者，让更多的中小企业主走进建行大学，也让建行大学来到大家身边，传播金融、法律及行业的最新知识；与退役军人事务部合作，为退役军人提供办公软件操作、金融知识、沟通管理软技能等方面的培训；与农业农村部门及各级政府机构尤其是贫困地区政府主管部门合作，发挥产学研用聚合优势，造福百姓。

　　四是推进产教融合、校企合作，开创联盟共建新曲线。建行作为联盟发起单位，联合一批境内外知名高校、金融机构、社会机构、创新型企业，共同倡议发起成立新金融人才产教融合联盟，在产教融合、科学研究、人才培养、创业创新等领域充分开展联盟合作。建行大学积极输出建行大学的金融培训课程，利用网络平台，让大众共享优质教育资源；在全国范围内开展"一省一校"建设工程，成立产教融合实训基地，逐步实现高校培养与企业用人的有效衔接。

　　五是推进新金融人才产教融合联盟宣言、行动计划落地，开创共享发展新曲线。建行大学开展新金融人才产教融合联盟秘书长交流活动，通过务实举措让新联盟加速运转。例如，为落实普惠金融与金融科技战略，建行与云南省政府合作开发"一部手机办事通"应用程序，打通云南省政务数据，实现近400项服务"一网通办"。建行落实习近平总书记增强"三个能力"建设批示精神，推进产教研融合与南开大学成立系统性风险研究中心等。

　　六是组织开展万名学子暑期下乡实践及交流汇报活动，开创助力乡村振兴新曲线。建行大学发起面向在校大学生招募暑期下乡实践队员，利用暑假返乡实践，通过开展组建金智惠民讲师团、村口银行挂职、县域机构跟岗等活动深入田间地头开展暑期实践活动。这是落实国家"两个方案"的切实之举，体现了职业教育大学的担当，对于青年一代更好地服务乡村振兴及美丽乡村建设具有重大意义。

七是积极研究国家有关政府部门职业标准，开创贡献建行智慧、建行方案新曲线。建行有数十年员工教育培训沉淀下来的较为丰富的职业教育经验，形成了相对完善的岗位资格考试和培训标准。建行大学积极研究、对接参与国家金融人才标准制定，探索建立学分认证、积累与转换，推进与新金融人才产教融合联盟内教育机构学习成果互认，与现有国民教育体系相融合，实现教育要素的流动和优质资源的共享，促进职前教育和在职教育有效衔接。

为了美好生活和更好教育，建行大学奋斗追梦，未来无限精彩

为祖国 70 周年华诞献礼，向建行 65 周年致敬。在新金融时代，建行大学以永不懈怠、锐意进取的精神状态，选择接续奋斗，深耕职业教育，着力为国家培养懂经济、懂战略、懂经营、会决策、会管理、会操作的职业化新金融人才。

一是加强职业技能标准制定、鉴定、培训与考试，打造新金融人才培训评价新曲线。建行大学积极申请，争取成为新金融人才培训评价组织，参与国家职业技能标准制定、职业教育质量评价等相关工作；持续打造培训+证书品牌；探索建立员工个人终身学习档案；将"建行学分"作为人才评价和职业发展的重要衡量标准。

二是加强"金智惠民"工程建设，打造承担国家培训基金项目新曲线。建行大学对包括小企业主、个体工商户、扶贫对象、涉农群体等大规模开展金融知识普及、创业致富培训，对金融财务等广大社会从业人员开展技能提升培训。建行大学面向农村转移就业劳动者，实施新生代农民工职业技能提升计划和返乡创业培训计划以及劳动者预备培训等专项培训。建行大学通过举办岗位资格类认证培训，使从业人员取得国家职业资格证书并按规定可获得政府技能提升补贴。

三是加强参与国家产教融合实训基地建设，打造数字化生产要素跨界流动新曲线。建行大学通过打造"金融+科技+产业+教育"综合孵化生态，提供全生命周期金融支持服务。建行大学联合产教融合联盟成员加强新金融人才培养，除了对金融从业人员进行职业培训教育外，还为新金融专业学科建设、学生培养和提升全社会金融素养做出贡献。建行大学开展万名学子下乡实践活动，为联盟大学在校生提供一个感知金融、了解社会的机会，使他们能够身临其境地演练学习。同时，建行大学也将更多地为学子们创造一些勤工俭学的岗位。

四是加强落实"双师型"教师培养工程，打造现代职业教育发展新曲线。建行大学通过做实联盟、输出教师、互派教师、双向流动，实施"双栖计划"。建行大学实现校企对接，打通建行员工的培养渠道，逐级打通客户、员工培养路径；以人才高地建设统领推动银行和企业、行业、产业的高质量发展。建行大学推动新金融人才产教融合联盟"双师型"教师培养培训基地建设，通过课程资源共享、人员互派培养、师资能力提升等打造"双师型"教师队伍。建行大学建立师资培训培养、考核评价、等级管理、激励保障、准入退出管理等工作机制，不断充实完善师资、

课程资源。建行大学打造"网红"老师和专兼职名师，通过特聘专家机制更好地传承建行文化。

五是加强参与国民教育体系行动，打造创新驱动发展新曲线。2019—2021 年，国家共计划开展各类补贴性职业技能培训 5 000 万人次以上，其中 2019 年培训 1 500 万人次以上。建行大学作为新型企业大学，要高起点、高水准运行，结合产教融合孵化平台、新金融人才产教融合联盟等建设，主动对接落实相关职业技能培训和实训。建行大学结合国家需要，择优精选新金融人才课程、师资，打造标准化证书试点和若干产教融合实训基地建设试点，积极参与国民教育体系完善及资源优化配置，成为国家产教融合联合科研基地。

（原文刊发于《建设银行报》2019 年 9 月 25 日，作者：孙兆东、蔺文辉。原文略有修改）

强化金融标准化建设，做好标准化教育

实践表明，一个行业越成熟，就越会走向标准化。近年来，我国金融行业越来越重视金融标准化。中国人民银行及金融监管机构连续发文，阐述金融标准化的重要性及加强金融标准化发展的思路。多维度分析后我们认为，中国金融标准化时代已经到来，做好金融标准化的职业化教育正当其时。

金融是现代经济的核心。改革开放后我国的金融行业快速发展，特别是进入21世纪，伴随着加入世界贸易组织和与国际金融接轨，包括银行业在内的金融同业，已从粗放式发展走向精细化、标准化管理。党的十八大以来，金融业进一步扩大开放，尤其是金融科技和大数据突飞猛进，与传统金融创新深度融合，满足新时代、新金融、新生态以及国际化需要，金融生态不断走向成熟，系统性风险防范能力要求也越来越高。事后监管和强监管还不能达到全面风险管理与高质量发展的需要，迫切需要从全面质量管理，特别是行业标准化、数字化等维度进一步走向成熟和走向金融发展的高质量。由此，中国金融业的标准化时代到来了。金融业标准是金融业健康发展的技术支撑，是金融业治理体系和治理能力现代化的基础性制度。随着我国金融服务向信息化、流程化、数字化、智能化转变，建立健全标准体系已成为金融行业自身发展的原动力和信息化建设的内在需求。

2017年，中国人民银行等5部门联合发布《金融业标准化体系建设发展规划（2016—2020年）》。为研究落实好规划，2019年10月，《金融标准化研究（2018）》由中国金融出版社出版。该书由全国金融标准化技术委员会编写，是一本自2018年以来，全国金融标准化技术委员会组织开展的金融标准重点课题研究的研究成果汇编，内含中国金融标准化改革发展、金融标准化体系建设、新技术标准化、金融标准国际化等领域的一系列研究成果。

近日，笔者研读此书，总结出五个方面的认识和收获，希望可以对建设银行更好地参与金融标准化建设以及建行大学金融标准化学术、科研、培训等活动提供启发和理论借鉴。

一是当今中国金融行业成熟度提高，伴随着金融业进一步对外开放，金融标准化时代来临。金融标准化汇编课题研究成果表明，"一带一路"金融标准化应用正在建设，以"共商共建共享"和金融科技引领的标准制定模式，是"一带一路"倡议参加国家认可落地的标准，是促进人类命运共同体逐步由梦想走向现实的遵循，也是建设银行境外机构深化业务本地化和与国际接轨的抓手。

二是法定数字货币标准体系框架和架构已经形成。法定数字货币标准的推出，将对原有金融生态产生重大影响。对基于数字货币标准的数字金融创新来讲，其也要创新形成更多标准。

三是中外金融标准与金融治理的融合发展，也将成为建设银行新时代高质量发展的路径。以标准指导互联互通、规范创新，形成风险管理的支撑，将是建设银行深化治理改革的重要手段，是高质量发展治理体系和治理能力现代化的基础。

四是标准化将与数字化一路同行，"两化"并重是发展的主要方向。新金融标准聚集的重点领域在金融科技、金融云计算架构标准、监管数据标准化、金融许可链标准、普惠金融标准和体系、绿色金融标准、金融大数据标准和体系、金融市场标准和体系、保险行业信息技术风险管理标准和体系、全球法人机构识别代码标准和应用等。

五是传统金融业务领域标准的制定和业务标准化得到重视与巩固。建设银行应努力研究债券业务、债券信息披露标准、绿色信贷和绿色金融等评价指标体系及标准化，商业银行投资银行顾问业务标准化建设等。

值得注意的是，党的十八大以来，我国金融标准化全面发展，新型金融标准体系初步建立。金融标准在助力金融服务实体经济、防控金融风险、深化金融改革方面的作用日益凸显，有力支持了我国金融业健康发展。未来，我国要持续优化金融标准发展基础，使金融标准更好地服务现代金融治理和金融业改革开放。总之，建设银行作为国有大型商业银行，秉持使命情怀和责任担当，应加强金融业标准体系建设，聚焦近年来国家关于金融标准化政策、实践以及国外同业标准化发展情况，做好金融标准化时代的金融标准化建设。建行大学应积极研究相关职业标准化教育，以思想自觉和行动自觉，推动金融标准化和金融行业的高质量发展，做好金融标准化推广工作，着力为国家培养出更多职业化和金融标准化人才，践行企业社会责任和大学担当。

（成文于 2020 年 9 月 9 日，读《金融标准化研究》有感）

终身教育与职业教育体系的锻造

百年大计，教育为本；终身学习，旨在树人；职业教育，以人兴业。在建行大学执行校长推荐的书目中，笔者优先选取了 2019 年 6 月由中国书籍出版社出版的《终身教育与职业教育体系构建》。该书是"高校学术文库"人文社科研究论著丛书之一，作者陆磊是昆明工业职业技术学院副教授，从事教学研究工作 40 多年，教学经验丰富，科研成果丰硕。作者结合现代教育的实际情况，初步构建了终身教育与职业教育的体系。该书的内容主要是关于终身教育与职业教育系统性的论述，其学术气息浓郁、论述严谨、结构完整、条理清晰又不乏内容新颖，是从事企业大学相关工作者值得仔细品味的一本著作。笔者研读此书，获得三大方面的认识和收获，希望对读者参与建设建行大学具有学术启发和理论借鉴意义。

首先，终身教育已成为全球日益重要的教育思潮。广义的终身教育思想存在于人类历史长河的各个阶段，但在漫长的历史发展进程中，终身教育的发展一度滞后于技术的进步。1965 年，在巴黎召开的第三届促进成人教育国际委员会上，时任联合国教科文组织部门负责人的著名教育家保罗·郎格朗提交了一份《终身教育》提案。该提案认为，教育应贯穿于每个社会成员的一生，包括人和社会生活的各个方面。终身教育就是个人一生的教育机会与社会的教育机会的统一。这一提案促成了现代终身教育理念的诞生。该理念认为，教育是现代社会的需要和现有发展水平的基础，只有教育不断改革和创新，终身教育才能获得肥沃的土壤。现代终身教育理念将引导现代人学习需求的增长和自我完善，由此终身教育也成为面向未来的教育发展趋势。

其次，终身教育理念影响下的职业教育是教育未来发展的主要方向。回顾过往，终身教育思想不仅自身不断深入发展，也对职业教育产生深远影响。进入 21 世纪之后，经济全球化和新技术革命给职业教育带来了极大的挑战，许多传统职业消失，新职业不断涌现。一次性的学校学历教育不能满足终身职业发展的需要，职业生涯和职业教育出现了终身化发展趋势。为适应第四次工业革命浪潮，世界教育体系不断适应发展，终身教育理念得以进一步强化和盛行，使得从业者在现代社会节奏快、压力大的职业中更加感受到职业教育与时俱进的迫切感和必要性。从国家层面看，现代职业教育是国家高质量发展的人才保障，是培养新时代高素质劳动者和技能人才的客观要求。值得注意的是，终身教育理念提倡教育在时间上的持续性和空间上的全面性，这就启示职业教育体系的构建不仅要实现纵向贯通，即办学层次的上下贯通、课程的前后衔接、职业资格证书的衔接，也要完成横向合作，即校企合作、对接网络教育，构建完善的职业教育体系，为社会经济发展和个人提升创造充分的条件。

最后，企业大学是职业教育的重要组成部分和核心，建行大学理应成为金融人才职业教育的一面旗帜。职业教育作为与国民经济联系最为密切的一大教育类型，日益受到关注，特别是现代职业教育体系的构建已被提升到了国家战略层面上。近年来，党和国家高度重视职业教育和企业教育，国务院相继出台《国家职业教育改革实施方案》和《职业技能提升行动方案（2019—2021 年）》等一系列政策，把职业教育、职业技能培训作为保持就业稳定、缓解结构性就业矛盾的关键举措，作为经济转型升级和高质量发展的重要支撑。国家要求坚持需求导向，服务经济社会发展，适应人民群众就业创业需要，大力推行终身职业技能培训制度，面向职工、就业重点群体、建档立卡贫困劳动力等城乡各类劳动者，大规模开展职业技能培训，加快建设知识型、技能型、创新型劳动者大军。由此可见，因职业教育而生，也会因职业教育而兴的建行大学，具有重要的时代意义，生逢其时，也必将大有可为。

总之，立足于终身教育与职业教育体系中的建行大学，在以新时代、新金融、新生态企业大学为目标的自我锻造中，必将开拓出终身教育的一片蓝海。好风凭借力，凭借国家职业教育改革的东风，助力国家和建行高质量发展，建行大学一定能成为国内国际一流的职业大学。建行大学在终身教育理想下，顺应国家职业教育改革发展要求，应坚持高质量深耕职业教育，围绕设立初衷，注重产学研用结合，赋能员工、赋能客户、赋能社会，着力为国家培养出更多懂经济、懂战略、懂经营、会决策、会管理、会操作的职业化新金融人才。由此，建行大学践行社会责任和大学担当，以思想自觉和行动自觉，必将进一步抓住机遇、付诸行动、办出特色、重视成效、下接地气。

（成文于 2019 年 12 月 4 日，读《终身教育与职业教育体系构建》有感）

读《第二曲线》感悟银行发展

在 2019 年建设银行全行工作会议上，田国立董事长作了题为《开启第二发展曲线 创新未来动力引擎》的讲话，强调建设银行在第一条曲线消失之前，应开始一条新的增长曲线，唯有跟上时代节拍，果断开启第二条发展曲线，尽快培育新的金融价值创造能力，才能形成银行真正的"护城河"。要成为一家具有社会影响力、号召力和推动力的社会型企业，成为可以改变世界、值得信任的世界一流银行，我们就必须要走在变革创新的前列，开启"第二发展曲线"。

突破发展的瓶颈

《第二曲线》系当代英国管理思想大师、社会哲学家查尔斯·汉迪所著。作者认为，企业的任何一条增长曲线都会平滑过抛物线的顶点，也就是增长的极限，可持续增长的秘密是在第一条曲线消失之前开始一条新的 S 形曲线。这时，时间、资源和动力都足以使新曲线度过它起初的探索挣扎的过程，然而这个时点又恰逢接近顶峰，公司处于此时点也就是处于黄金时代。创新理论大师熊彼特说："无论把多少辆马车连续相加，都不能造出一辆火车。只有从马车上跳到火车上的时候，才能取得十倍速的增长。"这对我们更形象地理解第二曲线提供了思路，其实从第一线向第二曲线转折，中间似乎有一道鸿沟。不难理解，两条曲线的性质截然不同。

根据企业发展"第二曲线"理论，一个企业按照传统业务发展，无论物理概念上怎么努力，最多只能获得百分数上的增长，这种增长方式就是稳定的线性增长。如果企业想获得持续跨越式发展，就必须找到和启动第二曲线式的增长方式，取得十倍速的增长。查尔斯·汉迪认为，一般的企业领导者很少有远见和勇气在公司高歌猛进的时候偏离已有的成功路径，投入充分的资源来培植一种短期内没有收益的业务。通常的情况是，直到原有的成长曲线明显下滑时，企业的领导人才会想到另辟新的成长曲线，因此人们通常把拐点而不是此时点当作公司的战略转折点。但此时，往往企业能够调动的有形资源和无形资源都在明显减少，已有的竞争对手和新出现的竞争对手很可能趁此时机进行穷追猛打，公司内部已经明显缺乏创造一条新的业务成长曲线所需要的从容和自信。

查尔斯·汉迪确信，使人达到现在位置的东西不会使人永远保持现在的位置，如果过度相信和依恋目前取得成功的逻辑，那么成功的逻辑必然会把人带向失败或平庸。持续地按一种路径"追求卓越"的曲线，恰恰是一条"追求平庸"的曲线。这就是成功的悖论和曲线逻辑："你可能想从一件好事中得到太多，那么曲线逻辑就开始了。"查尔斯·汉迪在《第二曲线》中说，第二曲线是跨越 S 形曲线的第二次增长。人人都知道第二曲线是很重要的，但有个关键要点，第二曲线必须在第一曲线到达巅峰之前开始启动。事实上，一旦第一曲线到达巅峰，甚至已经开始降落的时候，也就是企业已经开始走向衰落之时。此时，企业家所有的聚集力都会全部放在如何恢复第一曲线的增长，而没有余力顾及第二曲线。因此在第一曲线还没有到达巅峰之前开启第二曲线，既有资源，又有士气，还有势能，可以有力帮助挑起第二曲线。

建设银行第二曲线

正如田国立董事长所强调的，在经济周期周而复始的大潮中，商业银行保持持续增长的秘诀在于一方面要有危机感和紧迫感，另一方面要有责任感和使命感。作为国有大型商业银行，在实现全面建成小康社会的当下，建设银行理所应当要承担起更多的社会责任和义务，在赋能全社会的金融创新实践中，完成第二曲线的新跨越。

2018 年，建设银行结合国际国内，特别是国家发展的实际需要，相继推出住房租赁战略、普惠金融战略、金融科技战略，构建了转型发展的"三大战略"，并确立了零售业务优先、交易银行业务优先的"两大优先"经营策略。与此同时，建设银行进一步推动设立建行大学、"劳动者港湾"，打造"金智惠民"工程。这些方面的创新举措共同构筑起了建设银行发展的第二曲线。

建设银行发展的第二曲线已经开启，只有深刻学习、完整领会，才能坚定不移地有效参与和推动新的战略落地，走好第二发展曲线的轨迹。建设银行应深刻领会2019 年全行重点工作，要以党建优势彰显国有金融鲜亮底色。建设银行应坚持把政治建设摆在首位，牢固树立"四个意识"，坚定"四个自信"，坚决做到"两个维护"，坚定维护党中央对金融工作的集中统一领导。

有什么样的事业就能集聚什么样的人才。建设银行第二曲线的开启，为全员提供了展示聪明才智、挥洒激情创造的大平台。我们要珍惜机会，人人参与，在人生成长的关键处紧走几步，共同建设建设银行发展的第二曲线，在新时代机遇的召唤中向前奔跑。

（成文于 2019 年 2 月 22 日，读《第二曲线》有感）

读书与写作

中国自古就有"读书破万卷，下笔如有神"之说，人们以"活到老学到老"来形容读书的重要性。进入 21 世纪，人们更是认识到知识能改变命运，读书已经成为越来越多职业经理人绩效提升和个人素养提高的重要手段。

从笔者的个人经历来看，读书的确为笔者带来了重要的改变。读书改变了笔者的职业，使笔者适应了不同工作岗位的要求，提高了工作效率，也充实了对世界的认识。总结读书的体会，笔者认为作为职场人，养成良好的读书学习习惯至关重要。只有依托读书，不断提高个人职业素养，才能与时俱进，不断提高职业竞争力，也才能更好地服务企业和社会。职场人员读书，可以从以下三个方面下功夫：

首先，做什么学什么，学以致用。笔者是工科出身，毕业后分配到一所研究设计院工作，每天下班后，笔者都会骑着自行车赶赴 7 000 米外的图书馆。在那里，笔者开阔了视野。一个周末的傍晚，笔者看到了一个名叫艾略特的美国银行退休会计写的《波浪理论》一书，这本书引起了笔者对财务会计和金融的兴趣，于是笔者开始浏览了大量的金融资本方面的书籍。1994 年，笔者参加了建设银行招考，进入了建行系统工作。笔者从从事科研工作到从事金融工作，必须实现工作方式和知识结构的转变，如果没有持续的读书和学习，就无法适应银行的工作。因此，笔者坚持加强读书学习，为提高效率、讲求读书的有效性，多年来笔者坚持"做什么学什么，学以致用"。笔者通过不断读书学习，既提高了自己的履岗能力，也很好地服务了所在机构的业务发展。

其次，要向实践学习，理论与认识同步提高。笔者认为，"学以致用"只是读书学习的初级阶段，读书学习更重要的是在读书的同时加强理论与实际的结合，不死读书，不读死书。

最后，应注重读与写的结合，百战归来再升华。2009 年，笔者利用业余时间在关注和研究全球经济的同时，大量阅读了如弗里德曼所著《世界是平的》等有关经济全球化、金融一体化和国际货币的图书，这些图书给了笔者重要的启发。于是笔者开始关注美元的国际化之路，研究了日元的国际化成败，并分析了欧元发展历程。笔者结合 17 年的工作实践，提出了中国金融应抓住有利时机，加快人民币国际化的思考，并撰写出了基于发达国家货币国际化成功经验和失败教训的探索人民币国际化之路的图书——《世界的人民币》。该书在人民币国际化元年得以出版发行，使人们能在人民币国际化的进程中，更好地了解企业、银行和个人的机遇与挑战，透过"世界的人民币"远景，让我们的国家、企业和个人更好地把握现实。

　　总之，回顾笔者个人在读书中成长的历程，笔者切身体会到读书是提高职业素养的有效途径。读书能更好地提高我们自己，而写书又能带动更多人和作者一起分享思考，分享经验，共同提高。读书在充实我们个人知识的同时，也为我们所服务的机构储备了重要的知识和经验，对我们更好地服务建设银行建设现代企业提供了可能。

　　（成文于 2011 年 4 月 22 日，主体内容总结自为银行客户经理能力提升培训班的授课及回答问题）

一场完美的竞赛

我们都知道有风险投资这一行，但是风险投资行业到底如何形成的？它在发展过程中经历了哪些波折？为什么风险投资会率先在美国兴起？它对美国的经济发展究竟起到了什么样的作用？这些问题的答案恐怕就鲜有人知了。

一本新书——《完美的竞赛——"风险投资之父"多里奥特传奇》的中文版在中国出版发行，这是一本完美的励志小说，但主人公实实在在地在这个世界上存在过！书中的主人公多里奥特作为 20 世纪美国历史上最重要的、同时也是最具有传奇色彩的人物之一，虽然已远在天国，但在作者斯宾塞·安特的笔下，昔日的投资银行家熠熠生辉。通读全书，多里奥特那些充满哲理的话让人回味无穷，或许正是这些看似普通的理念铸就了这位"风险投资之父"一生的辉煌！

1899 年 9 月 24 日，多里奥特出生于法国，父亲是一位工程师，在法国标致汽车公司工作时参与了第一辆汽车的制造。20 世纪早期，在汽车还是稀有商品时，多里奥特的父亲就创办了一家新型汽车公司。从父亲身上，多里奥特继承了坚忍不拔的性格、对技术的执着与对创新的崇拜。

多里奥特辉煌的一生，先后有三个光环照耀着他：哈佛大学最出色的教授、颇具科技头脑的军人、现代风险投资之父。在上述每一个领域，多里奥特都对传统观念发起了猛烈冲击。

哈佛大学最出色的教授

尽管多里奥特没有上过大学，研究生也只读了一年，但是这个法国人凭借自己坚持不懈的努力，终于成为哈佛大学商学院最有影响力和最受欢迎的教授之一。在执教的 30 年漫长时间里，多里奥特讲授的课程为制造学，但是实际上他向学生灌输的是他自己的人生哲学与商业理念。

多里奥特早就意识到了全球化和商业领域创新的重要性，多里奥特认为市场永远存在竞争，因此他相信只有不停创新，才是保证自己始终走在竞争对手前面的唯一方法。

在执教初期，多里奥特帮助哈佛商学院建立起了著名的案例教学模式，但他并不满足于此，一直在探索更加新颖的教学方式。多里奥特的三个原则培育了哈佛大学毕业的众多成功人士。第一个原则是坚持老师与学生之间应保持亲密的接触；第二个原则是向学生灌输努力工作的观念，让学生离开学校的时候，深刻地明白一天的辛勤劳动意味着什么；第三个原则是重视实用主义管理，强调日常决策中的事实真相和本质，而不是妄自尊大的空洞理论。

在第二次世界大战结束后，多里奥特站在课堂前，显得更加成熟稳重了。他不满足于实用案例教学法，而是更多地鼓励他的学生多思考人生和商业的最终目的到底是什么。这是不同寻常的、更高层次的教学技巧，但是他的学生却能感受到多里奥特正给予他们更有价值的知识。

颇具科技头脑的军人

多里奥特对人生哲学与商业理念的转变，源于他在第二次世界大战中的军队服役的实践。在第二次世界大战期间，多里奥特为盟军的胜利做出了重要贡献，而且他还在战争中学会了如何成为一名风险投资家。在军需总部下属的研发部门做主管时，多里奥特在军队里领导了一场革命——让科学技术为战争服务。多里奥特带领的研发团队研制出了几十种新装备，为前线作战做了极好的准备。

在多里奥特的指挥下，美国陆军找到了重要原材料的替代品，研制出多项发明成果，如防水纤维、可以抵御寒冷天气的鞋子与制服、遮光剂以及易携带且营养丰富的战斗口粮等。鉴于他取得的辉煌成就，多里奥特被提升为陆军准将，获得了特别贡献奖章，这是给予非战斗人员的最高军事奖励。此外，多里奥特还被授予了大英帝国爵士勋章和法国军团荣誉骑士勋章。胡佛总统和艾森豪威尔总统都曾赠送给他亲笔签名照片，多里奥特始终将其摆放在自己的办公室书架上。

1954年，多里奥特提出的建立和平时期美国步兵军备研究机构的设想终于变成事实：美国陆军士兵系统中心终于在马萨诸塞州得以建成。在过去的几十年中，这个研究实验室为美国士兵提供了世界上最先进的军队装备。

现代风险投资之父

在第二次世界大战刚结束时，企业家们很难获得资金的支持。银行非常保守，拒绝向这些刚刚建立没多久的小企业提供贷款。虽然也有一些如洛克菲勒家族这样的富有家族投资了一些新企业，但是这样的家族数量太少了，远水解不了近渴。

这样的情况很快便有了好转，1946年，多里奥特被众多精英人士推举成为美国第一家风险投资企业——美国研究开发公司的总裁后，他用实际行动向世人证明，耐心地投资并培育那些新建立的小公司也能创造巨大的财富。

多里奥特认为，风险投资是一切具有高风险、高潜在收益的投资，它的根本作用在于能够积极地促进新行业的兴起与国民经济的发展。但由于是高风险，且美国研究开发公司最初建立时拥有的资金量并不是太多，最初的几笔投资都失败了。因此，在企业运行初期，多里奥特花了很多时间来安抚愤怒而急躁的股东。在多里奥特的带领下，这个公司终于创造了一种全新的商业成功范式，培育的几十家优秀企业，足以说明多里奥特所取得的成就。

到了20世纪60年代，多里奥特的影响力通过其弟子的传承仍然经久不衰，美国研究开发公司的多位老员工离开公司后创办并成功经营了第二代风险投资企业，其中包括瑞洛克资本合作企业和富达风险投资企业。

多里奥特于 1987 年去世，纵观他一生取得的多项成就，《完美的竞赛——"风险投资之文"多里奥特传奇》一书中总结道："他是个离经叛道的人。他不仅目光长远，而且颇具有行动力；他精力充沛、守纪律，且还有非凡的感召力；他不满足于现状，总是强调创新，积极地把自己的伟大设想付诸实践。"这些便是多里奥特一生完成多次完美的竞赛的原因！

（原文刊发于《董事会》2009 年第 11 期，原文略有修改）

如何成为客户的贴身咨询顾问

银行客户经理的咨询服务是为满足客户的需要开展的知识介绍、情况分析、措施建议、方案设计与提供、解疑释惑等服务。专业顾问性咨询是指客户经理根据或通过挖掘客户的需求，并结合银行能够提供的如投资咨询财务顾问等咨询顾问业务，在行内财务顾问专业人士的配合下，为客户提供或建议客户采用的收费类咨询顾问服务。银行客户经理通过提供咨询顾问服务，就能够充分体现其高水平的专业能力和金融专家的优势，进而有助于客户经理在竞争中取胜。

客户咨询顾问所需思想储备

客户经理要成为客户贴身的咨询顾问就要加强"一个理念，两个认知，三个层次"的学习和自身建设。

一个理念，即成为客户贴身的咨询式顾问参谋是客户经理客户关系管理（CRM）的较高境界。从世界范围来看，知识型与顾问型客户经理倍受企业（客户）欢迎，因此银行的客户经理最佳的客户营销及客户关系管理的境界是成为客户的知识型、顾问型以及参谋型伙伴。由此，咨询服务也就成了客户经理走向客户（企业）顾问参谋最佳境界的第一步。

两个认知，一是技术营销和关系营销相结合是客户经理的发展方向；二是咨询顾问服务是银行客户经理技术营销的重要而有效的手段。提升客户经理的咨询服务能力，首先要求客户经理必须提高自身咨询服务的意识。其次，客户经理要了解一般咨询服务的内容，明晰咨询服务的流程，掌握咨询服务的方式和方法。通过学习和积累，客户经理才能逐渐培养自己向知识顾问型服务方式发展。在实践中，从客户（企业）的知情人到咨询人，进而成为客户的贴心人，客户经理自身角色的递进实质上是实现了从咨询到顾问直到参谋的业务营销的不同层面。在实践中，客户经理不断以咨询顾问的技术营销拓展营销服务的广度和深度，最终将自己打造成为兼具营销、开发和咨询服务能力的高水平的知识型客户经理，使自己成为真正的问题解决专家、金融专业咨询专家。

在咨询服务的实践中，客户经理应通过努力实现与企业（客户）在三个层次上的交流：第一个层次是为客户提供日常经营上的咨询建议，提供分析报告，赢得客户的信任；第二个层次是能为客户提供顾问式服务，提供适合客户的专业化（创新的）解决方案，赢得客户的接纳；第三个层次是为客户提供基于银行产品的增值服务，进一步密切银企合作关系，成为客户贴身的顾问参谋。客户经理追求的最高境界应是做企业（客户）的顾问参谋，以此与企业（客户）建立起彼此相互信任的、牢固的战略合作伙伴关系。

客户咨询顾问所需知识储备

专业顾问性咨询是商业银行中间业务的重要组成部分。客户经理应当把专业顾问性咨询的营销和推介，作为客户营销的重要组成部分。目前，建设银行可以开展的八大类财务顾问业务是专业顾问性咨询服务的主要项目，包括投资顾问业务、融资顾问业务、项目融资顾问业务、资本运作顾问业务、资产管理与债务管理顾问业务、管理咨询顾问业务、常年财务顾问业务、政府财务顾问业务。客户经理必须具备相关的知识储备。

第一，对政策法规的学习。客户经理可以利用互联网查询客户所处行业可能涉及的政策文件、法律法规，并对相关的最新政策动向进行跟踪和关注。客户经理应能够站在客户的角度分析产业政策、外汇政策、信贷政策等政策的最新变化，分析出这种变化对企业的影响。

第二，对行业知识的学习。客户经理可以寻找客户所在行业的专业研究报告，了解客户所在行业的整体情况及客户所处其中的状况，并能对行业的发展方向有一定的了解和判断，跟踪行业的最新发展情况。

第三，对财务及税收知识的学习。客户经理可以根据客户的企业性质，查询与企业经营相关的财务税收规定，并结合企业财务管理方面的知识，为企业提供关于税收和财务调整的建议。客户经理应能够识别财务报表中的各项内容及相互关系，能够发现报表是否有重大虚假成分等。

第四，对金融产品及工具的学习。首先，客户经理要学习《银行产品手册》，结合对建设银行产品特点及客户经营过程中的物流、资金流、信息流的特点，再为客户推荐银行产品。其次，客户经理平时还要多了解一些金融知识，并能结合资本市场、保险市场、货币市场、期货市场的金融工具，着眼为企业提供理财建议。

第五，对资本市场知识的学习，客户经理可以针对银行能够提供"国内企业赴新加坡上市财务顾问服务"，掌握国内企业海外上市的基本条件及上市程序。对于经济预测与判断的认知，每一个好的客户经理都应学会对宏观经济的关注和分析，平时要多看一些关于宏观经济、利率走向、汇率政策以及资本市场的新闻分析和报道，从中学会分析预测方法，通过积累对走势作出合理的判断。客户经理应能够分析出宏观政策变化，如汇率调整、银根紧缩等趋势，发现趋势和调整对企业的风险点与风险程度，并能向客户提出财务调整和业务处理的建议。

实践咨询顾问的要领和技巧

客户经理为做好咨询服务要勤走动，多观察，严谨而不草率，维护客户尊严，避免负面效应，诚实守信，注重银行形象，等等。这些都是客户经理开展咨询服务的基本要领。勤走动、多观察就是要主动挖掘咨询需求，并能主动咨询；严谨而不草率注重的是咨询要有一定的科学性和权威性；维护客户尊严要求充分了解客户，尊重客户的专业性；诚实守信是指对客户负责，对自己提供的咨询负责且有信用；注重银行形象就是在咨询过程中始终要牢记自己代表着建设银行，能够体现出建设银行的形象。同时，客户经理在开展咨询工作中应正确处理好几个问题，如要处理好咨询中标准化问题、权威性（依据）问题和专业性问题；要处理好合规性、可行性（可操作性）问题；要处理好客户营销与客户关系维护一体化问题；等等。

客户经理需把握的基本操作技巧

第一，捕捉需求。客户经理应通过信息收集和沟通，主要是了解客户背景和信息，明确或挖掘客户需求，并准备与客户交流的相关资料。客户经理应针对客户需求进行初步接洽，如必要可提供咨询服务协议。

第二，问题解答。客户经理应针对已经明确的客户需要或已经提出的咨询问题，进行尽职调查与研究，对咨询的目的、问题进行诊断与分析，得出结论性建议，同时找出解决方案，并选择最佳方案，提出实施方案的建议及行动计划等。客户经理应向客户解答咨询的问题和内容。

第三，咨询的后期跟进。一个完整的咨询服务还要协助客户实施计划，对客户进行金融建议书或方案的讲解和培训。实施完成后，客户经理应撰写出整个咨询服务过程的总结报告。

（原文刊发于《建设银行报》2006年12月7日，原文略有修改）

后记

　　非常感谢西南财经大学出版社，感谢出版社领导和晓嵩编辑的大力支持。本来最初出版社约稿时，编辑说最好写本传记。他们知道我翻译过传记（《走向世界的银行家》），也写过几篇传记书评。的确，过了而立之年以后，我除了工作和专业研究之外，对人物传记特别感兴趣。我最喜欢的是由传记人物自己写的传记，如格林斯潘写的自传《动荡的世界》（*The Age of Turbulence*）；其次才是由传记作家采写的传记，如沃尔特·艾萨克森所写的传记《史蒂夫·乔布斯传》（*Steve Jobs：A Biography*）。每年我都至少会找 2 本传记来精读，力图从中学到名人们的成功经验和汲取失败的教训。传记不仅增加了我的间接经验，也让我与不同人物跨时空进行感同身受的体验和认知交流。值得一提的是，高盛公司前首席执行官、花旗集团前董事长、美国克林顿政府的财政部部长罗伯特·鲁宾（Robert Rubin）的自传《在不确定的世界：从华尔街到华盛顿的艰难抉择》（*In An Uncertain World：Tough Choices from Wall Street to Washington*），在过去的 15 年里，我反复读过这本书 5 遍（其中有 2 遍是读英文原版），每次阅读都能得到新的启发。

　　尽管在经济金融领域工作了 30 年，但是我还没有到全面总结职业生涯和人生之时，再有就是传记往往是退休之后再出版才比较合适，能避免不必要的误解和对号入座所引起的不必要的麻烦。于是我与编辑探讨了将我的工作和研究及感悟集结成学术自传出版的可能性，通过淬炼沉淀的文章和观点，使它们更加系统化，以史为鉴发现价值，可以帮助更多的后来人。此时，我正担任建行大学课程设计管理中心主任。从科研处处长岗位来到课程设计管理中心主任岗位，我的职责主要就是带领十多个年轻人从事各种形态的课程设计等教研工作，我们做指引、做标准。我们特别感兴趣的是对知识体系的设计和知识点的淬炼及系统化梳理，于是有了本书的写作计划。当时正值新冠肺炎疫情期间，在做好本职工作的同时，我不断反思和总结，历时 1 年多的时间，形成了我的"心中有术"。

　　30 年的职业生涯，使我深刻地领会了认知能力是所有能力中最核心的能力。认知能力的提高需要不断学习，更需要不断地去实践积累和总结提高。毛泽东指出："实践、认识、再实践、再认识，这样形式，循环往复以至无穷，而实践和认识之每一循环的内容，都比较地进到了高一级的程度。"的确，人类的认识是无限发展的，认识的辩证发展过程正是实践、认识、再实践、再认识，循环往复以至无穷。

理论联系实际就是一个实践、认识、再实践、再认识的过程，就是通过实践获得认识，形成认识理论，再回到实践中，做进一步的实践，获得更加深刻的认识，上升为真理性的理论。如此循环往复，不断实践不断提高认识，这就是理论联系实际作风的深刻内涵。

习近平总书记强调："我们党之所以能够历经考验磨难无往而不胜，关键就在于不断进行实践创新和理论创新。"中华民族伟大复兴的中国梦需要我们以不断实践和创新来推动，我们一定要"心中有数""心中有术"。2021年是实现第一个百年奋斗目标之年。展望未来，我对中国经济金融高质量发展充满了信心，我个人也将不断努力工作、实践，持续积累和总结，力争在第二个百年奋斗目标实现前，出一本真正的传记，届时将更加系统地分享曾经的"心中有数""心中有术"和"善建行远"。

时不我待，不负韶华，让我们志同道合，一起继续更加努力实践，共同为实现中华民族伟大复兴的中国梦而奋斗！最好的期待，是奋斗中的期待；最好的奋斗，是为梦想而奋斗！劳动愉快！奋斗愉快！。

孙兆东

2021 年 9 月 30 日

联系邮箱：sundi2011@ sina.cn